野生动物
保护与执法培训手册

WILDLIFE CONSERVATION AND
ENFORCEMENT TRAINING MANUAL

张立◎编著

经济日报出版社

图书在版编目（CIP）数据

野生动物保护与执法培训手册 / 张立编著. —北京：
经济日报出版社，2022.1
ISBN 978-7-5196-1000-5

Ⅰ.①野…　Ⅱ.①张…　Ⅲ.①野生动物保护法—中国
—手册　Ⅳ.①D922.680.4

中国版本图书馆CIP数据核字（2021）第251477号

野生动物保护与执法培训手册

编　　著	张　立
责任编辑	张　莹
助理编辑	王　真
责任校对	王浩宇
出版发行	经济日报出版社
地　　址	北京市西城区白纸坊东街2号A座综合楼710（邮政编码：100054）
电　　话	010-63567684（总编室）
	010-63584556（财经编辑部）
	010-63567687（企业与企业家史编辑部）
	010-63567683（经济与管理学术编辑部）
	010-63538621 63567692（发行部）
网　　址	www.edpbook.com.cn
E-mail	edpbook@126.com
经　　销	全国新华书店
印　　刷	天津中印联印务有限公司
开　　本	710 mm×1000 mm　1/16
印　　张	34
字　　数	630 千字
版　　次	2022 年 1 月第 1 版
印　　次	2022 年 1 月第 1 次印刷
书　　号	ISBN 978-7-5196-1000-5
定　　价	80.00 元

序

"绿色哲学所提倡的生活方式是把无限增长变为自我控制，把感官享乐转向审美追求，变征服自然为顺应自然。"

我很认同这个观点。

"天生烝民，有物有则。"其实早在古代社会，人们就认识到了人与自然的关系，"天人合一"的哲学智慧便是这一关系的凝练表达——人与自然良性互动，在相互依存中得以永续发展，这也是处理人与自然关系的重要思想原则。这种理念生生不息，推动着天地万物和谐演进。

大自然孕育了所有生命和物种，为人类文明提供了物质基础，赋予人类以规则与秩序。人类与自然、与其他生物是一荣俱荣、一损俱损的生命共同体，唯有将敬畏的态度内化于心，尊重与珍惜每一个生命物种，顺势而为、行有所止，才能守护共同的家园。

正如马克思在《1844年经济学哲学手稿》中提到的，"自然界，就它自身不是人的身体而言，是人的无机的身体。人靠自然界生活。"在社会高速发展的过程中，若一味地从自然界索取甚至破坏，势必会导致生态环境的破坏以及对人类自身生存发展的威胁。

2020年初突发而至的新冠肺炎疫情，再一次将人与自然、人与野生动物和谐相处的话题推到世人面前。我们不得不承认，是我们长期过度向"天"索取、打破这种"合一"的平衡后，受到了大自然的惩罚。

历经全社会半年多艰苦卓绝的勠力奋战，疫情得以阶段性的缓解。目前从中央到地方，相继出台、完善了一系列野生动物保护相关的法律法规，构建起了全国上下坚决打击非法野生动物交易、革除滥食野生动物陋习、切实筑牢公共卫生安全防线、守住生态安全底线的屏障。

新冠肺炎疫情暴发后，我们将对野生动物保护、人与自然和谐共生的话题，提至最高的关注层面——穿山甲属所有种由国家二级保护野生动物调整为国家一级保护野生动物，长江江豚也拟将升级为一级保护动物。

张立教授是野生动物保护方面的专家，也是我们SEE基金会的同事。张立教授一直致力于研究国际象牙贸易政策对野生大象种群生存力的影响，并对中国亚洲象的遗传多样性、行为适应、种群动态和栖息地保护与规划等开展了20多年持续系统地研究。

张立教授编著的《野生动物保护与执法培训手册》即将出版，该书系统梳理了涉及野生动物非法捕猎、非法交易及非法消费的历史信息，并包括国内外相关法律法规，为公众、民间环保机构以及相关从业者全面了解野生动物非法消费现状，为下一步我们在全国推动公众监督工作、支持民间机构等开展非法野生动物消费的调查和监督等工作提供指导和辅助。在这里要强调的是，尽管我国民间环保公益组织数量占社会组织的比重不大，但却是我国最活跃、独立性最强、影响力最大的一个群体，在环境治理和生态文明建设中发挥了不可替代的重要作用。

此外，本书还将成为我们下一步与野生动物主管部门开展联合培训等行动、提升野生动物执法人员能力建设与执法水平的指导图书，也能帮助公众树立正确的野生动物保护观念，从而推动社会监督网络的形成。

我们常说生态环境保护并非一蹴而就，但我们唯以"只争朝夕"的信念，让敬畏之心虔诚地从心底生发，并以此指引我们的行为，尊重与热爱自然，努力构建人与自然在较高发展水平上的协调统一，并全力应对全球生态危机难题。相信我们共同携手，再小的努力都有意义。

艾路明

SEE 基金会第六届执行理事长

2020 年 6 月 22 日

前　言

2019 岁末，"新型冠状病毒"再次开启了一场让全人类为之颤抖的全球疫情大爆发……而上一次则是在 2003 年，当时人们称其为"非典"，当年有学者研究发现并证实果子狸是 SARS 病毒的中间宿主，也是人类感染 SARS 的直接来源。随后，科学家用了两年的时间发现在菊头蝠属的 4 个种里存在非典病毒抗体和基因，其中 70% 以上的大耳菊头蝠抗体呈阳性。基因序列分析表明，蝙蝠携带的类非典病毒与人非典病毒基因组序列同源性达 92%。在非典病毒的动物溯源过程中，早期的研究结果证明，果子狸可能是非典病毒的自然宿主。武汉病毒研究所石正丽研究员称，与果子狸相比，蝙蝠携带的类非典病毒更有可能是人非典病毒的源头。

人们对 2019 年末 2020 年初爆发的新冠疫情的研究显得格外迅速：2020 年 1 月 22 日即有研究学者发表论文认为 COVID-19 可能是蝙蝠冠状病毒与起源未知的冠状病毒之间的重组病毒，而蛇是最可能的携带此病毒的野生动物。2 月 7 日华南农业大学召开新闻发布会，认为穿山甲是新冠病毒的潜在中间宿主，而 3 月《自然》杂志（Nature）随即刊发快速评审论文，认为穿山甲携带新冠病毒，但是未必是中间宿主。本次全球疫情溯源研究肯定还需要经过数年甚至十数年的科研努力，但是野生动物贸易和消费对人类公共健康和生物安全带来的巨大威胁再次给我们敲响了警钟。

我和我的研究团队包括博士研究生杨念、李雯雯，刘鹏博士也是香港大学"香江学者"博士后，也在《科学》杂志（Science）发表观点短文，呼吁我国以此新冠疫情为契机，完善生物安全和野生动物保护相关法律，全面禁食野生动物，保障公共健康。

2020 年 1 月 24 日除夕，北京大学吕植教授等 19 名院士学者联名呼吁：杜绝野生动物非法食用和交易，从源头控制重大公共健康危机。SEE 基金会随即也联合国内 200 多家社会组织呼吁共同行动，杜绝野生动物非法交易，维护公共健康；1 月 26 日公安部即召开会议要求严打非法收购、运输、出售野生动物等违法活动；1 月 27 日国家林业和草原局通报各级林草部门开始全面清理野生动物人工繁殖和经营利用场所。

在 2 月 3 日召开的中共中央政治局常委会会议强调：要加强市场监管，坚决取缔和严厉打击非法野生动物市场和贸易，从源头上控制重大公共卫生风险；2月24日十三届全国人大常委员会第十六次会议表决通过《全国人大常委会关于全面禁止非法野生动物交易、革除滥食野生动物陋习、切实保障人民群众生命健康安全的决定》，《决定》作出了明确规定：一是强调凡野生动物保护法和其他有关法律明确禁止猎捕、交易、运输野生动物的，必须严格禁止。二是与全面禁止食用野生动物，全面禁止以食用为目的的猎捕、交易、运输在野外环境自然生长繁殖的陆生野生动物的行为。三是规定严格的法律责任，加大执法力度。我国政府的这些强有力的举措，无疑是对野生动物保护和公共健康安全保障的极大推动。

近年来随着消费经济的发展，人们对野生动物产品的需求量大幅度增长。消费市场的增长主要包括：利用野生动物作为宠物、入药、食品或装饰品以作为自己身份的象征等。随着野生动物贸易迅速扩大，非法野生动物交易也随之急剧增加。很多珍稀野生动物由于过度捕捉和商业开发利用，如穿山甲、大象和犀牛等都濒临灭绝。据估计，全球野生动物每年交易价值超过80亿美元，仅次于毒品交易，其利润率比非法武器交易更具吸引力。此外，政府执行监测野生动物贸易在很多国家明显不足，难以评估对野生动物野外种群的影响，其相关数据也十分匮乏。同时，合法交易与非法交易并存，使得很多非法野生动物交易难以得到监控，特别是难以从合法的市场中辨别出非法产品。识别销售终端交易的动物物种、估计交易频率、确定受保护物种或稀有物种，以及收集有关非法野生动物贸易路线等数据对执法非常重要，也是一项复杂的任务，需要多部门的协作与支持，也需要跨国界的国际合作。

自2002年参与国家濒危物种进出口管理办公室与海关总署就履行《濒危野生动植物种国际贸易公约》开展的公约履约执法培训工作以来，北京师范大学濒危动物保护项目团队在国内首次分析了公众对野生动物消费和贸易的态度与保护意识状况，并一直与海关、森林公安、边防、动植物检验检疫、工商等多个政府执法部门以及相关国际组织合作，开展旨在提高执法人员执法能力的野生动物执法培训工作，先后得到国家林业局濒危物种进出口管理中心、关键生态系统合作基金、英国非法野生动植物贸易应对基金等项目资助。在这些培训过程中发现，工作在基层的执法人员十分需要较为系统的国际、国内野生动物保护的法律法规知识、野生动物执法侦查技术知识和主要贸易物种的物种鉴别知识等相关培训资料。

感谢北京师范大学郑光美院士的鼓励和支持，让我能开始着手准备历年零散的野生动物执法培训资料，并把它们整理成册。本手册的出版得到英国环境、食品和农村事务部"非法野生动植物贸易应对基金"（Illegal Wildlife Trade Challenge Fund, IWT）

和关键生态系统合作基金会（Critical Ecosystem Partnership Fund, CEPF）的资助。特别感谢时任国家濒危物种进出口管理办公室孟宪林常务副主任、执法培训处张陕宁、肖红、吴倩和何金星的大力的支持和帮助；特别感谢成都办事处龚继恩、李红英，广州办事处严江、翟新翠、张红强、李金鑫，西安办事处贾永毅、朱志文，福州办事处宋师兰、林苗，以及国家林业局驻上海森林资源监督专员办万自明副专员等在本书编撰过程中给予的支持和帮助；感谢上海市野生动植物保护站金惠宇、马波、霍克华提供野生动物典型案例选编；感谢国际野生生物保护学会（Wildlife Conservation Society, WCS）李立姝、何琪婧、康蔼黎参与并校对了本书的第二章至第四章的翻译内容；感谢国际爱护动物基金会（International Fund for Animal Welfare, IFAW）何勇、马晨玥提供并再次授权使用《网络濒危野生动物贸易常见物种识别手册》中的常见网上物种物种的执法识别信息。

感谢我的研究生、北师大濒危物种保护项目团队的杨旋和唐如春参与每一次执法培训具体的协调工作和培训手册书稿的组织准备工作。在 SEE 基金会同事们的支持和鼓励下，重新编辑整理这本《野生动物保护与执法培训手册》，增加补充国内最新的法律法规等相关文件，以期为加强一线野生动物执法提供一本有用的工具书。特别感谢我的同事、SEE 基金会传播经理金少泽在新版执法培训手册的编辑和改版工作中付出的心血和努力。

谨以此书献给所有战斗在第一线的野生动物保护工作者！

张立

2020 年 6 月 18 日于北京

目 录

第一章

野生动植物执法相关法律法规

第一节　国际条约

《濒危野生动植物种国际贸易公约》简介

《濒危野生动植物种国际贸易公约》(Convention on International Trade in Endangered Species of Wild Fauna and Flora，简称 CITES) 是一个在 1963 年时由国际自然与天然资源保育联盟 (International Union for Conservation of Nature and Natural Resources，IUCN，已在 1990 年时改名为世界自然保护联盟，World Conservation Union) 的各会员国政府所起草签署，并在 1975 年时正式执行的一份国际协约。这份协约的目的主要是通过对野生动植物出口与进口进行限制，确保野生动物与植物的国际交易行为不会危害到物种本身的延续。由于这份公约是在美国的华盛顿市签署的，因此又常被简单称为《华盛顿公约》。

《濒危野生动植物种国际贸易公约》的历史

《濒危野生动植物种国际贸易公约》的出现源于 1963 年 IUCN 的一次集会，由与会会员国共同决议起草。

1972 年 6 月在瑞典首都斯德哥尔摩召开的联合国人类与环境大会上全面讨论了环境问题，特别是濒危野生动植物保护问题，提议由各国签署一项旨在保护濒危野生动植物种的国际贸易公约，这标志着联合国开始全面介入世界环境与发展事务，被誉为世界环境史上的一座里程碑。

1973 年 3 月 3 日，有 21 个国家的全权代表受命在华盛顿签署了《濒危野生动植物种国际贸易公约》(以下简称《公约》)。1975 年 7 月 1 日《公约》正式生效。

《濒危野生动植物种国际贸易公约》是世界上几个缔约单位数最高的公约之一，参与此公约的单位并不强制要求必须是主权国家，取而代之的是以"团体"(Party) 作为缔约单位，这些团体之中有些是主权国家，也有一些是区域性的政府组织。目前，缔约团体的数量高达 180 个。

中国于 1980 年 12 月 25 日加入《公约》，1981 年 4 月 8 日在中国正式生效。因此，中国不仅在保护和管理该《公约》附录Ⅰ和附录Ⅱ中所包括的野生动植物种方面负有重要的责任，而且中国《国家重点保护野生动物名录》中所规定保护的野生动物，除了《公约》附录Ⅰ、附录Ⅱ中已经列入的以外，其他均隶属于《公约》附录Ⅲ。为此中国政府还规定，该《公约》附录Ⅰ、附录Ⅱ中所列的原产地在中国的物种，按《国家重点保护野生动物名录》所规定的保护级别执行；非原产于中国的，根据其在附录中隶属的情况，分别按照国家Ⅰ级或Ⅱ级重点保护野生动物进行管理。例如，黑熊在《濒危野生动植物种国际贸易公约》中被列在附录Ⅰ中，但在《国家重点保护野生动物名录》中被列为Ⅱ级重点保护野生动物，所以应按国家Ⅱ级重点保护野生动物进行管理；又如非洲鸵鸟并非原产于中国，但被列入《濒危野生动植物种国际贸易公约》附录Ⅰ中，所以在中国应按国家Ⅰ级重点保护野生动物进行管理。

《濒危野生动植物种国际贸易公约》的保护范围

《濒危野生动植物种国际贸易公约》制定了一个濒危物种名录，通过许可证制度控制这些物种及其产品的国际贸易，由此而使《公约》成为打击非法贸易、限制过度利用的有效手段。被收录在《公约》中的物种包含了大约 5000 种的动物与 30000 种的植物，并且被分列入 3 个不同的附录：

附录Ⅰ（Appendix Ⅰ）囊括了受到灭绝威胁的物种，这些物种通常是禁止在国际间交易的，除非有特别的必要性。

附录Ⅱ（Appendix Ⅱ）囊括了没有紧急的灭绝危机，但需要管制交易情况以避免影响到其存续的物种。如果这类物种的族群数量降低到一定程度，则会被改置入附录Ⅰ进行全面的贸易限制保护。

附录Ⅲ（Appendix Ⅲ）包含了所有至少在某个国家或地区被列为保育生物的物种，换言之就是区域性贸易管制的物种。将这些物种列入《公约》中，才能有效要求其他会员团体进行协助管制其贸易。

《濒危野生动植物种国际贸易公约》的执行保障

1.《公约》要求，各国对野生动植物进出口的活动实行许可证 / 允许证明书制度，建立有效的双向控制机制。这种机制使历史文化传统、社会发展水平、政治经济利益不尽相同的国家都能接受并予以积极支持和合作，特别是能使消费国主动协助分布国防止其野动植物的偷猎或非法贸易活动。

2.《公约》机构还与相关国际组织合作，充分发挥海关和国际刑警组织在野生动植物进出口管理环节上的监管和打击走私犯罪的作用。

世界海关组织成立了《公约》项目工作组，建立了庞大的野生动植物贸易中心数据库，为各国海关加强野生动植物进出口监管提供信息支持。国际刑警组织成立了打击侵害濒危野生动植物犯罪工作组，通过提供全球执法协作，加强对野生动植物走私犯罪分子的打击力度。这 3 个组织已建立了广泛的联系协作机制，每年召开《公约》联席会议，邀请有关国家代表参加。

3.《公约》还运用经济手段促进《公约》的执行，对不遵守《公约》条款或大会决议的国家，采取限定、暂停或号召其他国家终止与其贸易，或由缔约国大会、常委会强制执行的措施。《濒危野生动植物种国际贸易公约》在保护野生动植物资源方面取得的成就及享有的权威和影响举世公认，成为世界上最具影响力、最有成效的环境保护公约之一。

《濒危野生动植物种国际贸易公约》的管理机构

缔约国大会

《公约》的附录物种名录由缔约国大会投票决定，缔约国大会每两年至两年半召开一次。在大会中只有缔约国有权投票，一国一票。

缔约国大会除了修订附录物种外，也讨论各项有关如何强化或推行《公约》的议案，譬如各国配合《公约》的国内法状况，检讨各主要贸易附录物种的贸易与管制状况，对特别物种如老虎、犀牛、大象、鲸鱼等的保育措施进行讨论与协商。其他会议事项包括改选、调整组织与票选下届大会主办国等。

大会的结论为决议案，除补充《公约》的条文外，也是各国遵循的政策指标。

《公约》常委会

是《公约》的重要机构，由亚洲、非洲、欧洲、北美洲、南美洲及加勒比海、大洋洲6个地区的代表组成。每个地区有1～4个国家作为地区代表，主要负责在《公约》缔约国大会休会期间推动《公约》各项决议和决定的执行，对各地区各缔约国的工作进行指导，同时就违约问题作出处理决定。

专门委员会

共有4个。专门处理《公约》推行的相关事务：动物委员会（专门讨论有相关动物方面的议题）、植物委员会（专门讨论有相关植物方面的议题）、命名委员会（拟订国际统一标准的学名）、图鉴委员会（制作鉴定辨识的图鉴手册）。

秘书处

综理各项行政与技术支持事宜。依《公约》规定，各国应设有管理机构与科学机构：管理机构负责签发审核《公约》输出／输入许可证及执法等相关事宜；科学机构负责收集物种生态族群与分布等数据，并提供各项技术咨询服务。

濒危野生动植物种国际贸易公约

缔约各国：

认识到，许多美丽的、种类繁多的野生动物和植物是地球自然系统中无可代替的一部分，为了我们这一代和今后世世代代，必须加以保护；认识到，从美学、科学、文化、娱乐和经济观点看，野生动植物的价值都在日益增长；认识到，各国人民和国家是，而且应该是本国野生动植物的最好保护者；

并且认识到，为了保护某些野生动物和植物物种不致由于国际贸易而遭到过度开发利用，进行国际合作是必要的；确信，为此目的迫切需要采取适当措施。同意下列各条款：

第一条　定　义

除非内容另有所指，就本公约而言：

1. "物种"指任何的种、亚种，或其地理上隔离的种群；

2. "标本"指：

（1）任何活的或死的动物，或植物；

（2）如系动物，指附录一和附录二所列物种，或其任何可辨认的部分，或其衍生物和附录三所列物种及与附录三所指有关物种的任何可辨认的部分，或其衍生物。

（3）如系植物，指附录一所列物种，或其任何可辨认的部分，或其衍生物和附录二、附录三所列物种及与附录二、附录三所指有关物种的任何可辨认的部分，或其衍生物。

3. "贸易"指出口、再出口、进口和从海上引进；

4. "再出口"指原先进口的任何标本的出口；

5. "从海上引进"指从不属任何国家管辖的海域中取得的任何物种标本输入某个国家；

6. "科学机构"指依第九条所指定的全国性科学机构；

7. "管理机构"指依第九条所指定的全国性管理机构；

8. "成员国"指本公约对之生效的国家。

第二条　基本原则

（一）附录一应包括所有受到和可能受到贸易的影响而有灭绝危险的物种。这些物种的标本的贸易必须加以特别严格的管理，以防止进一步危害其生存，并且只有在特殊的情况下才能允许进行贸易。

（二）附录二应包括：

1. 所有那些目前虽未濒临灭绝，但如对其贸易不严加管理，以防止不利其生存的利用，就可能变成有灭绝危险的物种；

2. 为了使本款第 1 项中指明的某些物种标本的贸易能得到有效的控制，而必须加以管理的其它物种。

（三）附录三应包括任一成员国认为属其管辖范围内，应进行管理以防止或限制开发利用而需要其他成员国合作控制贸易的物种。

（四）除遵守本公约各项规定外，各成员国均不应允许就附录一、附录二、附录三所列物种标本进行贸易。

第三条　附录一所列物种标本的贸易规定

（一）附录一所列物种标本的贸易，均应遵守本条各项规定。

（二）附录一所列物种的任何标本的出口，应事先获得并交验出口许可证。只有符合下列各项条件时，方可发给出口许可证：

1. 出口国的科学机构认为，此项出口不致危害该物种的生存；

2. 出口国的管理机构确认，该标本的获得并不违反本国有关保护野生动植物的法律；

3. 出口国的管理机构确认，任一出口的活标本会得到妥善装运，尽量减少伤亡、损害健康，或少遭虐待；

4. 出口国的管理机构确认，该标本的进口许可证已经发给。

（三）附录一所列物种的任何标本的进口，均应事先获得并交验进口许可证和出口许可证，或再出口证明书。只有符合下列各项条件时，方可发给进口许可证：

1. 进口国的科学机构认为，此项进口的意图不致危害有关物种的生存；

2. 进口国的科学机构确认，该活标本的接受者在笼舍安置和照管方面是得当的；

3. 进口国的管理机构确认，该标本的进口，不是以商业为根本目的。

（四）附录一所列物种的任何标本的再出口，均应事先获得并交验再出口证明书。只有符合下列各项条件时，方可发给再出口证明书：

1. 再出口国的管理机构确认，该标本系遵照本公约的规定进口到本国的；

2. 再出口国的管理机构确认，该项再出口的活标本会得到妥善装运，尽量减少伤亡、损害健康，或少遭虐待；

3. 再出口国的管理机构确认，任一活标本的进口许可证已经发给。

（五）从海上引进附录一所列物种的任何标本，应事先获得引进国管理机构发给的证明书。只有符合下列各项条件时，方可发给证明书：

1. 引进国的科学机构认为，此项引进不致危害有关物种的生存；

2．引进国的管理机构确认，该活标本的接受者在笼舍安置和照管方面是得当的；

3．引进国的管理机构确认，该标本的引进不是以商业为根本目的。

第四条　附录二所列物种标本的贸易规定

（一）附录二所列物种标本的贸易，均应遵守本条各项规定。

（二）附录二所列物种的任何标本的出口，应事先获得并交验出口许可证。只有符合下列各项条件时，方可发给出口许可证：

1．出口国的科学机构认为，此项出口不致危害该物种的生存；

2．出口国的管理机构确认，该标本的获得并不违反本国有关保护野生动植物的法律；

3．出口国的管理机构确认，任一出口的活标本会得到妥善装运，尽量减少伤亡、损害健康，或少遭虐待。

（三）各成员国的科学机构应监督该国所发给的附录二所列物种标本的出口许可证及该物种标本出口的实际情况。当科学机构确定，此类物种标本的出口应受到限制，以便保持该物种在其分布区内的生态系中与它应有作用相一致的地位，或者大大超出该物种够格成为附录一所属范畴的标准时，该科学机构就应建议主管的管理机构采取适当措施，限制发给该物种标本出口许可证。

（四）附录二所列物种的任何标本的进口，应事先交验出口许可证或再出口证明书。

（五）附录二所列物种的任何标本的再出口，应事先获得并交验再出口证明书。只有符合下列各项条件时，方可发给再出口证明书：

1．再出口国的管理机构确认，该标本的进口符合本公约各项规定；

2．再出口国的管理机构确认，任一活标本会得到妥善装运，尽量减少伤亡、损害健康，或少遭虐待。

（六）从海上引进附录二所列物种的任何标本，应事先从引进国的管理机构获得发给的证明书。只有符合下列各项条件时，方可发给证明书：

1．引进国的科学机构认为，此项引进不致危害有关物种的生存；

2．引进国的管理机构确认，任一活标本会得到妥善处置，尽量减少伤亡、损害健康，或少遭虐待。

（七）本条第（六）款所提到的证明书，只有在科学机构与其他国家的科学机构或者必要时与国际科学机构进行磋商后，并在不超过一年的期限内将全部标本如期引进，才能签发。

第五条　附录三所列物种标本的贸易规定

（一）附录三所列物种标本的贸易，均应遵守本条各项规定。

（二）附录三所列物种的任何标本，从将该物种列入附录三的任何国家出口时，应事先获得并交验出口许可证。只有符合下列各项条件时，方可发给出口许可证：

1. 出口国的管理机构确认，该标本的获得并不违反该国保护野生动植物的法律；

2. 出口国的管理机构确认，任一活标本会得到妥善装运，尽量减少伤亡、损害健康，或少遭虐待。

（三）除本条第（四）款涉及的情况外，附录三所列物种的任何标本的进口，应事先交验原产地证明书。如该出口国已将该物种列入附录三，则应交验该国所发给的出口许可证。

（四）如系再出口，由再出口国的管理机构签发有关该标本曾在该国加工或正在进行再出口的证明书，以此向进口国证明有关该标本的再出口符合本公约的各项规定。

第六条　许可证和证明书

（一）根据第三条、第四条和第五条的各项规定签发的许可证和证明书必须符合本条各项规定。

（二）出口许可证应包括附录四规定的式样中所列的内容，出口许可证只用于出口，并自签发之日起半年内有效。

（三）每个出口许可证或证明书应载有本公约的名称、签发出口许可证或证明书的管理机构的名称和任何一种证明印鉴，以及管理机构编制的控制号码。

（四）管理机构发给的许可证或证明书的副本应清楚地注明其为副本。除经特许者外，该副本不得代替原本使用。

（五）交付每批标本，均应备有单独的许可证或证明书。

（六）任一标本的进口国管理机构，应注销并保存出口许可证或再出口证明书，以及有关该标本的进口许可证。

（七）在可行的适当地方，管理机构可在标本上盖上标记，以助识别。此类"标记"系指任何难以除去的印记、铅封或识别该标本的其他合适的办法，尽量防止无权发证者进行伪造。

第七条　豁免及与贸易有关的其他专门规定

（一）第三条、第四条和第五条的各项规定不适用于在成员国领土内受海关控制的标本的过境或转运。

（二）出口国或再出口国的管理机构确认，某一标本是在本公约的规定对其生效前获得的，并具有该管理机构为此签发的证明书。则第三条、第四条和第五条的各项规定不适用于该标本。

（三）第三条、第四条和第五条的各项规定不适用于作为个人或家庭财产的标本，但这项豁免不得用于下列情况：

1. 附录一所列物种的标本，是物主在其常住国以外获得并正在向常住国进口；

2. 附录二所列物种的标本：

（1）它们是物主在常住国以外的国家从野生状态中获得；

（2）它们正在向物主常住国进口；

（3）在野生状态中获得的这些标本出口前，该国应事先获得出口许可证。但管理机构确认，这些物种标本是在本公约的规定对其生效前获得的，则不在此限。

（四）附录一所列的某一动物物种的标本，系为了商业目的而由人工饲养繁殖的，或附录一所列的某一植物物种的标本，系为了商业目的，而由人工培植的，均应视为附录二内所列的物种标本。

（五）当出口国管理机构确认，某一动物物种的任一标本是由人工饲养繁殖的，或某一植物物种的标本是由人工培植的，或确认它们是此类动物或植物的一部分，或是它们的衍生物，该管理机构出具的关于上述情况的证明书可以代替按第三条、第四条或第五条的各项规定所要求的许可证或证明书。

（六）第三条、第四条和第五条的各项规定不适用于在本国管理机构注册的科学家之间或科学机构之间进行非商业性的出借、馈赠或交换的植物标本或其他浸制的、干制的或埋置的博物馆标本，以及活的植物材料，但这些都必须附以管理机构出具的或批准的标签。

（七）任何国家的管理机构可不按照第三条、第四条和第五条的各项规定，允许用作巡回动物园、马戏团、动物展览、植物展览或其他巡回展览的标本，在没有许可证或证明书的情况下运送，但必须做到以下各点：

1. 出口者或进口者向管理机构登记有关该标本的全部详细情况；

2. 这些标本系属于本条第（二）款或第（五）款所规定的范围；

3. 管理机构已经确认，所有活的标本会得到妥善运输和照管，尽量减少伤亡、损害健康或少遭虐待。

第八条　成员国应采取的措施

（一）成员国应采取相应措施执行本公约的规定，并禁止违反本公约规定的标本贸易，包括下列各项措施：

1. 处罚对此类标本的贸易，或者没收它们，或两种办法兼用；

2. 规定对此类标本进行没收或退还出口国。

（二）除本条第（一）款所规定的措施外，违反本公约规定措施的贸易标本，予以没收所用的费用，如成员国认为必要，可采取任何办法内部补偿。

（三）成员国应尽可能保证物种标本在贸易时尽快地通过一切必要手续。为便利通行，成员国可指定一些进出口岸，以供对物种标本进行检验放行。各成员国还须保证所有活标本，在过境、扣留或装运期间，得到妥善照管，尽量减少伤亡、损害健康，或少遭虐待。

（四）在某一活标本由于本条第（一）款规定而被没收时：

1. 该标本应委托给没收国的管理机构代管；

2. 该管理机构经与出口国协商后，应将标本退还该出口国，费用由该出口国负担，或将其送往管理机构认为合适并且符合本公约宗旨的拯救中心，或类似地方；

3. 管理机构可以征询科学机构的意见，或者，在其认为需要时，与秘书处磋商以加快实现根据本款第 2 项所规定的措施，包括选择拯救中心或其他地方。

（五）本条第（四）款所指的拯救中心，是指由管理机构指定的某一机构，负责照管活标本，特别是没收的标本。

（六）各成员国应保存附录一、附录二、附录三所列物种标本的贸易记录，内容包括：

1. 出口者与进口者的姓名、地址；

2. 所发许可证或证明书的号码、种类，进行这种贸易的国家，标本的数量、类别，根据附录一、附录二、附录三所列物种的名称，如有要求，在可行的情况下，还包括标本的大小和性别。

（七）各成员国应提出执行本公约情况的定期报告，递交秘书处：

1. 包括本条第（六）款第 2 项所要求的情况摘要的年度报告；

2. 为执行本公约各项规定而采取的立法、规章和行政措施的双年度报告。

（八）本条第（七）款提到的情况，只要不违反有关成员国的法律，应予公布。

第九条　管理机构和科学机构

（一）各成员国应为本公约指定：

1. 有资格代表该成员国发给许可证或证明书的一个或若干个管理机构；

2. 一个或若干个科学机构。

（二）一国在将其批准、接受、核准或加入的文书交付保存时，应同时将授权与其他成员国和秘书处联系的管理机构的名称、地址通知保存国政府。

（三）根据本条规定所指派的单位名称，或授予的权限，如有任何改动，应由该成员国通知秘书处，以便转告其他成员国。

（四）本条第（二）款提及的任何管理机构，在秘书处或其他成员国的管理机构请求时，应将其图章、印记及其他用以核实许可证或证明书的标志的底样寄给对方。

第十条　与非公约成员国贸易

向一个非公约成员国出口或再出口，或从该国进口时，该国的权力机构所签发的类似文件，在实质上符合本公约对许可证和证明书的要求，就可代替任一成员国出具的文件而予接受。

第十一条　成员国大会

（一）在本公约生效两年后，秘书处应召集一次成员国大会。

（二）此后，秘书处至少每隔两年召集一次例会，除非全会另有决定，如有 1/3 以上的成员国提出书面请求时，秘书处应随时召开特别会议。

（三）各成员国在例会或特别会议上，应检查本公约执行情况，并可：

1. 作出必要的规定，使秘书处能履行其职责；

2. 根据第十五条，考虑并通过附录一和附录二的修正案；

3. 检查附录一、附录二、附录三所列物种的恢复和保护情况的进展；

4. 接受并考虑秘书处，或任何成员国提出的任何报告；

5. 在适当的情况下，提出提高公约效力的建议。

（四）在每次例会上，各成员国可根据本条第（二）款的规定，确定下次例会召开的时间和地点。

（五）各成员国在任何一次会议上，均可确定和通过本次会议议事规则。

（六）联合国及其专门机构和国际原子能总署以及非公约成员国，可以观察员的身份参加大会的会议，但无表决权。

（七）凡属于如下各类在技术上有能力保护、保持或管理野生动植物的机构或组织，经通知秘书处愿以观察员身份参加大会者，应接受其参加会议，但有 1/3 或以上成员国反对者例外：

1. 政府或非政府间的国际性机构或组织、国家政府机构和组织；

2. 为此目的所在国批准而设立的全国性非政府机构或组织。经过同意后，观察员有权参加会议，但无表决权。

第十二条　秘书处

（一）在本公约生效后，由联合国环境规划署执行主任筹组秘书处。在合适的方式和范围内，可取得在技术上有能力保护、保持和管理野生动植物方面的政府间的或非政府的，国际或国家的适当机构和组织的协助。

（二）秘书处的职责为：

1. 为成员国的会议作出安排并提供服务；

2. 履行根据本公约第十五条和第十六条的规定委托给秘书处的职责；

3. 根据成员国大会批准的计划，进行科学和技术研究，从而为执行本公约作出贡献，包括对活标本的妥善处置和装运的标准以及识别有关标本的方法；

4. 对于成员国提出的报告，如认为必要，则要求他们提供进一步的情况介绍，以保证本公约的执行；

5．提请成员国注意与本公约宗旨有关的任何事项；

6．定期出版并向成员国分发附录一、附录二、附录三的最新版本，以及有助于识别这些附录中所列物种标本的任何情报；

7．向成员国会议提出有关工作报告和执行本公约情况的年度报告，以及会议上可能要求提供的其他报告；

8．为执行本公约的宗旨和规定而提出建议，包括科学或技术性质情报的交流；

9．执行成员国委托秘书处的其他职责。

第十三条　国际措施

（一）秘书处根据其所获得的情报，认为附录一、附录二所列任一物种，由于该物种标本的贸易而正受到不利的影响，或本公约的规定没有被有效地执行时，秘书处应将这种情况通知有关的成员国，或有关的成员国所授权的管理机构。

（二）成员国在接到本条第（一）款所指的通知后，应在其法律允许范围内，尽快将有关事实通知秘书处，并提出适当补救措施。成员国认为需要调查时，可特别授权一人或若干人进行调查。

（三）成员国提供的情况，或根据本条第（二）款规定进行调查所得到的情况，将由下届成员国大会进行审议，大会可提出它认为合适的任何建议。

第十四条　对国内立法及各种国际公约的效力

（一）本公约的规定将不影响成员国有权采取以下措施：

1．附录一、附录二、附录三所列物种标本的贸易、取得、占有和转运，在国内采取更加严格的措施或完全予以禁止；

2．对附录一、附录二、附录三未列入的物种标本的贸易、取得、占有和转运，在国内采取限制或禁止的措施。

（二）本公约的规定，将不影响成员国在国内采取任何措施的规定，也不影响成员国由于签署了已生效或即将生效的涉及贸易、取得、占有或转运各物种标本其他方面的条约、公约或国际协议而承担的义务，包括有关海关、公共卫生、兽医或动植物检疫等方面的任何措施。

（三）本公约的规定不影响各国间已缔结或可能缔结的建立同盟或区域贸易协议的条约、公约或国际协定中所作的规定或承担的义务，上述同盟或区域贸易协议是用来建立或维持该同盟各成员国之间的共同对外关税管制或免除关税管制。

（四）本公约的缔约国，如果也是本公约生效时其他有效的条约、公约或国际协定的成员国，而且根据这些条约、公约和协定的规定，对附录二所列举的各种海洋物种应予保护，则应免除该国根据本公约的规定，对附录二所列举的，由在该国注册的船只捕获的、并符合上述其他条约、公约或国际协定的规定而进行捕获的各种物种标本进行贸易所承担的义务。

（五）尽管有第三条、第四条和第五条的规定，凡出口依本条第（四）款捕获的标本，只需要引进国的管理机构出具证明书，说明该标本是依照其他条约、公约或国际协定规定取得的。

（六）本公约不应妨碍根据联合国大会 2750C 字（XXV）号决议而召开的联合国海洋法会议从事编纂和发展海洋法，也不应妨碍任何国家在目前或将来就海洋法以及就沿岸国和船旗国的管辖权的性质和范围提出的主张和法律观点。

第十五条　附录一和附录二的修改

（一）下列规定适用于在成员国大会的会议上对附录一和附录二修改事宜：

1. 任何成员国可就附录一或附录二的修改提出建议，供下次会议审议。所提修正案的文本至少应在会前 150 天通知秘书处。秘书处应依据本条第（二）款第 2 项和第 3 项之规定，就修正案同其他成员国和有关机构进行磋商，并不迟于会前 30 天向各成员国发出通知；

2. 修正案应经到会并参加投票的成员国 2/3 多数通过。此处所谓"到会并参加投票的成员国"系指出席会议，并投了赞成票或反对票的成员国。弃权的成员国将不计入为通过修正案所需 2/3 的总数内；

3. 在一次会议上通过的修正案，应在该次会议 90 天后对所有成员国开始生效，但依据本条第（三）款提出保留的成员国除外。

（二）下列规定将适用于在成员国大会闭会期间，对附录一和附录二的修改事宜：

1. 任何成员国可在大会闭会期间按本款的规定，以邮政程序就附录一和附录二提出修改建议，要求审议；

2. 对各种海洋物种，秘书处在收到建议修正案文本后，应立即将修正案文本通知成员国。秘书处还应与业务上和该物种有关的政府间机构进行磋商，以便取得这些机构有可能提供的科学资料，并使与这些机构实施的保护措施协调一致。秘书处应尽快将此类机构所表示的观点和提供的资料，以及秘书处的调查结果和建议，通知成员国；

3. 对海洋物种以外的物种，秘书处应在收到建议的修正案文本后，立即将其通知成员国，并随后尽快将秘书处的建议通知成员国；

4. 任何成员国于秘书处根据本款第 2 或第 3 项的规定，将其建议通知成员国后的 60 天内，应将其对所提的修正案的意见，连同有关的科学资料和情报送交秘书处；

5. 秘书处应将收到的答复连同它自己的建议，尽快通知成员国；

6. 秘书处依据本款第 5 项规定将上述答复和建议通知成员国后 30 天内，如未收到对建议的修正案提出异议，修正案即应在随后 90 天起，对所有成员国开始生效，但依据本条第（三）款提出保留的成员国除外；

7. 如秘书处收到任何成员国提出的异议，修正案即按本款第 8、第 9 和第 10 项的规定，以邮政通信方式交付表决；

8. 秘书处应将收到异议的通知事先告知成员国；

9. 秘书处按本款第 8 项的规定发出通知后 60 天内，从各方收到赞成、反对或弃权票必须占成员国总数一半以上，否则，修正案将提交成员国大会的下一次会议上进行审议；

10. 如收到成员国投票数已占一半，则修正案应由投赞成或反对票的成员国的 2/3 多数通过；

11. 秘书处将投票结果通知所有成员国；

12. 如修正案获得通过，则自秘书处发出修正案被接受的通知之日起后 90 天，对各成员国开始生效。但按本条之第（三）款规定提出保留之成员国除外。

（三）在本条第（一）款第 3 项，或第（二）款第 12 项规定的 90 天期间，任何成员国均可向公约保存国政府以书面通知形式，对修正案通知提出保留。在此保留撤销以前，进行有关该物种的贸易时，即不作为本公约的成员国对待。

第十六条　附录三及其修改

（一）按第二条第（三）款所述，任何成员国可随时向秘书处提出它认为属其管辖范围内，并由其管理的物种的名单。附录三应包括：提出将某些物种包括在内的成员国的名称、提出的物种的学名，以及按第一条第 2 项所述，与该物种相联系的有关动物或植物的任何部分或衍生物。

（二）根据本条第（一）款规定提出的每一份名单，都应由秘书处在收到该名单后尽快通知成员国。该名单作为附录三的一部分，在发出此项通知之日起的 90 天后生效。在该名单发出后，任何成员国均可随时书面通知公约保存国政府，对任何物种，或其任何部分，或其衍生物持保留意见。在撤销此保留以前，进行有关该物种，或其一部分，或其衍生物的贸易时，该国即不作为本公约的成员国对待。

（三）提出应将某一物种列入附录三的成员国，可以随时通知秘书处撤销该物种，秘书处应将此事通知所有成员国，此项撤销应在秘书处发出通知之日起的 30 天后生效。

（四）根据本条第（一）款的规定提出一份名单的任何成员国，应向秘书处提交一份适用于此类物种保护的所有国内法律和规章的抄本，并同时提交成员国对该法律规章的适当解释，或秘书处要求提供的解释。该成员国在上述物种被列入附录三的期间内，应提交对上述法律和规章的任何修改或任何新的解释。

第十七条　公约之修改

（一）秘书处依至少 1/3 成员国提出的书面要求，可召开成员国大会特别会议，审议和通过本公约的修正案。此项修正案应经到会并参加投票的成员国 2/3 多数通过。此处所谓"到会并参加投票的成员国"系指出席会议并投了赞成票，或反对票的成员国。弃权的成员国将不计入为通过修正案所需 2/3 的总数内。

（二）秘书处至少应在会前 90 天将建议的修正案的案文通知所有成员国。

（三）自 2/3 的成员国向公约保存国政府递交接受该项修正案之日起的 60 天后，该项修正案即对接受的成员国开始生效。此后，在任何其他成员国递交接受该项修正案之日起的 60 天后，该项修正案对该成员国开始生效。

第十八条　争议之解决

（一）如两个或两个以上成员国之间就本公约各项规定的解释或适用发生争议，则涉及争议的成员国应进行磋商。

（二）如果争议不能依本条第（一）款获得解决，经成员国相互同意，可将争议提交仲裁，特别是提交设在海牙的常设仲裁法院进行仲裁，提出争议的成员国应受仲裁决定之约束。

第十九条　签署

本公约于一九七三年四月三十日以前在华盛顿开放签署，在此以后，则于一九七四年十二月三十一日以前在伯尔尼开放签署。

第二十条　批准、接受、核准

本公约需经批准、接受或核准，批准、接受或核准本公约的文书应交存公约保存国瑞士联邦政府。

第二十一条　加入

本公约将无限期地开放加入，加入书应交公约保存国保存。

第二十二条　生效

（一）本公约自第十份批准、接受、核准或加入本公约的文书交存公约保存国政府 90 天后开始生效。

（二）在第十份批准、接受、核准或加入本公约的文书交存以后，批准、接受、核准或加入本公约的国家，自向公约保存国政府交存批准、接受、核准或加入的文书之日起 90 天后对该国生效。

第二十三条　保留

（一）对本公约的各项规定不得提出一般保留。但根据本条或第十五条和第十六条的规定，可提出特殊保留。

（二）任何一国在将其批准、接受、核准或加入本公约的文书交托保存的同时，可就下述具体事项提出保留：

1. 附录一、附录二或附录三中所列举的任何物种；

2. 附录三中所指的各物种的任何部分或其衍生物。

（三）成员国在未撤销其根据本条规定提出的保留前，在对该保留物种，或其一部分，或其衍生物进行贸易时，该国即不作为本公约的成员国对待。

第二十四条 废约

任何成员国均可随时以书面形式通知公约保存国政府废止本公约。废约自公约保存国政府收到书面通知之日起 12 个月后生效。

第二十五条 保存国

（一）本公约正本以中、英、法、俄和西班牙文写成，各种文本都具有同等效力。正本应交存公约保存国政府，该政府应将核证无误的副本送致本公约的签字国，或加入本公约的国家。

（二）公约保存国政府应将批准、接受、核准或加入、本公约的生效和修改、表示保留和撤销保留以及废止的文书签署交存情况通知本公约所有签字国、加入国和秘书处。

（三）本公约生效后，公约保存国政府应立即将核证无误的文本根据联合国宪章第一百零二条，转送联合国秘书处登记和公布。

各全权代表受命在本公约上签字，以资证明。

第六十九届联合国大会会议决议

强调必须把保护野生动植物纳入为实现消除贫穷、粮食安全、可持续发展，包括生物多样性的养护和可持续使用、经济增长、社会福祉和可持续生计而采取的综合举措；

再次呼吁采取统一的综合举措实现可持续发展，以此引导人类与自然和谐共处，引领为恢复地球生态系统的健康和完整所做的努力；

表示关切在一些情况下受保护野生动植物物种的非法贩运是跨国有组织犯罪的一种日益复杂的表现形式，回顾 2012 年 7 月 26 日经济及社会理事会第 2012/19 号决议，其中理事会确认有组织犯罪已发展成多种形式，对各国的健康及安保、安全、善治和可持续发展构成威胁，因此着重指出必须加强国际合作、能力建设、刑事司法对策和执法行动，对这种犯罪予以打击；

确认《濒危野生动植物种国际贸易公约》①所提供的法律框架及发挥的重要作用，这一国际协定涉及贸易、环境与发展之间的相互关系，促进生物多样性的维护和可持续利用，为当地人民带来实实在在的利益，并确保凡是进入国际贸易的任何物种都不是濒临灭绝的物种；

又确认《养护野生动物移栖物种公约》②《生物多样性公约》③《保护世界文化和自然遗产公约》④和《关于具有国际意义的湿地，特别是作为水禽栖所的湿地公约》⑤等其他多边环境协定十分重要；

回顾2013年7月25日经济及社会理事会关于采取预防犯罪和刑事司法行动打击受保护野生动植物种非法贩运的第2013/40号决议，理事会在该决议中鼓励会员国把有组织犯罪团伙参与的受保护野生动植物种非法贩运定为严重犯罪；

又回顾2011年7月28日经济及社会理事会关于采取预防犯罪和刑事司法行动打击濒危野生动植物种非法贩运的第2011/36号决议；

重申《联合国打击跨国有组织犯罪公约》⑥是一项有力的工具，是国际合作打击濒危野生动植物种非法贩运法律框架的重要组成部分；

确认由《濒危野生动植物种国际贸易公约》⑦秘书处、国际刑事警察组织、联合国毒品和犯罪问题办公室、世界银行和世界海关组织组成的国际打击野生生物犯罪联盟协作开展的重要工作，其中包括向会员国提供技术援助；

欣见联合国环境规划署联合国环境大会2014年6月27日关于野生动植物非法贸易的第1/3号决议⑧，环境大会在该决议中呼吁大会第六十九届会议审议野生动植物非法贸易问题；

又欣见会员国、政府间组织和非政府组织之间的努力与合作，以及联合国机构和其他实体防止和打击野生动植物非法贸易的活动，在这方面注意到2013年《巴黎宣言》、2015年《卡萨内声明》、2014年《伦敦宣言》和2015年《布拉柴维尔宣言》；

回顾其2013年12月20日第68/205号决议，大会在该决议中宣布把3月3日，即《濒危野生动植物种国际贸易公约》通过之日，定为世界野生动植物日，欣见2014年和2015年举办了这一纪念日活动，以赞美世界野生动植物并提高对世界野生动植

---

① 联合国，《条约汇编》，第993卷，第14537号。
② 联合国，《条约汇编》，第1651卷，第28395号。
③ 同上，第1760卷，第30619号。
④ 同上，第1760卷，第30619号。
⑤ 同上，第1037卷，第15511号。
⑥ 同上，第996卷，第14583号。
⑦ 同上，第2349卷，第42146号。
⑧ 见联合国环境规划署，UNEP/EA.1/10号文件，附件一。

物的认识；

注意到 2015 年 4 月 12 日至 19 日在多哈举行的第十三届联合国预防犯罪和刑事司法大会通过的《关于将预防犯罪和刑事司法纳入更广泛的联合国议程以应对社会和经济挑战并促进国内和国际法治及公众参与的多哈宣言》；

又注意到联合国森林论坛第十一届会议通过的联合国森林论坛第十一届会议高级别部分关于"我们希望的森林：2015 年后"国际安排的部长宣言和关于 2015 年后国际森林安排的决议；

1. 重申联合国可持续发展大会题为"我们希望的未来"的成果文件①，其中认识到非法贩运野生动植物所带来的经济、社会和环境影响，必须对供需双方采取坚定有力的行动，并在这方面强调相关多边环境协定和国际组织之间有效开展国际合作的重要性；

2. 鼓励会员国采取有效措施，防止和制止影响环境的严重犯罪问题，如非法贩运野生动植物和野生动植物产品，包括受《濒危野生动植物种国际贸易公约》保护的动植物，以及偷猎；

3. 敦促会员国根据本国法律和国际法在国家一级采取果断措施，从供需两个方面防止、打击、消除野生动植物非法贸易，包括加强防止、调查和起诉这种非法贸易的必要立法，加强执法和刑事司法对策，同时确认在这方面国际打击野生生物犯罪联盟可以提供有价值的技术援助；

4. 呼吁会员国按照本国法律和《联合国打击跨国有组织犯罪公约》第 2 条（b）款的规定，把有组织犯罪团伙参与的受保护野生动植物种的非法贩运定为严重犯罪；

5. 又呼吁会员国酌情审查国家法律并进行必要修订，把与野生动植物非法贸易有关的犯罪作为《联合国打击跨国有组织犯罪》为国内洗钱罪目的而界定的；

6. 鼓励会员国协调司法、法律和行政规章，支持就野生动植物非法贸易交换证据和提起刑事诉讼，并按照本国法律在国家一级建立跨机构野生动植物犯罪问题工作队；

7. 敦促会员国积极参与，提高对非法野生动植物产品供应、过境和需求方面问题和风险的认识并加以处理，利用定向明确的战略减少需求，以影响消费者的行为；

8. 大力鼓励会员国通过双边合作等举措支持受野生动植物非法贩运及其不利影响之害的社区发展可持续和替代性生计，促使野生动植物境内外的社区全面参与，成为养护和可持续利用的积极伙伴，增强这些社区成员管理野生动植物和自然环境并从中获取惠益的权利和能力；

9. 敦促尚未批准或加入《濒危野生动植物种国际贸易公约》《联合国打击跨国有组织犯罪公约》和《联合国反腐败公约》的会员国考虑采取措施批准或加入上述公约，

---

① 第 66/288 号决议，附件。

呼吁缔约国采取适当措施，确保全面、切实地履行根据《濒危野生动植物种国际贸易公约》和其他相关多边协定承担的义务，并考虑分享根据这些文书打击野生动植物非法贩运的最佳做法；

10. 呼吁会员国禁止、防止和制止助长野生动植物和野生动植物产品非法贩运的一切形式的腐败；

11. 大力鼓励会员国按照经济及社会理事会第 2013/40 号决议，除其他外，利用《联合国打击跨国有组织犯罪公约》和《联合国反腐败公约》等国际法律文书开展双边、区域和国际合作，防止、打击和消除野生动植物和野生动植物产品的国际非法贩运；

12. 鼓励会员国酌情加强合作，按照《濒危野生动植物种国际贸易公约》以及时和符合成本效益的方法退回被非法交易的活体野生动植物，包括蛋卵；

13. 呼吁联合国各组织，在各自的任务范围内并按照经济及社会理事会第 2013/40 号决议，通过能力建设并通过支持替代生计，改善与所有利益攸关方的合作，促进国际社会采取统一的综合举措，继续支持会员国努力打击野生动植物的非法贩运；

14. 在其任务和资源范围内并按照经济及社会理事会第 2013/40 号决议，与会员国密切开展合作与协作，继续收集野生动植物非法贩运模式和流动方面的信息，并就此提出报告；

15. 请秘书长进一步改善对联合国办事处、基金和方案在各自任务范围内并按照经济及社会理事会第 2013/40 号决议开展的与本决议有关活动的协调；

16. 又请秘书长考虑到经济及社会理事会第 2013/40 号决议，向大会第七十届会议报告野生动植物非法贩运，包括偷猎和非法贸易以及本决议执行进展的全面情况，为今后可能采取的行动提出建议，包括考虑任命一名特使负责开展提高认识活动并促进国际行动；

17. 决定从第七十届会议开始每年审议这一问题和本决议的执行情况。

第二节　法　律

全国人民代表大会常务委员会关于全面禁止非法野生动物交易、革除滥食野生动物陋习、切实保障人民群众生命健康安全的决定

实施日期：2020年2月24日

为了全面禁止和惩治非法野生动物交易行为，革除滥食野生动物的陋习，维护生物安全和生态安全，有效防范重大公共卫生风险，切实保障人民群众生命健康安全，加强生态文明建设，促进人与自然和谐共生，全国人民代表大会常务委员会作出如下决定：

一、凡《中华人民共和国野生动物保护法》和其他有关法律禁止猎捕、交易、运输、食用野生动物的，必须严格禁止。

对违反前款规定的行为，在现行法律规定基础上加重处罚。

二、全面禁止食用国家保护的"有重要生态、科学、社会价值的陆生野生动物"以及其他陆生野生动物，包括人工繁育、人工饲养的陆生野生动物。

全面禁止以食用为目的猎捕、交易、运输在野外环境自然生长繁殖的陆生野生动物。

对违反前两款规定的行为，参照适用现行法律有关规定处罚。

三、列入畜禽遗传资源目录的动物，属于家畜家禽，适用《中华人民共和国畜牧法》的规定。

国务院畜牧兽医行政主管部门依法制定并公布畜禽遗传资源目录。

四、因科研、药用、展示等特殊情况，需要对野生动物进行非食用性利用的，应当按照国家有关规定实行严格审批和检疫检验。

国务院及其有关主管部门应当及时制定、完善野生动物非食用性利用的审批和检疫检验等规定，并严格执行。

五、各级人民政府和人民团体、社会组织、学校、新闻媒体等社会各方面，都应当积极开展生态环境保护和公共卫生安全的宣传教育和引导，全社会成员要自觉增强生态保护和公共卫生安全意识，移风易俗，革除滥食野生动物陋习，养成科学健康文明的生活方式。

六、各级人民政府及其有关部门应当健全执法管理体制，明确执法责任主体，落实执法管理责任，加强协调配合，加大监督检查和责任追究力度，严格查处违反本决定和有关法律法规的行为；对违法经营场所和违法经营者，依法予以取缔或者查封、关闭。

七、国务院及其有关部门和省、自治区、直辖市应当依据本决定和有关法律，制定、调整相关名录和配套规定。

国务院和地方人民政府应当采取必要措施，为本决定的实施提供相应保障。有关地方人民政府应当支持、指导、帮助受影响的农户调整、转变生产经营活动，根据实际情况给予一定补偿。

八、本决定自公布之日起施行。

中华人民共和国森林法

修订后实施日期：2020年7月1日

第一章 总 则

第一条 为了保护、培育和合理利用森林资源，加快国土绿化，发挥森林蓄水保土、调节气候、改善环境和提供林产品的作用，适应社会主义建设和人民生活的需要，特制定本法。

第二条 在中华人民共和国领域内从事森林、林木的保护、培育、利用和森林、林木、林地的经营管理活动，适用本法。

第三条 保护、培育、利用森林资源应当尊重自然、顺应自然，坚持生态优先、保护优先、保育结合、可持续发展的原则。

第四条 国家实行森林资源保护发展目标责任制和考核评价制度。上级人民政府对下级人民政府完成森林资源保护发展目标和森林防火、重大林业有害生物防治工作的情况进行考核，并公开考核结果。

地方人民政府可以根据本行政区域森林资源保护发展的需要，建立林长制。

第五条 国家采取财政、税收、金融等方面的措施，支持森林资源保护发展。各级人民政府应当保障森林生态保护修复的投入，促进林业发展。

第六条 国家以培育稳定、健康、优质、高效的森林生态系统为目标，对公益林和商品林实行分类经营管理，突出主导功能，发挥多种功能，实现森林资源永续利用。

第七条 国家建立森林生态效益补偿制度，加大公益林保护支持力度，完善重点生态功能区转移支付政策，指导受益地区和森林生态保护地区人民政府通过协商等方式进行生态效益补偿。

第八条 国务院和省、自治区、直辖市人民政府可以依照国家对民族自治地方自治权的规定，对民族自治地方的森林保护和林业发展实行更加优惠的政策。

第九条　国务院林业主管部门主管全国林业工作。县级以上地方人民政府林业主管部门，主管本行政区域的林业工作。

乡镇人民政府可以确定相关机构或者设置专职、兼职人员承担林业相关工作。

第十条　植树造林、保护森林，是公民应尽的义务。各级人民政府应当组织开展全民义务植树活动。

每年三月十二日为植树节。

第十一条　国家采取措施，鼓励和支持林业科学研究，推广先进适用的林业技术，提高林业科学技术水平。

第十二条　各级人民政府应当加强森林资源保护的宣传教育和知识普及工作，鼓励和支持基层群众性自治组织、新闻媒体、林业企业事业单位、志愿者等开展森林资源保护宣传活动。

教育行政部门、学校应当对学生进行森林资源保护教育。

第十三条　对在造林绿化、森林保护、森林经营管理以及林业科学研究等方面成绩显著的组织或者个人，按照国家有关规定给予表彰、奖励。

第二章　森林权属

第十四条　森林资源属于国家所有，由法律规定属于集体所有的除外。

国家所有的森林资源的所有权由国务院代表国家行使。国务院可以授权国务院自然资源主管部门统一履行国有森林资源所有者职责。

第十五条　林地和林地上的森林、林木的所有权、使用权，由不动产登记机构统一登记造册，核发证书。国务院确定的国家重点林区（以下简称重点林区）的森林、林木和林地，由国务院自然资源主管部门负责登记。

森林、林木、林地的所有者和使用者的合法权益受法律保护，任何组织和个人不得侵犯。

森林、林木、林地的所有者和使用者应当依法保护和合理利用森林、林木、林地，不得非法改变林地用途和毁坏森林、林木、林地。

第十六条　国家所有的林地和林地上的森林、林木可以依法确定给林业经营者使用。林业经营者依法取得的国有林地和林地上的森林、林木的使用权，经批准可以转让、出租、作价出资等。具体办法由国务院制定。

林业经营者应当履行保护、培育森林资源的义务，保证国有森林资源稳定增长，提高森林生态功能。

第十七条　集体所有和国家所有依法由农民集体使用的林地（以下简称集体林地）实行承包经营的，承包方享有林地承包经营权和承包林地上的林木所有权，合同另有约定的从其约定。承包方可以依法采取出租（转包）、入股、转让等方式流转林地经营权、林木所有权和使用权。

第十八条　未实行承包经营的集体林地以及林地上的林木，由农村集体经济组织统一经营。经本集体经济组织成员的村民会议三分之二以上成员或者三分之二以上村民代表同意并公示，可以通过招标、拍卖、公开协商等方式依法流转林地经营权、林木所有权和使用权。

第十九条　集体林地经营权流转应当签订书面合同。林地经营权流转合同一般包括流转双方的权利义务、流转期限、流转价款及支付方式、流转期限届满林地上的林木和固定生产设施的处置、违约责任等内容。

受让方违反法律规定或者合同约定造成森林、林木、林地严重毁坏的，发包方或者承包方有权收回林地经营权。

第二十条　国有企业事业单位、机关、团体、部队营造的林木，由营造单位管护并按照国家规定支配林木收益。

农村居民在房前屋后、自留地、自留山种植的林木，归个人所有。城镇居民在自有房屋的庭院内种植的林木，归个人所有。

集体或者个人承包国家所有和集体所有的宜林荒山荒地荒滩营造的林木，归承包的集体或者个人所有；合同另有约定的从其约定。

其他组织或者个人营造的林木，依法由营造者所有并享有林木收益；合同另有约定的从其约定。

第二十一条　为了生态保护、基础设施建设等公共利益的需要，确需征收、征用林地、林木的，应当依照《中华人民共和国土地管理法》等法律、行政法规的规定办理审批手续，并给予公平、合理的补偿。

第二十二条　单位之间发生的林木、林地所有权和使用权争议，由县级以上人民政府依法处理。

个人之间、个人与单位之间发生的林木所有权和林地使用权争议，由乡镇人民政府或者县级以上人民政府依法处理。

当事人对有关人民政府的处理决定不服的，可以自接到处理决定通知之日起三十日内，向人民法院起诉。

在林木、林地权属争议解决前，除因森林防火、林业有害生物防治、国家重大基础设施建设等需要外，当事人任何一方不得砍伐有争议的林木或者改变林地现状。

第三章　发展规划

第二十三条　县级以上人民政府应当将森林资源保护和林业发展纳入国民经济和社会发展规划。

第二十四条　县级以上人民政府应当落实国土空间开发保护要求，合理规划森林资源保护利用结构和布局，制定森林资源保护发展目标，提高森林覆盖率、森林蓄积量，提升森林生态系统质量和稳定性。

第二十五条　县级以上人民政府林业主管部门应当根据森林资源保护发展目标，编制林业发展规划。下级林业发展规划依据上级林业发展规划编制。

第二十六条　县级以上人民政府林业主管部门可以结合本地实际，编制林地保护利用、造林绿化、森林经营、天然林保护等相关专项规划。

第二十七条　国家建立森林资源调查监测制度，对全国森林资源现状及变化情况进行调查、监测和评价，并定期公布。

第四章　森林保护

第二十八条　国家加强森林资源保护，发挥森林蓄水保土、调节气候、改善环境、维护生物多样性和提供林产品等多种功能。

第二十九条　中央和地方财政分别安排资金，用于公益林的营造、抚育、保护、管理和非国有公益林权利人的经济补偿等，实行专款专用。具体办法由国务院财政部门会同林业主管部门制定。

第三十条　国家支持重点林区的转型发展和森林资源保护修复，改善生产生活条件，促进所在地区经济社会发展。重点林区按照规定享受国家重点生态功能区转移支付等政策。

第三十一条　国家在不同自然地带的典型森林生态地区、珍贵动物和植物生长繁殖的林区、天然热带雨林区和具有特殊保护价值的其他天然林区，建立以国家公园为主体的自然保护地体系，加强保护管理。

国家支持生态脆弱地区森林资源的保护修复。

县级以上人民政府应当采取措施对具有特殊价值的野生植物资源予以保护。

第三十二条　国家实行天然林全面保护制度，严格限制天然林采伐，加强天然林管护能力建设，保护和修复天然林资源，逐步提高天然林生态功能。具体办法由国务院规定。

第三十三条　地方各级人民政府应当组织有关部门建立护林组织，负责护林工作；根据实际需要建设护林设施，加强森林资源保护；督促相关组织订立护林公约、组织群众护林、划定护林责任区、配备专职或者兼职护林员。

县级或者乡镇人民政府可以聘用护林员，其主要职责是巡护森林，发现火情、林业有害生物以及破坏森林资源的行为，应当及时处理并向当地林业等有关部门报告。

第三十四条　地方各级人民政府负责本行政区域的森林防火工作，发挥群防作用；县级以上人民政府组织领导应急管理、林业、公安等部门按照职责分工密切配合做好森林火灾的科学预防、扑救和处置工作：

（一）组织开展森林防火宣传活动，普及森林防火知识；

（二）划定森林防火区，规定森林防火期；

（三）设置防火设施，配备防灭火装备和物资；

（四）建立森林火灾监测预警体系，及时消除隐患；

（五）制定森林火灾应急预案，发生森林火灾，立即组织扑救；

（六）保障预防和扑救森林火灾所需费用。

国家综合性消防救援队伍承担国家规定的森林火灾扑救任务和预防相关工作。

第三十五条　县级以上人民政府林业主管部门负责本行政区域的林业有害生物的监测、检疫和防治。

省级以上人民政府林业主管部门负责确定林业植物及其产品的检疫性有害生物，划定疫区和保护区。

重大林业有害生物灾害防治实行地方人民政府负责制。发生暴发性、危险性等重大林业有害生物灾害时，当地人民政府应当及时组织除治。

林业经营者在政府支持引导下，对其经营管理范围内的林业有害生物进行防治。

第三十六条　国家保护林地，严格控制林地转为非林地，实行占用林地总量控制，确保林地保有量不减少。各类建设项目占用林地不得超过本行政区域的占用林地总量控制指标。

第三十七条　矿藏勘查、开采以及其他各类工程建设，应当不占或者少占林地；确需占用林地的，应当经县级以上人民政府林业主管部门审核同意，依法办理建设用地审批手续。

占用林地的单位应当缴纳森林植被恢复费。森林植被恢复费征收使用管理办法由国务院财政部门会同林业主管部门制定。

县级以上人民政府林业主管部门应当按照规定安排植树造林，恢复森林植被，植树造林面积不得少于因占用林地而减少的森林植被面积。上级林业主管部门应当定期督促下级林业主管部门组织植树造林、恢复森林植被，并进行检查。

第三十八条　需要临时使用林地的，应当经县级以上人民政府林业主管部门批准；临时使用林地的期限一般不超过二年，并不得在临时使用的林地上修建永久性建筑物。

临时使用林地期满后一年内，用地单位或者个人应当恢复植被和林业生产条件。

第三十九条　禁止毁林开垦、采石、采砂、采土以及其他毁坏林木和林地的行为。

禁止向林地排放重金属或者其他有毒有害物质含量超标的污水、污泥，以及可能造成林地污染的清淤底泥、尾矿、矿渣等。

禁止在幼林地砍柴、毁苗、放牧。

禁止擅自移动或者损坏森林保护标志。

第四十条　国家保护古树名木和珍贵树木。禁止破坏古树名木和珍贵树木及其生存的自然环境。

第四十一条　各级人民政府应当加强林业基础设施建设，应用先进适用的科技手段，提高森林防火、林业有害生物防治等森林管护能力。

各有关单位应当加强森林管护。国有林业企业事业单位应当加大投入，加强森林防火、林业有害生物防治，预防和制止破坏森林资源的行为。

第五章　造林绿化

第四十二条　国家统筹城乡造林绿化，开展大规模国土绿化行动，绿化美化城乡，推动森林城市建设，促进乡村振兴，建设美丽家园。

第四十三条　各级人民政府应当组织各行各业和城乡居民造林绿化。

宜林荒山荒地荒滩，属于国家所有的，由县级以上人民政府林业主管部门和其他有关主管部门组织开展造林绿化；属于集体所有的，由集体经济组织组织开展造林绿化。

城市规划区内、铁路公路两侧、江河两侧、湖泊水库周围，由各有关主管部门按照有关规定因地制宜组织开展造林绿化；工矿区、工业园区、机关、学校用地，部队营区以及农场、牧场、渔场经营地区，由各单位负责造林绿化。组织开展城市造林绿化的具体办法由国务院制定。

国家所有和集体所有的宜林荒山荒地荒滩可以由单位或者个人承包造林绿化。

第四十四条　国家鼓励公民通过植树造林、抚育管护、认建认养等方式参与造林绿化。

第四十五条　各级人民政府组织造林绿化，应当科学规划、因地制宜，优化林种、树种结构，鼓励使用乡土树种和林木良种、营造混交林，提高造林绿化质量。

国家投资或者以国家投资为主的造林绿化项目，应当按照国家规定使用林木良种。

第四十六条　各级人民政府应当采取以自然恢复为主、自然恢复和人工修复相结合的措施，科学保护修复森林生态系统。新造幼林地和其他应当封山育林的地方，由当地人民政府组织封山育林。

各级人民政府应当对国务院确定的坡耕地、严重沙化耕地、严重石漠化耕地、严重污染耕地等需要生态修复的耕地，有计划地组织实施退耕还林还草。

各级人民政府应当对自然因素等导致的荒废和受损山体、退化林地以及宜林荒山荒地荒滩，因地制宜实施森林生态修复工程，恢复植被。

第六章　经营管理

第四十七条　国家根据生态保护的需要，将森林生态区位重要或者生态状况脆弱，以发挥生态效益为主要目的的林地和林地上的森林划定为公益林。未划定为公益林的林地和林地上的森林属于商品林。

第四十八条　公益林由国务院和省、自治区、直辖市人民政府划定并公布。

下列区域的林地和林地上的森林，应当划定为公益林：

（一）重要江河源头汇水区域；

（二）重要江河干流及支流两岸、饮用水水源地保护区；

（三）重要湿地和重要水库周围；

（四）森林和陆生野生动物类型的自然保护区；

（五）荒漠化和水土流失严重地区的防风固沙林基干林带；

（六）沿海防护林基干林带；

（七）未开发利用的原始林地区；

（八）需要划定的其他区域。

公益林划定涉及非国有林地的，应当与权利人签订书面协议，并给予合理补偿。

公益林进行调整的，应当经原划定机关同意，并予以公布。

国家级公益林划定和管理的办法由国务院制定；地方级公益林划定和管理的办法由省、自治区、直辖市人民政府制定。

第四十九条　国家对公益林实施严格保护。

县级以上人民政府林业主管部门应当有计划地组织公益林经营者对公益林中生态功能低下的疏林、残次林等低质低效林，采取林分改造、森林抚育等措施，提高公益林的质量和生态保护功能。

在符合公益林生态区位保护要求和不影响公益林生态功能的前提下，经科学论证，可以合理利用公益林林地资源和森林景观资源，适度开展林下经济、森林旅游等。利用公益林开展上述活动应当严格遵守国家有关规定。

第五十条　国家鼓励发展下列商品林：

（一）以生产木材为主要目的的森林；

（二）以生产果品、油料、饮料、调料、工业原料和药材等林产品为主要目的的森林；

（三）以生产燃料和其他生物质能源为主要目的的森林；

（四）其他以发挥经济效益为主要目的的森林。

在保障生态安全的前提下，国家鼓励建设速生丰产、珍贵树种和大径级用材林，增加林木储备，保障木材供给安全。

第五十一条　商品林由林业经营者依法自主经营。在不破坏生态的前提下，可以采取集约化经营措施，合理利用森林、林木、林地，提高商品林经济效益。

第五十二条　在林地上修筑下列直接为林业生产经营服务的工程设施，符合国家有关部门规定的标准的，由县级以上人民政府林业主管部门批准，不需要办理建设用地审批手续；超出标准需要占用林地的，应当依法办理建设用地审批手续：

（一）培育、生产种子、苗木的设施；

（二）贮存种子、苗木、木材的设施；

（三）集材道、运材道、防火巡护道、森林步道；

（四）林业科研、科普教育设施；

（五）野生动植物保护、护林、林业有害生物防治、森林防火、木材检疫的设施；

（六）供水、供电、供热、供气、通讯基础设施；

（七）其他直接为林业生产服务的工程设施。

第五十三条　国有林业企业事业单位应当编制森林经营方案，明确森林培育和管护的经营措施，报县级以上人民政府林业主管部门批准后实施。重点林区的森林经营方案由国务院林业主管部门批准后实施。

国家支持、引导其他林业经营者编制森林经营方案。

编制森林经营方案的具体办法由国务院林业主管部门制定。

第五十四条　国家严格控制森林年采伐量。省、自治区、直辖市人民政府林业主管部门根据消耗量低于生长量和森林分类经营管理的原则，编制本行政区域的年采伐限额，经征求国务院林业主管部门意见，报本级人民政府批准后公布实施，并报国务院备案。重点林区的年采伐限额，由国务院林业主管部门编制，报国务院批准后公布实施。

第五十五条　采伐森林、林木应当遵守下列规定：

（一）公益林只能进行抚育、更新和低质低效林改造性质的采伐。但是，因科研或者实验、防治林业有害生物、建设护林防火设施、营造生物防火隔离带、遭受自然灾害等需要采伐的除外。

（二）商品林应当根据不同情况，采取不同采伐方式，严格控制皆伐面积，伐育同步规划实施。

（三）自然保护区的林木，禁止采伐。但是，因防治林业有害生物、森林防火、维护主要保护对象生存环境、遭受自然灾害等特殊情况必须采伐的和实验区的竹林除外。

省级以上人民政府林业主管部门应当根据前款规定，按照森林分类经营管理、保护优先、注重效率和效益等原则，制定相应的林木采伐技术规程。

第五十六条　采伐林地上的林木应当申请采伐许可证，并按照采伐许可证的规定进行采伐；采伐自然保护区以外的竹林，不需要申请采伐许可证，但应当符合林木采伐技术规程。

农村居民采伐自留地和房前屋后个人所有的零星林木，不需要申请采伐许可证。

非林地上的农田防护林、防风固沙林、护路林、护岸护堤林和城镇林木等的更新采伐，由有关主管部门按照有关规定管理。

采挖移植林木按照采伐林木管理。具体办法由国务院林业主管部门制定。

禁止伪造、变造、买卖、租借采伐许可证。

第五十七条　采伐许可证由县级以上人民政府林业主管部门核发。

县级以上人民政府林业主管部门应当采取措施，方便申请人办理采伐许可证。

农村居民采伐自留山和个人承包集体林地上的林木，由县级人民政府林业主管部门或者其委托的乡镇人民政府核发采伐许可证。

第五十八条　申请采伐许可证，应当提交有关采伐的地点、林种、树种、面积、蓄积、方式、更新措施和林木权属等内容的材料。超过省级以上人民政府林业主管部门规定面积或者蓄积量的，还应当提交伐区调查设计材料。

第五十九条　符合林木采伐技术规程的，审核发放采伐许可证的部门应当及时核发采伐许可证。但是，审核发放采伐许可证的部门不得超过年采伐限额发放采伐许可证。

第六十条　有下列情形之一的，不得核发采伐许可证：

（一）采伐封山育林期、封山育林区内的林木；

（二）上年度采伐后未按照规定完成更新造林任务；

（三）上年度发生重大滥伐案件、森林火灾或者林业有害生物灾害，未采取预防和改进措施；

（四）法律法规和国务院林业主管部门规定的禁止采伐的其他情形。

第六十一条　采伐林木的组织和个人应当按照有关规定完成更新造林。更新造林的面积不得少于采伐的面积，更新造林应当达到相关技术规程规定的标准。

第六十二条　国家通过贴息、林权收储担保补助等措施，鼓励和引导金融机构开展涉林抵押贷款、林农信用贷款等符合林业特点的信贷业务，扶持林权收储机构进行市场化收储担保。

第六十三条　国家支持发展森林保险。县级以上人民政府依法对森林保险提供保险费补贴。

第六十四条　林业经营者可以自愿申请森林认证，促进森林经营水平提高和可持续经营。

第六十五条　木材经营加工企业应当建立原料和产品出入库台账。任何单位和个人不得收购、加工、运输明知是盗伐、滥伐等非法来源的林木。

第七章　监督检查

第六十六条　县级以上人民政府林业主管部门依照本法规定，对森林资源的保护、修复、利用、更新等进行监督检查，依法查处破坏森林资源等违法行为。

第六十七条　县级以上人民政府林业主管部门履行森林资源保护监督检查职责，有权采取下列措施：

（一）进入生产经营场所进行现场检查；

（二）查阅、复制有关文件、资料，对可能被转移、销毁、隐匿或者篡改的文件、资料予以封存；

（三）查封、扣押有证据证明来源非法的林木以及从事破坏森林资源活动的工具、设备或者财物；

（四）查封与破坏森林资源活动有关的场所。

省级以上人民政府林业主管部门对森林资源保护发展工作不力、问题突出、群众反映强烈的地区，可以约谈所在地区县级以上地方人民政府及其有关部门主要负责人，要求其采取措施及时整改。约谈整改情况应当向社会公开。

第六十八条　破坏森林资源造成生态环境损害的，县级以上人民政府自然资源主管部门、林业主管部门可以依法向人民法院提起诉讼，对侵权人提出损害赔偿要求。

第六十九条　审计机关按照国家有关规定对国有森林资源资产进行审计监督。

第八章　法律责任

第七十条　县级以上人民政府林业主管部门或者其他有关国家机关未依照本法规定履行职责的，对直接负责的主管人员和其他直接责任人员依法给予处分。

依照本法规定应当作出行政处罚决定而未作出的，上级主管部门有权责令下级主管部门作出行政处罚决定或者直接给予行政处罚。

第七十一条　违反本法规定，侵害森林、林木、林地的所有者或者使用者的合法权益的，依法承担侵权责任。

第七十二条　违反本法规定，国有林业企业事业单位未履行保护培育森林资源义务、未编制森林经营方案或者未按照批准的森林经营方案开展森林经营活动的，由县级以上人民政府林业主管部门责令限期改正，对直接负责的主管人员和其他直接责任人员依法给予处分。

第七十三条　违反本法规定，未经县级以上人民政府林业主管部门审核同意，擅自改变林地用途的，由县级以上人民政府林业主管部门责令限期恢复植被和林业生产条件，可以处恢复植被和林业生产条件所需费用三倍以下的罚款。

虽经县级以上人民政府林业主管部门审核同意，但未办理建设用地审批手续擅自占用林地的，依照《中华人民共和国土地管理法》的有关规定处罚。

在临时使用的林地上修建永久性建筑物，或者临时使用林地期满后一年内未恢复植被或者林业生产条件的，依照本条第一款规定处罚。

第七十四条　违反本法规定，进行开垦、采石、采砂、采土或者其他活动，造成林木毁坏的，由县级以上人民政府林业主管部门责令停止违法行为，限期在原地或者异地补种毁坏株数一倍以上三倍以下的树木，可以处毁坏林木价值五倍以下的罚款；造成林地毁坏的，由县级以上人民政府林业主管部门责令停止违法行为，限期恢复植被和林业生产条件，可以处恢复植被和林业生产条件所需费用三倍以下的罚款。

违反本法规定，在幼林地砍柴、毁苗、放牧造成林木毁坏的，由县级以上人民政府林业主管部门责令停止违法行为，限期在原地或者异地补种毁坏株数一倍以上三倍以下的树木。

向林地排放重金属或者其他有毒有害物质含量超标的污水、污泥，以及可能造成林地污染的清淤底泥、尾矿、矿渣等的，依照《中华人民共和国土壤污染防治法》的有关规定处罚。

第七十五条　违反本法规定，擅自移动或者毁坏森林保护标志的，由县级以上人民政府林业主管部门恢复森林保护标志，所需费用由违法者承担。

第七十六条　盗伐林木的，由县级以上人民政府林业主管部门责令限期在原地或者异地补种盗伐株数一倍以上五倍以下的树木，并处盗伐林木价值五倍以上十倍以下的罚款。

滥伐林木的，由县级以上人民政府林业主管部门责令限期在原地或者异地补种滥伐株数一倍以上三倍以下的树木，可以处滥伐林木价值三倍以上五倍以下的罚款。

第七十七条　违反本法规定，伪造、变造、买卖、租借采伐许可证的，由县级以上人民政府林业主管部门没收证件和违法所得，并处违法所得一倍以上三倍以下的罚款；没有违法所得的，可以处二万元以下的罚款。

第七十八条　违反本法规定，收购、加工、运输明知是盗伐、滥伐等非法来源的林木的，由县级以上人民政府林业主管部门责令停止违法行为，没收违法收购、加工、运输的林木或者变卖所得，可以处违法收购、加工、运输林木价款三倍以下的罚款。

第七十九条　违反本法规定，未完成更新造林任务的，由县级以上人民政府林业主管部门责令限期完成；逾期未完成的，可以处未完成造林任务所需费用二倍以下的罚款；对直接负责的主管人员和其他直接责任人员，依法给予处分。

第八十条　违反本法规定，拒绝、阻碍县级以上人民政府林业主管部门依法实施监督检查的，可以处五万元以下的罚款，情节严重的，可以责令停产停业整顿。

第八十一条　违反本法规定，有下列情形之一的，由县级以上人民政府林业主管部门依法组织代为履行，代为履行所需费用由违法者承担：

（一）拒不恢复植被和林业生产条件，或者恢复植被和林业生产条件不符合国家有关规定；

（二）拒不补种树木，或者补种不符合国家有关规定。

恢复植被和林业生产条件、树木补种的标准，由省级以上人民政府林业主管部门制定。

第八十二条　公安机关按照国家有关规定，可以依法行使本法第七十四条第一款、第七十六条、第七十七条、第七十八条规定的行政处罚权。

违反本法规定，构成违反治安管理行为的，依法给予治安管理处罚；构成犯罪的，依法追究刑事责任。

第九章　附则

第八十三条　本法下列用语的含义是：

（一）森林，包括乔木林、竹林和国家特别规定的灌木林。按照用途可以分为防护林、特种用途林、用材林、经济林和能源林。

（二）林木，包括树木和竹子。

（三）林地，是指县级以上人民政府规划确定的用于发展林业的土地。包括郁闭度 0.2 以上的乔木林地以及竹林地、灌木林地、疏林地、采伐迹地、火烧迹地、未成林造林地、苗圃地等。

第八十四条　本法自 2020 年 7 月 1 日起施行。

中华人民共和国渔业法

修订后实施日期：2013年12月28日

第一章　总则

第一条　为了加强渔业资源的保护、增殖、开发和合理利用，发展人工养殖，保障渔业生产者的合法权益，促进渔业生产的发展，适应社会主义建设和人民生活的需要，特制定本法。

第二条　在中华人民共和国的内水、滩涂、领海、专属经济区以及中华人民共和国管辖的一切其他海域从事养殖和捕捞水生动物、水生植物等渔业生产活动，都必须遵守本法。

第三条　国家对渔业生产实行以养殖为主，养殖、捕捞、加工并举，因地制宜，各有侧重的方针。

各级人民政府应当把渔业生产纳入国民经济发展计划，采取措施，加强水域的统一规划和综合利用。

第四条　国家鼓励渔业科学技术研究，推广先进技术，提高渔业科学技术水平。

第五条　在增殖和保护渔业资源、发展渔业生产、进行渔业科学技术研究等方面成绩显著的单位和个人，由各级人民政府给予精神的或者物质的奖励。

第六条　国务院渔业行政主管部门主管全国的渔业工作。县级以上地方人民政府渔业行政主管部门主管本行政区域内的渔业工作。县级以上人民政府渔业行政主管部门可以在重要渔业水域、渔港设渔政监督管理机构。

县级以上人民政府渔业行政主管部门及其所属的渔政监督管理机构可以设渔政检查人员。渔政检查人员执行渔业行政主管部门及其所属的渔政监督管理机构交付的任务。

第七条　国家对渔业的监督管理，实行统一领导、分级管理。

海洋渔业，除国务院划定由国务院渔业行政主管部门及其所属的渔政监督管理机构监督管理的海域和特定渔业资源渔场外，由毗邻海域的省、自治区、直辖市人民政府渔业行政主管部门监督管理。

江河、湖泊等水域的渔业，按照行政区划由有关县级以上人民政府渔业行政主管部门监督管理；跨行政区域的，由有关县级以上地方人民政府协商制定管理办法，或者由上一级人民政府渔业行政主管部门及其所属的渔政监督管理机构监督管理。

第八条　外国人、外国渔业船舶进入中华人民共和国管辖水域，从事渔业生产或者渔业资源调查活动，必须经国务院有关主管部门批准，并遵守本法和中华人民共和国其他有关法律、法规的规定；同中华人民共和国订有条约、协定的，按照条约、协定办理。

国家渔政渔港监督管理机构对外行使渔政渔港监督管理权。

第九条　渔业行政主管部门和其所属的渔政监督管理机构及其工作人员不得参与和从事渔业生产经营活动。

第二章　养殖业

第十条　国家鼓励全民所有制单位、集体所有制单位和个人充分利用适于养殖的水域、滩涂，发展养殖业。

第十一条　国家对水域利用进行统一规划，确定可以用于养殖业的水域和滩涂。单位和个人使用国家规划确定用于养殖业的全民所有的水域、滩涂的，使用者应当向县级以上地方人民政府渔业行政主管部门提出申请，由本级人民政府核发养殖证，许可其使用该水域、滩涂从事养殖生产。核发养殖证的具体办法由国务院规定。

集体所有的或者全民所有由农业集体经济组织使用的水域、滩涂，可以由个人或者集体承包，从事养殖生产。

第十二条　县级以上地方人民政府在核发养殖证时，应当优先安排当地的渔业生产者。

第十三条　当事人因使用国家规划确定用于养殖业的水域、滩涂从事养殖生产发生争议的，按照有关法律规定的程序处理。在争议解决以前，任何一方不得破坏养殖生产。

第十四条　国家建设征收集体所有的水域、滩涂，按照《中华人民共和国土地管理法》有关征地的规定办理。

第十五条　县级以上地方人民政府应当采取措施，加强对商品鱼生产基地和城市郊区重要养殖水域的保护。

第十六条　国家鼓励和支持水产优良品种的选育、培育和推广。水产新品种必须经全国水产原种和良种审定委员会审定，由国务院渔业行政主管部门公告后推广。

水产苗种的进口、出口由国务院渔业行政主管部门或者省、自治区、直辖市人民政府渔业行政主管部门审批。

水产苗种的生产由县级以上地方人民政府渔业行政主管部门审批。但是，渔业生产者自育、自用水产苗种的除外。

第十七条　水产苗种的进口、出口必须实施检疫，防止病害传入境内和传出境外，具体检疫工作按照有关动植物进出境检疫法律、行政法规的规定执行。

引进转基因水产苗种必须进行安全性评价，具体管理工作按照国务院有关规定执行。

第十八条　县级以上人民政府渔业行政主管部门应当加强对养殖生产的技术指导和病害防治工作。

第十九条　从事养殖生产不得使用含有毒有害物质的饵料、饲料。

第二十条　从事养殖生产应当保护水域生态环境，科学确定养殖密度，合理投饵、施肥、使用药物，不得造成水域的环境污染。

第三章　捕捞业

第二十一条　国家在财政、信贷和税收等方面采取措施，鼓励、扶持远洋捕捞业的发展，并根据渔业资源的可捕捞量，安排内水和近海捕捞力量。

第二十二条　国家根据捕捞量低于渔业资源增长量的原则，确定渔业资源的总可捕捞量，实行捕捞限额制度。国务院渔业行政主管部门负责组织渔业资源的调查和评估，为实行捕捞限额制度提供科学依据。中华人民共和国内海、领海、专属经济区和其他管辖海域的捕捞限额总量由国务院渔业行政主管部门确定，报国务院批准后逐级分解下达；国家确定的重要江河、湖泊的捕捞限额总量由有关省、自治区、直辖市人民政府确定或者协商确定，逐级分解下达。捕捞限额总量的分配应当体现公平、公正的原则，分配办法和分配结果必须向社会公开，并接受监督。

国务院渔业行政主管部门和省、自治区、直辖市人民政府渔业行政主管部门应当加强对捕捞限额制度实施情况的监督检查，对超过上级下达的捕捞限额指标的，应当在其次年捕捞限额指标中予以核减。

第二十三条 国家对捕捞业实行捕捞许可证制度。

到中华人民共和国与有关国家缔结的协定确定的共同管理的渔区或者公海从事捕捞作业的捕捞许可证，由国务院渔业行政主管部门批准发放。海洋大型拖网、围网作业的捕捞许可证，由省、自治区、直辖市人民政府渔业行政主管部门批准发放。其他作业的捕捞许可证，由县级以上地方人民政府渔业行政主管部门批准发放；但是，批准发放海洋作业的捕捞许可证不得超过国家下达的船网工具控制指标，具体办法由省、自治区、直辖市人民政府规定。

捕捞许可证不得买卖、出租和以其他形式转让，不得涂改、伪造、变造。

到他国管辖海域从事捕捞作业的，应当经国务院渔业行政主管部门批准，并遵守中华人民共和国缔结的或者参加的有关条约、协定和有关国家的法律。

第二十四条 具备下列条件的，方可发给捕捞许可证：

（一）有渔业船舶检验证书；

（二）有渔业船舶登记证书；

（三）符合国务院渔业行政主管部门规定的其他条件。

县级以上地方人民政府渔业行政主管部门批准发放的捕捞许可证，应当与上级人民政府渔业行政主管部门下达的捕捞限额指标相适应。

第二十五条 从事捕捞作业的单位和个人，必须按照捕捞许可证关于作业类型、场所、时限、渔具数量和捕捞限额的规定进行作业，并遵守国家有关保护渔业资源的规定，大中型渔船应当填写渔捞日志。

第二十六条 制造、更新改造、购置、进口的从事捕捞作业的船舶必须经渔业船舶检验部门检验合格后，方可下水作业。具体管理办法由国务院规定。

第二十七条 渔港建设应当遵守国家的统一规划，实行谁投资谁受益的原则。县级以上地方人民政府应当对位于本行政区域内的渔港加强监督管理，维护渔港的正常秩序。

第四章 渔业资源的增殖和保护

第二十八条 县级以上人民政府渔业行政主管部门应当对其管理的渔业水域统一规划，采取措施，增殖渔业资源。县级以上人民政府渔业行政主管部门可以向受益的单位和个人征收渔业资源增殖保护费，专门用于增殖和保护渔业资源。渔业资源增殖保护费的征收办法由国务院渔业行政主管部门会同财政部门制定，报国务院批准后施行。

第二十九条 国家保护水产种质资源及其生存环境，并在具有较高经济价值和遗传育种价值的水产种质资源的主要生长繁育区域建立水产种质资源保护区。未经国务院渔业行政主管部门批准，任何单位或者个人不得在水产种质资源保护区内从事捕捞活动。

第三十条　禁止使用炸鱼、毒鱼、电鱼等破坏渔业资源的方法进行捕捞。禁止制造、销售、使用禁用的渔具。禁止在禁渔区、禁渔期进行捕捞。禁止使用小于最小网目尺寸的网具进行捕捞。捕捞的渔获物中幼鱼不得超过规定的比例。在禁渔区或者禁渔期内禁止销售非法捕捞的渔获物。

重点保护的渔业资源品种及其可捕捞标准，禁渔区和禁渔期，禁止使用或者限制使用的渔具和捕捞方法，最小网目尺寸以及其他保护渔业资源的措施，由国务院渔业行政主管部门或者省、自治区、直辖市人民政府渔业行政主管部门规定。

第三十一条　禁止捕捞有重要经济价值的水生动物苗种。因养殖或者其他特殊需要，捕捞有重要经济价值的苗种或者禁捕的怀卵亲体的，必须经国务院渔业行政主管部门或者省、自治区、直辖市人民政府渔业行政主管部门批准，在指定的区域和时间内，按照限额捕捞。

在水生动物苗种重点产区引水用水时，应当采取措施，保护苗种。

第三十二条　在鱼、虾、蟹洄游通道建闸、筑坝，对渔业资源有严重影响的，建设单位应当建造过鱼设施或者采取其他补救措施。

第三十三条　用于渔业并兼有调蓄、灌溉等功能的水体，有关主管部门应当确定渔业生产所需的最低水位线。

第三十四条　禁止围湖造田。沿海滩涂未经县级以上人民政府批准，不得围垦；重要的苗种基地和养殖场所不得围垦。

第三十五条　进行水下爆破、勘探、施工作业，对渔业资源有严重影响的，作业单位应当事先同有关县级以上人民政府渔业行政主管部门协商，采取措施，防止或者减少对渔业资源的损害；造成渔业资源损失的，由有关县级以上人民政府责令赔偿。

第三十六条　各级人民政府应当采取措施，保护和改善渔业水域的生态环境，防治污染。

渔业水域生态环境的监督管理和渔业污染事故的调查处理，依照《中华人民共和国海洋环境保护法》和《中华人民共和国水污染防治法》的有关规定执行。

第三十七条　国家对白鳍豚等珍贵、濒危水生野生动物实行重点保护，防止其灭绝。禁止捕杀、伤害国家重点保护的水生野生动物。因科学研究、驯养繁殖、展览或者其他特殊情况，需要捕捞国家重点保护的水生野生动物的，依照《中华人民共和国野生动物保护法》的规定执行。

第五章　法律责任

第三十八条　使用炸鱼、毒鱼、电鱼等破坏渔业资源方法进行捕捞的，违反关于禁渔区、禁渔期的规定进行捕捞的，或者使用禁用的渔具、捕捞方法和小于最小网目尺寸的网具进行捕捞或者渔获物中幼鱼超过规定比例的，没收渔获物和违法所得，处五万元以下的罚款；情节严重的，没收渔具，吊销捕捞许可证；情节特别严重的，可以没收渔船；构成犯罪的，依法追究刑事责任。

在禁渔区或者禁渔期内销售非法捕捞的渔获物的，县级以上地方人民政府渔业行政主管部门应当及时进行调查处理。

制造、销售禁用的渔具的，没收非法制造、销售的渔具和违法所得，并处一万元以下的罚款。

第三十九条　偷捕、抢夺他人养殖的水产品的，或者破坏他人养殖水体、养殖设施的，责令改正，可以处二万元以下的罚款；造成他人损失的，依法承担赔偿责任；构成犯罪的，依法追究刑事责任。

第四十条　使用全民所有的水域、滩涂从事养殖生产，无正当理由使水域、滩涂荒芜满一年的，由发放养殖证的机关责令限期开发利用；逾期未开发利用的，吊销养殖证，可以并处一万元以下的罚款。

未依法取得养殖证擅自在全民所有的水域从事养殖生产的，责令改正，补办养殖证或者限期拆除养殖设施。

未依法取得养殖证或者超越养殖证许可范围在全民所有的水域从事养殖生产，妨碍航运、行洪的，责令限期拆除养殖设施，可以并处一万元以下的罚款。

第四十一条　未依法取得捕捞许可证擅自进行捕捞的，没收渔获物和违法所得，并处十万元以下的罚款；情节严重的，并可以没收渔具和渔船。

第四十二条　违反捕捞许可证关于作业类型、场所、时限和渔具数量的规定进行捕捞的，没收渔获物和违法所得，可以并处五万元以下的罚款；情节严重的，并可以没收渔具，吊销捕捞许可证。

第四十三条　涂改、买卖、出租或者以其他形式转让捕捞许可证的，没收违法所得，吊销捕捞许可证，可以并处一万元以下的罚款；伪造、变造、买卖捕捞许可证，构成犯罪的，依法追究刑事责任。

第四十四条　非法生产、进口、出口水产苗种的，没收苗种和违法所得，并处五万元以下的罚款。

经营未经审定的水产苗种的，责令立即停止经营，没收违法所得，可以并处五万元以下的罚款。

第四十五条　未经批准在水产种质资源保护区内从事捕捞活动的，责令立即停止捕捞，没收渔获物和渔具，可以并处一万元以下的罚款。

第四十六条　外国人、外国渔船违反本法规定，擅自进入中华人民共和国管辖水域从事渔业生产和渔业资源调查活动的，责令其离开或者将其驱逐，可以没收渔获物、渔具，并处五十万元以下的罚款；情节严重的，可以没收渔船；构成犯罪的，依法追究刑事责任。

第四十七条　造成渔业水域生态环境破坏或者渔业污染事故的，依照《中华人民共和国海洋环境保护法》和《中华人民共和国水污染防治法》的规定追究法律责任。

第四十八条　本法规定的行政处罚，由县级以上人民政府渔业行政主管部门或者其所属的渔政监督管理机构决定。但是，本法已对处罚机关作出规定的除外。

在海上执法时，对违反禁渔区、禁渔期的规定或者使用禁用的渔具、捕捞方法进行捕捞，以及未取得捕捞许可证进行捕捞的，事实清楚、证据充分，但是当场不能按照法定程序作出和执行行政处罚决定的，可以先暂时扣押捕捞许可证、渔具或者渔船，回港后依法作出和执行行政处罚决定。

第四十九条　渔业行政主管部门和其所属的渔政监督管理机构及其工作人员违反本法规定核发许可证、分配捕捞限额或者从事渔业生产经营活动的，或者有其他玩忽职守不履行法定义务、滥用职权、徇私舞弊的行为的，依法给予行政处分；构成犯罪的，依法追究刑事责任。

第六章　附则

第五十条　本法自 1986 年 7 月 1 日起施行。

中华人民共和国传染病防治法（节选）

修订后实施日期：2013年6月29日

第二十五条　县级以上人民政府农业、林业行政部门以及其他有关部门，依据各自的职责负责与人畜共患传染病有关的动物传染病的防治管理工作。

与人畜共患传染病有关的野生动物、家畜家禽，经检疫合格后，方可出售、运输。

第三十六条　动物防疫机构和疾病预防控制机构，应当及时互相通报动物间和人间发生的人畜共患传染病疫情以及相关信息。

第七十五条　未经检疫出售、运输与人畜共患传染病有关的野生动物、家畜家禽的，由县级以上地方人民政府畜牧兽医行政部门责令停止违法行为，并依法给予行政处罚。

第七十八条　本法中下列用语的含义：

（六）人畜共患传染病：指人与脊椎动物共同罹患的传染病，如鼠疫、狂犬病、血吸虫病等。

（七）自然疫源地：指某些可引起人类传染病的病原体在自然界的野生动物中长期存在和循环的地区。

（八）病媒生物：指能够将病原体从人或者其他动物传播给人的生物，如蚊、蝇、蚤类等。

第八十条 本法自 2004 年 12 月 1 日起施行。

中华人民共和国动物防疫法

修订后实施日期：2021年5月1日

第一章 总 则

第一条 为了加强对动物防疫活动的管理，预防、控制、净化、消灭动物疫病，促进养殖业发展，防控人畜共患传染病，保障公共卫生安全和人体健康，制定本法。

第二条 本法适用于在中华人民共和国领域内的动物防疫及其监督管理活动。

进出境动物、动物产品的检疫，适用《中华人民共和国进出境动植物检疫法》。

第三条 本法所称动物，是指家畜家禽和人工饲养、捕获的其他动物。

本法所称动物产品，是指动物的肉、生皮、原毛、绒、脏器、脂、血液、精液、卵、胚胎、骨、蹄、头、角、筋以及可能传播动物疫病的奶、蛋等。

本法所称动物疫病，是指动物传染病，包括寄生虫病。

本法所称动物防疫，是指动物疫病的预防、控制、诊疗、净化、消灭和动物、动物产品的检疫，以及病死动物、病害动物产品的无害化处理。

第四条 根据动物疫病对养殖业生产和人体健康的危害程度，本法规定的动物疫病分为下列三类：

（一）一类疫病，是指口蹄疫、非洲猪瘟、高致病性禽流感等对人、动物构成特别严重危害，可能造成重大经济损失和社会影响，需要采取紧急、严厉的强制预防、控制等措施的；

（二）二类疫病，是指狂犬病、布鲁氏菌病、草鱼出血病等对人、动物构成严重危害，可能造成较大经济损失和社会影响，需要采取严格预防、控制等措施的；

（三）三类疫病，是指大肠杆菌病、禽结核病、鳖腮腺炎病等常见多发，对人、动物构成危害，可能造成一定程度的经济损失和社会影响，需要及时预防、控制的。

前款一、二、三类动物疫病具体病种名录由国务院农业农村主管部门制定并公布。国务院农业农村主管部门应当根据动物疫病发生、流行情况和危害程度，及时增加、减少或者调整一、二、三类动物疫病具体病种并予以公布。

人畜共患传染病名录由国务院农业农村主管部门会同国务院卫生健康、野生动物保护等主管部门制定并公布。

第五条 动物防疫实行预防为主，预防与控制、净化、消灭相结合的方针。

第六条　国家鼓励社会力量参与动物防疫工作。各级人民政府采取措施，支持单位和个人参与动物防疫的宣传教育、疫情报告、志愿服务和捐赠等活动。

第七条　从事动物饲养、屠宰、经营、隔离、运输以及动物产品生产、经营、加工、贮藏等活动的单位和个人，依照本法和国务院农业农村主管部门的规定，做好免疫、消毒、检测、隔离、净化、消灭、无害化处理等动物防疫工作，承担动物防疫相关责任。

第八条　县级以上人民政府对动物防疫工作实行统一领导，采取有效措施稳定基层机构队伍，加强动物防疫队伍建设，建立健全动物防疫体系，制定并组织实施动物疫病防治规划。

乡级人民政府、街道办事处组织群众做好本辖区的动物疫病预防与控制工作，村民委员会、居民委员会予以协助。

第九条　国务院农业农村主管部门主管全国的动物防疫工作。

县级以上地方人民政府农业农村主管部门主管本行政区域的动物防疫工作。

县级以上人民政府其他有关部门在各自职责范围内做好动物防疫工作。

军队动物卫生监督职能部门负责军队现役动物和饲养自用动物的防疫工作。

第十条　县级以上人民政府卫生健康主管部门和本级人民政府农业农村、野生动物保护等主管部门应当建立人畜共患传染病防治的协作机制。

国务院农业农村主管部门和海关总署等部门应当建立防止境外动物疫病输入的协作机制。

第十一条　县级以上地方人民政府的动物卫生监督机构依照本法规定，负责动物、动物产品的检疫工作。

第十二条　县级以上人民政府按照国务院的规定，根据统筹规划、合理布局、综合设置的原则建立动物疫病预防控制机构。

动物疫病预防控制机构承担动物疫病的监测、检测、诊断、流行病学调查、疫情报告以及其他预防、控制等技术工作；承担动物疫病净化、消灭的技术工作。

第十三条　国家鼓励和支持开展动物疫病的科学研究以及国际合作与交流，推广先进适用的科学研究成果，提高动物疫病防治的科学技术水平。

各级人民政府和有关部门、新闻媒体，应当加强对动物防疫法律法规和动物防疫知识的宣传。

第十四条　对在动物防疫工作、相关科学研究、动物疫情扑灭中做出贡献的单位和个人，各级人民政府和有关部门按照国家有关规定给予表彰、奖励。

有关单位应当依法为动物防疫人员缴纳工伤保险费。对因参与动物防疫工作致病、致残、死亡的人员，按照国家有关规定给予补助或者抚恤。

第二章　动物疫病的预防

第十五条　国家建立动物疫病风险评估制度。

国务院农业农村主管部门根据国内外动物疫情以及保护养殖业生产和人体健康的需要，及时会同国务院卫生健康等有关部门对动物疫病进行风险评估，并制定、公布动物疫病预防、控制、净化、消灭措施和技术规范。

省、自治区、直辖市人民政府农业农村主管部门会同本级人民政府卫生健康等有关部门开展本行政区域的动物疫病风险评估，并落实动物疫病预防、控制、净化、消灭措施。

第十六条　国家对严重危害养殖业生产和人体健康的动物疫病实施强制免疫。

国务院农业农村主管部门确定强制免疫的动物疫病病种和区域。

省、自治区、直辖市人民政府农业农村主管部门制定本行政区域的强制免疫计划；根据本行政区域动物疫病流行情况增加实施强制免疫的动物疫病病种和区域，报本级人民政府批准后执行，并报国务院农业农村主管部门备案。

第十七条　饲养动物的单位和个人应当履行动物疫病强制免疫义务，按照强制免疫计划和技术规范，对动物实施免疫接种，并按照国家有关规定建立免疫档案、加施畜禽标识，保证可追溯。

实施强制免疫接种的动物未达到免疫质量要求，实施补充免疫接种后仍不符合免疫质量要求的，有关单位和个人应当按照国家有关规定处理。

用于预防接种的疫苗应当符合国家质量标准。

第十八条　县级以上地方人民政府农业农村主管部门负责组织实施动物疫病强制免疫计划，并对饲养动物的单位和个人履行强制免疫义务的情况进行监督检查。

乡级人民政府、街道办事处组织本辖区饲养动物的单位和个人做好强制免疫，协助做好监督检查；村民委员会、居民委员会协助做好相关工作。

县级以上地方人民政府农业农村主管部门应当定期对本行政区域的强制免疫计划实施情况和效果进行评估，并向社会公布评估结果。

第十九条　国家实行动物疫病监测和疫情预警制度。

县级以上人民政府建立健全动物疫病监测网络，加强动物疫病监测。

国务院农业农村主管部门会同国务院有关部门制定国家动物疫病监测计划。省、自治区、直辖市人民政府农业农村主管部门根据国家动物疫病监测计划，制定本行政区域的动物疫病监测计划。

动物疫病预防控制机构按照国务院农业农村主管部门的规定和动物疫病监测计划，对动物疫病的发生、流行等情况进行监测；从事动物饲养、屠宰、经营、隔离、运输以及动物产品生产、经营、加工、贮藏、无害化处理等活动的单位和个人不得拒绝或者阻碍。

国务院农业农村主管部门和省、自治区、直辖市人民政府农业农村主管部门根据对动物疫病发生、流行趋势的预测，及时发出动物疫情预警。地方各级人民政府接到动物疫情预警后，应当及时采取预防、控制措施。

第二十条　陆路边境省、自治区人民政府根据动物疫病防控需要，合理设置动物疫病监测站点，健全监测工作机制，防范境外动物疫病传入。

科技、海关等部门按照本法和有关法律法规的规定做好动物疫病监测预警工作，并定期与农业农村主管部门互通情况，紧急情况及时通报。

县级以上人民政府应当完善野生动物疫源疫病监测体系和工作机制，根据需要合理布局监测站点；野生动物保护、农业农村主管部门按照职责分工做好野生动物疫源疫病监测等工作，并定期互通情况，紧急情况及时通报。

第二十一条　国家支持地方建立无规定动物疫病区，鼓励动物饲养场建设无规定动物疫病生物安全隔离区。对符合国务院农业农村主管部门规定标准的无规定动物疫病区和无规定动物疫病生物安全隔离区，国务院农业农村主管部门验收合格予以公布，并对其维持情况进行监督检查。

省、自治区、直辖市人民政府制定并组织实施本行政区域的无规定动物疫病区建设方案。国务院农业农村主管部门指导跨省、自治区、直辖市无规定动物疫病区建设。

国务院农业农村主管部门根据行政区划、养殖屠宰产业布局、风险评估情况等对动物疫病实施分区防控，可以采取禁止或者限制特定动物、动物产品跨区域调运等措施。

第二十二条　国务院农业农村主管部门制定并组织实施动物疫病净化、消灭规划。

县级以上地方人民政府根据动物疫病净化、消灭规划，制定并组织实施本行政区域的动物疫病净化、消灭计划。

动物疫病预防控制机构按照动物疫病净化、消灭规划、计划，开展动物疫病净化技术指导、培训，对动物疫病净化效果进行监测、评估。

国家推进动物疫病净化，鼓励和支持饲养动物的单位和个人开展动物疫病净化。饲养动物的单位和个人达到国务院农业农村主管部门规定的净化标准的，由省级以上人民政府农业农村主管部门予以公布。

第二十三条　种用、乳用动物应当符合国务院农业农村主管部门规定的健康标准。

饲养种用、乳用动物的单位和个人，应当按照国务院农业农村主管部门的要求，定期开展动物疫病检测；检测不合格的，应当按照国家有关规定处理。

第二十四条　动物饲养场和隔离场所、动物屠宰加工场所以及动物和动物产品无害化处理场所，应当符合下列动物防疫条件：

（一）场所的位置与居民生活区、生活饮用水水源地、学校、医院等公共场所的距离符合国务院农业农村主管部门的规定；

（二）生产经营区域封闭隔离，工程设计和有关流程符合动物防疫要求；

（三）有与其规模相适应的污水、污物处理设施，病死动物、病害动物产品无害化处理设施设备或者冷藏冷冻设施设备，以及清洗消毒设施设备；

（四）有与其规模相适应的执业兽医或者动物防疫技术人员；

（五）有完善的隔离消毒、购销台账、日常巡查等动物防疫制度；

（六）具备国务院农业农村主管部门规定的其他动物防疫条件。

动物和动物产品无害化处理场所除应当符合前款规定的条件外，还应当具有病原检测设备、检测能力和符合动物防疫要求的专用运输车辆。

第二十五条　国家实行动物防疫条件审查制度。

开办动物饲养场和隔离场所、动物屠宰加工场所以及动物和动物产品无害化处理场所，应当向县级以上地方人民政府农业农村主管部门提出申请，并附具相关材料。受理申请的农业农村主管部门应当依照本法和《中华人民共和国行政许可法》的规定进行审查。经审查合格的，发给动物防疫条件合格证；不合格的，应当通知申请人并说明理由。

动物防疫条件合格证应当载明申请人的名称（姓名）、场（厂）址、动物（动物产品）种类等事项。

第二十六条　经营动物、动物产品的集贸市场应当具备国务院农业农村主管部门规定的动物防疫条件，并接受农业农村主管部门的监督检查。具体办法由国务院农业农村主管部门制定。

县级以上地方人民政府应当根据本地情况，决定在城市特定区域禁止家畜家禽活体交易。

第二十七条　动物、动物产品的运载工具、垫料、包装物、容器等应当符合国务院农业农村主管部门规定的动物防疫要求。

染疫动物及其排泄物、染疫动物产品，运载工具中的动物排泄物以及垫料、包装物、容器等被污染的物品，应当按照国家有关规定处理，不得随意处置。

第二十八条　采集、保存、运输动物病料或者病原微生物以及从事病原微生物研究、教学、检测、诊断等活动，应当遵守国家有关病原微生物实验室管理的规定。

第二十九条　禁止屠宰、经营、运输下列动物和生产、经营、加工、贮藏、运输下列动物产品：

（一）封锁疫区内与所发生动物疫病有关的；

（二）疫区内易感染的；

（三）依法应当检疫而未经检疫或者检疫不合格的；

（四）染疫或者疑似染疫的；

（五）病死或者死因不明的；

（六）其他不符合国务院农业农村主管部门有关动物防疫规定的。

因实施集中无害化处理需要暂存、运输动物和动物产品并按照规定采取防疫措施的，不适用前款规定。

第三十条　单位和个人饲养犬只，应当按照规定定期免疫接种狂犬病疫苗，凭动物诊疗机构出具的免疫证明向所在地养犬登记机关申请登记。

携带犬只出户的，应当按照规定佩戴犬牌并采取系犬绳等措施，防止犬只伤人、疫病传播。

街道办事处、乡级人民政府组织协调居民委员会、村民委员会，做好本辖区流浪犬、猫的控制和处置，防止疫病传播。

县级人民政府和乡级人民政府、街道办事处应当结合本地实际，做好农村地区饲养犬只的防疫管理工作。

饲养犬只防疫管理的具体办法，由省、自治区、直辖市制定。

第三章　动物疫情的报告、通报和公布

第三十一条　从事动物疫病监测、检测、检验检疫、研究、诊疗以及动物饲养、屠宰、经营、隔离、运输等活动的单位和个人，发现动物染疫或者疑似染疫的，应当立即向所在地农业农村主管部门或者动物疫病预防控制机构报告，并迅速采取隔离等控制措施，防止动物疫情扩散。其他单位和个人发现动物染疫或者疑似染疫的，应当及时报告。

接到动物疫情报告的单位，应当及时采取临时隔离控制等必要措施，防止延误防控时机，并及时按照国家规定的程序上报。

第三十二条　动物疫情由县级以上人民政府农业农村主管部门认定；其中重大动物疫情由省、自治区、直辖市人民政府农业农村主管部门认定，必要时报国务院农业农村主管部门认定。

本法所称重大动物疫情，是指一、二、三类动物疫病突然发生，迅速传播，给养殖业生产安全造成严重威胁、危害，以及可能对公众身体健康与生命安全造成危害的情形。

在重大动物疫情报告期间，必要时，所在地县级以上地方人民政府可以作出封锁决定并采取扑杀、销毁等措施。

第三十三条　国家实行动物疫情通报制度。

国务院农业农村主管部门应当及时向国务院卫生健康等有关部门和军队有关部门以及省、自治区、直辖市人民政府农业农村主管部门通报重大动物疫情的发生和处置情况。

海关发现进出境动物和动物产品染疫或者疑似染疫的，应当及时处置并向农业农

村主管部门通报。

县级以上地方人民政府野生动物保护主管部门发现野生动物染疫或者疑似染疫的，应当及时处置并向本级人民政府农业农村主管部门通报。

国务院农业农村主管部门应当依照我国缔结或者参加的条约、协定，及时向有关国际组织或者贸易方通报重大动物疫情的发生和处置情况。

第三十四条　发生人畜共患传染病疫情时，县级以上人民政府农业农村主管部门与本级人民政府卫生健康、野生动物保护等主管部门应当及时相互通报。

发生人畜共患传染病时，卫生健康主管部门应当对疫区易感染的人群进行监测，并应当依照《中华人民共和国传染病防治法》的规定及时公布疫情，采取相应的预防、控制措施。

第三十五条　患有人畜共患传染病的人员不得直接从事动物疫病监测、检测、检验检疫、诊疗以及易感染动物的饲养、屠宰、经营、隔离、运输等活动。

第三十六条　国务院农业农村主管部门向社会及时公布全国动物疫情，也可以根据需要授权省、自治区、直辖市人民政府农业农村主管部门公布本行政区域的动物疫情。其他单位和个人不得发布动物疫情。

第三十七条　任何单位和个人不得瞒报、谎报、迟报、漏报动物疫情，不得授意他人瞒报、谎报、迟报动物疫情，不得阻碍他人报告动物疫情。

第四章　动物疫病的控制

第三十八条　发生一类动物疫病时，应当采取下列控制措施：

（一）所在地县级以上地方人民政府农业农村主管部门应当立即派人到现场，划定疫点、疫区、受威胁区，调查疫源，及时报请本级人民政府对疫区实行封锁。疫区范围涉及两个以上行政区域的，由有关行政区域共同的上一级人民政府对疫区实行封锁，或者由各有关行政区域的上一级人民政府共同对疫区实行封锁。必要时，上级人民政府可以责成下级人民政府对疫区实行封锁；

（二）县级以上地方人民政府应当立即组织有关部门和单位采取封锁、隔离、扑杀、销毁、消毒、无害化处理、紧急免疫接种等强制性措施；

（三）在封锁期间，禁止染疫、疑似染疫和易感染的动物、动物产品流出疫区，禁止非疫区的易感染动物进入疫区，并根据需要对出入疫区的人员、运输工具及有关物品采取消毒和其他限制性措施。

第三十九条　发生二类动物疫病时，应当采取下列控制措施：

（一）所在地县级以上地方人民政府农业农村主管部门应当划定疫点、疫区、受威胁区；

（二）县级以上地方人民政府根据需要组织有关部门和单位采取隔离、扑杀、销毁、消毒、无害化处理、紧急免疫接种、限制易感染的动物和动物产品及有关物品出入等措施。

第四十条　疫点、疫区、受威胁区的撤销和疫区封锁的解除，按照国务院农业农村主管部门规定的标准和程序评估后，由原决定机关决定并宣布。

第四十一条　发生三类动物疫病时，所在地县级、乡级人民政府应当按照国务院农业农村主管部门的规定组织防治。

第四十二条　二、三类动物疫病呈暴发性流行时，按照一类动物疫病处理。

第四十三条　疫区内有关单位和个人，应当遵守县级以上人民政府及其农业农村主管部门依法作出的有关控制动物疫病的规定。

任何单位和个人不得藏匿、转移、盗掘已被依法隔离、封存、处理的动物和动物产品。

第四十四条　发生动物疫情时，航空、铁路、道路、水路运输企业应当优先组织运送防疫人员和物资。

第四十五条　国务院农业农村主管部门根据动物疫病的性质、特点和可能造成的社会危害，制定国家重大动物疫情应急预案报国务院批准，并按照不同动物疫病病种、流行特点和危害程度，分别制定实施方案。

县级以上地方人民政府根据上级重大动物疫情应急预案和本地区的实际情况，制定本行政区域的重大动物疫情应急预案，报上一级人民政府农业农村主管部门备案，并抄送上一级人民政府应急管理部门。县级以上地方人民政府农业农村主管部门按照不同动物疫病病种、流行特点和危害程度，分别制定实施方案。

重大动物疫情应急预案和实施方案根据疫情状况及时调整。

第四十六条　发生重大动物疫情时，国务院农业农村主管部门负责划定动物疫病风险区，禁止或者限制特定动物、动物产品由高风险区向低风险区调运。

第四十七条　发生重大动物疫情时，依照法律和国务院的规定以及应急预案采取应急处置措施。

第五章　动物和动物产品的检疫

第四十八条　动物卫生监督机构依照本法和国务院农业农村主管部门的规定对动物、动物产品实施检疫。

动物卫生监督机构的官方兽医具体实施动物、动物产品检疫。

第四十九条　屠宰、出售或者运输动物以及出售或者运输动物产品前，货主应当按照国务院农业农村主管部门的规定向所在地动物卫生监督机构申报检疫。

动物卫生监督机构接到检疫申报后，应当及时指派官方兽医对动物、动物产品实施检疫；检疫合格的，出具检疫证明、加施检疫标志。实施检疫的官方兽医应当在检疫证明、检疫标志上签字或者盖章，并对检疫结论负责。

动物饲养场、屠宰企业的执业兽医或者动物防疫技术人员，应当协助官方兽医实施检疫。

第五十条　因科研、药用、展示等特殊情形需要非食用性利用的野生动物，应当按照国家有关规定报动物卫生监督机构检疫，检疫合格的，方可利用。

人工捕获的野生动物，应当按照国家有关规定报捕获地动物卫生监督机构检疫，检疫合格的，方可饲养、经营和运输。

国务院农业农村主管部门会同国务院野生动物保护主管部门制定野生动物检疫办法。

第五十一条　屠宰、经营、运输的动物，以及用于科研、展示、演出和比赛等非食用性利用的动物，应当附有检疫证明；经营和运输的动物产品，应当附有检疫证明、检疫标志。

第五十二条　经航空、铁路、道路、水路运输动物和动物产品的，托运人托运时应当提供检疫证明；没有检疫证明的，承运人不得承运。

进出口动物和动物产品，承运人凭进口报关单证或者海关签发的检疫单证运递。

从事动物运输的单位、个人以及车辆，应当向所在地县级人民政府农业农村主管部门备案，妥善保存行程路线和托运人提供的动物名称、检疫证明编号、数量等信息。具体办法由国务院农业农村主管部门制定。

运载工具在装载前和卸载后应当及时清洗、消毒。

第五十三条　省、自治区、直辖市人民政府确定并公布道路运输的动物进入本行政区域的指定通道，设置引导标志。跨省、自治区、直辖市通过道路运输动物的，应当经省、自治区、直辖市人民政府设立的指定通道入省境或者过省境。

第五十四条　输入到无规定动物疫病区的动物、动物产品，货主应当按照国务院农业农村主管部门的规定向无规定动物疫病区所在地动物卫生监督机构申报检疫，经检疫合格的，方可进入。

第五十五条　跨省、自治区、直辖市引进的种用、乳用动物到达输入地后，货主应当按照国务院农业农村主管部门的规定对引进的种用、乳用动物进行隔离观察。

第五十六条　经检疫不合格的动物、动物产品，货主应当在农业农村主管部门的监督下按照国家有关规定处理，处理费用由货主承担。

第六章　病死动物和病害动物产品的无害化处理

第五十七条　从事动物饲养、屠宰、经营、隔离以及动物产品生产、经营、加工、贮藏等活动的单位和个人，应当按照国家有关规定做好病死动物、病害动物产品的无害化处理，或者委托动物和动物产品无害化处理场所处理。

从事动物、动物产品运输的单位和个人，应当配合做好病死动物和病害动物产品的无害化处理，不得在途中擅自弃置和处理有关动物和动物产品。

任何单位和个人不得买卖、加工、随意弃置病死动物和病害动物产品。

动物和动物产品无害化处理管理办法由国务院农业农村、野生动物保护主管部门按照职责制定。

第五十八条　在江河、湖泊、水库等水域发现的死亡畜禽，由所在地县级人民政府组织收集、处理并溯源。

在城市公共场所和乡村发现的死亡畜禽，由所在地街道办事处、乡级人民政府组织收集、处理并溯源。

在野外环境发现的死亡野生动物，由所在地野生动物保护主管部门收集、处理。

第五十九条　省、自治区、直辖市人民政府制定动物和动物产品集中无害化处理场所建设规划，建立政府主导、市场运作的无害化处理机制。

第六十条　各级财政对病死动物无害化处理提供补助。具体补助标准和办法由县级以上人民政府财政部门会同本级人民政府农业农村、野生动物保护等有关部门制定。

第七章　动物诊疗

第六十一条　从事动物诊疗活动的机构，应当具备下列条件：

（一）有与动物诊疗活动相适应并符合动物防疫条件的场所；

（二）有与动物诊疗活动相适应的执业兽医；

（三）有与动物诊疗活动相适应的兽医器械和设备；

（四）有完善的管理制度。

动物诊疗机构包括动物医院、动物诊所以及其他提供动物诊疗服务的机构。

第六十二条　从事动物诊疗活动的机构，应当向县级以上地方人民政府农业农村主管部门申请动物诊疗许可证。受理申请的农业农村主管部门应当依照本法和《中华人民共和国行政许可法》的规定进行审查。经审查合格的，发给动物诊疗许可证；不合格的，应当通知申请人并说明理由。

第六十三条　动物诊疗许可证应当载明诊疗机构名称、诊疗活动范围、从业地点和法定代表人（负责人）等事项。

动物诊疗许可证载明事项变更的，应当申请变更或者换发动物诊疗许可证。

第六十四条　动物诊疗机构应当按照国务院农业农村主管部门的规定，做好诊疗活动中的卫生安全防护、消毒、隔离和诊疗废弃物处置等工作。

第六十五条　从事动物诊疗活动，应当遵守有关动物诊疗的操作技术规范，使用符合规定的兽药和兽医器械。

兽药和兽医器械的管理办法由国务院规定。

第八章　兽医管理

第六十六条　国家实行官方兽医任命制度。

官方兽医应当具备国务院农业农村主管部门规定的条件，由省、自治区、直辖市人民政府农业农村主管部门按照程序确认，由所在地县级以上人民政府农业农村主管部门任命。具体办法由国务院农业农村主管部门制定。

海关的官方兽医应当具备规定的条件，由海关总署任命。具体办法由海关总署会同国务院农业农村主管部门制定。

第六十七条　官方兽医依法履行动物、动物产品检疫职责，任何单位和个人不得拒绝或者阻碍。

第六十八条　县级以上人民政府农业农村主管部门制定官方兽医培训计划，提供培训条件，定期对官方兽医进行培训和考核。

第六十九条　国家实行执业兽医资格考试制度。具有兽医相关专业大学专科以上学历的人员或者符合条件的乡村兽医，通过执业兽医资格考试的，由省、自治区、直辖市人民政府农业农村主管部门颁发执业兽医资格证书；从事动物诊疗等经营活动的，还应当向所在地县级人民政府农业农村主管部门备案。

执业兽医资格考试办法由国务院农业农村主管部门商国务院人力资源主管部门制定。

第七十条　执业兽医开具兽医处方应当亲自诊断，并对诊断结论负责。

国家鼓励执业兽医接受继续教育。执业兽医所在机构应当支持执业兽医参加继续教育。

第七十一条　乡村兽医可以在乡村从事动物诊疗活动。具体管理办法由国务院农业农村主管部门制定。

第七十二条　执业兽医、乡村兽医应当按照所在地人民政府和农业农村主管部门的要求，参加动物疫病预防、控制和动物疫情扑灭等活动。

第七十三条　兽医行业协会提供兽医信息、技术、培训等服务，维护成员合法权益，按照章程建立健全行业规范和奖惩机制，加强行业自律，推动行业诚信建设，宣传动物防疫和兽医知识。

第九章　监督管理

第七十四条　县级以上地方人民政府农业农村主管部门依照本法规定，对动物饲养、屠宰、经营、隔离、运输以及动物产品生产、经营、加工、贮藏、运输等活动中的动物防疫实施监督管理。

第七十五条　为控制动物疫病，县级人民政府农业农村主管部门应当派人在所在地依法设立的现有检查站执行监督检查任务；必要时，经省、自治区、直辖市人民政府批准，可以设立临时性的动物防疫检查站，执行监督检查任务。

第七十六条　县级以上地方人民政府农业农村主管部门执行监督检查任务，可以采取下列措施，有关单位和个人不得拒绝或者阻碍：

（一）对动物、动物产品按照规定采样、留验、抽检；

（二）对染疫或者疑似染疫的动物、动物产品及相关物品进行隔离、查封、扣押和处理；

（三）对依法应当检疫而未经检疫的动物和动物产品，具备补检条件的实施补检，不具备补检条件的予以收缴销毁；

（四）查验检疫证明、检疫标志和畜禽标识；

（五）进入有关场所调查取证，查阅、复制与动物防疫有关的资料。

县级以上地方人民政府农业农村主管部门根据动物疫病预防、控制需要，经所在地县级以上地方人民政府批准，可以在车站、港口、机场等相关场所派驻官方兽医或者工作人员。

第七十七条　执法人员执行动物防疫监督检查任务，应当出示行政执法证件，佩带统一标志。

县级以上人民政府农业农村主管部门及其工作人员不得从事与动物防疫有关的经营性活动，进行监督检查不得收取任何费用。

第七十八条　禁止转让、伪造或者变造检疫证明、检疫标志或者畜禽标识。

禁止持有、使用伪造或者变造的检疫证明、检疫标志或者畜禽标识。

检疫证明、检疫标志的管理办法由国务院农业农村主管部门制定。

第十章　保障措施

第七十九条　县级以上人民政府应当将动物防疫工作纳入本级国民经济和社会发展规划及年度计划。

第八十条　国家鼓励和支持动物防疫领域新技术、新设备、新产品等科学技术研究开发。

第八十一条　县级人民政府应当为动物卫生监督机构配备与动物、动物产品检疫工作相适应的官方兽医，保障检疫工作条件。

县级人民政府农业农村主管部门可以根据动物防疫工作需要，向乡、镇或者特定区域派驻兽医机构或者工作人员。

第八十二条　国家鼓励和支持执业兽医、乡村兽医和动物诊疗机构开展动物防疫和疫病诊疗活动；鼓励养殖企业、兽药及饲料生产企业组建动物防疫服务团队，提供防疫服务。地方人民政府组织村级防疫员参加动物疫病防治工作的，应当保障村级防疫员合理劳务报酬。

第八十三条　县级以上人民政府按照本级政府职责，将动物疫病的监测、预防、控制、净化、消灭，动物、动物产品的检疫和病死动物的无害化处理，以及监督管理所需经费纳入本级预算。

第八十四条　县级以上人民政府应当储备动物疫情应急处置所需的防疫物资。

第八十五条　对在动物疫病预防、控制、净化、消灭过程中强制扑杀的动物、销毁的动物产品和相关物品，县级以上人民政府给予补偿。具体补偿标准和办法由国务院财政部门会同有关部门制定。

第八十六条　对从事动物疫病预防、检疫、监督检查、现场处理疫情以及在工作中接触动物疫病病原体的人员，有关单位按照国家规定，采取有效的卫生防护、医疗保健措施，给予畜牧兽医医疗卫生津贴等相关待遇。

第十一章　法律责任

第八十七条　地方各级人民政府及其工作人员未依照本法规定履行职责的，对直接负责的主管人员和其他直接责任人员依法给予处分。

第八十八条　县级以上人民政府农业农村主管部门及其工作人员违反本法规定，有下列行为之一的，由本级人民政府责令改正，通报批评；对直接负责的主管人员和其他直接责任人员依法给予处分：

（一）未及时采取预防、控制、扑灭等措施的；

（二）对不符合条件的颁发动物防疫条件合格证、动物诊疗许可证，或者对符合条件的拒不颁发动物防疫条件合格证、动物诊疗许可证的；

（三）从事与动物防疫有关的经营性活动，或者违法收取费用的；

（四）其他未依照本法规定履行职责的行为。

第八十九条　动物卫生监督机构及其工作人员违反本法规定，有下列行为之一的，由本级人民政府或者农业农村主管部门责令改正，通报批评；对直接负责的主管人员和其他直接责任人员依法给予处分：

（一）对未经检疫或者检疫不合格的动物、动物产品出具检疫证明、加施检疫标志，或者对检疫合格的动物、动物产品拒不出具检疫证明、加施检疫标志的；

（二）对附有检疫证明、检疫标志的动物、动物产品重复检疫的；

（三）从事与动物防疫有关的经营性活动，或者违法收取费用的；

（四）其他未依照本法规定履行职责的行为。

第九十条　动物疫病预防控制机构及其工作人员违反本法规定，有下列行为之一的，由本级人民政府或者农业农村主管部门责令改正，通报批评；对直接负责的主管人员和其他直接责任人员依法给予处分：

（一）未履行动物疫病监测、检测、评估职责或者伪造监测、检测、评估结果的；

（二）发生动物疫情时未及时进行诊断、调查的；

（三）接到染疫或者疑似染疫报告后，未及时按照国家规定采取措施、上报的；

（四）其他未依照本法规定履行职责的行为。

第九十一条　地方各级人民政府、有关部门及其工作人员瞒报、谎报、迟报、漏报或者授意他人瞒报、谎报、迟报动物疫情，或者阻碍他人报告动物疫情的，由上级人民政府或者有关部门责令改正，通报批评；对直接负责的主管人员和其他直接责任人员依法给予处分。

第九十二条　违反本法规定，有下列行为之一的，由县级以上地方人民政府农业农村主管部门责令限期改正，可以处一千元以下罚款；逾期不改正的，处一千元以上五千元以下罚款，由县级以上地方人民政府农业农村主管部门委托动物诊疗机构、无害化处理场所等代为处理，所需费用由违法行为人承担：

（一）对饲养的动物未按照动物疫病强制免疫计划或者免疫技术规范实施免疫接种的；

（二）对饲养的种用、乳用动物未按照国务院农业农村主管部门的要求定期开展疫病检测，或者经检测不合格而未按照规定处理的；

（三）对饲养的犬只未按照规定定期进行狂犬病免疫接种的；

（四）动物、动物产品的运载工具在装载前和卸载后未按照规定及时清洗、消毒的。

第九十三条　违反本法规定，对经强制免疫的动物未按照规定建立免疫档案，或者未按照规定加施畜禽标识的，依照《中华人民共和国畜牧法》的有关规定处罚。

第九十四条　违反本法规定，动物、动物产品的运载工具、垫料、包装物、容器等不符合国务院农业农村主管部门规定的动物防疫要求的，由县级以上地方人民政府农业农村主管部门责令改正，可以处五千元以下罚款；情节严重的，处五千元以上五万元以下罚款。

第九十五条　违反本法规定，对染疫动物及其排泄物、染疫动物产品或者被染疫动物、动物产品污染的运载工具、垫料、包装物、容器等未按照规定处置的，由县级以上地方人民政府农业农村主管部门责令限期处理；逾期不处理的，由县级以上地方人民政府农业农村主管部门委托有关单位代为处理，所需费用由违法行为人承担，处五千元以上五万元以下罚款。

造成环境污染或者生态破坏的，依照环境保护有关法律法规进行处罚。

第九十六条　违反本法规定，患有人畜共患传染病的人员，直接从事动物疫病监测、检测、检验检疫，动物诊疗以及易感染动物的饲养、屠宰、经营、隔离、运输等活动的，由县级以上地方人民政府农业农村或者野生动物保护主管部门责令改正；拒不改正的，处一千元以上一万元以下罚款；情节严重的，处一万元以上五万元以下罚款。

第九十七条　违反本法第二十九条规定，屠宰、经营、运输动物或者生产、经营、加工、贮藏、运输动物产品的，由县级以上地方人民政府农业农村主管部门责令改正、采取补救措施，没收违法所得、动物和动物产品，并处同类检疫合格动物、动物产品货值金额十五倍以上三十倍以下罚款；同类检疫合格动物、动物产品货值金额不足一万元的，并处五万元以上十五万元以下罚款；其中依法应当检疫而未检疫的，依照本法第一百条的规定处罚。

前款规定的违法行为人及其法定代表人（负责人）、直接负责的主管人员和其他直接责任人员，自处罚决定作出之日起五年内不得从事相关活动；构成犯罪的，终身不得从事屠宰、经营、运输动物或者生产、经营、加工、贮藏、运输动物产品等相关活动。

第九十八条　违反本法规定，有下列行为之一的，由县级以上地方人民政府农业农村主管部门责令改正，处三千元以上三万元以下罚款；情节严重的，责令停业整顿，并处三万元以上十万元以下罚款：

（一）开办动物饲养场和隔离场所、动物屠宰加工场所以及动物和动物产品无害化处理场所，未取得动物防疫条件合格证的；

（二）经营动物、动物产品的集贸市场不具备国务院农业农村主管部门规定的防疫条件的；

（三）未经备案从事动物运输的；

（四）未按照规定保存行程路线和托运人提供的动物名称、检疫证明编号、数量等信息的；

（五）未经检疫合格，向无规定动物疫病区输入动物、动物产品的；

（六）跨省、自治区、直辖市引进种用、乳用动物到达输入地后未按照规定进行隔离观察的；

（七）未按照规定处理或者随意弃置病死动物、病害动物产品的。

第九十九条　动物饲养场和隔离场所、动物屠宰加工场所以及动物和动物产品无害化处理场所，生产经营条件发生变化，不再符合本法第二十四条规定的动物防疫条件继续从事相关活动的，由县级以上地方人民政府农业农村主管部门给予警告，责令限期改正；逾期仍达不到规定条件的，吊销动物防疫条件合格证，并通报市场监督管理部门依法处理。

第一百条　违反本法规定，屠宰、经营、运输的动物未附有检疫证明，经营和运输的动物产品未附有检疫证明、检疫标志的，由县级以上地方人民政府农业农村主管部门责令改正，处同类检疫合格动物、动物产品货值金额一倍以下罚款；对货主以外的承运人处运输费用三倍以上五倍以下罚款，情节严重的，处五倍以上十倍以下罚款。

违反本法规定，用于科研、展示、演出和比赛等非食用性利用的动物未附有检疫证明的，由县级以上地方人民政府农业农村主管部门责令改正，处三千元以上一万元以下罚款。

第一百零一条　违反本法规定，将禁止或者限制调运的特定动物、动物产品由动物疫病高风险区调入低风险区的，由县级以上地方人民政府农业农村主管部门没收运输费用、违法运输的动物和动物产品，并处运输费用一倍以上五倍以下罚款。

第一百零二条　违反本法规定，通过道路跨省、自治区、直辖市运输动物，未经省、自治区、直辖市人民政府设立的指定通道入省境或者过省境的，由县级以上地方人民政府农业农村主管部门对运输人处五千元以上一万元以下罚款；情节严重的，处一万元以上五万元以下罚款。

第一百零三条　违反本法规定，转让、伪造或者变造检疫证明、检疫标志或者畜禽标识的，由县级以上地方人民政府农业农村主管部门没收违法所得和检疫证明、检疫标志、畜禽标识，并处五千元以上五万元以下罚款。

持有、使用伪造或者变造的检疫证明、检疫标志或者畜禽标识的，由县级以上人民政府农业农村主管部门没收检疫证明、检疫标志、畜禽标识和对应的动物、动物产品，并处三千元以上三万元以下罚款。

第一百零四条　违反本法规定，有下列行为之一的，由县级以上地方人民政府农业农村主管部门责令改正，处三千元以上三万元以下罚款：

（一）擅自发布动物疫情的；

（二）不遵守县级以上人民政府及其农业农村主管部门依法作出的有关控制动物疫病规定的；

（三）藏匿、转移、盗掘已被依法隔离、封存、处理的动物和动物产品的。

第一百零五条　违反本法规定，未取得动物诊疗许可证从事动物诊疗活动的，由县级以上地方人民政府农业农村主管部门责令停止诊疗活动，没收违法所得，并处违法所得一倍以上三倍以下罚款；违法所得不足三万元的，并处三千元以上三万元以下罚款。

动物诊疗机构违反本法规定，未按照规定实施卫生安全防护、消毒、隔离和处置诊疗废弃物的，由县级以上地方人民政府农业农村主管部门责令改正，处一千元以上一万元以下罚款；造成动物疫病扩散的，处一万元以上五万元以下罚款；情节严重的，吊销动物诊疗许可证。

第一百零六条　违反本法规定，未经执业兽医备案从事经营性动物诊疗活动的，由县级以上地方人民政府农业农村主管部门责令停止动物诊疗活动，没收违法所得，并处三千元以上三万元以下罚款；对其所在的动物诊疗机构处一万元以上五万元以下罚款。

执业兽医有下列行为之一的，由县级以上地方人民政府农业农村主管部门给予警告，责令暂停六个月以上一年以下动物诊疗活动；情节严重的，吊销执业兽医资格证书：

（一）违反有关动物诊疗的操作技术规范，造成或者可能造成动物疫病传播、流行的；

（二）使用不符合规定的兽药和兽医器械的；

（三）未按照当地人民政府或者农业农村主管部门要求参加动物疫病预防、控制和动物疫情扑灭活动的。

第一百零七条　违反本法规定，生产经营兽医器械，产品质量不符合要求的，由县级以上地方人民政府农业农村主管部门责令限期整改；情节严重的，责令停业整顿，并处二万元以上十万元以下罚款。

第一百零八条　违反本法规定，从事动物疫病研究、诊疗和动物饲养、屠宰、经营、隔离、运输，以及动物产品生产、经营、加工、贮藏、无害化处理等活动的单位和个人，有下列行为之一的，由县级以上地方人民政府农业农村主管部门责令改正，可以处一万元以下罚款；拒不改正的，处一万元以上五万元以下罚款，并可以责令停业整顿：

（一）发现动物染疫、疑似染疫未报告，或者未采取隔离等控制措施的；

（二）不如实提供与动物防疫有关的资料的；

（三）拒绝或者阻碍农业农村主管部门进行监督检查的；

（四）拒绝或者阻碍动物疫病预防控制机构进行动物疫病监测、检测、评估的；

（五）拒绝或者阻碍官方兽医依法履行职责的。

第一百零九条　违反本法规定，造成人畜共患传染病传播、流行的，依法从重给予处分、处罚。

违反本法规定，构成违反治安管理行为的，依法给予治安管理处罚；构成犯罪的，依法追究刑事责任。

违反本法规定，给他人人身、财产造成损害的，依法承担民事责任。

第十二章　附　　则

第一百一十条　本法下列用语的含义：

（一）无规定动物疫病区，是指具有天然屏障或者采取人工措施，在一定期限内没有发生规定的一种或者几种动物疫病，并经验收合格的区域；

（二）无规定动物疫病生物安全隔离区，是指处于同一生物安全管理体系下，在一定期限内没有发生规定的一种或者几种动物疫病的若干动物饲养场及其辅助生产场所构成的，并经验收合格的特定小型区域；

（三）病死动物，是指染疫死亡、因病死亡、死因不明或者经检验检疫可能危害人体或者动物健康的死亡动物；

（四）病害动物产品，是指来源于病死动物的产品，或者经检验检疫可能危害人体或者动物健康的动物产品。

第一百一十一条　境外无规定动物疫病区和无规定动物疫病生物安全隔离区的无疫等效性评估，参照本法有关规定执行。

第一百一十二条　实验动物防疫有特殊要求的，按照实验动物管理的有关规定执行。

第一百一十三条　本法自 2021 年 5 月 1 日起施行。

中华人民共和国野生动物保护法

修订后实施日期：2018年10月26日

第一章　总　则

第一条　为了保护野生动物，拯救珍贵、濒危野生动物，维护生物多样性和生态平衡，推进生态文明建设，制定本法。

第二条　在中华人民共和国领域及管辖的其他海域，从事野生动物保护及相关活动，适用本法。

本法规定保护的野生动物，是指珍贵、濒危的陆生、水生野生动物和有重要生态、科学、社会价值的陆生野生动物。

本法规定的野生动物及其制品，是指野生动物的整体（含卵、蛋）、部分及其衍生物。

珍贵、濒危的水生野生动物以外的其他水生野生动物的保护，适用《中华人民共和国渔业法》等有关法律的规定。

第三条　野生动物资源属于国家所有。

国家保障依法从事野生动物科学研究、人工繁育等保护及相关活动的组织和个人的合法权益。

第四条　国家对野生动物实行保护优先、规范利用、严格监管的原则，鼓励开展野生动物科学研究，培育公民保护野生动物的意识，促进人与自然和谐发展。

第五条　国家保护野生动物及其栖息地。县级以上人民政府应当制定野生动物及其栖息地相关保护规划和措施，并将野生动物保护经费纳入预算。

国家鼓励公民、法人和其他组织依法通过捐赠、资助、志愿服务等方式参与野生动物保护活动，支持野生动物保护公益事业。

本法规定的野生动物栖息地，是指野生动物野外种群生息繁衍的重要区域。

第六条　任何组织和个人都有保护野生动物及其栖息地的义务。禁止违法猎捕野生动物、破坏野生动物栖息地。

任何组织和个人都有权向有关部门和机关举报或者控告违反本法的行为。野生动物保护主管部门和其他有关部门、机关对举报或者控告，应当及时依法处理。

第七条　国务院林业草原、渔业主管部门分别主管全国陆生、水生野生动物保护工作。

县级以上地方人民政府林业草原、渔业主管部门分别主管本行政区域内陆生、水生野生动物保护工作。

第八条　各级人民政府应当加强野生动物保护的宣传教育和科学知识普及工作，鼓励和支持基层群众性自治组织、社会组织、企业事业单位、志愿者开展野生动物保护法律法规和保护知识的宣传活动。

教育行政部门、学校应当对学生进行野生动物保护知识教育。

新闻媒体应当开展野生动物保护法律法规和保护知识的宣传，对违法行为进行舆论监督。

第九条　在野生动物保护和科学研究方面成绩显著的组织和个人，由县级以上人民政府给予奖励。

第二章　野生动物及其栖息地保护

第十条　国家对野生动物实行分类分级保护。

国家对珍贵、濒危的野生动物实行重点保护。国家重点保护的野生动物分为一级保护野生动物和二级保护野生动物。国家重点保护野生动物名录，由国务院野生动物保护主管部门组织科学评估后制定，并每五年根据评估情况确定对名录进行调整。国家重点保护野生动物名录报国务院批准公布。

地方重点保护野生动物，是指国家重点保护野生动物以外，由省、自治区、直辖市重点保护的野生动物。地方重点保护野生动物名录，由省、自治区、直辖市人民政府组织科学评估后制定、调整并公布。

有重要生态、科学、社会价值的陆生野生动物名录，由国务院野生动物保护主管部门组织科学评估后制定、调整并公布。

第十一条　县级以上人民政府野生动物保护主管部门，应当定期组织或者委托有关科学研究机构对野生动物及其栖息地状况进行调查、监测和评估，建立健全野生动物及其栖息地档案。

对野生动物及其栖息地状况的调查、监测和评估应当包括下列内容：

（一）野生动物野外分布区域、种群数量及结构；

（二）野生动物栖息地的面积、生态状况；

（三）野生动物及其栖息地的主要威胁因素；

（四）野生动物人工繁育情况等其他需要调查、监测和评估的内容。

第十二条　国务院野生动物保护主管部门应当会同国务院有关部门，根据野生动物及其栖息地状况的调查、监测和评估结果，确定并发布野生动物重要栖息地名录。

省级以上人民政府依法划定相关自然保护区域，保护野生动物及其重要栖息地，保护、恢复和改善野生动物生存环境。对不具备划定相关自然保护区域条件的，县级以上人民政府可以采取划定禁猎（渔）区、规定禁猎（渔）期等其他形式予以保护。

禁止或者限制在相关自然保护区域内引入外来物种、营造单一纯林、过量施洒农药等人为干扰、威胁野生动物生息繁衍的行为。

相关自然保护区域，依照有关法律法规的规定划定和管理。

第十三条　县级以上人民政府及其有关部门在编制有关开发利用规划时，应当充分考虑野生动物及其栖息地保护的需要，分析、预测和评估规划实施可能对野生动物及其栖息地保护产生的整体影响，避免或者减少规划实施可能造成的不利后果。

禁止在相关自然保护区域建设法律法规规定不得建设的项目。机场、铁路、公路、水利水电、围堰、围填海等建设项目的选址选线，应当避让相关自然保护区域、野生动物迁徙洄游通道；无法避让的，应当采取修建野生动物通道、过鱼设施等措施，消除或者减少对野生动物的不利影响。

建设项目可能对相关自然保护区域、野生动物迁徙洄游通道产生影响的，环境影响评价文件的审批部门在审批环境影响评价文件时，涉及国家重点保护野生动物的，应当征求国务院野生动物保护主管部门意见；涉及地方重点保护野生动物的，应当征求省、自治区、直辖市人民政府野生动物保护主管部门意见。

第十四条　各级野生动物保护主管部门应当监视、监测环境对野生动物的影响。由于环境影响对野生动物造成危害时，野生动物保护主管部门应当会同有关部门进行调查处理。

第十五条　国家或者地方重点保护野生动物受到自然灾害、重大环境污染事故等突发事件威胁时，当地人民政府应当及时采取应急救助措施。

县级以上人民政府野生动物保护主管部门应当按照国家有关规定组织开展野生动物收容救护工作。

禁止以野生动物收容救护为名买卖野生动物及其制品。

第十六条　县级以上人民政府野生动物保护主管部门、兽医主管部门，应当按照职责分工对野生动物疫源疫病进行监测，组织开展预测、预报等工作，并按照规定制定野生动物疫情应急预案，报同级人民政府批准或者备案。

县级以上人民政府野生动物保护主管部门、兽医主管部门、卫生主管部门，应当按照职责分工负责与人畜共患传染病有关的动物传染病的防治管理工作。

第十七条　国家加强对野生动物遗传资源的保护，对濒危野生动物实施抢救性保护。

国务院野生动物保护主管部门应当会同国务院有关部门制定有关野生动物遗传资源保护和利用规划，建立国家野生动物遗传资源基因库，对原产我国的珍贵、濒危野生动物遗传资源实行重点保护。

第十八条　有关地方人民政府应当采取措施，预防、控制野生动物可能造成的危害，保障人畜安全和农业、林业生产。

第十九条　因保护本法规定保护的野生动物，造成人员伤亡、农作物或者其他财产损失的，由当地人民政府给予补偿。具体办法由省、自治区、直辖市人民政府制定。有关地方人民政府可以推动保险机构开展野生动物致害赔偿保险业务。

有关地方人民政府采取预防、控制国家重点保护野生动物造成危害的措施以及实行补偿所需经费，由中央财政按照国家有关规定予以补助。

第三章　野生动物管理

第二十条　在相关自然保护区域和禁猎（渔）区、禁猎（渔）期内，禁止猎捕以及其他妨碍野生动物生息繁衍的活动，但法律法规另有规定的除外。

野生动物迁徙洄游期间，在前款规定区域外的迁徙洄游通道内，禁止猎捕并严格限制其他妨碍野生动物生息繁衍的活动。迁徙洄游通道的范围以及妨碍野生动物生息繁衍活动的内容，由县级以上人民政府或者其野生动物保护主管部门规定并公布。

第二十一条　禁止猎捕、杀害国家重点保护野生动物。

因科学研究、种群调控、疫源疫病监测或者其他特殊情况，需要猎捕国家一级保护野生动物的，应当向国务院野生动物保护主管部门申请特许猎捕证；需要猎捕国家二级保护野生动物的，应当向省、自治区、直辖市人民政府野生动物保护主管部门申请特许猎捕证。

第二十二条　猎捕非国家重点保护野生动物的，应当依法取得县级以上地方人民政府野生动物保护主管部门核发的狩猎证，并且服从猎捕量限额管理。

第二十三条　猎捕者应当按照特许猎捕证、狩猎证规定的种类、数量、地点、工具、方法和期限进行猎捕。

持枪猎捕的，应当依法取得公安机关核发的持枪证。

第二十四条　禁止使用毒药、爆炸物、电击或者电子诱捕装置以及猎套、猎夹、地枪、排铳等工具进行猎捕，禁止使用夜间照明行猎、歼灭性围猎、捣毁巢穴、火攻、烟熏、网捕等方法进行猎捕，但因科学研究确需网捕、电子诱捕的除外。

前款规定以外的禁止使用的猎捕工具和方法，由县级以上地方人民政府规定并公布。

第二十五条　国家支持有关科学研究机构因物种保护目的人工繁育国家重点保护野生动物。

前款规定以外的人工繁育国家重点保护野生动物实行许可制度。人工繁育国家重点保护野生动物的，应当经省、自治区、直辖市人民政府野生动物保护主管部门批准，取得人工繁育许可证，但国务院对批准机关另有规定的除外。

人工繁育国家重点保护野生动物应当使用人工繁育子代种源，建立物种系谱、繁育档案和个体数据。因物种保护目的确需采用野外种源的，适用本法第二十一条和第二十三条的规定。

本法所称人工繁育子代，是指人工控制条件下繁殖出生的子代个体且其亲本也在人工控制条件下出生。

第二十六条　人工繁育国家重点保护野生动物应当有利于物种保护及其科学研究，不得破坏野外种群资源，并根据野生动物习性确保其具有必要的活动空间和生息繁衍、卫生健康条件，具备与其繁育目的、种类、发展规模相适应的场所、设施、技术，符合有关技术标准和防疫要求，不得虐待野生动物。

省级以上人民政府野生动物保护主管部门可以根据保护国家重点保护野生动物的需要，组织开展国家重点保护野生动物放归野外环境工作。

第二十七条　禁止出售、购买、利用国家重点保护野生动物及其制品。

因科学研究、人工繁育、公众展示展演、文物保护或者其他特殊情况，需要出售、购买、利用国家重点保护野生动物及其制品的，应当经省、自治区、直辖市人民政府野生动物保护主管部门批准，并按照规定取得和使用专用标识，保证可追溯，但国务院对批准机关另有规定的除外。

实行国家重点保护野生动物及其制品专用标识的范围和管理办法，由国务院野生动物保护主管部门规定。

出售、利用非国家重点保护野生动物的，应当提供狩猎、进出口等合法来源证明。

出售本条第二款、第四款规定的野生动物的，还应当依法附有检疫证明。

第二十八条　对人工繁育技术成熟稳定的国家重点保护野生动物，经科学论证，纳入国务院野生动物保护主管部门制定的人工繁育国家重点保护野生动物名录。对列入名录的野生动物及其制品，可以凭人工繁育许可证，按照省、自治区、直辖市人民政府野生动物保护主管部门核验的年度生产数量直接取得专用标识，凭专用标识出售和利用，保证可追溯。

对本法第十条规定的国家重点保护野生动物名录进行调整时，根据有关野外种群保护情况，可以对前款规定的有关人工繁育技术成熟稳定野生动物的人工种群，不再列入国家重点保护野生动物名录，实行与野外种群不同的管理措施，但应当依照本法

第二十五条第二款和本条第一款的规定取得人工繁育许可证和专用标识。

第二十九条　利用野生动物及其制品的，应当以人工繁育种群为主，有利于野外种群养护，符合生态文明建设的要求，尊重社会公德，遵守法律法规和国家有关规定。

野生动物及其制品作为药品经营和利用的，还应当遵守有关药品管理的法律法规。

第三十条　禁止生产、经营使用国家重点保护野生动物及其制品制作的食品，或者使用没有合法来源证明的非国家重点保护野生动物及其制品制作的食品。

禁止为食用非法购买国家重点保护的野生动物及其制品。

第三十一条　禁止为出售、购买、利用野生动物或者禁止使用的猎捕工具发布广告。禁止为违法出售、购买、利用野生动物制品发布广告。

第三十二条　禁止网络交易平台、商品交易市场等交易场所，为违法出售、购买、利用野生动物及其制品或者禁止使用的猎捕工具提供交易服务。

第三十三条　运输、携带、寄递国家重点保护野生动物及其制品、本法第二十八条第二款规定的野生动物及其制品出县境的，应当持有或者附有本法第二十一条、第二十五条、第二十七条或者第二十八条规定的许可证、批准文件的副本或者专用标识，以及检疫证明。

运输非国家重点保护野生动物出县境的，应当持有狩猎、进出口等合法来源证明，以及检疫证明。

第三十四条　县级以上人民政府野生动物保护主管部门应当对科学研究、人工繁育、公众展示展演等利用野生动物及其制品的活动进行监督管理。

县级以上人民政府其他有关部门，应当按照职责分工对野生动物及其制品出售、购买、利用、运输、寄递等活动进行监督检查。

第三十五条　中华人民共和国缔结或者参加的国际公约禁止或者限制贸易的野生动物或者其制品名录，由国家濒危物种进出口管理机构制定、调整并公布。

进出口列入前款名录的野生动物或者其制品的，出口国家重点保护野生动物或者其制品的，应当经国务院野生动物保护主管部门或者国务院批准，并取得国家濒危物种进出口管理机构核发的允许进出口证明书。海关依法实施进出境检疫，凭允许进出口证明书、检疫证明按照规定办理通关手续。

涉及科学技术保密的野生动物物种的出口，按照国务院有关规定办理。

列入本条第一款名录的野生动物，经国务院野生动物保护主管部门核准，在本法适用范围内可以按照国家重点保护的野生动物管理。

第三十六条　国家组织开展野生动物保护及相关执法活动的国际合作与交流；建立防范、打击野生动物及其制品的走私和非法贸易的部门协调机制，开展防范、打击走私和非法贸易行动。

第三十七条　从境外引进野生动物物种的，应当经国务院野生动物保护主管部门批准。从境外引进列入本法第三十五条第一款名录的野生动物，还应当依法取得允许进出口证明书。海关依法实施进境检疫，凭进口批准文件或者允许进出口证明书以及检疫证明按照规定办理通关手续。

从境外引进野生动物物种的，应当采取安全可靠的防范措施，防止其进入野外环境，避免对生态系统造成危害。确需将其放归野外的，按照国家有关规定执行。

第三十八条　任何组织和个人将野生动物放生至野外环境，应当选择适合放生地野外生存的当地物种，不得干扰当地居民的正常生活、生产，避免对生态系统造成危害。随意放生野生动物，造成他人人身、财产损害或者危害生态系统的，依法承担法律责任。

第三十九条　禁止伪造、变造、买卖、转让、租借特许猎捕证、狩猎证、人工繁育许可证及专用标识，出售、购买、利用国家重点保护野生动物及其制品的批准文件，或者允许进出口证明书、进出口等批准文件。

前款规定的有关许可证书、专用标识、批准文件的发放情况，应当依法公开。

第四十条　外国人在我国对国家重点保护野生动物进行野外考察或者在野外拍摄电影、录像，应当经省、自治区、直辖市人民政府野生动物保护主管部门或者其授权的单位批准，并遵守有关法律法规规定。

第四十一条　地方重点保护野生动物和其他非国家重点保护野生动物的管理办法，由省、自治区、直辖市人民代表大会或者其常务委员会制定。

第四章　法律责任

第四十二条　野生动物保护主管部门或者其他有关部门、机关不依法作出行政许可决定，发现违法行为或者接到对违法行为的举报不予查处或者不依法查处，或者有滥用职权等其他不依法履行职责的行为的，由本级人民政府或者上级人民政府有关部门、机关责令改正，对负有责任的主管人员和其他直接责任人员依法给予记过、记大过或者降级处分；造成严重后果的，给予撤职或者开除处分，其主要负责人应当引咎辞职；构成犯罪的，依法追究刑事责任。

第四十三条　违反本法第十二条第三款、第十三条第二款规定的，依照有关法律法规的规定处罚。

第四十四条　违反本法第十五条第三款规定，以收容救护为名买卖野生动物及其制品的，由县级以上人民政府野生动物保护主管部门没收野生动物及其制品、违法所得，并处野生动物及其制品价值二倍以上十倍以下的罚款，将有关违法信息记入社会诚信档案，向社会公布；构成犯罪的，依法追究刑事责任。

第四十五条　违反本法第二十条、第二十一条、第二十三条第一款、第二十四条第一款规定，在相关自然保护区域、禁猎（渔）区、禁猎（渔）期猎捕国家重点保护野生动物，未取得特许猎捕证、未按照特许猎捕证规定猎捕、杀害国家重点保护野生动物，或者使用禁用的工具、方法猎捕国家重点保护野生动物的，由县级以上人民政府野生动物保护主管部门、海洋执法部门或者有关保护区域管理机构按照职责分工没收猎获物、猎捕工具和违法所得，吊销特许猎捕证，并处猎获物价值二倍以上十倍以下的罚款；没有猎获物的，并处一万元以上五万元以下的罚款；构成犯罪的，依法追究刑事责任。

第四十六条　违反本法第二十条、第二十二条、第二十三条第一款、第二十四条第一款规定，在相关自然保护区域、禁猎（渔）区、禁猎（渔）期猎捕非国家重点保护野生动物，未取得狩猎证、未按照狩猎证规定猎捕非国家重点保护野生动物，或者使用禁用的工具、方法猎捕非国家重点保护野生动物的，由县级以上地方人民政府野生动物保护主管部门或者有关保护区域管理机构按照职责分工没收猎获物、猎捕工具和违法所得，吊销狩猎证，并处猎获物价值一倍以上五倍以下的罚款；没有猎获物的，并处二千元以上一万元以下的罚款；构成犯罪的，依法追究刑事责任。

违反本法第二十三条第二款规定，未取得持枪证持枪猎捕野生动物，构成违反治安管理行为的，由公安机关依法给予治安管理处罚；构成犯罪的，依法追究刑事责任。

第四十七条　违反本法第二十五条第二款规定，未取得人工繁育许可证繁育国家重点保护野生动物或者本法第二十八条第二款规定的野生动物的，由县级以上人民政府野生动物保护主管部门没收野生动物及其制品，并处野生动物及其制品价值一倍以上五倍以下的罚款。

第四十八条　违反本法第二十七条第一款和第二款、第二十八条第一款、第三十三条第一款规定，未经批准、未取得或者未按照规定使用专用标识，或者未持有、未附有人工繁育许可证、批准文件的副本或者专用标识出售、购买、利用、运输、携带、寄递国家重点保护野生动物及其制品或者本法第二十八条第二款规定的野生动物及其制品的，由县级以上人民政府野生动物保护主管部门或者市场监督管理部门按照职责分工没收野生动物及其制品和违法所得，并处野生动物及其制品价值二倍以上十倍以下的罚款；情节严重的，吊销人工繁育许可证、撤销批准文件、收回专用标识；构成犯罪的，依法追究刑事责任。

违反本法第二十七条第四款、第三十三条第二款规定，未持有合法来源证明出售、利用、运输非国家重点保护野生动物的，由县级以上地方人民政府野生动物保护主管部门或者市场监督管理部门按照职责分工没收野生动物，并处野生动物价值一倍以上五倍以下的罚款。

违反本法第二十七条第五款、第三十三条规定，出售、运输、携带、寄递有关野生动物及其制品未持有或者未附有检疫证明的，依照《中华人民共和国动物防疫法》的规定处罚。

第四十九条　违反本法第三十条规定，生产、经营使用国家重点保护野生动物及其制品或者没有合法来源证明的非国家重点保护野生动物及其制品制作食品，或者为食用非法购买国家重点保护的野生动物及其制品的，由县级以上人民政府野生动物保护主管部门或者市场监督管理部门按照职责分工责令停止违法行为，没收野生动物及其制品和违法所得，并处野生动物及其制品价值二倍以上十倍以下的罚款；构成犯罪的，依法追究刑事责任。

第五十条　违反本法第三十一条规定，为出售、购买、利用野生动物及其制品或者禁止使用的猎捕工具发布广告的，依照《中华人民共和国广告法》的规定处罚。

第五十一条　违反本法第三十二条规定，为违法出售、购买、利用野生动物及其制品或者禁止使用的猎捕工具提供交易服务的，由县级以上人民政府市场监督管理部门责令停止违法行为，限期改正，没收违法所得，并处违法所得二倍以上五倍以下的罚款；没有违法所得的，处一万元以上五万元以下的罚款；构成犯罪的，依法追究刑事责任。

第五十二条　违反本法第三十五条规定，进出口野生动物或者其制品的，由海关、公安机关、海洋执法部门依照法律、行政法规和国家有关规定处罚；构成犯罪的，依法追究刑事责任。

第五十三条　违反本法第三十七条第一款规定，从境外引进野生动物物种的，由县级以上人民政府野生动物保护主管部门没收所引进的野生动物，并处五万元以上二十五万元以下的罚款；未依法实施进境检疫的，依照《中华人民共和国进出境动植物检疫法》的规定处罚；构成犯罪的，依法追究刑事责任。

第五十四条　违反本法第三十七条第二款规定，将从境外引进的野生动物放归野外环境的，由县级以上人民政府野生动物保护主管部门责令限期捕回，处一万元以上五万元以下的罚款；逾期不捕回的，由有关野生动物保护主管部门代为捕回或者采取降低影响的措施，所需费用由被责令限期捕回者承担。

第五十五条　违反本法第三十九条第一款规定，伪造、变造、买卖、转让、租借有关证件、专用标识或者有关批准文件的，由县级以上人民政府野生动物保护主管部门没收违法证件、专用标识、有关批准文件和违法所得，并处五万元以上二十五万元以下的罚款；构成违反治安管理行为的，由公安机关依法给予治安管理处罚；构成犯罪的，依法追究刑事责任。

第五十六条　依照本法规定没收的实物，由县级以上人民政府野生动物保护主管部门或者其授权的单位按照规定处理。

第五十七条　本法规定的猎获物价值、野生动物及其制品价值的评估标准和方法，由国务院野生动物保护主管部门制定。

第五章　附　则

第五十八条　本法自 2017 年 1 月 1 日起施行。

中华人民共和国枪支管理法（节选）

修订后实施日期：2015年4月24日

第六条　下列单位可以配置民用枪支：

（一）经省级人民政府体育行政主管部门批准专门从事射击竞技体育运动的单位、经省级人民政府公安机关批准的营业性射击场，可以配置射击运动枪支；

（二）经省级以上人民政府林业行政主管部门批准的狩猎场，可以配置猎枪；

（三）野生动物保护、饲养、科研单位因业务需要，可以配置猎枪、麻醉注射枪。

猎民在猎区、牧民在牧区，可以申请配置猎枪。猎区和牧区的区域由省级人民政府划定。

配置民用枪支的具体办法，由国务院公安部门按照严格控制的原则制定，报国务院批准后施行。

第九条　狩猎场配置猎枪，凭省级以上人民政府林业行政主管部门的批准文件，报省级以上人民政府公安机关审批，由设区的市级人民政府公安机关核发民用枪支配购证件。

第十条　野生动物保护、饲养、科研单位申请配置猎枪、麻醉注射枪的，应当凭其所在地的县级人民政府野生动物行政主管部门核发的狩猎证或者特许猎捕证和单位营业执照，向所在地的县级人民政府公安机关提出；猎民申请配置猎枪的，应当凭其所在地的县级人民政府野生动物行政主管部门核发的狩猎证和个人身份证件，向所在地的县级人民政府公安机关提出；牧民申请配置猎枪的，应当凭个人身份证件，向所在地的县级人民政府公安机关提出。

受理申请的公安机关审查批准后，应当报请设区的市级人民政府公安机关核发民用枪支配购证件。

第十一条　配购猎枪、麻醉注射枪的单位和个人，必须在配购枪支后三十日内向核发民用枪支配购证件的公安机关申请领取民用枪支持枪证件。

第十二条　营业性射击场、狩猎场配置的民用枪支不得携带出营业性射击场、狩猎场。

猎民、牧民配置的猎枪不得携带出猎区、牧区。

中华人民共和国刑法（节选）

实施日期：1997年10月1日

第一百五十一条　【走私武器、弹药罪】【走私核材料罪】【走私假币罪】走私武器、弹药、核材料或者伪造的货币的，处七年以上有期徒刑，并处罚金或者没收财产；情节特别严重的，处无期徒刑，并处没收财产；情节较轻的，处三年以上七年以下有期徒刑，并处罚金。

【走私文物罪】【走私贵重金属罪】【走私珍贵动物、珍贵动物制品罪】走私国家禁止出口的文物、黄金、白银和其他贵重金属或者国家禁止进出口的珍贵动物及其制品的，处五年以上十年以下有期徒刑，并处罚金；情节特别严重的，处十年以上有期徒刑或者无期徒刑，并处没收财产；情节较轻的，处五年以下有期徒刑，并处罚金。

【走私国家禁止进出口的货物、物品罪】走私珍稀植物及其制品等国家禁止进出口的其他货物、物品的，处五年以下有期徒刑或者拘役，并处或者单处罚金；情节严重的，处五年以上有期徒刑，并处罚金。

单位犯本条规定之罪的，对单位判处罚金，并对其直接负责的主管人员和其他直接责任人员，依照本条各款的规定处罚。

第一百五十五条　【以走私罪论处的间接走私行为】下列行为，以走私罪论处，依照本节的有关规定处罚：

（一）直接向走私人非法收购国家禁止进口物品的，或者直接向走私人非法收购走私进口的其他货物、物品，数额较大的；

（二）在内海、领海、界河、界湖运输、收购、贩卖国家禁止进出口物品的，或者运输、收购、贩卖国家限制进出口货物、物品，数额较大，没有合法证明的。

第二百二十五条　【非法经营罪】违反国家规定，有下列非法经营行为之一，扰乱市场秩序，情节严重的，处五年以下有期徒刑或者拘役，并处或者单处违法所得一倍以上五倍以下罚金；情节特别严重的，处五年以上有期徒刑，并处违法所得一倍以上五倍以下罚金或者没收财产：

（一）未经许可经营法律、行政法规规定的专营、专卖物品或者其他限制买卖的物品的；

（二）买卖进出口许可证、进出口原产地证明以及其他法律、行政法规规定的经营许可证或者批准文件的；

（三）未经国家有关主管部门批准非法经营证券、期货、保险业务的，或者非法从事资金支付结算业务的；

（四）其他严重扰乱市场秩序的非法经营行为。

第二百八十条 【伪造、变造、买卖国家机关公文、证件、印章罪】【盗窃、抢夺、毁灭国家机关公文、证件、印章罪】伪造、变造、买卖或者盗窃、抢夺、毁灭国家机关的公文、证件、印章的，处三年以下有期徒刑、拘役、管制或者剥夺政治权利，并处罚金；情节严重的，处三年以上十年以下有期徒刑，并处罚金。

【伪造公司、企业、事业单位、人民团体印章罪】伪造公司、企业、事业单位、人民团体的印章的，处三年以下有期徒刑、拘役、管制或者剥夺政治权利，并处罚金。

【伪造、变造、买卖身份证件罪】伪造、变造、买卖居民身份证、护照、社会保障卡、驾驶证等依法可以用于证明身份的证件的，处三年以下有期徒刑、拘役、管制或者剥夺政治权利，并处罚金；情节严重的，处三年以上七年以下有期徒刑，并处罚金。

第三百四十一条【危害珍贵、濒危野生动物罪】非法猎捕、杀害国家重点保护的珍贵、濒危野生动物的，或者非法收购、运输、出售国家重点保护的珍贵、濒危野生动物及其制品的，处五年以下有期徒刑或者拘役，并处罚金；情节严重的，处五年以上十年以下有期徒刑，并处罚金；情节特别严重的，处十年以上有期徒刑，并处罚金或者没收财产。

【非法狩猎罪】违反狩猎法规，在禁猎区、禁猎期或者使用禁用的工具、方法进行狩猎，破坏野生动物资源，情节严重的，处三年以下有期徒刑、拘役、管制或者罚金。

【非法猎捕、收购、运输、出售陆生野生动物罪】违反野生动物保护管理法规，以食用为目的非法猎捕、收购、运输、出售第一款规定以外的在野外环境自然生长繁殖的陆生野生动物，情节严重的，依照前款的规定处罚。

第三百四十四条 【危害国家重点保护植物罪】【非法收购、运输、加工、出售国家重点保护植物、国家重点保护植物制品罪】违反国家规定，非法采伐、毁坏珍贵树木或者国家重点保护的其他植物的，或者非法收购、运输、加工、出售珍贵树木或者国家重点保护的其他植物及其制品的，处三年以下有期徒刑、拘役或者管制，并处罚金；情节严重的，处三年以上七年以下有期徒刑，并处罚金。

中华人民共和国刑法修正案（十一）（节选）

实施日期：2021年3月1日

四十一、在刑法第三百四十一条中增加一款作为第三款："违反野生动物保护管理法规，以食用为目的非法猎捕、收购、运输、出售第一款规定以外的在野外环境自然生长繁殖的陆生野生动物，情节严重的，依照前款的规定处罚。"

四十二、在刑法第三百四十二条后增加一条，作为第三百四十二条之一："违反自然保护地管理法规，在国家公园、国家级自然保护区进行开垦、开发活动或者修建建筑物，造成严重后果或者有其他恶劣情节的，处五年以下有期徒刑或者拘役，并处或者单处罚金。

"有前款行为，同时构成其他犯罪的，依照处罚较重的规定定罪处罚。"

四十八、本修正案自2021年3月1日起施行。

全国人民代表大会常务委员会关于《中华人民共和国刑法》第三百四十一条、第三百一十二条的解释

实施日期：2014年4月24日

全国人民代表大会常务委员会根据司法实践中遇到的情况，讨论了刑法第三百四十一条第一款规定的非法收购国家重点保护的珍贵、濒危野生动物及其制品的含义和收购刑法第三百四十一条第二款规定的非法狩猎的野生动物如何适用刑法有关规定的问题，解释如下：

知道或者应当知道是国家重点保护的珍贵、濒危野生动物及其制品，为食用或者其他目的而非法购买的，属于刑法第三百四十一条第一款规定的非法收购国家重点保护的珍贵、濒危野生动物及其制品的行为。

知道或者应当知道是刑法第三百四十一条第二款规定的非法狩猎的野生动物而购买的，属于刑法第三百一十二条第一款规定的明知是犯罪所得而收购的行为。

现予公告。

第三节　行政法规

中华人民共和国陆生野生动物保护实施条例

修订后实施日期：2016年2月6日

第一章　总则

第一条　根据《中华人民共和国野生动物保护法》(以下简称《野生动物保护法》)的规定，制定本条例。

第二条　本条例所称陆生野生动物，是指依法受保护的珍贵、濒危、有益的和有重要经济、科学研究价值的陆生野生动物（以下简称野生动物）；所称野生动物产品，是指陆生野生动物的任何部分及其衍生物。

第三条　国务院林业行政主管部门主管全国陆生野生动物管理工作。

省、自治区、直辖市人民政府林业行政主管部门主管本行政区域内陆生野生动物管理工作。自治州、县和市人民政府陆生野生动物管理工作的行政主管部门，由省、自治区、直辖市人民政府确定。

第四条　县级以上各级人民政府有关主管部门应当鼓励、支持有关科研、教学单位开展野生动物科学研究工作。

第五条　野生动物行政主管部门有权对《野生动物保护法》和本条例的实施情况进行监督检查，被检查的单位和个人应当给予配合。

第二章　野生动物保护

第六条　县级以上地方各级人民政府应当开展保护野生动物的宣传教育，可以确定适当时间为保护野生动物宣传月、爱鸟周等，提高公民保护野生动物的意识。

第七条　国务院林业行政主管部门和省、自治区、直辖市人民政府林业行政主管部门，应当定期组织野生动物资源调查，建立资源档案，为制定野生动物资源保护发展方案、制定和调整国家和地方重点保护野生动物名录提供依据。

野生动物资源普查每十年进行一次。

第八条　县级以上各级人民政府野生动物行政主管部门，应当组织社会各方面力量，采取生物技术措施和工程技术措施，维护和改善野生动物生存环境，保护和发展野生动物资源。

禁止任何单位和个人破坏国家和地方重点保护野生动物的生息繁衍场所和生存

条件。

第九条　任何单位和个人发现受伤、病弱、饥饿、受困、迷途的国家和地方重点保护野生动物时，应当及时报告当地野生动物行政主管部门，由其采取救护措施；也可以就近送具备救护条件的单位救护。救护单位应当立即报告野生动物行政主管部门，并按照国务院林业行政主管部门的规定办理。

第十条　有关单位和个人对国家和地方重点保护野生动物可能造成的危害，应当采取防范措施。因保护国家和地方重点保护野生动物受到损失的，可以向当地人民政府野生动物行政主管部门提出补偿要求。经调查属实并确实需要补偿的，由当地人民政府按照省、自治区、直辖市人民政府的有关规定给予补偿。

第三章　野生动物猎捕管理

第十一条　禁止猎捕、杀害国家重点保护野生动物。

有下列情形之一，需要猎捕国家重点保护野生动物的，必须申请特许猎捕证：

（一）为进行野生动物科学考察、资源调查，必须猎捕的；

（二）为驯养繁殖国家重点保护野生动物，必须从野外获取种源的；

（三）为承担省级以上科学研究项目或者国家医药生产任务，必须从野外获取国家重点保护野生动物的；

（四）为宣传、普及野生动物知识或者教学、展览的需要，必须从野外获取国家重点保护野生动物的；

（五）因国事活动的需要，必须从野外获取国家重点保护野生动物的；

（六）为调控国家重点保护野生动物种群数量和结构，经科学论证必须猎捕的；

（七）因其他特殊情况，必须捕捉、猎捕国家重点保护野生动物的。

第十二条　申请特许猎捕证的程序如下：

（一）需要捕捉国家一级保护野生动物的，必须附具申请人所在地和捕捉地的省、自治区、直辖市人民政府林业行政主管部门签署的意见，向国务院林业行政主管部门申请特许猎捕证；

（二）需要在本省、自治区、直辖市猎捕国家二级保护野生动物的，必须附具申请人所在地的县级人民政府野生动物行政主管部门签署的意见，向省、自治区、直辖市人民政府林业行政主管部门申请特许猎捕证；

（三）需要跨省、自治区、直辖市猎捕国家二级保护野生动物的，必须附具申请人所在地的省、自治区、直辖市人民政府林业行政主管部门签署的意见，向猎捕地的省、自治区、直辖市人民政府林业行政主管部门申请特许猎捕证。

动物园需要申请捕捉国家一级保护野生动物的，在向国务院林业行政主管部门申请特许猎捕证前，须经国务院建设行政主管部门审核同意；需要申请捕捉国家二级保护野生动物的，在向申请人所在地的省、自治区、直辖市人民政府林业行政主管部门申请特许猎捕证前，须经同级政府建设行政主管部门审核同意。

负责核发特许猎捕证的部门接到申请后，应当在3个月内作出批准或者不批准的决定。

第十三条 有下列情形之一的，不予发放特许猎捕证：

（一）申请猎捕者有条件以合法的非猎捕方式获得国家重点保护野生动物的种源、产品或者达到所需目的的；

（二）猎捕申请不符合国家有关规定或者申请使用的猎捕工具、方法以及猎捕时间、地点不当的；

（三）根据野生动物资源现状不宜捕捉、猎捕的。

第十四条 取得特许猎捕证的单位和个人，必须按照特许猎捕证规定的种类、数量、地点、期限、工具和方法进行猎捕，防止误伤野生动物或者破坏其生存环境。猎捕作业完成后，应当在10日内向猎捕地的县级人民政府野生动物行政主管部门申请查验。

县级人民政府野生动物行政主管部门对在本行政区域内猎捕国家重点保护野生动物的活动，应当进行监督检查，并及时向批准猎捕的机关报告监督检查结果。

第十五条 猎捕非国家重点保护野生动物的，必须持有狩猎证，并按照狩猎证规定的种类、数量、地点、期限、工具和方法进行猎捕。

狩猎证由省、自治区、直辖市人民政府林业行政主管部门按照国务院林业行政主管部门的规定印制，县级人民政府野生动物行政主管部门或者其授权的单位核发。

狩猎证每年验证1次。

第十六条 省、自治区、直辖市人民政府林业行政主管部门，应当根据本行政区域内非国家重点保护野生动物的资源现状，确定狩猎动物种类，并实行年度猎捕量限额管理。狩猎动物种类和年度猎捕量限额，由县级人民政府野生动物行政主管部门按照保护资源、永续利用的原则提出，经省、自治区、直辖市人民政府林业行政主管部门批准，报国务院林业行政主管部门备案。

第十七条 县级以上地方各级人民政府野生动物行政主管部门应当组织狩猎者有计划地开展狩猎活动。

在适合狩猎的区域建立固定狩猎场所的，必须经省、自治区、直辖市人民政府林业行政主管部门批准。

第十八条 禁止使用军用武器、汽枪、毒药、炸药、地枪、排铳、非人为直接操作并危害人畜安全的狩猎装置、夜间照明行猎、歼灭性围猎、火攻、烟熏以及县级以上各级人民政府或者其野生动物行政主管部门规定禁止使用的其他狩猎工具和方法狩猎。

第十九条　外国人在中国境内对国家重点保护野生动物进行野外考察、标本采集或者在野外拍摄电影、录像的，必须向国家重点保护野生动物所在地的省、自治区、直辖市人民政府林业行政主管部门提出申请，经其审核后，报国务院林业行政主管部门或者其授权的单位批准。

第二十条　外国人在中国境内狩猎，必须在国务院林业行政主管部门批准的对外国人开放的狩猎场所内进行，并遵守中国有关法律、法规的规定。

第四章　野生动物驯养繁殖管理

第二十一条　驯养繁殖国家重点保护野生动物的，应当持有驯养繁殖许可证。

国务院林业行政主管部门和省、自治区、直辖市人民政府林业行政主管部门可以根据实际情况和工作需要，委托同级有关部门审批或者核发国家重点保护野生动物驯养繁殖许可证。动物园驯养繁殖国家重点保护野生动物的，林业行政主管部门可以委托同级建设行政主管部门核发驯养繁殖许可证。

驯养繁殖许可证由国务院林业行政主管部门印制。

第二十二条　从国外或者外省、自治区、直辖市引进野生动物进行驯养繁殖的，应当采取适当措施，防止其逃至野外；需要将其放生于野外的，放生单位应当向所在省、自治区、直辖市人民政府林业行政主管部门提出申请，经省级以上人民政府林业行政主管部门指定的科研机构进行科学论证后，报国务院林业行政主管部门或者其授权的单位批准。

擅自将引进的野生动物放生于野外或者因管理不当使其逃至野外的，由野生动物行政主管部门责令限期捕回或者采取其他补救措施。

第二十三条　从国外引进的珍贵、濒危野生动物，经国务院林业行政主管部门核准，可以视为国家重点保护野生动物；从国外引进的其他野生动物，经省、自治区、直辖市人民政府林业行政主管部门核准，可以视为地方重点保护野生动物。

第五章　野生动物经营利用管理

第二十四条　收购驯养繁殖的国家重点保护野生动物或者其产品的单位，由省、自治区、直辖市人民政府林业行政主管部门商有关部门提出，经同级人民政府或者其授权的单位批准，凭批准文件向工商行政管理部门申请登记注册。

依照前款规定经核准登记的单位，不得收购未经批准出售的国家重点保护野生动物或者其产品。

第二十五条　经营利用非国家重点保护野生动物或者其产品的，应当向工商行政管理部门申请登记注册。

第二十六条　禁止在集贸市场出售、收购国家重点保护野生动物或者其产品。

持有狩猎证的单位和个人需要出售依法获得的非国家重点保护野生动物或者其产

品的，应当按照狩猎证规定的种类、数量向经核准登记的单位出售，或者在当地人民政府有关部门指定的集贸市场出售。

第二十七条　县级以上各级人民政府野生动物行政主管部门和工商行政管理部门，应当对野生动物或者其产品的经营利用建立监督检查制度，加强对经营利用野生动物或者其产品的监督管理。

对进入集贸市场的野生动物或者其产品，由工商行政管理部门进行监督管理；在集贸市场以外经营野生动物或者其产品，由野生动物行政主管部门、工商行政管理部门或者其授权的单位进行监督管理。

第二十八条　运输、携带国家重点保护野生动物或者其产品出县境的，应当凭特许猎捕证、驯养繁殖许可证，向县级人民政府野生动物行政主管部门提出申请，报省、自治区、直辖市人民政府林业行政主管部门或者其授权的单位批准。动物园之间因繁殖动物，需要运输国家重点保护野生动物的，可以由省、自治区、直辖市人民政府林业行政主管部门授权同级建设行政主管部门审批。

第二十九条　出口国家重点保护野生动物或者其产品的，以及进出口中国参加的国际公约所限制进出口的野生动物或者其产品的，必须经进出口单位或者个人所在地的省、自治区、直辖市人民政府林业行政主管部门审核，报国务院林业行政主管部门或者国务院批准；属于贸易性进出口活动的，必须由具有有关商品进出口权的单位承担。

动物园因交换动物需要进出口前款所称野生动物的，国务院林业行政主管部门批准或者国务院林业行政主管部门报请国务院批准前，应当经国务院建设行政主管部门审核同意。

第三十条　利用野生动物或者其产品举办出国展览等活动的经济收益，主要用于野生动物保护事业。

第六章　奖励和惩罚

第三十一条　有下列事迹之一的单位和个人，由县级以上人民政府或者其野生动物行政主管部门给予奖励：

（一）在野生动物资源调查、保护管理、宣传教育、开发利用方面有突出贡献的；

（二）严格执行野生动物保护法规，成绩显著的；

（三）拯救、保护和驯养繁殖珍贵、濒危野生动物取得显著成效的；

（四）发现违反野生动物保护法规行为，及时制止或者检举有功的；

（五）在查处破坏野生动物资源案件中有重要贡献的；

（六）在野生动物科学研究中取得重大成果或者在应用推广科研成果中取得显著效益的；

（七）在基层从事野生动物保护管理工作五年以上并取得显著成绩的；

（八）在野生动物保护管理工作中有其他特殊贡献的。

第三十二条　非法捕杀国家重点保护野生动物的，依照刑法有关规定追究刑事责任；情节显著轻微危害不大的，或者犯罪情节轻微不需要判处刑罚的，由野生动物行政主管部门没收猎获物、猎捕工具和违法所得，吊销特许猎捕证，并处以相当于猎获物价值10倍以下的罚款，没有猎获物的处1万元以下罚款。

第三十三条　违反野生动物保护法规，在禁猎区、禁猎期或者使用禁用的工具、方法猎捕非国家重点保护野生动物，依照《野生动物保护法》第三十二条的规定处以罚款的，按照下列规定执行：

（一）有猎获物的，处以相当于猎获物价值8倍以下的罚款；

（二）没有猎获物的，处2000元以下罚款。

第三十四条　违反野生动物保护法规，未取得狩猎证或者未按照狩猎证规定猎捕非国家重点保护野生动物，依照《野生动物保护法》第三十三条的规定处以罚款的，按照下列规定执行：

（一）有猎获物的，处以相当于猎获物价值5倍以下的罚款；

（二）没有猎获物的，处1000元以下罚款。

第三十五条　违反野生动物保护法规，在自然保护区、禁猎区破坏国家或者地方重点保护野生动物主要生息繁衍场所，依照《野生动物保护法》第三十四条的规定处以罚款的，按照相当于恢复原状所需费用3倍以下的标准执行。

在自然保护区、禁猎区破坏非国家或者地方重点保护野生动物主要生息繁衍场所的，由野生动物行政主管部门责令停止破坏行为，限期恢复原状，并处以恢复原状所需费用2倍以下的罚款。

第三十六条　违反野生动物保护法规，出售、收购、运输、携带国家或者地方重点保护野生动物或者其产品的，由工商行政管理部门或者其授权的野生动物行政主管部门没收实物和违法所得，可以并处相当于实物价值10倍以下的罚款。

第三十七条　伪造、倒卖、转让狩猎证或者驯养繁殖许可证，依照《野生动物保护法》第三十七条的规定处以罚款的，按照5000元以下的标准执行。伪造、倒卖、转让特许猎捕证或者允许进出口证明书，依照《野生动物保护法》第三十七条的规定处以罚款的，按照5万元以下的标准执行。

第三十八条　违反野生动物保护法规，未取得驯养繁殖许可证或者超越驯养繁殖许可证规定范围驯养繁殖国家重点保护野生动物的，由野生动物行政主管部门没收违法所得，处3000元以下罚款，可以并处没收野生动物、吊销驯养繁殖许可证。

第三十九条　外国人未经批准在中国境内对国家重点保护野生动物进行野外考察、标本采集或者在野外拍摄电影、录像的，由野生动物行政主管部门没收考察、拍摄的资料以及所获标本，可以并处 5 万元以下罚款。

第四十条　有下列行为之一，尚不构成犯罪，应当给予治安管理处罚的，由公安机关依照《中华人民共和国治安管理处罚法》的规定予以处罚：

（一）拒绝、阻碍野生动物行政管理人员依法执行职务的；

（二）偷窃、哄抢或者故意损坏野生动物保护仪器设备或者设施的；

（三）偷窃、哄抢、抢夺非国家重点保护野生动物或者其产品的；

（四）未经批准猎捕少量非国家重点保护野生动物的。

第四十一条　违反野生动物保护法规，被责令限期捕回而不捕的，被责令限期恢复原状而不恢复的，野生动物行政主管部门或者其授权的单位可以代为捕回或者恢复原状，由被责令限期捕回者或者被责令限期恢复原状者承担全部捕回或者恢复原状所需的费用。

第四十二条　违反野生动物保护法规，构成犯罪的，依法追究刑事责任。

第四十三条　依照野生动物保护法规没收的实物，按照国务院林业行政主管部门的规定处理。

第七章　附　则

第四十四条　本条例由国务院林业行政主管部门负责解释。

第四十五条　本条例自发布之日起施行。

中华人民共和国水生野生动物保护实施条例

修订后实施日期：2013年12月7日

第一章　总　则

第一条　根据《中华人民共和国野生动物保护法》（以下简称《野生动物保护法》）的规定，制定本条例。

第二条　本条例所称水生野生动物，是指珍贵、濒危的水生野生动物；所称水生野生动物产品，是指珍贵、濒危的水生野生动物的任何部分及其衍生物。

第三条　国务院渔业行政主管部门主管全国水生野生动物管理工作。

县级以上地方人民政府渔业行政主管部门主管本行政区域内水生野生动物管理工作。

《野生动物保护法》和本条例规定的渔业行政主管部门的行政处罚权，可以由其所属的渔政监督管理机构行使。

第四条　县级以上各级人民政府及其有关主管部门应当鼓励、支持有关科研单位、教学单位开展水生野生动物科学研究工作。

第五条　渔业行政主管部门及其所属的渔政监督管理机构，有权对《野生动物保护法》和本条例的实施情况进行监督检查，被检查的单位和个人应当给予配合。

第二章　水生野生动物保护

第六条　国务院渔业行政主管部门和省、自治区、直辖市人民政府渔业行政主管部门，应当定期组织水生野生动物资源调查，建立资源档案，为制定水生野生动物资源保护发展规划、制定和调整国家和地方重点保护水生野生动物名录提供依据。

第七条　渔业行政主管部门应当组织社会各方面力量，采取有效措施，维护和改善水生野生动物的生存环境，保护和增殖水生野生动物资源。禁止任何单位和个人破坏国家重点保护的和地方重点保护的水生野生动物生息繁衍的水域、场所和生存条件。

第八条　任何单位和个人对侵占或者破坏水生野生动物资源的行为，有权向当地渔业行政主管部门或者其所属的渔政监督管理机构检举和控告。

第九条　任何单位和个人发现受伤、搁浅和因误入港湾、河汊而被困的水生野生动物时，应当及时报告当地渔业行政主管部门或者其所属的渔政监督管理机构，由其采取紧急救护措施；也可以要求附近具备救护条件的单位采取紧急救护措施，并报告渔业行政主管部门。已经死亡的水生野生动物，由渔业行政主管部门妥善处理。捕捞作业时误捕水生野生动物的，应当立即无条件放生。

第十条　因保护国家重点保护的和地方重点保护的水生野生动物受到损失的，可以向当地人民政府渔业行政主管部门提出补偿要求。经调查属实并确实需要补偿的，由当地人民政府按照省、自治区、直辖市人民政府有关规定给予补偿。

第十一条　国务院渔业行政主管部门和省、自治区、直辖市人民政府，应当在国家重点保护的和地方重点保护的水生野生动物的主要生息繁衍的地区和水域，划定水生野生动物自然保护区，加强对国家和地方重点保护水生野生动物及其生存环境的保护管理，具体办法由国务院另行规定。

第三章　水生野生动物管理

第十二条　禁止捕捉、杀害国家重点保护的水生野生动物。有下列情形之一，确需捕捉国家重点保护的水生野生动物的，必须申请特许捕捉证：为进行水生野生动物科学考察、资源调查，必须捕捉的；为驯养繁殖国家重点保护的水生野生动物，必须从自然水域或者场所获取种源的；为承担省级以上科学研究项目或者国家医药生产任务，必须从自然水域或者场所获取国家重点保护的水生野生动物的；为宣传、普及水生野生动物知识或者教学、展览的需要，必须从自然水域或者场所获取国家重点保护的水生野生动物的；因其他特殊情况，必须捕捉的。

第十三条　申请特许捕捉证的程序：

需要捕捉国家一级保护水生野生动物的，必须附具申请人所在地和捕捉地的省、自治区、直辖市人民政府渔业行政主管部门签署的意见，向国务院渔业行政主管部门申请特许捕捉证；

需要在本省、自治区、直辖市捕捉国家二级保护水生野生动物的，必须附具申请人所在地的县级人民政府渔业行政主管部门签署的意见，向省、自治区、直辖市人民政府渔业行政主管部门申请特许捕捉证；

需要跨省、自治区、直辖市捕捉国家二级保护水生野生动物的，必须附具申请人所在地的省、自治区、直辖市人民政府渔业行政主管部门签署的意见，向捕捉地的省、自治区、直辖市人民政府渔业行政主管部门申请特许捕捉证。

动物园申请捕捉国家一级保护水生野生动物的，在向国务院渔业行政主管部门申请特许捕捉证前，须经国务院建设行政主管部门审核同意；申请捕捉国家二级保护水生野生动物的，在向申请人所在地的省、自治区、直辖市人民政府渔业行政主管部门申请特许捕捉证前，须经同级人民政府建设行政主管部门审核同意。

负责核发特许捕捉证的部门接到申请后，应当自接到申请之日起 3 个月内作出批准或者不批准的决定。

第十四条　有下列情形之一的，不予发放特许捕捉证：申请人有条件以合法的非捕捉方式获得国家重点保护的水生野生动物的种源、产品或者达到其目的的；捕捉申请不符合国家有关规定，或者申请使用的捕捉工具、方法以及捕捉时间、地点不当的；根据水生野生动物资源现状不宜捕捉的。

第十五条　取得特许捕捉证的单位和个人，必须按照特许捕捉证规定的种类、数量、地点、期限、工具和方法进行捕捉，防止误伤水生野生动物或者破坏其生存环境。捕捉作业完成后，应当及时向捕捉地的县级人民政府渔业行政主管部门或者其所属的渔政监督管理机构申请查验。

县级人民政府渔业行政主管部门或者其所属的渔政监督管理机构对在本行政区域内捕捉国家重点保护的水生野生动物的活动，应当进行监督检查，并及时向批准捕捉的部门报告监督检查结果。

第十六条　外国人在中国境内进行有关水生野生动物科学考察、标本采集、拍摄电影、录像等活动的，必须经国家重点保护的水生野生动物所在地的省、自治区、直辖市人民政府渔业行政主管部门批准。

第十七条　驯养繁殖国家一级保护水生野生动物的，应当持有国务院渔业行政主管部门核发的驯养繁殖许可证；驯养繁殖国家二级保护水生野生动物的，应当持有省、自治区、直辖市人民政府渔业行政主管部门核发的驯养繁殖许可证。

动物园驯养繁殖国家重点保护的水生野生动物的，渔业行政主管部门可以委托同级建设行政主管部门核发驯养繁殖许可证。

第十八条　禁止出售、收购国家重点保护的水生野生动物或者其产品。

因科学研究、驯养繁殖、展览等特殊情况，需要出售、收购、利用国家一级保护水生野生动物或者其产品的，必须向省、自治区、直辖市人民政府渔业行政主管部门提出申请，经其签署意见后，报国务院渔业行政主管部门批准；需要出售、收购、利用国家二级保护水生野生动物或者其产品的，必须向省、自治区、直辖市人民政府渔业行政主管部门提出申请，并经其批准。

第十九条　县级以上各级人民政府渔业行政主管部门和工商行政管理部门，应当对水生野生动物或者其产品的经营利用建立监督检查制度，加强对经营利用水生野生动物或者其产品的监督管理。

对进入集贸市场的水生野生动物或者其产品，由工商行政管理部门进行监督管理，渔业行政主管部门给予协助；在集贸市场以外经营水生野生动物或者其产品，由渔业行政主管部门、工商行政管理部门或者其授权的单位进行监督管理。

第二十条　运输、携带国家重点保护的水生野生动物或者其产品出县境的，应当凭特许捕捉证或者驯养繁殖许可证，向县级人民政府渔业行政主管部门提出申请，报省、自治区、直辖市人民政府渔业行政主管部门或者其授权的单位批准。动物园之间因繁殖动物，需要运输国家重点保护的水生野生动物的，可以由省、自治区、直辖市人民政府渔业行政主管部门授权同级建设行政主管部门审批。

第二十一条　交通、铁路、民航和邮政企业对没有合法运输证明的水生野生动物或者其产品，应当及时通知有关主管部门处理，不得承运、收寄。

第二十二条　从国外引进水生野生动物的，应当向省、自治区、直辖市人民政府渔业行政主管部门提出申请，经省级以上人民政府渔业行政主管部门指定的科研机构进行科学论证后，报国务院渔业行政主管部门批准。

第二十三条　出口国家重点保护的水生野生动物或者其产品的，进出口中国参加的国际公约所限制进出口的水生野生动物或者其产品的，必须经进出口单位或者个人所在地的省、自治区、直辖市人民政府渔业行政主管部门审核，报国务院渔业行政主管部门批准；属于贸易性进出口活动的，必须由具有有关商品进出口权的单位承担。

动物园因交换动物需要进出口前款所称水生野生动物的，在国务院渔业行政主管部门批准前，应当经国务院建设行政主管部门审核同意。

第二十四条　利用水生野生动物或者其产品举办展览等活动的经济收益，主要用于水生野生动物保护事业。

第四章　奖励和惩罚

第二十五条　有下列事迹之一的单位和个人，由县级以上人民政府或者其渔业行政主管部门给予奖励：

在水生野生动物资源调查、保护管理、宣传教育、开发利用方面有突出贡献的；

严格执行野生动物保护法规，成绩显著的；

拯救、保护和驯养繁殖水生野生动物取得显著成效的；

发现违反水生野生动物保护法律、法规的行为，及时制止或者检举有功的；

在查处破坏水生野生动物资源案件中作出重要贡献的；

在水生野生动物科学研究中取得重大成果或者在应用推广有关的科研成果中取得显著效益的；

在基层从事水生野生动物保护管理工作 5 年以上并取得显著成绩的；在水生野生动物保护管理工作中有其他特殊贡献的。

第二十六条　非法捕杀国家重点保护的水生野生动物的，依照刑法有关规定追究刑事责任；情节显著轻微危害不大的，或者犯罪情节轻微不需要判处刑罚的，由渔业行政主管部门没收捕获物、捕捉工具和违法所得，吊销特许捕捉证，并处以相当于捕获物价值 10 倍以下的罚款，没有捕获物的处以 1 万元以下的罚款。

第二十七条　违反野生动物保护法律、法规，在水生野生动物自然保护区破坏国家重点保护的或者地方重点保护的水生野生动物主要生息繁衍场所，依照《野生动物保护法》第三十四条的规定处以罚款的，罚款幅度为恢复原状所需费用的 3 倍以下。

第二十八条　违反野生动物保护法律、法规，出售、收购、运输、携带国家重点保护的或者地方重点保护的水生野生动物或者其产品的，由工商行政管理部门或者其授权的渔业行政主管部门没收实物和违法所得，可以并处相当于实物价值 10 倍以下的罚款。

第二十九条　伪造、倒卖、转让驯养繁殖许可证，依照《野生动物保护法》第三十七条的规定处以罚款的，罚款幅度为 5000 元以下。伪造、倒卖、转让特许捕捉证或者允许进出口证明书，依照《野生动物保护法》第三十七条的规定处以罚款的，罚款幅度为 5 万元以下。

第三十条　违反野生动物保护法规，未取得驯养繁殖许可证或者超越驯养繁殖许可证规定范围，驯养繁殖国家重点保护的水生野生动物的，由渔业行政主管部门没收违法所得，处 3000 元以下的罚款，可以并处没收水生野生动物、吊销驯养繁殖许可证。

第三十一条　外国人未经批准在中国境内对国家重点保护的水生野生动物进行科学考察、标本采集、拍摄电影、录像的，由渔业行政主管部门没收考察、拍摄的资料以及所获标本，可以并处 5 万元以下的罚款。

第三十二条　有下列行为之一，尚不构成犯罪，应当给予治安管理处罚的，由公安机关依照《中华人民共和国治安管理处罚法》的规定予以处罚：拒绝、阻碍渔政检查人员依法执行职务的；偷窃、哄抢或者故意损坏野生动物保护仪器设备或者设施的。

第三十三条　依照野生动物保护法规的规定没收的实物，按照国务院渔业行政主管部门的有关规定处理。

第五章　附　则

第三十四条　本条例由国务院渔业行政主管部门负责解释。

第三十五条　本条例自发布之日起施行。

中华人民共和国野生植物保护条例

修订后实施日期：2017年10月7日

第一章　总则

第一条　为了保护、发展和合理利用野生植物资源，保护生物多样性，维护生态平衡，制定本条例。

第二条　在中华人民共和国境内从事野生植物的保护、发展和利用活动，必须遵守本条例。

本条例所保护的野生植物，是指原生地天然生长的珍贵植物和原生地天然生长并具有重要经济、科学研究、文化价值的濒危、稀有植物。

药用野生植物和城市园林、自然保护区、风景名胜区内的野生植物的保护，同时适用有关法律、行政法规。

第三条　国家对野生植物资源实行加强保护、积极发展、合理利用的方针。

第四条　国家保护依法开发利用和经营管理野生植物资源的单位和个人的合法权益。

第五条　国家鼓励和支持野生植物科学研究、野生植物的就地保护和迁地保护。

在野生植物资源保护、科学研究、培育利用和宣传教育方面成绩显著的单位和个人，由人民政府给予奖励。

第六条　县级以上各级人民政府有关主管部门应当开展保护野生植物的宣传教育，普及野生植物知识，提高公民保护野生植物的意识。

第七条　任何单位和个人都有保护野生植物资源的义务，对侵占或者破坏野生植物及其生长环境的行为有权检举和控告。

第八条　国务院林业行政主管部门主管全国林区内野生植物和林区外珍贵野生树木的监督管理工作。国务院农业行政主管部门主管全国其他野生植物的监督管理工作。

国务院建设行政部门负责城市园林、风景名胜区内野生植物的监督管理工作。国务院环境保护部门负责对全国野生植物环境保护工作的协调和监督。国务院其他有关部门依照职责分工负责有关的野生植物保护工作。

县级以上地方人民政府负责野生植物管理工作的部门及其职责，由省、自治区、直辖市人民政府根据当地具体情况规定。

第二章　野生植物保护

第九条　国家保护野生植物及其生长环境。禁止任何单位和个人非法采集野生植物或者破坏其生长环境。

第十条　野生植物分为国家重点保护野生植物和地方重点保护野生植物。

国家重点保护野生植物分为国家一级保护野生植物和国家二级保护野生植物。国家重点保护野生植物名录，由国务院林业行政主管部门、农业行政主管部门（以下简称国务院野生植物行政主管部门）商国务院环境保护、建设等有关部门制定，报国务院批准公布。

地方重点保护野生植物，是指国家重点保护野生植物以外，由省、自治区、直辖市保护的野生植物。地方重点保护野生植物名录，由省、自治区、直辖市人民政府制定并公布，报国务院备案。

第十一条　在国家重点保护野生植物物种和地方重点保护野生植物物种的天然集中分布区域，应当依照有关法律、行政法规的规定，建立自然保护区；在其他区域，县级以上地方人民政府野生植物行政主管部门和其他有关部门可以根据实际情况建立国家重点保护野生植物和地方重点保护野生植物的保护点或者设立保护标志。

禁止破坏国家重点保护野生植物和地方重点保护野生植物的保护点的保护设施和保护标志。

第十二条　野生植物行政主管部门及其他有关部门应当监视、监测环境对国家重点保护野生植物生长和地方重点保护野生植物生长的影响，并采取措施，维护和改善国家重点保护野生植物和地方重点保护野生植物的生长条件。由于环境影响对国家重点保护野生植物和地方重点保护野生植物的生长造成危害时，野生植物行政主管部门应当会同其他有关部门调查并依法处理。

第十三条　建设项目对国家重点保护野生植物和地方重点保护野生植物的生长环境产生不利影响的，建设单位提交的环境影响报告书中必须对此作出评价；环境保护部门在审批环境影响报告书时，应当征求野生植物行政主管部门的意见。

第十四条　野生植物行政主管部门和有关单位对生长受到威胁的国家重点保护野生植物和地方重点保护野生植物应当采取拯救措施，保护或者恢复其生长环境，必要时应当建立繁育基地、种质资源库或者采取迁地保护措施。

第三章　野生植物管理

第十五条　野生植物行政主管部门应当定期组织国家重点保护野生植物和地方重点保护野生植物资源调查，建立资源档案。

第十六条　禁止采集国家一级保护野生植物。因科学研究、人工培育、文化交流等特殊需要，采集国家一级保护野生植物的，应当按照管理权限向国务院林业行政主管部门或者其授权的机构申请采集证；或者向采集地的省、自治区、直辖市人民政府农业行政主管部门或者其授权的机构申请采集证。

采集国家二级保护野生植物的，必须经采集地的县级人民政府野生植物行政主管部门签署意见后，向省、自治区、直辖市人民政府野生植物行政主管部门或者其授权的机构申请采集证。

采集城市园林或者风景名胜区内的国家一级或者二级保护野生植物的，须先征得城市园林或者风景名胜区管理机构同意，分别依照前两款的规定申请采集证。

采集珍贵野生树木或者林区内、草原上的野生植物的，依照森林法、草原法的规定办理。

野生植物行政主管部门发放采集证后，应当抄送环境保护部门备案。

采集证的格式由国务院野生植物行政主管部门制定。

第十七条　采集国家重点保护野生植物的单位和个人，必须按照采集证规定的种类、数量、地点、期限和方法进行采集。

县级人民政府野生植物行政主管部门对在本行政区域内采集国家重点保护野生植物的活动，应当进行监督检查，并及时报告批准采集的野生植物行政主管部门或者其授权的机构。

第十八条　禁止出售、收购国家一级保护野生植物。

出售、收购国家二级保护野生植物的，必须经省、自治区、直辖市人民政府野生植物行政主管部门或者其授权的机构批准。

第十九条　野生植物行政主管部门应当对经营利用国家二级保护野生植物的活动进行监督检查。

第二十条　出口国家重点保护野生植物或者进出口中国参加的国际公约所限制进出口的野生植物的，应当按照管理权限经国务院林业行政主管部门批准，或者经进出口者所在地的省、自治区、直辖市人民政府农业行政主管部门审核后报国务院农业行政主管部门批准，并取得国家濒危物种进出口管理机构核发的允许进出口证明书或者标签。海关凭允许进出口证明书或者标签查验放行。国务院野生植物行政主管部门应当将有关野生植物进出口的资料抄送国务院环境保护部门。

禁止出口未定名的或者新发现并有重要价值的野生植物。

第二十一条　外国人不得在中国境内采集或者收购国家重点保护野生植物。

外国人在中国境内对农业行政主管部门管理的国家重点保护野生植物进行野外考察的，应当经农业行政主管部门管理的国家重点保护野生植物所在地的省、自治区、直辖市人民政府农业行政主管部门批准。

第二十二条 地方重点保护野生植物的管理办法，由省、自治区、直辖市人民政府制定。

第四章 法律责任

第二十三条 未取得采集证或者未按照采集证的规定采集国家重点保护野生植物的，由野生植物行政主管部门没收所采集的野生植物和违法所得，可以并处违法所得10倍以下的罚款；有采集证的，并可以吊销采集证。

第二十四条 违反本条例规定，出售、收购国家重点保护野生植物的，由工商行政管理部门或者野生植物行政主管部门按照职责分工没收野生植物和违法所得，可以并处违法所得10倍以下的罚款。

第二十五条 非法进出口野生植物的，由海关依照海关法的规定处罚。

第二十六条 伪造、倒卖、转让采集证、允许进出口证明书或者有关批准文件、标签的，由野生植物行政主管部门或者工商行政管理部门按照职责分工收缴，没收违法所得，可以并处5万元以下的罚款。

第二十七条 外国人在中国境内采集、收购国家重点保护野生植物，或者未经批准对农业行政主管部门管理的国家重点保护野生植物进行野外考察的，由野生植物行政主管部门没收所采集、收购的野生植物和考察资料，可以并处5万元以下的罚款。

第二十八条 违反本条例规定，构成犯罪的，依法追究刑事责任。

第二十九条 野生植物行政主管部门的工作人员滥用职权、玩忽职守、徇私舞弊，构成犯罪的，依法追究刑事责任；尚不构成犯罪的，依法给予行政处分。

第三十条 依照本条例规定没收的实物，由作出没收决定的机关按照国家有关规定处理。

第五章 附则

第三十一条 中华人民共和国缔结或者参加的与保护野生植物有关的国际条约与本条例有不同规定的，适用国际条约的规定；但是，中华人民共和国声明保留的条款除外。

第三十二条 本条例自1997年1月1日起实施。

中华人民共和国濒危野生动植物进出口管理条例

修订后实施日期：2019年3月2日

第一条 为了加强对濒危野生动植物及其产品的进出口管理，保护和合理利用野生动植物资源，履行《濒危野生动植物种国际贸易公约》（以下简称公约），制定本条例。

第二条 进口或者出口公约限制进出口的濒危野生动植物及其产品，应当遵守本条例。

出口国家重点保护的野生动植物及其产品，依照本条例有关出口濒危野生动植物及其产品的规定办理。

第三条 国务院林业、农业（渔业）主管部门（以下称国务院野生动植物主管部门），按照职责分工主管全国濒危野生动植物及其产品的进出口管理工作，并做好与履行公约有关的工作。

国务院其他有关部门依照有关法律、行政法规的规定，在各自的职责范围内负责做好相关工作。

第四条 国家濒危物种进出口管理机构代表中国政府履行公约，依照本条例的规定对经国务院野生动植物主管部门批准出口的国家重点保护的野生动植物及其产品、批准进口或者出口的公约限制进出口的濒危野生动植物及其产品，核发允许进出口证明书。

第五条 国家濒危物种进出口科学机构依照本条例，组织陆生野生动物、水生野生动物和野生植物等方面的专家，从事有关濒危野生动植物及其产品进出口的科学咨询工作。

第六条 禁止进口或者出口公约禁止以商业贸易为目的进出口的濒危野生动植物及其产品，因科学研究、驯养繁殖、人工培育、文化交流等特殊情况，需要进口或者出口的，应当经国务院野生动植物主管部门批准；按照有关规定由国务院批准的，应当报经国务院批准。

禁止出口未定名的或者新发现并有重要价值的野生动植物及其产品以及国务院或者国务院野生动植物主管部门禁止出口的濒危野生动植物及其产品。

第七条 进口或者出口公约限制进出口的濒危野生动植物及其产品，出口国务院或者国务院野生动植物主管部门限制出口的野生动植物及其产品，应当经国务院野生动植物主管部门批准。

第八条 进口濒危野生动植物及其产品的，必须具备下列条件：

（一）对濒危野生动植物及其产品的使用符合国家有关规定；

（二）具有有效控制措施并符合生态安全要求；

（三）申请人提供的材料真实有效；

（四）国务院野生动植物主管部门公示的其他条件。

第九条 出口濒危野生动植物及其产品的，必须具备下列条件：

（一）符合生态安全要求和公共利益；

（二）来源合法；

（三）申请人提供的材料真实有效；

（四）不属于国务院或者国务院野生动植物主管部门禁止出口的；

（五）国务院野生动植物主管部门公示的其他条件。

第十条 进口或者出口濒危野生动植物及其产品的，申请人应当按照管理权限，向其所在地的省、自治区、直辖市人民政府农业（渔业）主管部门提出申请，或者向国务院林业主管部门提出申请，并提交下列材料：

（一）进口或者出口合同；

（二）濒危野生动植物及其产品的名称、种类、数量和用途；

（三）活体濒危野生动物装运设施的说明资料；

（四）国务院野生动植物主管部门公示的其他应当提交的材料。

省、自治区、直辖市人民政府农业（渔业）主管部门应当自收到申请之日起10个工作日内签署意见，并将全部申请材料转报国务院农业（渔业）主管部门。

第十一条 国务院野生动植物主管部门应当自收到申请之日起20个工作日内，作出批准或者不予批准的决定，并书面通知申请人。在20个工作日内不能作出决定的，经本行政机关负责人批准，可以延长10个工作日，延长的期限和理由应当通知申请人。

第十二条 申请人取得国务院野生动植物主管部门的进出口批准文件后，应当在批准文件规定的有效期内，向国家濒危物种进出口管理机构申请核发允许进出口证明书。

申请核发允许进出口证明书时应当提交下列材料：

（一）允许进出口证明书申请表；

（二）进出口批准文件；

（三）进口或者出口合同。

进口公约限制进出口的濒危野生动植物及其产品的，申请人还应当提交出口国（地区）濒危物种进出口管理机构核发的允许出口证明材料；出口公约禁止以商业贸易为目的进出口的濒危野生动植物及其产品的，申请人还应当提交进口国（地区）濒危物种进出口管理机构核发的允许进口证明材料；进口的濒危野生动植物及其产品再出口时，申请人还应当提交海关进口货物报关单和海关签注的允许进口证明书。

第十三条 国家濒危物种进出口管理机构应当自收到申请之日起20个工作日内，作出审核决定。对申请材料齐全、符合本条例规定和公约要求的，应当核发允许进出口证明书；对不予核发允许进出口证明书的，应当书面通知申请人和国务院野生动植物主管部门并说明理由。在20个工作日内不能作出决定的，经本机构负责人批准，可以延长10个工作日，延长的期限和理由应当通知申请人。

国家濒危物种进出口管理机构在审核时，对申请材料不符合要求的，应当在5个工作日内一次性通知申请人需要补正的全部内容。

第十四条　国家濒危物种进出口管理机构在核发允许进出口证明书时，需要咨询国家濒危物种进出口科学机构的意见，或者需要向境外相关机构核实允许进出口证明材料等有关内容的，应当自收到申请之日起5个工作日内，将有关材料送国家濒危物种进出口科学机构咨询意见或者向境外相关机构核实有关内容。咨询意见、核实内容所需时间不计入核发允许进出口证明书工作日之内。

第十五条　国务院野生动植物主管部门和省、自治区、直辖市人民政府野生动植物主管部门以及国家濒危物种进出口管理机构，在审批濒危野生动植物及其产品进出口时，除收取国家规定的费用外，不得收取其他费用。

第十六条　因进口或者出口濒危野生动植物及其产品对野生动植物资源、生态安全造成或者可能造成严重危害和影响的，由国务院野生动植物主管部门提出临时禁止或者限制濒危野生动植物及其产品进出口的措施，报国务院批准后执行。

第十七条　从不属于任何国家管辖的海域获得的濒危野生动植物及其产品，进入中国领域的，参照本条例有关进口的规定管理。

第十八条　进口濒危野生动植物及其产品涉及外来物种管理的，出口濒危野生动植物及其产品涉及种质资源管理的，应当遵守国家有关规定。

第十九条　进口或者出口濒危野生动植物及其产品的，应当在国务院野生动植物主管部门会同海关总署指定并经国务院批准的口岸进行。

第二十条　进口或者出口濒危野生动植物及其产品的，应当按照允许进出口证明书规定的种类、数量、口岸、期限完成进出口活动。

第二十一条　进口或者出口濒危野生动植物及其产品的，应当向海关提交允许进出口证明书，接受海关监管，并自海关放行之日起30日内，将海关验讫的允许进出口证明书副本交国家濒危物种进出口管理机构备案。

过境、转运和通运的濒危野生动植物及其产品，自入境起至出境前由海关监管。

进出保税区、出口加工区等海关特定监管区域和保税场所的濒危野生动植物及其产品，应当接受海关监管，并按照海关总署和国家濒危物种进出口管理机构的规定办理进出口手续。

进口或者出口濒危野生动植物及其产品的，应当凭允许进出口证明书向海关报检，并接受检验检疫。

第二十二条　国家濒危物种进出口管理机构应当将核发允许进出口证明书的有关资料和濒危野生动植物及其产品年度进出口情况，及时抄送国务院野生动植物主管部门及其他有关主管部门。

第二十三条　进出口批准文件由国务院野生动植物主管部门组织统一印制；允许进出口证明书及申请表由国家濒危物种进出口管理机构组织统一印制。

第二十四条　野生动植物主管部门、国家濒危物种进出口管理机构的工作人员，利用职务上的便利收取他人财物或者谋取其他利益，不依照本条例的规定批准进出口、核发允许进出口证明书，情节严重，构成犯罪的，依法追究刑事责任；尚不构成犯罪的，依法给予处分。

第二十五条　国家濒危物种进出口科学机构的工作人员，利用职务上的便利收取他人财物或者谋取其他利益，出具虚假意见，情节严重，构成犯罪的，依法追究刑事责任；尚不构成犯罪的，依法给予处分。

第二十六条　非法进口、出口或者以其他方式走私濒危野生动植物及其产品的，由海关依照海关法的有关规定予以处罚；情节严重，构成犯罪的，依法追究刑事责任。

罚没的实物移交野生动植物主管部门依法处理；罚没的实物依法需要实施检疫的，经检疫合格后，予以处理。罚没的实物需要返还原出口国（地区）的，应当由野生动植物主管部门移交国家濒危物种进出口管理机构依照公约规定处理。

第二十七条　伪造、倒卖或者转让进出口批准文件或者允许进出口证明书的，由野生动植物主管部门或者市场监督管理部门按照职责分工依法予以处罚；情节严重，构成犯罪的，依法追究刑事责任。

第二十八条　本条例自 2006 年 9 月 1 日起施行。

重大动物疫情应急条例

修订后实施日期：2017 年 10 月 7 日

第一章　总则

第一条　为了迅速控制、扑灭重大动物疫情，保障养殖业生产安全，保护公众身体健康与生命安全，维护正常的社会秩序，根据《中华人民共和国动物防疫法》，制定本条例。

第二条　本条例所称重大动物疫情，是指高致病性禽流感等发病率或者死亡率高的动物疫病突然发生，迅速传播，给养殖业生产安全造成严重威胁、危害，以及可能对公众身体健康与生命安全造成危害的情形，包括特别重大动物疫情。

第三条　重大动物疫情应急工作应当坚持加强领导、密切配合，依靠科学、依法防治，群防群控、果断处置的方针，及时发现，快速反应，严格处理，减少损失。

第四条　重大动物疫情应急工作按照属地管理的原则，实行政府统一领导、部门分工负责，逐级建立责任制。

县级以上人民政府兽医主管部门具体负责组织重大动物疫情的监测、调查、控制、扑灭等应急工作。

县级以上人民政府林业主管部门、兽医主管部门按照职责分工，加强对陆生野生动物疫源疫病的监测。

县级以上人民政府其他有关部门在各自的职责范围内，做好重大动物疫情的应急工作。

第五条　出入境检验检疫机关应当及时收集境外重大动物疫情信息，加强进出境动物及其产品的检验检疫工作，防止动物疫病传入和传出。兽医主管部门要及时向出入境检验检疫机关通报国内重大动物疫情。

第六条　国家鼓励、支持开展重大动物疫情监测、预防、应急处理等有关技术的科学研究和国际交流与合作。

第七条　县级以上人民政府应当对参加重大动物疫情应急处理的人员给予适当补助，对作出贡献的人员给予表彰和奖励。

第八条　对不履行或者不按照规定履行重大动物疫情应急处理职责的行为，任何单位和个人有权检举控告。

第二章　应急准备

第九条　国务院兽医主管部门应当制定全国重大动物疫情应急预案，报国务院批准，并按照不同动物疫病病种及其流行特点和危害程度，分别制定实施方案，报国务院备案。

县级以上地方人民政府根据本地区的实际情况，制定本行政区域的重大动物疫情应急预案，报上一级人民政府兽医主管部门备案。县级以上地方人民政府兽医主管部门，应当按照不同动物疫病病种及其流行特点和危害程度，分别制定实施方案。

重大动物疫情应急预案及其实施方案应当根据疫情的发展变化和实施情况，及时修改、完善。

第十条　重大动物疫情应急预案主要包括下列内容：

（一）应急指挥部的职责、组成以及成员单位的分工；

（二）重大动物疫情的监测、信息收集、报告和通报；

（三）动物疫病的确认、重大动物疫情的分级和相应的应急处理工作方案；

（四）重大动物疫情疫源的追踪和流行病学调查分析；

（五）预防、控制、扑灭重大动物疫情所需资金的来源、物资和技术的储备与调度；

（六）重大动物疫情应急处理设施和专业队伍建设。

第十一条　国务院有关部门和县级以上地方人民政府及其有关部门，应当根据重大动物疫情应急预案的要求，确保应急处理所需的疫苗、药品、设施设备和防护用品等物资的储备。

第十二条　县级以上人民政府应当建立和完善重大动物疫情监测网络和预防控制体系，加强动物防疫基础设施和乡镇动物防疫组织建设，并保证其正常运行，提高对重大动物疫情的应急处理能力。

第十三条　县级以上地方人民政府根据重大动物疫情应急需要，可以成立应急预备队，在重大动物疫情应急指挥部的指挥下，具体承担疫情的控制和扑灭任务。

应急预备队由当地兽医行政管理人员、动物防疫工作人员、有关专家、执业兽医等组成；必要时，可以组织动员社会上有一定专业知识的人员参加。公安机关、中国人民武装警察部队应当依法协助其执行任务。

应急预备队应当定期进行技术培训和应急演练。

第十四条　县级以上人民政府及其兽医主管部门应当加强对重大动物疫情应急知识和重大动物疫病科普知识的宣传，增强全社会的重大动物疫情防范意识。

第三章　监测、报告和公布

第十五条　动物防疫监督机构负责重大动物疫情的监测，饲养、经营动物和生产、经营动物产品的单位和个人应当配合，不得拒绝和阻碍。

第十六条　从事动物隔离、疫情监测、疫病研究与诊疗、检验检疫以及动物饲养、屠宰加工、运输、经营等活动的有关单位和个人，发现动物出现群体发病或者死亡的，应当立即向所在地的县（市）动物防疫监督机构报告。

第十七条　县（市）动物防疫监督机构接到报告后，应当立即赶赴现场调查核实。初步认为属于重大动物疫情的，应当在2小时内将情况逐级报省、自治区、直辖市动物防疫监督机构，并同时报所在地人民政府兽医主管部门；兽医主管部门应当及时通报同级卫生主管部门。

省、自治区、直辖市动物防疫监督机构应当在接到报告后1小时内，向省、自治区、直辖市人民政府兽医主管部门和国务院兽医主管部门所属的动物防疫监督机构报告。

省、自治区、直辖市人民政府兽医主管部门应当在接到报告后1小时内报本级人民政府和国务院兽医主管部门。

重大动物疫情发生后，省、自治区、直辖市人民政府和国务院兽医主管部门应当在4小时内向国务院报告。

第十八条　重大动物疫情报告包括下列内容：

（一）疫情发生的时间、地点；

（二）染疫、疑似染疫动物种类和数量、同群动物数量、免疫情况、死亡数量、临床症状、病理变化、诊断情况；

（三）流行病学和疫源追踪情况；

（四）已采取的控制措施；

（五）疫情报告的单位、负责人、报告人及联系方式。

第十九条　重大动物疫情由省、自治区、直辖市人民政府兽医主管部门认定；必要时，由国务院兽医主管部门认定。

第二十条　重大动物疫情由国务院兽医主管部门按照国家规定的程序，及时准确公布；其他任何单位和个人不得公布重大动物疫情。

第二十一条　重大动物疫病应当由动物防疫监督机构采集病料。其他单位和个人采集病料的，应当具备以下条件：

（一）重大动物疫病病料采集目的、病原微生物的用途应当符合国务院兽医主管部门的规定；

（二）具有与采集病料相适应的动物病原微生物实验室条件；

（三）具有与采集病料所需要的生物安全防护水平相适应的设备，以及防止病原感染和扩散的有效措施。

从事重大动物疫病病原分离的，应当遵守国家有关生物安全管理规定，防止病原扩散。

第二十二条　国务院兽医主管部门应当及时向国务院有关部门和军队有关部门以及各省、自治区、直辖市人民政府兽医主管部门通报重大动物疫情的发生和处理情况。

第二十三条　发生重大动物疫情可能感染人群时，卫生主管部门应当对疫区内易受感染的人群进行监测，并采取相应的预防、控制措施。卫生主管部门和兽医主管部门应当及时相互通报情况。

第二十四条　有关单位和个人对重大动物疫情不得瞒报、谎报、迟报，不得授意他人瞒报、谎报、迟报，不得阻碍他人报告。

第二十五条　在重大动物疫情报告期间，有关动物防疫监督机构应当立即采取临时隔离控制措施；必要时，当地县级以上地方人民政府可以作出封锁决定并采取扑杀、销毁等措施。有关单位和个人应当执行。

第四章　应急处理

第二十六条　重大动物疫情发生后，国务院和有关地方人民政府设立的重大动物疫情应急指挥部统一领导、指挥重大动物疫情应急工作。

第二十七条　重大动物疫情发生后，县级以上地方人民政府兽医主管部门应当立即划定疫点、疫区和受威胁区，调查疫源，向本级人民政府提出启动重大动物疫情应急指挥系统、应急预案和对疫区实行封锁的建议，有关人民政府应当立即作出决定。

疫点、疫区和受威胁区的范围应当按照不同动物疫病病种及其流行特点和危害程度划定，具体划定标准由国务院兽医主管部门制定。

第二十八条　国家对重大动物疫情应急处理实行分级管理，按照应急预案确定的疫情等级，由有关人民政府采取相应的应急控制措施。

第二十九条　对疫点应当采取下列措施：

（一）扑杀并销毁染疫动物和易感染的动物及其产品；

（二）对病死的动物、动物排泄物、被污染饲料、垫料、污水进行无害化处理；

（三）对被污染的物品、用具、动物圈舍、场地进行严格消毒。

第三十条　对疫区应当采取下列措施：

（一）在疫区周围设置警示标志，在出入疫区的交通路口设置临时动物检疫消毒站，对出入的人员和车辆进行消毒；

（二）扑杀并销毁染疫和疑似染疫动物及其同群动物，销毁染疫和疑似染疫的动物产品，对其他易感染的动物实行圈养或者在指定地点放养，役用动物限制在疫区内使役；

（三）对易感染的动物进行监测，并按照国务院兽医主管部门的规定实施紧急免疫接种，必要时对易感染的动物进行扑杀；

（四）关闭动物及动物产品交易市场，禁止动物进出疫区和动物产品运出疫区；

（五）对动物圈舍、动物排泄物、垫料、污水和其他可能受污染的物品、场地，进行消毒或者无害化处理。

第三十一条　对受威胁区应当采取下列措施：

（一）对易感染的动物进行监测；

（二）对易感染的动物根据需要实施紧急免疫接种。

第三十二条　重大动物疫情应急处理中设置临时动物检疫消毒站以及采取隔离、扑杀、销毁、消毒、紧急免疫接种等控制、扑灭措施的，由有关重大动物疫情应急指挥部决定，有关单位和个人必须服从；拒不服从的，由公安机关协助执行。

第三十三条　国家对疫区、受威胁区内易感染的动物免费实施紧急免疫接种；对因采取扑杀、销毁等措施给当事人造成的已经证实的损失，给予合理补偿。紧急免疫接种和补偿所需费用，由中央财政和地方财政分担。

第三十四条　重大动物疫情应急指挥部根据应急处理需要，有权紧急调集人员、物资、运输工具以及相关设施、设备。

单位和个人的物资、运输工具以及相关设施、设备被征集使用的，有关人民政府应当及时归还并给予合理补偿。

第三十五条　重大动物疫情发生后，县级以上人民政府兽医主管部门应当及时提出疫点、疫区、受威胁区的处理方案，加强疫情监测、流行病学调查、疫源追踪工作，对染疫和疑似染疫动物及其同群动物和其他易感染动物的扑杀、销毁进行技术指导，并组织实施检验检疫、消毒、无害化处理和紧急免疫接种。

第三十六条　重大动物疫情应急处理中，县级以上人民政府有关部门应当在各自的职责范围内，做好重大动物疫情应急所需的物资紧急调度和运输、应急经费安排、疫区群众救济、人的疫病防治、肉食品供应、动物及其产品市场监管、出入境检验检疫和社会治安维护等工作。

中国人民解放军、中国人民武装警察部队应当支持配合驻地人民政府做好重大动物疫情的应急工作。

第三十七条　重大动物疫情应急处理中，乡镇人民政府、村民委员会、居民委员会应当组织力量，向村民、居民宣传动物疫病防治的相关知识，协助做好疫情信息的收集、报告和各项应急处理措施的落实工作。

第三十八条　重大动物疫情发生地的人民政府和毗邻地区的人民政府应当通力合作，相互配合，做好重大动物疫情的控制、扑灭工作。

第三十九条　有关人民政府及其有关部门对参加重大动物疫情应急处理的人员，应当采取必要的卫生防护和技术指导等措施。

第四十条　自疫区内最后一头（只）发病动物及其同群动物处理完毕起，经过一个潜伏期以上的监测，未出现新的病例的，彻底消毒后，经上一级动物防疫监督机构验收合格，由原发布封锁令的人民政府宣布解除封锁，撤销疫区；由原批准机关撤销在该疫区设立的临时动物检疫消毒站。

第四十一条　县级以上人民政府应当将重大动物疫情确认、疫区封锁、扑杀及其补偿、消毒、无害化处理、疫源追踪、疫情监测以及应急物资储备等应急经费列入本级财政预算。

第五章　法律责任

第四十二条　违反本条例规定，兽医主管部门及其所属的动物防疫监督机构有下列行为之一的，由本级人民政府或者上级人民政府有关部门责令立即改正、通报批评、给予警告；对主要负责人、负有责任的主管人员和其他责任人员，依法给予记大过、降级、撤职直至开除的行政处分；构成犯罪的，依法追究刑事责任：

（一）不履行疫情报告职责，瞒报、谎报、迟报或者授意他人瞒报、谎报、迟报，阻碍他人报告重大动物疫情的；

（二）在重大动物疫情报告期间，不采取临时隔离控制措施，导致动物疫情扩散的；

（三）不及时划定疫点、疫区和受威胁区，不及时向本级人民政府提出应急处理建议，或者不按照规定对疫点、疫区和受威胁区采取预防、控制、扑灭措施的；

（四）不向本级人民政府提出启动应急指挥系统、应急预案和对疫区的封锁建议的；

（五）对动物扑杀、销毁不进行技术指导或者指导不力，或者不组织实施检验检疫、消毒、无害化处理和紧急免疫接种的；

（六）其他不履行本条例规定的职责，导致动物疫病传播、流行，或者对养殖业生产安全和公众身体健康与生命安全造成严重危害的。

第四十三条　违反本条例规定，县级以上人民政府有关部门不履行应急处理职责，不执行对疫点、疫区和受威胁区采取的措施，或者对上级人民政府有关部门的疫情调查不予配合或者阻碍、拒绝的，由本级人民政府或者上级人民政府有关部门责令立即改正、通报批评、给予警告；对主要负责人、负有责任的主管人员和其他责任人员，依法给予记大过、降级、撤职直至开除的行政处分；构成犯罪的，依法追究刑事责任。

第四十四条　违反本条例规定，有关地方人民政府阻碍报告重大动物疫情，不履行应急处理职责，不按照规定对疫点、疫区和受威胁区采取预防、控制、扑灭措施，或者对上级人民政府有关部门的疫情调查不予配合或者阻碍、拒绝的，由上级人民政府责令立即改正、通报批评、给予警告；对政府主要领导人依法给予记大过、降级、撤职直至开除的行政处分；构成犯罪的，依法追究刑事责任。

第四十五条　截留、挪用重大动物疫情应急经费，或者侵占、挪用应急储备物资的，按照《财政违法行为处罚处分条例》的规定处理；构成犯罪的，依法追究刑事责任。

第四十六条　违反本条例规定，拒绝、阻碍动物防疫监督机构进行重大动物疫情监测，或者发现动物出现群体发病或者死亡，不向当地动物防疫监督机构报告的，由动物防疫监督机构给予警告，并处 2000 元以上 5000 元以下的罚款；构成犯罪的，依法追究刑事责任。

第四十七条　违反本条例规定，不符合相应条件采集重大动物疫病病料，或者在重大动物疫病病原分离时不遵守国家有关生物安全管理规定的，由动物防疫监督机构给予警告，并处 5000 元以下的罚款；构成犯罪的，依法追究刑事责任。

第四十八条　在重大动物疫情发生期间，哄抬物价、欺骗消费者，散布谣言、扰乱社会秩序和市场秩序的，由价格主管部门、工商行政管理部门或者公安机关依法给予行政处罚；构成犯罪的，依法追究刑事责任。

第六章　附则

第四十九条　本条例自公布之日起施行。

实验动物管理条例

修订后实施日期：2017年3月1日

第一章 总 则

第一条 为了加强实验动物的管理工作，保证实验动物质量，适应科学研究、经济建设和社会发展的需要，制定本条例。

第二条 本条例所称实验动物，是指经人工饲育，对其携带的微生物实行控制，遗传背景明确或者来源清楚的，用于科学研究、教学、生产、检定以及其他科学实验的动物。

第三条 本条例适用于从事实验动物的研究、保种、饲育、供应、应用、管理和监督的单位和个人。

第四条 实验动物的管理，应当遵循统一规划、合理分工，有利于促进实验动物科学研究和应用的原则。

第五条 国家科学技术委员会主管全国实验动物工作。

省、自治区、直辖市科学技术委员会主管本地区的实验动物工作。

国务院各有关部门负责管理本部门的实验动物工作。

第六条 国家实行实验动物的质量监督和质量合格认证制度。具体办法由国家科学技术委员会另行制定。

第七条 实验动物遗传学、微生物学、营养学和饲育环境等方面的国家标准由国家技术监督局制定。

第二章 实验动物的饲育管理

第八条 从事实验动物饲育工作的单位，必须根据遗传学、微生物学、营养学和饲育环境方面的标准，定期对实验动物进行质量监测。各项作业过程和监测数据应有完整、准确的记录，并建立统计报告制度。

第九条 实验动物的饲育室、实验室应设在不同区域，并进行严格隔离。

实验动物饲育室、实验室要有科学的管理制度和操作规程。

第十条 实验动物的保种、饲育应采用国内或国外认可的品种、品系，并持有效的合格证书。

第十一条 实验动物必须按照不同来源，不同品种、品系和不同的实验目的，分开饲养。

第十二条 实验动物分为四级：一级，普通动物；二级，清洁动物；三级，无特定病原体动物；四级，无菌动物。

对不同等级的实验动物，应当按照相应的微生物控制标准进行管理。

第十三条　实验动物必须饲喂质量合格的全价饲料。霉烂、变质、虫蛀、污染的饲料，不得用于饲喂实验动物。直接用作饲料的蔬菜、水果等，要经过清洗消毒，并保持新鲜。

第十四条　一级实验动物的饮水，应当符合城市生活饮水的卫生标准。二、三、四级实验动物的饮水，应当符合城市生活饮水的卫生标准并经灭菌处理。

第十五条　实验动物的垫料应当按照不同等级实验动物的需要，进行相应处理，达到清洁、干燥、吸水、无毒、无虫、无感染源、无污染。

第三章　实验动物的检疫和传染病控制

第十六条　对引入的实验动物，必须进行隔离检疫。

为补充种源或开发新品种而捕捉的野生动物，必须在当地进行隔离检疫，并取得动物检疫部门出具的证明。野生动物运抵实验动物处所，需经再次检疫，方可进入实验动物饲育室。

第十七条　对必须进行预防接种的实验动物，应当根据实验要求或者按照《中华人民共和国动物防疫法》的有关规定，进行预防接种，但用作生物制品原料的实验动物除外。

第十八条　实验动物患病死亡的，应当及时查明原因，妥善处理，并记录在案。

实验动物患有传染性疾病的，必须立即视情况分别予以销毁或者隔离治疗。对可能被传染的实验动物，进行紧急预防接种，对饲育室内外可能被污染的区域采取严格消毒措施，并报告上级实验动物管理部门和当地动物检疫、卫生防疫单位，采取紧急预防措施，防止疫病蔓延。

第四章　实验动物的应用

第十九条　应用实验动物应当根据不同的实验目的，选用相应的合格实验动物。申报科研课题和鉴定科研成果，应当把应用合格实验动物作为基本条件。应用不合格实验动物取得的检定或者安全评价结果无效，所生产的制品不得使用。

第二十条　供应用的实验动物应当具备下列完整的资料：

（一）品种、品系及亚系的确切名称；

（二）遗传背景或其来源；

（三）微生物检测状况；

（四）合格证书；

（五）饲育单位负责人签名。

无上述资料的实验动物不得应用。

第二十一条　实验动物的运输工作应当有专人负责。实验动物的装运工具应当安全、可靠。不得将不同品种、品系或者不同等级的实验动物混合装运。

第五章　实验动物的进口与出口管理

第二十二条　从国外进口作为原种的实验动物，应附有饲育单位负责人签发的品系和亚系名称以及遗传和微生物状况等资料。

无上述资料的实验动物不得进口和应用。

第二十三条　出口应用国家重点保护的野生动物物种开发的实验动物，必须按照国家的有关规定，取得出口许可证后，方可办理出口手续。

第二十四条　进口、出口实验动物的检疫工作，按照《中华人民共和国进出境动植物检疫法》的规定办理。

第六章　从事实验动物工作的人员

第二十五条　实验动物工作单位应当根据需要，配备科技人员和经过专业培训的饲育人员。各类人员都要遵守实验动物饲育管理的各项制度，熟悉、掌握操作规程。

第二十六条　实验动物工作单位对直接接触实验动物的工作人员，必须定期组织体格检查。对患有传染性疾病，不宜承担所做工作的人员，应当及时调换工作。

第二十七条　从事实验动物工作的人员对实验动物必须爱护，不得戏弄或虐待。

第七章　奖励与处罚

第二十八条　对长期从事实验动物饲育管理，取得显著成绩的单位或者个人，由管理实验动物工作的部门给予表彰或奖励。

第二十九条　对违反本条例规定的单位，由管理实验动物工作的部门视情节轻重，分别给予警告、限期改进、责令关闭的行政处罚。

第三十条　对违反本条例规定的有关工作人员，由其所在单位视情节轻重，根据国家有关规定，给予行政处分。

第八章　附　则

第三十一条　省、自治区、直辖市人民政府和国务院有关部门，可以根据本条例，结合具体情况，制定实施办法。

军队系统的实验动物管理工作参照本条例执行。

第三十二条　本条例由国家科学技术委员会负责解释。

第三十三条　本条例自发布之日起施行。

第四节　地方性法规

北京市野生动物保护管理条例

实施日期：2020年6月1日

第一章　总　则

第一条　为了加强野生动物保护管理，维护生物多样性和生态平衡，保障人民群众身体健康和公共卫生安全，推进首都生态文明建设，促进人与自然和谐共生，根据《中华人民共和国野生动物保护法》《全国人民代表大会常务委员会关于全面禁止非法野生动物交易、革除滥食野生动物陋习、切实保障人民群众生命健康安全的决定》等法律、行政法规，结合本市实际，制定本条例。

第二条　本市行政区域内野生动物及其栖息地保护、野生动物危害预防，及其监督管理等相关活动，适用本条例。

本条例规定的野生动物及其制品，是指野生动物的整体（含卵、蛋）、部分及其衍生物。

渔业、畜牧、传染病防治、动物防疫、实验动物管理、进出境动植物检疫等有关法律法规另有规定的，从其规定。

第三条　本市野生动物保护管理坚持依法保护、禁止滥食、保障安全、全面监管的原则，鼓励依法开展野生动物科学研究，培育全社会保护野生动物的意识，促进人与自然和谐共生。

第四条　市、区人民政府应当加强对野生动物保护管理工作的领导，建立健全机制，明确责任，将工作纳入生态文明建设考核体系，并将经费纳入财政预算。

乡镇人民政府、街道办事处协助做好本行政区域内野生动物保护管理的相关工作。

第五条　市、区园林绿化和农业农村部门（以下统称为野生动物主管部门）分别负责陆生野生动物和水生野生动物的保护管理工作。

市场监督管理、卫生健康、公安、交通、邮政管理等有关政府部门按照各自职责，做好野生动物保护管理的相关工作。

第六条　单位和个人应当树立尊重自然、顺应自然、保护自然的理念，履行保护野生动物及其栖息地的义务，不得违法从事猎捕、交易、运输、食用野生动物等法律法规规定的禁止性行为，不得违法破坏野生动物栖息地。

鼓励单位和个人依法通过捐赠、资助、志愿服务、提出意见建议等方式参与野生动物保护管理活动。野生动物主管部门及其他有关部门应当依法公开信息，制定和实施公众参与的措施。

支持社会公益组织依法对破坏野生动物资源及其栖息地，造成生态环境损害的行为提起公益诉讼。

第七条　市、区人民政府及其有关部门、新闻媒体、学校应当积极组织开展野生动物保护和公共卫生安全宣传、教育，引导全社会增强生态保护和公共卫生安全意识，移风易俗，革除滥食野生动物陋习，养成文明健康、绿色环保的生活方式。

每年的4月为本市野生动物保护宣传月，4月的第3周为爱鸟周。

第八条　市野生动物主管部门应当加强与毗邻省市的协作，联合开展野生动物及其栖息地调查、名录制定、收容救护、疫源疫病监测、监督执法等野生动物保护管理工作。

第二章　野生动物及其栖息地保护

第九条　本市依法对野生动物实行分级分类保护。

本市严格按照国家一级、二级重点保护野生动物名录和有重要生态、科学、社会价值的陆生野生动物名录，对珍贵、濒危的野生动物和有重要生态、科学、社会价值的陆生野生动物实施重点保护和有针对性保护。

市野生动物主管部门对在本市行政区域内生息繁衍的国家重点保护野生动物名录以外的野生动物，制定《北京市重点保护野生动物名录》，报市人民政府批准后公布，并实施重点保护。

本条第二款、第三款规定保护的野生动物统称为列入名录的野生动物。

第十条　市野生动物主管部门应当会同规划自然资源、生态环境、水务等有关部门，对野生动物的物种、数量、分布、生存环境、主要威胁因素、人工繁育等情况进行日常动态监测，建立健全野生动物及其栖息地档案和数据库，每五年组织一次野生动物及其栖息地状况普查；根据监测和普查结果，开展野生动物及其栖息地保护评估，适时提出《北京市重点保护野生动物名录》调整方案。

第十一条　市野生动物主管部门应当会同发展改革、生态环境、水务等有关部门编制全市野生动物及其栖息地保护规划，经市规划自然资源部门审查后，报市人民政府批准后向社会公布。保护规划应当与生态环境保护相关规划相协调，并符合北京城市总体规划。区野生动物主管部门应当落实保护规划的相关内容。

野生动物及其栖息地保护规划应当包括保护对象、栖息地修复、种群恢复、迁徙洄游通道和生态廊道建设等内容。

第十二条　市野生动物主管部门根据全市野生动物及其栖息地保护规划，编制并公布本市野生动物重要栖息地名录，明确野生动物重要栖息地保护范围，确定并公布管理机构或者责任单位。

对本市野生动物重要栖息地名录以外的区域且有列入名录的野生动物生息繁衍的，由区野生动物主管部门确定并公布管理机构或者责任单位。

第十三条　野生动物栖息地管理机构或者责任单位，应当采取下列措施保护野生动物：

（一）制定并实施野生动物保护管理工作制度；

（二）设置野生动物保护标识牌，明确保护范围、物种和级别；

（三）采取种植食源植物，建立生态岛或者保育区，配置巢箱、鸟食台、饮水槽等多种方式，营造适宜野生动物生息繁衍的环境；

（四）避免开展影响野生动物生息繁衍环境的芦苇收割、植被修剪、农药喷洒等活动；

（五）制止追逐、惊扰、随意投食、引诱拍摄、制造高分贝噪声、闪烁射灯等干扰野生动物生息繁衍的行为；

（六）野生动物主管部门确定的其他保护措施。

第十四条　野生动物主管部门设立的野生动物收容救护机构或者委托的相关机构，负责野生动物收容救护工作。

市野生动物主管部门负责组织制定本市野生动物收容救护技术规范，并公布本市野生动物收容救护机构或者受托机构信息。

第十五条　野生动物收容救护机构或者受托机构开展野生动物收容救护工作，应当遵守下列规定：

（一）建立收容救护档案，记录种类、数量、措施和状况等信息；

（二）执行国家和本市收容救护技术规范；

（三）提供适合生息繁衍的必要空间和卫生健康条件；

（四）不得虐待收容救护的野生动物；

（五）不得以收容救护为名从事买卖野生动物及其制品等法律法规规定的禁止行为；

（六）按照国家和本市有关规定处置收容救护的野生动物；

（七）定期向野生动物主管部门报告收容救护情况。

第十六条　野生动物主管部门可以会同有关社会团体根据野生动物保护等需要，组织单位和个人进行野生动物放归、增殖放流活动。

禁止擅自实施放生活动。

第三章　野生动物危害预防管理

第十七条　市、区人民政府及其园林绿化、农业农村、生态环境、卫生健康等有关部门应当采取措施，预防、控制野生动物可能造成的危害，保障人畜安全和农业、林业生产。

第十八条　野生动物主管部门应当根据实际需要，在野生动物集中分布区域、迁徙洄游通道、人工繁育场所、收容救护场所，以及其他野生动物疫病传播风险较大的场所，设立野生动物疫源疫病监测站点，组织开展野生动物疫源疫病监测、预测和预报等工作。

第十九条　野生动物主管部门和卫生健康部门应当及时互相通报人畜共患传染病疫情风险以及相关信息。

第二十条　发现野生动物疫情可能感染人群的，卫生健康部门应当对区域内易感人群进行监测，并采取相应的预防和控制措施；属于突发公共卫生事件的，依照有关法律法规和应急预案的规定，由市、区人民政府及有关部门采取应急控制措施。

第二十一条　单位和个人应当采取适当的防控措施，防止野生动物造成人身伤亡和财产损失。因采取防控措施误捕、误伤野生动物的，应当及时放归或者采取收容救护措施。因保护列入名录的野生动物造成人身伤亡、农作物或者其他财产损失的，由区人民政府给予补偿。具体补偿办法由市人民政府制定。

本市鼓励保险机构开展野生动物致害赔偿保险业务。

第二十二条　禁止猎捕、猎杀列入名录的野生动物，禁止以食用为目的猎捕、猎杀其他陆生野生动物，但因科学研究、种群调控、疫源疫病监测等法律法规另有规定的特殊情况除外，具体管理办法由市野生动物主管部门制定。

第二十三条　人工繁育列入名录的野生动物仅限于科学研究、物种保护、药用、展示等特殊情况。

因前款规定的特殊情况从事人工繁育野生动物活动的单位，应当向市野生动物主管部门申请人工繁育许可证，按照许可证载明的地点和物种从事人工繁育野生动物活动。

禁止在本市中心城区、城市副中心、生活饮用水水源保护区设立陆生野生动物人工繁育场所。

市野生动物主管部门应当及时公开获准从事人工繁育野生动物活动的单位的有关信息。

第二十四条　从事人工繁育野生动物活动的单位，应当遵守下列规定：

（一）建立人工繁育野生动物档案，记载人工繁育的物种名称、数量、来源、繁殖、免疫和检疫等情况；

（二）建立溯源机制，记录物种系谱；

（三）有利于物种保护及其科学研究，使用人工繁育子代种源，不得破坏野外种群资源，因物种保护、科学研究等特殊情况确需使用野外种源的，应当提供合法来源证明；

（四）根据野生动物习性确保其具有必要的活动空间、卫生健康和生息繁衍条件；

（五）提供与繁育目的、种类、发展规模相适应的场所、设施、技术；

（六）按照有关动物防疫法律法规的规定，做好动物疫病的预防、控制、疫情报告和病死动物无害化处理等工作；

（七）执行相关野生动物人工繁育技术规范；

（八）不得虐待野生动物；

（九）定期向野生动物主管部门报告人工繁育情况，按月公示人工繁育野生动物的流向信息，并接受监督检查。

第二十五条　对列入名录的野生动物，人工繁育技术成熟稳定，依法列入畜禽遗传资源目录的，属于家禽家畜，依照有关畜牧法律法规的规定执行。

第二十六条　禁止下列行为：

（一）食用陆生野生动物及其制品、列入名录的水生野生动物及其制品；

（二）食用以陆生野生动物及其制品、列入名录的水生野生动物及其制品为原材料制作的食品；

（三）以食用为目的生产、经营、运输、寄递列入名录的野生动物及其制品和其他陆生野生动物及其制品，以及以前述野生动物及其制品为原材料制作的食品。

第二十七条　酒楼、饭店、餐厅、民宿、会所、食堂等餐饮服务提供者，对禁止食用的野生动物及其制品不得购买、储存、加工、出售或者提供来料加工服务。

第二十八条　禁止商场、超市、农贸市场等商品交易场所、网络交易平台，为违法买卖陆生野生动物及其制品、列入名录的水生野生动物及其制品，以及以陆生野生动物及其制品、列入名录的水生野生动物及其制品为原材料制作的食品，提供交易服务。

第二十九条　对列入名录的野生动物进行非食用性利用仅限于科学研究、药用、展示、文物保护等特殊情况，需要出售、利用列入名录的野生动物及其制品的，应当经市野生动物主管部门批准，并按照规定取得和使用专用标识、检疫证明，保证全程可追溯。

第三十条　以非食用性目的运输、携带、寄递列入名录的野生动物及其制品的，应当持有或者附有特许猎捕证、狩猎证、人工繁育许可证等相关许可证、批准文件或者专用标识、检疫证明、进出口证明等合法来源证明。

第三十一条　禁止为违反野生动物保护管理法律法规的行为制作、发布广告。

第四章　监督执法

第三十二条　野生动物主管部门负责依法对破坏野生动物资源及其栖息地的违法行为进行监督管理。

卫生健康部门会同野生动物主管部门按照职责分工依法开展与人畜共患传染病相关的动物传染病的防治管理。

农业农村部门负责依法对野生动物及其制品进行检疫监管。

市场监督管理部门负责依法对商品交易市场、网络交易平台为野生动物及其制品经营提供交易服务以及餐饮服务场所经营野生动物及其制品的行为进行监督管理。

公安机关负责依法受理有关部门移送的野生动物案件及举报线索，依法查处涉及野生动物及其制品的违法犯罪行为。

科技、经济信息化、城市管理、交通、邮政管理、城市管理综合执法、海关、网信、电信管理等部门和机构应当按照职责分工依法对野生动物及其制品出售、购买、利用、运输、寄递等活动进行监督管理。

铁路、航空等单位应当依法协助做好野生动物管理相关工作。

第三十三条　野生动物主管部门会同有关部门建立健全执法协调机制，实现执法信息共享、执法协同、信用联合惩戒，及时解决管辖争议，依法查处违法行为。

市野生动物主管部门应当会同财政部门制定罚没野生动物及其制品处置办法。

第三十四条　野生动物主管部门和其他有关政府部门应当设立举报电话、电子信箱等，及时受理举报并依法查处。行业内部人员举报涉嫌严重违反野生动物保护管理法律法规行为，经查实的，有关政府部门应当提高奖励额度。

第五章　法律责任

第三十五条　违反本条例的行为，法律、行政法规已经规定法律责任的，依照其规定追究相关单位、个人的法律责任。

第三十六条　市、区人民政府及有关部门不依法履行职责的，依法依规追究责任。

第三十七条　违反本条例第十五条第五项规定，以收容救护为名从事买卖野生动物及其制品的，没收野生动物及其制品、没收违法所得，并处野生动物及其制品价值五倍以上二十倍以下罚款；有买卖以外的其他禁止行为的，依照本条例的规定处理。

违反本条例第十五条其他规定之一，未按照规定开展野生动物收容救护工作的，处一万元以上五万元以下罚款。

第三十八条　违反本条例第十六条第二款规定，擅自实施放生活动的，处二千元以上一万元以下罚款。

第三十九条　违反本条例第二十二条规定，猎捕、猎杀野生动物的，没收猎获物，并处罚款。属于国家重点保护野生动物的，并处猎获物价值五倍以上二十倍以下罚款；

属于其他重点保护野生动物，或者以食用为目的猎捕其他陆生野生动物的，并处猎获物价值二倍以上十倍以下罚款。没有猎获物的，处五千元以上二万元以下罚款。

第四十条　违反本条例第二十三条第二款、第三款规定，未取得人工繁育许可证或者未按照许可证载明的地点和物种从事人工繁育野生动物活动的，没收野生动物及其制品，并处野生动物及其制品价值一倍以上五倍以下罚款。

第四十一条　违反本条例第二十四条规定，未按照规定从事人工繁育野生动物活动的，处二万元以上十万元以下罚款。

第四十二条　违反本条例第二十六条第一项、第二项规定，食用国家重点保护野生动物的，处野生动物及其制品价值五倍以上二十倍以下罚款；食用其他重点保护野生动物或者其他陆生野生动物的，处野生动物及其制品价值二倍以上十倍以下罚款。

违反本条例第二十六条第三项、第二十七条规定，以食用为目的生产、经营、运输、寄递的，没收野生动物及其制品或者食品、违法所得，并处罚款。属于国家重点保护野生动物的，并处野生动物及其制品价值五倍以上二十倍以下罚款；属于其他重点保护野生动物或者其他陆生野生动物的，并处野生动物及其制品价值二倍以上十倍以下罚款。餐饮服务提供者违法经营的，从重处罚。

第四十三条　违反本条例第二十八条规定，为违法买卖陆生野生动物及其制品、列入名录水生野生动物及其制品提供交易服务，或者为违法买卖以陆生野生动物及其制品、列入名录水生野生动物及其制品为原材料制作的食品提供交易服务的，没收违法所得，并处违法所得二倍以上五倍以下罚款；没有违法所得的，处一万元以上五万元以下罚款。

第四十四条　违反本条例第二十九条规定，未经批准对列入名录的野生动物及其制品进行出售、利用，或者未按照规定取得和使用专用标识的，没收野生动物及其制品、没收违法所得，并处罚款。属于国家重点保护野生动物的，并处野生动物及其制品价值五倍以上二十倍以下罚款；属于其他重点保护野生动物的，并处野生动物及其制品价值二倍以上十倍以下罚款。情节严重的，撤销批准文件、收回专用标识。

第四十五条　违反本条例第三十条规定，以非食用性目的运输、携带、寄递列入名录的野生动物及其制品，未持有、未附有合法来源证明的，没收野生动物及其制品、违法所得，并处罚款。属于国家重点野生动物的，并处野生动物及其制品价值二倍以上十倍以下罚款，属于其他重点保护野生动物的，并处野生动物及其制品价值一倍以上五倍以下罚款。

第四十六条　违反本条例第三十一条规定，为违反野生动物保护管理法律法规的行为制作、发布广告的，依照《中华人民共和国广告法》的规定处罚。

第四十七条　违反本条例规定的行为，构成犯罪的，依法追究刑事责任。

有关政府部门实施行政检查或者案件调查发现违法行为涉嫌构成犯罪，依法需要追究刑事责任的，应当依照本市有关规定向公安机关移送。

第四十八条　野生动物主管部门和市场监督管理等部门应当将单位或者个人受到行政处罚的信息，共享到本市公共信用信息平台。有关政府部门可以根据本市公共信用信息管理规定，对单位或者个人采取惩戒措施。

第六章　附　则

第四十九条　本条例自 2020 年 6 月 1 日起施行。1989 年 4 月 2 日北京市第九届人民代表大会常务委员会第十次会议通过，根据 1997 年 4 月 15 日北京市第十届人民代表大会常务委员会第三十六次会议《关于修改〈北京市实施中华人民共和国野生动物保护法办法〉的决定》修正，根据 2018 年 3 月 30 日北京市第十五届人民代表大会常务委员会第三次会议通过的《关于修改〈北京市大气污染防治条例〉等七部地方性法规的决定》修正的《北京市实施〈中华人民共和国野生动物保护法〉办法》同时废止。

湖北省人民代表大会常务委员会关于严厉打击非法野生动物交易、全面禁止食用野生动物、切实保障人民群众生命健康安全的决定

实施日期：2020年3月5日

为了严厉打击非法野生动物交易，全面禁止食用野生动物，维护生物安全和生态安全，有效防范重大公共卫生风险，切实保障人民群众生命健康安全，加强生态文明建设，促进人与自然和谐共生，根据《中华人民共和国野生动物保护法》《全国人民代表大会常务委员会关于全面禁止非法野生动物交易、革除滥食野生动物陋习、切实保障人民群众生命健康安全的决定》等有关法律法规，结合本省实际，作出如下决定：

一、全面禁止食用下列野生动物及其制品：

（一）所有陆生野生动物，包括人工繁育、人工饲养的陆生野生动物；

（二）法律法规规定重点保护的珍贵、濒危水生野生动物；

（三）法律法规规定禁止食用的其他野生动物。

本决定规定的野生动物及其制品，是指野生动物的整体（含卵、蛋）、部分及其衍生物。

列入畜禽遗传资源目录的动物，属于家畜家禽，对其养殖、检疫以及食用等，按照有关法律法规执行。

二、任何组织和个人不得生产、加工、经营使用禁止食用的野生动物及其制品制作的食品。

任何组织和个人不得以食用或者生产、加工、经营食品为目的，猎捕、繁育、饲养、交易、运输、携带、寄递禁止食用的野生动物及其制品。

任何组织和个人不得采取发布广告、制作招牌或者菜谱等方式，宣传、招揽、诱导食用禁止食用的野生动物及其制品或者从事非法野生动物交易。

因科学研究、药用、展示等特殊情况，需要对野生动物进行非食用性利用的，应当按照国家和省有关规定实行严格审批和检疫检验，并按照规定取得和使用专用标识，保证可追溯。

三、网络交易平台、商品交易市场、农（集）贸市场、餐饮场所等交易、消费场所，以及运输、仓储、寄递等经营者和媒体，不得为违反本决定第一条第一款、第二条第一款至第三款规定的行为提供交易、消费、宣传的条件、场所或者服务。

四、县级以上人民政府应当组织、指导、协调、督促有关部门依法履行监督管理职责，健全执法管理体制，落实执法管理责任，加大监督检查和责任追究力度，严格查处违反有关法律法规和本决定的行为。

乡镇人民政府、街道办事处应当依法做好相关工作。

五、县级以上人民政府林业、渔业、市场监督管理等部门按照职责分工，负责全面禁止食用野生动物的监督管理，依法严厉打击非法野生动物交易。

公安、卫生健康、自然资源、生态环境、农业农村、商务、网信、城市管理、交通运输、邮政管理等部门应当按照各自职责做好相关工作。

六、各级行政执法机关和司法机关应当健全行政执法和刑事司法衔接工作机制，依法严厉打击非法野生动物交易、破坏野生动物资源等相关违法犯罪行为。

七、国家机关、人民团体、社会组织、科研机构和村（居）民委员会以及媒体等社会各方面，应当组织开展全面禁止食用野生动物、生态环境保护和公共卫生安全的宣传教育和科学知识普及工作。

教育行政部门应当组织学校对学生开展全面禁止食用野生动物、生态环境保护和公共卫生安全等相关科学知识教育。

社会公众应当自觉增强生态环境保护和公共卫生安全意识，革除滥食野生动物陋习，养成科学健康文明的生活方式。

鼓励、支持志愿者组织及志愿者参与全面禁止食用野生动物、生态环境保护和公共卫生安全的宣传教育和监督。

八、对违反有关法律法规和本决定的行为，任何组织和个人有权向有关部门和机关举报。

接受举报的有关部门和机关，应当及时依法调查处理，对举报人的信息予以保密；举报查证属实的，应当给予举报人奖励。

九、省人民政府及其有关部门应当依据有关法律法规和本决定，及时制定、调整相关名录和配套规定。

县级以上人民政府应当采取必要措施为本决定的实施提供相应保障；支持、指导、帮助受影响的农户和经营者调整、转变生产经营活动，根据实际情况依法给予一定补偿。

十、对违反本决定的行为，按照有关法律法规规定给予行政处罚；构成犯罪的，依法追究刑事责任。

违反本决定受到行政处罚的，由政府有关部门按照规定将违法信息纳入社会信用信息服务平台，依法实施联合惩戒。

十一、国家机关及其工作人员在严厉打击非法野生动物交易、全面禁止食用野生动物相关工作中滥用职权、玩忽职守、徇私舞弊的，由其主管机关或者监察机关责令改正，对直接负责的主管人员和其他直接责任人员，依法给予处分；构成犯罪的，依法追究刑事责任。

十二、本决定自公布之日起施行。

广东省野生动物保护管理条例

修订后实施日期：2020年5月1日

第一章　总则

第一条　为了加强野生动物保护管理，维护生物多样性和生态平衡，防范重大公共卫生风险，保障人民群众生命健康安全，推进生态文明建设，根据《中华人民共和国野生动物保护法》等法律法规，结合本省实际，制定本条例。

第二条　本条例适用于本省行政区域内野生动物及其栖息地保护和管理活动。

本条例规定保护的野生动物，是指国家重点保护野生动物，省重点保护野生动物，有重要生态、科学、社会价值的陆生野生动物（以下简称三有保护野生动物）。

前款规定保护的野生动物以外的其他陆生野生动物，按照本条例规定管理。

珍贵、濒危的水生野生动物以外的其他水生野生动物的保护，按照《中华人民共和国渔业法》等有关法律的规定执行。

列入畜禽遗传资源目录的动物，属于家畜家禽，按照《中华人民共和国畜牧法》的规定执行。

第三条　野生动物保护管理应当坚持普遍保护、限制利用、严格监管，全面禁止非法野生动物交易，全面禁止食用陆生野生动物，全面禁止以食用为目的猎捕、交易、运输在野外环境自然生长繁殖的陆生野生动物，培育公民公共卫生安全和生态保护意识，从源头上防控重大公共卫生风险，促进人与自然和谐共生。

第四条　县级以上地方人民政府对本行政区域内野生动物保护管理工作负总责。

县级以上地方人民政府应当加强野生动物及其栖息地保护，制定保护规划，健全保护管理体系和目标责任制，纳入生态文明建设考核体系，将保护经费纳入同级财政预算。

县级以上林业、农业农村主管部门分别主管本行政区域内陆生、水生野生动物保护工作。

乡镇人民政府、街道办事处协助做好本区域内野生动物保护管理相关工作。

第五条　地方各级人民政府和有关主管部门应当积极开展野生动物及其栖息地保护、公共卫生安全的宣传教育和科学知识普及，加强野生动物保护科学技术研究。

教育主管部门、学校应当对学生进行野生动物及其栖息地保护知识教育。

鼓励和支持基层群众性自治组织、社会组织、企事业单位、志愿者开展野生动物保护、动物防疫等法律法规和保护知识的宣传教育活动。

新闻媒体应当开展野生动物保护法律法规和保护知识的公益宣传，对违法行为进行舆论监督。

每年 11 月为广东省保护野生动物宣传月。每年 3 月 20 日至 26 日为广东省爱鸟周。

第六条　任何组织和个人都有保护野生动物及其栖息地的义务，有权举报或者控告违反本条例的行为。

在野生动物保护、科学研究、举报等方面成绩显著的组织和个人，由县级以上地方人民政府给予奖励。

第二章　野生动物及其栖息地保护

第七条　野生动物实行分类分级保护。

国家重点保护野生动物、三有保护野生动物名录按照国家规定执行。

省重点保护野生动物名录，由省人民政府组织科学评估后制定、调整并公布。

第八条　省人民政府依法划定相关自然保护区域，保护野生动物及其重要栖息地，保护、恢复和改善野生动物生存环境。对不具备划定自然保护区域条件的，县级以上地方人民政府可以根据国家野生动物重要栖息地名录和本地区野生动物及其栖息地情况，采取划定禁猎（渔）区、规定禁猎（渔）期等形式予以保护。

国家野生动物重要栖息地、自然保护地、饮用水水源保护区、郊野公园、植物园、城市公园以及其他野生动物重要栖息地或者生态廊道，列为禁猎区。自然保护地包括国家公园、自然保护区以及森林公园、地质公园、海洋公园、湿地公园、风景名胜区等各类自然公园。

第九条　合法捕获、人工繁育的野生动物及其制品推行专用标识管理。专用标识应当记载野生动物及其制品种类名称、来源、用途等信息，保证可追溯。

专用标识的使用范围和管理办法由省野生动物保护主管部门制定，国家另有规定的从其规定。

第十条　县级以上地方人民政府应当加强对野生动物疫源疫病监测和防疫工作的统一领导，建立健全监测和防疫体系。

县级以上野生动物保护、兽医等主管部门应当按照职责分工对野生动物集中分布区、停歇地、越冬地、迁徙洄游通道、人工繁育场所及其制品集散地等区域疫源疫病进行监测，组织开展预测、预报等工作，并按照规定制定野生动物疫情应急预案。

县级以上野生动物保护、兽医、卫生健康等主管部门，应当按照职责分工加强与人畜共患传染病有关的动物传染病的防治管理。

第十一条　地方各级人民政府应当采取措施，预防、控制野生动物可能造成的危害，保障人畜安全和农业、林业生产；因保护法律法规规定保护的野生动物，造成人员伤亡、农作物或者其他财产损失的，由当地人民政府依法给予补偿。推动将野生动物致害补偿纳入政策性保险。

第十二条　县级以上野生动物保护主管部门应当按照规定组织开展保护野生动物的收容救护工作，明确承担收容救护工作的机构，并向社会公布。收容救护机构应当建立收容救护档案，做好相关工作。

有关部门依法扣押、没收的保护野生动物，应当及时移送收容救护机构收容救护。

第十三条　任何组织和个人将野生动物放生至野外环境，应当遵守野生动物保护主管部门的指引，选择适合放生地野外生存的当地物种，不得随意放生野生动物，避免造成他人人身、财产损害或者生态系统危害。

第三章　人工繁育管理

第十四条　人工繁育保护野生动物应当有利于物种保护及其科学研究，不得破坏野外种群资源。支持有关科学研究机构因物种保护目的人工繁育国家重点保护野生动物。

人工繁育国家重点保护野生动物的，向所在地县级野生动物保护主管部门提出申请，由省野生动物保护主管部门或者其委托的地级以上市野生动物保护主管部门组织评估后批准，国家另有规定的从其规定。

人工繁育非国家重点保护野生动物的，应当持有证明野生动物种源的猎捕、进出口、人工繁育或者专用标识等合法来源证明。

非国家重点保护野生动物，包括省重点保护野生动物和三有保护野生动物。

第十五条　人工繁育保护野生动物应当使用人工繁育子代种源，具备与其繁育目的、种类、发展规模相适应的固定场所、必需设施、技术、人员，符合有关技术标准和防疫要求。

第十六条　人工繁育保护野生动物应当建立繁育档案，公开繁育地址、种类等相关信息，加强疫病防控，履行饲养、管护、救治义务，根据物种生物学特性分类分区饲养，不得混养，不得虐待野生动物。

第十七条　对人工繁育技术成熟稳定的非国家重点保护野生动物，经省野生动物保护主管部门组织评估、广泛征求意见后，纳入人工繁育非国家重点保护野生动物名录，实行与野外种群不同的管理措施。人工繁育非国家重点保护野生动物名录由省野生动物保护主管部门制定、调整，报省人民政府批准公布。

出售和非食用性利用列入前款规定名录的野生动物的，应当提供合法来源证明。

纳入人工繁育国家重点保护野生动物名录的，按照国家规定执行。

第十八条　野外环境自然生长繁殖的陆生脊椎野生动物，或者其他存在危害公共卫生安全、生态安全、公共秩序风险的野生动物，不得作为宠物饲养。

第四章　禁止非法猎捕

第十九条　禁止猎捕、杀害本条例第二条第二款规定保护的野生动物，以及法律法规和国家、省规定禁止猎捕的其他野生动物。

第二十条　因科学研究、种群调控、疫源疫病监测、疫情防控或者其他特殊情况，需要猎捕野生动物进行非食用性利用的，应当符合以下规定：

（一）国家一级保护野生动物按照国家规定申请领取特许猎捕证，国家二级保护野生动物向省野生动物保护主管部门或者其委托的地级以上市野生动物保护主管部门申请领取特许猎捕证；

（二）非国家重点保护野生动物向县级野生动物保护主管部门申请领取狩猎证。

猎捕前款第二项和省规定禁止猎捕的野生动物应当服从猎捕量限额管理。

第二十一条　县级野生动物保护主管部门应当根据野生动物及其栖息地状况的调查、监测和评估结果，提出狩猎动物种类和年度猎捕量限额，报省野生动物保护主管部门或者其委托的地级以上市野生动物保护主管部门批准。

第二十二条　禁止使用毒药、爆炸物、电击、电子诱捕装置以及猎套、猎夹、气枪、地枪、排铳、粘网、地弓、吊杠、钢丝套等工具猎捕野生动物。

任何单位和个人不得擅自制造、出售前款规定的猎捕工具。

第五章　禁止非法交易

第二十三条　禁止出售、购买、利用本条例第二条第二款规定保护的野生动物，以及法律法规和国家、省规定禁止交易的其他野生动物。

禁止出售、购买、利用国家重点保护野生动物制品。

第二十四条　禁止商品交易市场、电子商务平台等交易场所以及运输、仓储、快递等经营者，为违法出售、购买、利用、运输、储存野生动物及其制品或者禁止使用的猎捕工具提供交易服务。

互联网信息服务提供者不得制作、复制、发布、传播非法野生动物交易信息；发现非法交易信息的，应当停止传输，保存记录，报告有关部门。

第二十五条　商品交易市场开办者、市场服务管理机构、电子商务平台经营者应当依法审查、核验入场经营者的经营资格，进行实名登记，加强监督检查；发现有非法野生动物交易行为的，应当立即制止，报告市场监督管理部门。

电子商务平台经营者收到有关部门通知，应当删除、屏蔽、断开链接非法野生动物交易信息，停止提供交易服务。

第二十六条　因科研、药用、展示等特殊情况，需要对野生动物进行非食用性利用的，应当按照国家有关规定实行严格审批和检疫检验。

野生动物及其制品作为药品经营和利用的，还应当遵守有关药品管理的法律法规。

第二十七条　运输、携带、寄递野生动物及其制品的，应当按照规定持有或者附有猎捕、人工繁育、进出口等许可证、批准文件或者专用标识等合法来源证明，以及检疫证明，保证可追溯。

承运人、寄递业务经营者应当查验前款规定的证明；没有相关证明的，不得运输、寄递，并向野生动物保护主管部门或者动物卫生监督机构报告。

第二十八条　突发公共卫生事件发生后，为阻断可能来自野生动物的传染源和传播途径，县级以上地方人民政府可以依法采取全面禁止野生动物交易的应急处置措施，向社会公告。

禁止出售、购买、利用、运输、携带、寄递病死或者死因不明的野生动物及其制品。发现野生动物异常死亡的，应当立即向野生动物保护主管部门或者动物疫病预防控制机构报告。

第六章　禁止非法食用

第二十九条　禁止食用国家重点保护野生动物和其他陆生野生动物，包括人工繁育、人工饲养的陆生野生动物，以及有关法律禁止食用的其他野生动物。

禁止生产、经营使用国家重点保护野生动物及其制品制作的食品。

第三十条　禁止以家畜家禽名义食用野生动物。列入畜禽遗传资源目录的动物，按照国家规定应当加施畜禽标识而没有加施的，不得屠宰、加工、出售。

第三十一条　酒楼、饭店、餐厅、农庄、会所、食堂等餐饮服务提供者应当诚信自律，承担社会责任，对禁止食用的野生动物及其制品不得购买、储存、加工、出售或者提供来料加工服务，不得用其名称、别称、图案制作招牌或者菜谱。

餐饮服务提供者应当加强食品原料控制，建立进货查验记录制度，并保存相关凭证。

第三十二条　电子商务平台经营者不得为使用禁止食用的野生动物及其制品制作的食品提供推介、点餐、配送或者其他服务。

第三十三条　食品、餐饮、烹饪等行业协会应当加强行业自律，引导和督促会员遵守禁止食用野生动物的规定，承诺不购买、不加工、不出售野生动物及其制品，对违反的成员实施行业惩戒，并报告市场监督管理等主管部门。

第三十四条　县级以上市场监督管理部门应当建立餐饮服务提供者信用档案，依法公示违法经营销售野生动物及其制品的行政处罚信息。

第三十五条　全社会成员应当自觉遵守禁止食用野生动物的规定，移风易俗，养成科学健康文明的生活方式。

第七章　执法监管

第三十六条　县级以上地方人民政府应当加强跨区域、跨部门野生动物保护协作，健全野生动物保护执法管理体制，加强执法队伍建设，明确执法责任主体，落实执法管理责任，强化信息技术支撑，实现信息共享，加强协调配合，组织联合执法，开展防范、打击走私和非法贸易行动，加强监督检查和责任追究，严格查处违法行为。

第三十七条　县级以上林业主管部门负责陆生野生动物保护监督管理工作，依法可以委托自然保护地管理机构查处破坏自然保护地自然资源、野生动物栖息地的行为。

县级以上农业农村主管部门负责水生野生动物保护监督管理工作，依法对人工繁育、合法捕获的野生动物及其制品进行检疫。

县级以上市场监督管理部门依法对商品交易市场、电子商务平台、餐饮等交易、消费场所经营利用野生动物及其制品的行为进行监督管理；对违法经营场所和违法经营者，依法予以取缔或者查封、关闭。

公安机关按照国家和省的规定负责野生动物保护管理相关行政执法。

海关依法对野生动物实施进出境检疫，凭进口批准文件或者允许进出口证明书以及检疫证明按照规定办理通关手续。

交通运输、卫生健康、科技、城市管理、邮政管理、网信、电信管理等部门和机构应当按照职责分工对野生动物及其制品出售、购买、利用、运输、寄递等活动进行监督检查。

铁路、道路、水路、航空以及车站、机场、港口等单位应当协助做好相关工作。

第三十八条　省野生动物保护主管部门对野生动物及其栖息地保护管理工作不力、问题突出、公众反映强烈的地区，可以约谈所在地地级以上市、县级人民政府及其有关主管部门主要负责人，要求其采取措施限期整改。约谈整改情况应当向社会公开。

第三十九条　破坏野生动物及其栖息地造成生态环境损害的，县级以上野生动物保护主管部门可以依法向人民法院提起诉讼，对侵权人提出损害赔偿要求。

野生动物及其制品种类、名称鉴定由执法部门委托专业技术人员、第三方专业机构或者具有相应司法鉴定资质的鉴定机构承担，国家另有规定的从其规定。

第八章　法律责任

第四十条　野生动物保护主管部门或者其他有关部门、机关不依法作出行政许可决定，发现违法行为或者接到对违法行为的举报不予查处或者不依法查处，或者有滥用职权等其他不依法履行职责的行为的，由本级人民政府或者上级人民政府有关部门、机关责令改正，对负有责任的主管人员和其他直接责任人员依法给予处分；构成犯罪的，依法追究刑事责任。

第四十一条　违反本条例第十四条第三款规定，人工繁育非国家重点保护野生动物未持有种源合法来源证明的，由县级以上野生动物保护主管部门没收野生动物及其制品，可以并处野生动物及其制品价值一倍以上三倍以下的罚款。

第四十二条　违反本条例第十九条、第二十条、第二十二条规定，猎捕、杀害野生动物的，由县级以上野生动物保护主管部门或者有关自然保护地管理机构按照职责分工没收猎获物、猎捕工具和违法所得，吊销猎捕许可，并按照以下规定处以罚款；构成犯罪的，依法追究刑事责任：

（一）属于国家重点保护野生动物的，并处猎获物价值二倍以上二十倍以下的罚款；没有猎获物的，并处一万元以上十万元以下的罚款；

（二）属于非国家重点保护野生动物的，并处猎获物价值二倍以上十倍以下的罚款；没有猎获物的，并处一万元以上五万元以下的罚款；

（三）以食用为目的猎捕、杀害其他陆生野生动物的，并处猎获物价值一倍以上五倍以下的罚款；没有猎获物的，并处二千元以上一万元以下的罚款。

第四十三条　违反本条例第二十三条、第二十六条第一款、第二十七条规定，未经批准、未取得或者未按照规定使用专用标识，或者未持有、未附有其他合法来源证明出售、购买、利用、运输、携带、寄递野生动物及其制品的，由县级以上野生动物保护、市场监督管理、邮政管理部门按照职责分工没收野生动物及其制品和违法所得，并按照以下规定处以罚款；情节严重的，吊销相关许可、撤销批准文件、收回专用标识；构成犯罪的，依法追究刑事责任：

（一）属于国家重点保护野生动物的，并处野生动物及其制品价值二倍以上二十倍以下的罚款；

（二）属于非国家重点保护野生动物的，并处野生动物价值二倍以上十倍以下的罚款；

（三）以食用为目的出售、购买、运输、携带、寄递其他陆生野生动物和省禁止交易的其他野生动物的，并处野生动物价值一倍以上五倍以下的罚款。

第四十四条　违反本条例第二十四条第一款、第三十二条规定，提供交易服务的，由县级以上市场监督管理部门责令停止违法行为，限期改正，没收违法所得，并处违法所得二倍以上五倍以下的罚款；没有违法所得的，处一万元以上五万元以下的罚款；明知行为人以食用或者生产、经营食品为目的的，从重处罚；构成犯罪的，依法追究刑事责任。

第四十五条　违反本条例第二十九条第一款、第三十条规定，食用野生动物的，由县级以上林业、农业农村、市场监督管理等部门按照职责分工责令停止违法行为，按以下规定对食用者进行处罚；对组织食用的，从重处罚：

（一）属于国家重点保护野生动物及其制品的，处野生动物及其制品价值二倍以上二十倍以下的罚款；

（二）属于非国家重点保护野生动物或者其他陆生野生动物的，处野生动物价值一倍以上五倍以下的罚款。

第四十六条　违反本条例第二十九条第二款、第三十一条规定，生产、经营、购买、储存、屠宰、加工、出售禁止食用的野生动物及其制品、食品的，由县级以上林业、农业农村、市场监督管理等部门按照职责分工责令停止违法行为，没收违法所得和野生动物及其制品、食品；野生动物及其制品、食品价值或者货值金额不足一万元的，并处十万元以上十五万元以下的罚款；价值或者货值金额一万元以上的，并处价值或者货值金额十五倍以上三十倍以下的罚款；情节严重的，依法吊销许可证。

违反本条例第三十一条规定，用禁止食用的野生动物及其制品名称、别称、图案制作招牌或者菜谱的，由县级市场监督管理、城市管理综合执法等部门按照职责分工责令限期改正；逾期不改正的，依法强制拆除，并处一万元以上三万元以下的罚款。

第四十七条　违反本条例其他规定的，依照相关法律法规从重处罚。

第九章　附则

第四十八条　本条例自 2020 年 5 月 1 日起施行。

深圳经济特区全面禁止食用野生动物条例

实施日期：2020年5月1日

第一条　为了有效防范重大公共卫生风险，切实保障人民群众生命健康安全，加强生态文明建设，促进人与自然和谐共生，根据《全国人民代表大会常务委员会关于全面禁止非法野生动物交易、革除滥食野生动物陋习、切实保障人民群众生命健康安全的决定》和法律、行政法规的基本原则，结合深圳经济特区实际，制定本条例。

第二条　禁止食用下列野生动物及其制品：

（一）国家重点保护野生动物以及其他在野外环境自然生长繁殖的陆生野生动物；

（二）人工繁育、人工饲养的陆生野生动物。

禁止食用用于科学实验、公众展示、宠物饲养等非食用性利用的动物及其制品。

第三条　可以食用的动物包括：

（一）国家畜禽遗传资源目录所列的猪、牛、羊、驴、兔、鸡、鸭、鹅、鸽、鹌鹑以及该目录所列其他以提供食用为目的饲养的家禽家畜；

（二）依照法律、法规未禁止食用的水生动物。

第四条　任何单位和个人不得以提供食用为目的，生产、经营禁止食用的动物及其制品。

第五条　任何单位和个人不得为以提供食用为目的生产、经营禁止食用的动物及其制品的行为提供场所或者交易服务。

第六条　任何单位和个人不得以提供食用为目的，繁育、饲养禁止食用的动物；因科学实验、公众展示、宠物饲养等非食用性利用繁育、饲养的，依照有关法律、法规的规定执行。

第七条　任何单位和个人不得发布含有宣传、诱导食用禁止食用的动物及其制品内容的广告，不得以禁止食用的动物及其制品的名称、别称、图案制作餐饮招牌或者菜谱。

第八条　禁止食用的动物及其制品作为药品使用的，应当遵守有关药品管理的法律、法规。

禁止以药膳名义食用或者生产、经营禁止食用的动物及其制品。

第九条　推行可食用动物冷链配送。

禁止下列行为：

（一）私自屠宰家禽家畜；

（二）销售私自屠宰的家禽家畜；

（三）以提供食用为目的向消费者销售家禽家畜活体。

第十条　市、区人民政府应当加强全面禁止食用野生动物工作的领导，组织、督促有关部门依法履行监管职责，加强协调配合，加大监督检查和责任追究力度。

第十一条　规划和自然资源部门负责对野生动物的保护、人工繁育、人工饲养等活动实施监督管理和业务指导。

市场监管部门负责对在商品交易、餐饮等场所和网络交易平台从事禁止食用的动物及其制品的生产、经营、广告宣传等活动以及食用禁止食用的动物及其制品的行为实施监督管理。

城管和综合执法部门负责对流动商贩以及在临时交易场所经营禁止食用的动物及其制品的活动实施监督管理。

教育、公安、卫生健康、海关等部门按照各自职责，做好实施本条例相关工作。

第十二条　相关部门、各级各类学校、人民团体、社会组织、新闻媒体等应当积极开展全面禁止食用野生动物的宣传教育。

第十三条　全体市民应当增强生态环境保护和公共卫生安全意识，坚决革除滥食野生动物的陋习，养成科学健康文明的生活方式。

第十四条　对违反本条例规定的行为，任何单位和个人有权向有关部门投诉、举报。

第十五条　经许可在深圳经济特区从事野生动物繁育、饲养，因实施本条例被撤销或者变更行政许可造成损失的，由市、区人民政府依法给予补偿。

第十六条　在餐馆、酒楼、食堂等场所违反本条例第二条规定的，由市场监管部门责令停止违法行为，没收动物及其制品，并按照下列规定给予罚款：

（一）食用明知是国家重点保护野生动物及其制品的，对食用者每人处价值或者货值金额五倍以上三十倍以下罚款，对组织食用者从重处罚；

（二）食用明知是国家重点保护野生动物以外其他禁止食用的动物及其制品的，对食用者每人处价值或者货值金额二倍以上十倍以下罚款，对组织食用者从重处罚。

在前款规定场所以外违反本条例第二条规定的，依照相关法律、法规的规定处罚。

第十七条　违反本条例第四条规定的，由市场监管、城管和综合执法部门按照职责分工责令停止违法行为，没收动物及其制品和违法所得，并按照下列规定给予罚款；情节严重的，依法吊销相关许可证：

（一）以提供食用为目的生产、经营国家重点保护野生动物及其制品，价值或者货值金额不足一万元的，处十五万元以上二十万元以下罚款，价值或者货值金额一万元以上的，处价值或者货值金额二十倍以上三十倍以下罚款；

（二）以提供食用为目的生产、经营国家重点保护野生动物以外其他禁止食用的动物及其制品，价值或者货值金额不足一万元的，处十万元以上十五万元以下罚款，价值或者货值金额一万元以上的，处价值或者货值金额十五倍以上二十倍以下罚款。

第十八条　违反本条例第五条规定，为以提供食用为目的生产、经营禁止食用的动物及其制品的行为提供场所或者交易服务的，由市场监管部门责令停止违法行为，没收违法所得，并处违法所得三倍以上十倍以下罚款；没有违法所得的，处一万元以上五万元以下罚款；明知行为人生产、经营禁止食用的动物及其制品的，从重处罚。

第十九条　违反本条例第六条规定的，由规划和自然资源、城管和综合执法部门按照职责分工责令停止违法行为，没收动物和违法所得，并按照下列规定给予罚款；情节严重的，依法吊销相关许可证：

（一）以提供食用为目的繁育、饲养国家重点保护野生动物，处价值或者货值金额五倍以上二十倍以下罚款；

（二）以提供食用为目的繁育、饲养国家重点保护野生动物以外其他禁止食用的动物，处价值或者货值金额二倍以上五倍以下罚款。

第二十条　违反本条例第七条规定，发布含有宣传、诱导食用禁止食用的动物及其制品内容的广告的，由市场监管部门责令停止发布广告，并依照《中华人民共和国广告法》及相关法律、法规的规定给予处罚；以禁止食用的动物及其制品的名称、别称、图案制作餐饮招牌或者菜谱的，由市场监管、城管和综合执法部门按照职责分工责令限期拆除、销毁相关招牌或者菜谱，并处一万元以上五万元以下罚款。

第二十一条　违反本条例第八条第二款规定，以药膳名义食用禁止食用的动物及其制品的，依照本条例第十六条的规定给予处罚；以药膳名义生产、经营禁止食用的动物及其制品的，依照本条例第十七条的规定给予处罚。

第二十二条　违反本条例第九条第二款规定的，由市场监管、城管和综合执法部门按照职责分工责令停止违法行为，没收动物和违法所得，价值或者货值金额不足一万元的，并处一万元以上三万元以下罚款；价值或者货值金额一万元以上的，并处价值或者货值金额三倍以上五倍以下罚款；私自屠宰家禽家畜的，并处没收屠宰工具和设备。

第二十三条　违反本条例第四条、第五条、第八条规定，构成犯罪的，依法追究刑事责任。

第二十四条　违反本条例规定受到行政处罚的，由相关部门依照规定将违法行为信息纳入公共信用信息系统，依法实施惩戒措施。

第二十五条　对本条例规定的罚款处罚，市规划和自然资源、市场监管、城管和综合执法部门应当制定具体实施标准。

第二十六条　本条例自 2020 年 5 月 1 日起施行。《深圳经济特区禁止食用野生动物若干规定》同时废止。

第五节　其他相关政策法律文件

农业农村部六项措施贯彻落实《全国人民代表大会常务委员会关于全面禁止非法野生动物交易、革除滥食野生动物陋习、切实保障人民群众生命健康安全的决定》

实施日期：2020年2月28日

为贯彻落实十三届全国人大常委会第十六次会议审议通过的《全国人民代表大会常务委员会关于全面禁止非法野生动物交易、革除滥食野生动物陋习、切实保障人民群众生命健康安全的决定》，农业农村部研究制定实施方案，提出六项具体落实措施。

一是全面落实野生动物保护法律法规。严格落实野生动物保护法及水生野生动物保护实施条例中关于禁止猎捕、交易、运输、食用水生野生动物的规定，对违反规定的在现行法律基础上加重处罚。

二是加快制定畜禽遗传资源目录。根据《中华人民共和国畜牧法》的规定，将比较常见的家畜家禽（如猪、牛、羊、鸡、鸭、鹅等）等列入畜禽遗传资源目录，依照畜牧法的规定进行管理。

三是加快推动水生野生动物目录修订。加强与国家林草局沟通协调，进一步明确水生野生动物和陆生野生动物的相关目录范围。按照《决定》规定，鱼类等水生野生动物不列入禁食范围，按照渔业法的规定进行管理。

四是严格非食用性利用野生动物审批和检验检疫管理。对按照野生动物保护法、中医药法、实验动物管理条例、城市动物园管理规定等法律法规和国家有关规定，因科研、药用、展示等特殊情况非食用性利用野生动物的，依法依规实行严格审批和检疫。

五是加强执法监督。健全执法管理体制，明确执法责任主体，落实执法管理责任，加强协调配合，加大监督检查和责任追究力度，严格查处违反《决定》和有关法律法规的行为；对违法经营场所和违法经营者，依法予以取缔或者查封、关闭。

六是开展普法宣传。组织动员社会各方面，广泛宣传、正确理解《决定》出台的重要意义和主要内容，大力普及生态环境保护、公共卫生法律法规和科学知识，为《决定》和有关法律法规的贯彻实施创造良好环境。

国务院办公厅关于做好自然保护区管理有关工作的通知

实施日期：2010年12月28日

各省、自治区、直辖市人民政府，国务院各部委、各直属机构：

建立自然保护区是保护生态环境、自然资源的有效措施，是保护生物多样性、建设生态文明的重要载体，是加快转变经济发展方式、实现可持续发展的积极手段。多年来，自然保护区的建设和管理工作取得了显著成效。但是，随着工业化、城镇化的加速推进，保护与开发的矛盾日益突出，一些自然保护区频繁进行调整或被非法侵占，部分物种的栖息地受到威胁，生态环境遭到破坏，自然保护区发展面临的压力不断加大。为切实做好自然保护区管理工作，促进自然保护区事业健康发展，经国务院同意，现就有关问题通知如下：

一、科学规划自然保护区发展。定期开展全国生态环境和生物多样性状况调查和评价。并在各部门相关规划的基础上，统筹完善全国自然保护区发展规划。积极推进中东部地区自然保护区发展，在继续完善森林生态类型自然保护区布局的同时，将河湖、海洋和草原生态系统及地质遗迹、小种群物种的保护作为新建自然保护区的重点。按照自然地理单元和物种的天然分布对已建自然保护区进行整合，通过建立生态廊道，增强自然保护区间的联通性。对范围和功能分区尚不明确的自然保护区要进行核查和确认。设立其他类型保护区域，原则上不得与自然保护区范围交叉重叠；已经存在交叉重叠的，对交叉重叠区域要从严管理。

八、增强科技支撑。加强自然保护区生物多样性基础理论、保护技术和管理政策等方面的研究。建立自然保护区生态系统、植被和珍稀濒危物种分布数据库。建立卫星遥感监测和地面监测相结合的自然保护区生态和资源监测体系。认真履行有关国际公约，加强迁徙物种监测与保护、外来物种入侵等领域的国际交流与合作。充分发挥自然保护区的生态环境保护宣传教育、自然科学普及平台功能。加强自然保护区科研、管理等专业人员培训。

国务院办公厅关于加强基层应急队伍建设的意见（节选）

实施日期：2009年10月18日

各省、自治区、直辖市人民政府，国务院各部委、各直属机构：

基层应急队伍是我国应急体系的重要组成部分，是防范和应对突发事件的重要力量。多年来，我国基层应急队伍不断发展，在应急工作中发挥着越来越重要的作用。但是，各地基层应急队伍建设中还存在着组织管理不规范、任务不明确、进展不平衡等问题。为贯彻落实突发事件应对法，进一步加强基层应急队伍建设，经国务院同意，提出如下意见：

三、完善基层专业应急救援队伍体系

各地要在全面加强各专业应急救援队伍建设同时，组织动员社会各方面力量重点加强以下几个方面工作：

（七）加强重大动物疫情应急队伍建设。县级人民政府建立由当地兽医、卫生、公安、工商、质检和林业行政管理人员，动物防疫和野生动物保护工作人员，有关专家等组成的动物疫情应急队伍，具体承担家禽和野生动物疫情的监测、控制和扑灭任务。要保持队伍的相对稳定，定期进行技术培训和应急演练，同时加强应急监测和应急处置所需的设施设备建设及疫苗、药品、试剂和防护用品等物资储备，提高队伍应急能力。

四、完善基层应急队伍管理体制机制和保障制度

（五）完善基层应急队伍建设相关政策。认真研究解决基层应急队伍工作中的实际困难，落实基层应急救援队员医疗、工伤、抚恤，以及应急车辆执行应急救援任务时的免交过路费等政策措施。鼓励社团组织和个人参加基层应急队伍，研究完善民间应急救援组织登记管理制度，鼓励民间力量参与应急救援。研究制订基层应急救援队伍装备标准并配备必要装备。对在应急管理、应急队伍建设工作中做出突出贡献的集体和个人，按照国家有关规定给予表彰奖励。开展基层应急队伍建设示范工作，推动基层应急管理水平不断提高。

国务院办公厅关于转发卫生部国家鼠疫控制应急预案的通知

实施日期：2007年6月26日

各省、自治区、直辖市人民政府，国务院各部委、各直属机构：

卫生部修订后的《国家鼠疫控制应急预案》已经国务院同意，现转发给你们，请遵照执行，原由国务院办公厅印发的《国家鼠疫控制应急预案》（国办发[2000]57号）同时废止。

国家鼠疫控制应急预案

（卫　生　部）

1　总则

1.1　编制目的

有效预防和快速应对、及时控制鼠疫疫情的暴发和流行，最大限度地减轻鼠疫造成的危害，保障公众身体健康与生命安全，维护社会稳定。

1.2　编制依据

《中华人民共和国传染病防治法》《中华人民共和国国境卫生检疫法》《国内交通卫生检疫条例》《突发公共卫生事件应急条例》《国家突发公共事件总体应急预案》《国家突发公共卫生事件应急预案》等法律法规和相关预案。

1.3　工作原则

鼠疫疫情应急处理工作要坚持以人为本、预防为主；依法规范、科学防控；政府负责、部门配合；社会参与、加强宣传；强化监测、综合治理；快速反应、有效处置的原则。

1.4　鼠疫疫情分级

根据鼠疫发生地点、病型、例数、流行范围和趋势及对社会危害程度，将人间鼠疫疫情划分为特别重大（Ⅰ级）、重大（Ⅱ级）、较大（Ⅲ级）和一般（Ⅳ级）四级。

1.4.1　特别重大鼠疫疫情（Ⅰ级）

有下列情形之一的为特别重大鼠疫疫情（Ⅰ级）：

（1）肺鼠疫在大、中城市发生，并有扩散趋势；

（2）相关联的肺鼠疫疫情波及2个以上的省份，并有进一步扩散趋势；

（3）发生鼠疫菌强毒株丢失事件。

1.4.2　重大鼠疫疫情（Ⅱ级）

有下列情形之一的为重大鼠疫疫情（Ⅱ级）：

（1）在1个县（市）行政区域内，1个平均潜伏期内（6天，下同）发生5例以上肺鼠疫或败血症鼠疫病例；

（2）相关联的肺鼠疫疫情波及2个以上县（市），并有进一步扩散趋势；

（3）在1个县（市）行政区域内发生腺鼠疫流行，1个平均潜伏期内多点连续发生20例以上，或流行范围波及2个以上市（地）。

1.4.3　较大鼠疫疫情（Ⅲ级）

有下列情形之一的为较大鼠疫疫情（Ⅲ级）：

（1）在1个县（市）行政区域内，1个平均潜伏期内发生肺鼠疫或败血症鼠疫病例数1～4例；

（2）在1个县（市）行政区域内发生腺鼠疫流行，1个平均潜伏期内连续发病10～19例，或流行范围波及2个以上县（市）。

1.4.4　一般鼠疫疫情（Ⅳ级）

腺鼠疫在1个县（市）行政区域内发生，1个平均潜伏期内病例数1～9例。

2　应急组织体系及职责

2.1　应急指挥机构

卫生部依照职责和本预案的规定，在国务院统一领导下，负责组织、协调全国鼠疫疫情应急处理工作，并根据特别重大鼠疫疫情应急处理工作的实际需要，向国务院提出成立国家鼠疫应急指挥部的建议。

地方各级人民政府卫生行政部门依照职责和本预案的规定，在本级人民政府统一领导下，负责组织、协调本行政区域内鼠疫疫情应急处理工作，并根据鼠疫疫情应急处理工作的实际需要，向本级人民政府提出成立地方鼠疫应急指挥部的建议。

国务院和地方各级人民政府根据本级人民政府卫生行政部门的建议和实际工作需要，决定是否成立国家和地方鼠疫应急指挥部。

地方各级人民政府及有关部门和单位要按照属地管理的原则，切实做好本行政区域内鼠疫疫情应急处理工作。

2.1.1　国家鼠疫应急指挥部的组成和职责

国务院分管卫生工作的领导同志担任国家鼠疫应急指挥部总指挥，卫生部部长担任副总指挥，负责对特别重大鼠疫疫情应急处理工作的统一领导，统一指挥，做出处理鼠疫疫情的重大决策。指挥部成员单位根据鼠疫疫情应急处理的需要确定，主要有卫生部、外交部、发展改革委、教育部、科技部、公安部、财政部、民政部、铁道部、交通部、信息产业部、农业部、商务部、质检总局、环保总局、民航总局、工商总局、林业局、食品药品监管局、旅游局、新闻办、红十字总会、中央宣传部、总后卫生部、武警总部等。

指挥部各成员单位职责如下：

卫生部：负责组织制订鼠疫防治技术方案，统一组织实施鼠疫应急医疗救治工作和各项预防控制措施，并进行检查、督导；开展疫区卫生处理，对疫情做出全面评估，根据鼠疫防控工作需要，依法提出隔离、封锁鼠疫疫区的建议，制订鼠疫疫情信息发布标准，授权有关单位对外及时发布鼠疫疫情信息，负责组织全社会开展爱国卫生运动。

发展改革委：紧急动用国家医药储备，迅速向疫区提供预防、控制疫情和治疗患者以及消毒等方面的储备药品和器械；及时组织调运疫区人民生产、生活所必需的物资。

外交部：做好鼠疫应急处理的有关涉外事务，协助职能部门向相关国际组织及有关国家通报情况、接待国际组织考察、争取国际援助等方面工作。

交通部、铁道部、民航总局：按《国内交通卫生检疫条例》及其实施办法，负责各自职责范围内的交通卫生检疫工作，优先运送疫情处理人员、药品器械和有关物资。

质检总局：涉及国境卫生检疫时，按《中华人民共和国国境卫生检疫法》及其实施细则的规定办理。

农业部：负责做好疫区家畜的鼠疫动物病防疫和动物防疫监督工作。

商务部：负责疫区重要生活必需品的应急供应工作。

林业局：负责疫区野生动物异常情况的监测，并在疫情发生时，协助做好疫情发生地的隔离工作。

公安部：协助做好鼠疫疫区封锁，加强疫区治安管理和安全保卫工作。

工商总局：加强市场监管，严把市场主体准入关，严厉查处集贸市场上非法收购、出售和加工旱獭等鼠疫宿主动物及其产品的单位、个人。指导集贸市场开办者和有关动物及产品经营者搞好自律管理。

财政部：做好鼠疫控制应急资金的安排并及时拨付，加强资金管理监督。

民政部：对符合救助条件的鼠疫患者提供医疗、生活救助。

科技部：协助提供鼠疫疫区处理所需技术，支持相关科学技术研究。

教育部：对学生进行鼠疫防治知识宣传教育。

中央宣传部、新闻办：按照疫情控制的统一部署和有关部门、地方的请求，做好疫情处理的宣传报道。宣传鼠疫防治知识，提高公众防疫与保健意识。

信息产业部：组织和协调各基础电信运营企业予以积极配合，保障疫情控制期间疫区的通信畅通。

旅游局：组织旅游全行业认真做好鼠疫疫情的预防和应急处理工作。

红十字总会：充分发挥志愿者作用，协助相关部门在企业、社区、乡村、学校等广泛开展鼠疫预防知识的宣传普及工作，提高公众的防护意识。

中国人民解放军和武装警察部队应完成营区内的疫情处理任务，并协助和支持地方做好疫情控制工作。

其他有关部门根据本部门职责和鼠疫应急处理的需要，组织做好紧急物资的进口、市场监管、污染扩散的控制及国家鼠疫应急指挥部交办的相关工作等。

2.1.2　地方鼠疫应急指挥部的组成和职责

地方鼠疫应急指挥部由相应级别人民政府有关部门组成，地方各级人民政府分管卫生工作的负责人担任总指挥，负责对本行政区域内鼠疫疫情应急处理的协调和指挥，做出本行政区域内鼠疫疫情处理的决策，决定拟采取的重大措施等事项。相应职责如下：

（1）组织协调有关部门参与鼠疫应急处理工作。

（2）根据鼠疫应急处理工作需要，调集本行政区域内各类人员、物资、交通工具和相关设施、设备投入疫情防控工作。

（3）划定控制区域：发生鼠疫疫情时，县级以上地方人民政府报经上一级人民政府决定，可以宣布疫区范围；经省、自治区、直辖市人民政府核准，可以对本行政区域内疫区实施封锁；封锁大、中城市的疫区或者封锁跨省、自治区、直辖市的疫区，以及封锁疫区导致中断干线交通或者封锁国境的，由国务院决定。

（4）人群聚集活动控制：当地人民政府可以在本行政区域内采取限制或者停工、停业、停课，停止集市、集会，以及其他人群聚集的活动。

（5）流动人口管理：对流动人口采取预防管理措施，对鼠疫患者、疑似鼠疫患者采取就地隔离、就地观察、就地治疗等措施，对密切接触者视情况采取集中或居家医学观察。

（6）交通卫生检疫：省、自治区、直辖市人民政府组织铁路、交通、民航、质检等部门在交通站点和出入境口岸设置临时交通卫生检疫站，对出入境、进出疫区和运行中的交通工具及其乘运人员和物资、宿主动物进行检疫查验，对病人、疑似病人及其密切接触者实施临时隔离、留验和向地方卫生行政部门指定的医疗卫生机构移交。

（7）信息发布：鼠疫事件发生后，地方人民政府有关部门要按照规定做好信息发布工作。信息发布要及时、准确、客观、全面。

（8）开展群防群控：街道、乡（镇）以及居委会、村委会应协助卫生行政部门、医疗卫生机构和其他有关部门，做好疫情信息的收集、报告、人员转移或隔离及公共卫生措施的实施。

2.2　日常管理机构

卫生部卫生应急办公室（突发公共卫生事件应急指挥中心）负责全国鼠疫疫情应

急处理的日常管理工作。各省、自治区、直辖市人民政府卫生行政部门及军队、武警系统突发公共卫生事件日常管理机构，负责本行政区域或本系统内鼠疫疫情日常管理协调工作。

2.3 鼠疫应急处理专业机构和救治机构及其任务

2.3.1 应急处理专业机构：各级疾病预防控制机构或鼠疫防治的专门机构是鼠疫应急处理的专业机构。

具体任务：

（1）负责鼠疫疫情的监测，做好疫情信息收集、报告与分析工作，为预警提供依据。

（2）制订流行病学调查计划和疫情控制的技术方案；开展对鼠疫病人、疑似病人、病原携带者及其密切接触者的追踪调查；对人群发病情况、分布特点进行调查与分析；查明传染源和传播途径，提出并实施有针对性的预防控制措施；及时向本级人民政府卫生行政部门和上级疾病预防控制机构报告情况。

（3）对鼠疫样本进行实验室检测、复核、确定并上报实验室诊断结果。

（4）国家疾病预防控制机构负责省级疾病预防控制机构专业技术人员的应急培训和全国鼠疫疫情处理的技术指导及专业支持；省级疾病预防控制机构负责辖区内疾病预防控制机构专业技术人员的应急培训和技术支援。

2.3.2 应急处理救治机构：各级医疗机构是鼠疫应急处理的救治机构，省级卫生行政部门可根据当地情况，确定重点救治机构。

具体任务：

（1）开展病人接诊、隔离、治疗和转运工作；对疑似病人及时排除或确诊；对密切接触者实施医学观察和预防性治疗等。

（2）及时报告疫情，协助疾病预防控制机构人员完成标本的采集、流行病学调查工作。

（3）做好医院内的感染控制工作，实施消毒隔离和个人防护，防止出现院内交叉感染；严格处理医疗垃圾和污水，避免环境污染。

（4）负责或协助完成鼠疫患者死亡后尸体的解剖、消毒、焚烧等处理工作。

3 监测与预警

3.1 建立国家、省、市（地）、县四级鼠疫监测体系。国家疾病预防控制中心负责制定《全国鼠疫监测方案》，并指导各地实施。鼠疫疫源省（区、市）及监测省（区、市）各级疾病预防控制机构或鼠疫防治专业机构，按照《全国鼠疫监测方案》要求开展鼠疫日常监测工作。必要时，在疫源不明地区或新发现的鼠疫疫源地区开展鼠疫自然疫源地调查工作。

3.2　省级卫生行政部门要按照全国的统一规定和要求，结合本省（区、市）实际情况，组织开展鼠疫的主动监测，并加强鼠疫监测工作的管理和监督，保证监测质量。

3.3　各级卫生行政部门要对鼠疫监测、动物鼠疫疫情处理及鼠疫自然疫源地调查工作给予必要的经费支持。

3.4　各级卫生行政部门应根据报告的鼠疫疫情危害性和紧急程度，及时发布、调整和解除预警信息。预警信息包括鼠疫型别、预警级别、起始时间、警示事项、应采取的措施和发布机关等。

3.4.1　预警信息的发布单位：Ⅰ级为卫生部，Ⅱ级为省级卫生行政部门，Ⅲ级为市（地）级卫生行政部门，Ⅳ级为县级卫生行政部门。

3.4.2　按本预案鼠疫疫情分级，预警级别对应如下：特别重大鼠疫疫情（Ⅰ级）、重大鼠疫疫情（Ⅱ级）为Ⅰ级预警，较大鼠疫疫情（Ⅲ级）为Ⅱ级预警，一般鼠疫疫情（Ⅳ级）为Ⅲ级预警，动物间鼠疫疫情达到下列强度时为Ⅳ级预警：在某一类型鼠疫疫源地发生动物鼠疫大流行（黄鼠疫源地流行范围 ≥ 200km²，黄胸鼠、齐氏姬鼠疫源地流行范围 ≥ 500km²，沙鼠、田鼠、旱獭疫源地流行范围 ≥ 1000km²）；或局部地区出现动物鼠疫暴发流行，且波及县级以上城市；或动物鼠疫发生在交通便利、人口稠密地区，对人群构成严重威胁。

4　信息管理与报告

4.1　信息管理

4.1.1　完善国家鼠疫防治信息管理系统，构建覆盖全国的国家、省、市（地）、县（市）疾病预防控制机构或鼠疫防治专门机构的信息网络，承担鼠疫疫情相关信息收集、处理、分析、报告等工作。

4.1.2　各级卫生行政部门负责辖区内鼠疫防治管理信息工作的组织实施、管理和平台建设，不断完善本辖区内鼠疫防治信息管理系统，为系统的正常运行提供必要的保障条件。

4.1.3　各级疾病预防控制机构或鼠疫防治机构承担责任范围内鼠疫疫情监测、信息报告与管理，负责收集、分析核实辖区内疫情信息和其他相关信息资料。

4.2　信息报告

4.2.1　执行职务的各级各类医疗卫生人员是人间鼠疫疫情的责任报告人；各级疾病预防控制机构和鼠疫防治专门机构为网络直报的责任报告单位。

4.2.2　医疗机构发现疑似鼠疫病例，应立即向所在地的疾病预防控制机构或鼠疫防治专业机构报告；疾病预防控制机构或鼠疫防治专业机构在判定人间鼠疫或疑似人间鼠疫疫情后，按规定时限在 2 小时内进行网络直报。

4.2.3　地方疾病预防控制机构和鼠疫防治专业机构是动物鼠疫疫情的责任报告单

位。在判定发生动物鼠疫疫情后，责任报告单位在 2 小时内，进行网络直报。

4.2.4　在开展鼠疫疫情监测期间，鼠疫监测数据由县级鼠疫防治机构随时报告，或按规定报告阶段性鼠疫监测数据，并视监测情况随时进行网络直报，报告间隔最长不得超过 4 个监测周期（28 天）。发现异常情况时，相关数据及时进行网络直报。

5　鼠疫疫情的分级反应

发生人间或动物间鼠疫疫情时，疫情发生地的县级、市（地）级、省级人民政府及其有关部门按照分级响应的原则，做出相应级别应急反应。同时，根据鼠疫疫情发展趋势和防控工作的需要，及时调整反应级别，以有效控制鼠疫疫情和减少危害，维护正常的生产、生活秩序。

5.1　特别重大鼠疫疫情（Ⅰ级）的应急反应

5.1.1　特别重大鼠疫疫情应急处理工作由国务院统一领导。卫生部接到特别重大鼠疫疫情报告后，应立即组织专家调查确认，并对疫情进行综合评估，必要时，向国务院提出成立国家鼠疫应急指挥部的建议。国务院根据卫生部的建议和鼠疫疫情处理的需要，决定是否成立国家鼠疫应急指挥部，指挥部成立后即按职责开展工作。

5.1.2　协调和指导疫区防控工作，负责分析疫情发展趋势，提出应急处理工作的建议报告国务院，并及时向国务院有关部门、军队相应机关通报。

5.1.3　国务院有关部门设立临时性鼠疫应急处理机构，负责部门之间以及与地方政府之间的协调，开展职责范围内的应急处理工作。

5.1.4　疫区省、自治区、直辖市人民政府按照国务院或国务院有关部门的统一部署，结合本地区实际情况，负责组织协调市（地）、县（市）人民政府开展鼠疫疫情的应急处理工作。

5.2　重大鼠疫疫情（Ⅱ级）的应急反应

5.2.1　重大鼠疫疫情应急处理工作由疫情发生地省级人民政府组织领导。根据省级卫生行政部门的建议和疫情处理的需要，省级人民政府成立地方鼠疫应急指挥部，迅速掌握疫情态势并控制疫情，确定应急工作内容并组织实施；及时将疫情变化和工作进展情况报告国务院并抄送国务院有关部门，同时通报当地驻军领导机关和国境卫生检疫机关。

5.2.2　省级卫生行政部门迅速了解疫情发生的时间、地点、传染源和病例情况，确定疫情严重程度，分析疫情发展趋势，及时提出应急工作建议，负责向当地人民政府报告和通报政府有关部门，同时报国务院卫生行政部门。

5.2.3　卫生部承担协调和指导疫情防控工作，及时派遣专家，组织分析疫情趋势，提出应急处理工作的建议报告国务院，并及时抄送国务院有关部门；根据疫情变化和工作进展，适时建议国务院召集有关部门通报疫情和疫区控制情况，研究后续的应急处理对策。

5.2.4　国务院根据疫情和疫区省级人民政府的请求，确定对疫区进行紧急支援的任务和时限。

5.3　较大鼠疫疫情（Ⅲ级）应急反应

5.3.1　较大鼠疫疫情应急处理工作由疫情发生地市（地）级人民政府组织领导。根据市（地）级卫生行政部门的建议和疫情处理的需要，成立鼠疫应急指挥部，掌握和分析疫情态势，确定应急处理工作任务并组织实施，及时将疫情变化和工作进展情况报告省级人民政府。

5.3.2　市（地）级卫生行政部门迅速了解疫情发生的时间、地点、传染源、发病情况，确定疫情严重程度，分析疫情发展趋势和提出应急工作建议，及时向当地人民政府报告，同时报省级卫生行政部门。

5.3.3　省级卫生行政部门负责协调和指导疫情控制工作，派遣专家协助开展防治工作，提出应急处理工作的建议。省级人民政府根据疫情和市（地）级人民政府的请求，确定对疫区进行紧急支援的任务和时限。

5.3.4　卫生部根据省级卫生行政部门的请求，给予必要的技术和物资支持。

5.4　一般鼠疫疫情（Ⅳ级）的应急反应

5.4.1　一般鼠疫疫情应急处理工作由县级人民政府组织领导。根据县级卫生行政部门的建议和疫情处理的需要，县级人民政府成立鼠疫应急指挥部，组织有关部门密切配合，采取紧急处理措施，救治鼠疫患者，控制传染源，切断传播途径，做好疫区内生产、生活安排，保证疫情控制工作顺利进行。

5.4.2　县级卫生行政部门和医疗卫生机构，要及时了解疫情态势，确定疫情严重程度，提出控制措施建议，及时向当地人民政府报告并通报当地驻军领导机关，同时上报市（地）级卫生行政部门。遇有紧急情况，可同时报告省级卫生行政部门，直至国务院卫生行政部门。

5.4.3　市（地）级卫生行政部门负责协调和指导疫区控制工作，协助分析疫情趋势，提出应急处理工作的建议。市（地）级人民政府根据疫情和县级人民政府请求，确定对疫区进行紧急支援的任务和时限。

5.4.4　省级卫生行政部门根据市（地）级卫生行政部门请求，给予必要的技术和物资支持。

5.5　Ⅳ级预警（即动物间鼠疫疫情发生）后应采取的控制措施

5.5.1　县级卫生行政部门建立疫区处理组织。县级卫生行政部门要迅速了解情况，掌握疫情态势，确定疫情严重程度，提出控制措施建议，立即向当地人民政府报告并通报当地驻军领导机关。同时迅速逐级上报上级卫生行政部门，直至国务院卫生行政部门。

5.5.2　市（地）级卫生行政部门协调和指导疫区控制工作，分析疫情趋势，提出应急处理工作的建议。市（地）级人民政府根据疫情和县级人民政府请求，对疫区做出应急反应。

5.5.3　省级卫生行政部门根据市（地）级或县级卫生行政部门请求，给予必要的人力和物资支持。

5.6　毗邻地区的应急反应

发生鼠疫疫情地区的卫生行政部门要及时向毗邻地区卫生行政部门通报疫情和已采取的措施。

与发生鼠疫疫情相毗邻的地区，应根据疫情特点、发生区域和发展趋势，主动分析本地区受波及的可能性和程度，重点做好以下工作：密切保持与鼠疫发生地区的联系，及时获取相关信息；组织做好本行政区域应急处理所需的人员与物资准备；加强鼠疫监测和报告工作；开展鼠疫防治知识宣传和健康教育，提高公众自我保护意识和能力；根据上级人民政府及其有关部门的决定，开展联防联控和提供技术、物资支援。

6　应急反应等级的确认、终止及评估

6.1　鼠疫应急反应等级的确认

按本方案 1.4 分级原则，特别重大鼠疫疫情（Ⅰ级），由卫生部予以确认；重大鼠疫疫情（Ⅱ级）由省级以上卫生行政部门予以确认；较大鼠疫疫情（Ⅲ级）由市（地）级以上卫生行政部门予以确认；一般鼠疫疫情（Ⅳ级），由县级以上卫生行政部门予以确认。

6.2　鼠疫应急反应的终止

鼠疫疫区控制工作按中华人民共和国国家标准《人间鼠疫疫区处理标准及原则 GB15978-1995》的要求全部完成相应应急处置工作，经验收大、小隔离圈内已达到灭鼠灭蚤标准及环境卫生标准，连续 9 天内无继发病例，疫区疫情控制临时指挥部可提交解除疫区封锁申请。

特别重大鼠疫疫情（Ⅰ级）由卫生部组织有关专家进行分析论证，提出终止应急反应的建议，报国务院或国家鼠疫应急指挥部批准后执行。

重大鼠疫疫情（Ⅱ级）、较大鼠疫疫情（Ⅲ级）、一般鼠疫疫情（Ⅳ级）分别由省、市（地）、县级卫生行政部门组织有关专家进行分析论证，提出终止应急反应的建议，报本级人民政府或本级鼠疫应急指挥部批准后执行，并向上一级卫生行政部门报告。

6.3　鼠疫疫情处理工作评估

6.3.1　评估人员组织

对特别重大鼠疫疫情（Ⅰ级）、重大鼠疫疫情（Ⅱ级）、较大鼠疫疫情（Ⅲ级）、一般鼠疫疫情（Ⅳ级）处理情况的评估，分别由卫生部和省、市（地）、县级卫生行

政部门组织相关人员组成评估小组，开展评估工作。

6.3.2　评估内容主要包括：疫区自然地理概况，发生疫情的原因，传染源、传播途径和流行因素，疫情发生、发展和控制过程，患者构成，治疗效果，染疫动物、蚤种类的分布，染疫动物密度和蚤指数，所采取措施的效果评价、应急处理过程中存在的问题和取得的经验及改进建议。评估报告报本级人民政府和上一级卫生行政部门。

7　保障措施

7.1　技术保障

7.1.1　完善国家、省、市（地）、县四级鼠疫监测体系，制订国家级和省级鼠疫监测点的能力标准。国家级鼠疫监测点实行系统监测，积累资料并开展应用性科研。有鼠疫自然疫源分布的县（市、旗），要按照因地制宜、固定与流动监测相结合、以流动监测为主的原则，合理设置监测点，扩大监测覆盖范围。各级医疗机构应开展鼠疫防治知识培训工作，对鼠疫病例（含疑似病例）实行"首诊医生责任制"。

7.1.2　提高鼠疫的应急反应能力。制订我国统一的"鼠疫应急装备标准"，规范各地鼠疫应急队伍、装备和应急物资储备。制订各级疾病预防控制机构"鼠疫实验室建筑规范"和"鼠疫实验室装备规范"，改善疾病预防控制机构或鼠疫防治专业机构的基础设施和实验室设备条件。加强鼠疫防治专业队伍建设，提高流行病学调查、现场处置和实验室检测检验能力，通过培训和应急演练提高应急队伍的反应水平和能力。

7.1.3　改进鼠疫监测实验室检验技术和方法。实行核酸序列检测、抗原快速检测、酶联免疫吸附实验等检验技术，改善鼠疫监测常规检验检测方法，提高检验水平。

7.2　物资、经费保障

7.2.1　物资储备：各级人民政府要根据实际情况，建立鼠疫应急物资储备机制。发生鼠疫疫情时，应根据应急处理工作需要调用储备物资。卫生应急储备物资使用后要及时补充，短时效和过期物品要及时更换。

7.2.2　经费保障：各级人民政府应保障鼠疫防治基础设施项目建设经费，按规定落实鼠疫防治和疫情应急处理经费，确保鼠疫防治和应急处理工作的顺利开展。

8　预案的制订

8.1　本预案由卫生部组织制订，并定期进行评估，根据鼠疫疫情形势变化和实施中发现的问题及时进行更新、修订和补充，并由卫生部按规定公布。

8.2　可能发生鼠疫流行地区的卫生行政部门要根据本预案的规定，结合当地实际情况，组织制订本地区鼠疫应急预案。

9　预案解释部门

本预案由卫生部负责解释。

10 预案实施时间

本预案自印发之日起实施。

国务院关于印发中国水生生物资源养护行动纲要的通知

实施日期：2006年2月14日

各省、自治区、直辖市人民政府，国务院各部委、各直属机构：

现将农业部会同有关部门和单位制定的《中国水生生物资源养护行动纲要》印发给你们，请结合实际，认真贯彻执行。

附件：中国水生生物资源养护行动纲要

我国海域辽阔，江河湖泊众多，为水生生物提供了良好的繁衍空间和生存条件。受独特的气候、地理及历史等因素的影响，我国水生生物具有特有程度高、孑遗物种数量大、生态系统类型齐全等特点。我国现有水生生物2万多种，在世界生物多样性中占有重要地位。以水生生物为主体的水生生态系统，在维系自然界物质循环、净化环境、缓解温室效应等方面发挥着重要作用。丰富的水生生物是人类重要的食物蛋白来源和渔业发展的物质基础。养护和合理利用水生生物资源对促进渔业可持续发展、维护国家生态安全具有重要意义。为全面贯彻落实科学发展观，切实加强国家生态建设，依法保护和合理利用水生生物资源，实施可持续发展战略，根据新阶段、新时期和市场经济条件下水生生物资源养护管理工作的要求，制定本纲要。

第一部分　水生生物资源养护现状及存在的问题

一、现状

多年来，在党中央、国务院的领导下，经过各地区、各有关部门的共同努力，我国水生生物资源养护工作取得了一定成效。

（一）制定并实施了一系列养护管理制度和措施。渔业行政主管部门相继制定并组织实施了海洋伏季休渔、长江禁渔期、海洋捕捞渔船控制等保护管理制度，开展了水生生物资源增殖放流活动，加强了水生生物自然保护区建设和濒危水生野生动物救护工作；环保、海洋、水利、交通等部门也积极采取了重点水域污染防治、自然保护区建设、水土流失治理、水功能区划等有利于水生生物资源养护的措施。

（二）建立了较为完整的养护执法和监管体系。全国渔业行政及执法管理队伍按照统一领导、分级管理的原则，依法履行渔业行业管理、保护渔业资源、渔业水域生态环境和水生野生动植物、专属经济区渔业管理以及维护国家海洋渔业权益等职能。

环保、海洋、水利、交通等部门也根据各自职责设立了相关机构，加强了执法监管工作，为水生生物资源养护工作提供了有效的组织保障。

（三）初步形成了与养护工作相适应的科研、技术推广和服务体系。全国从事水生生物资源养护方面研究和开发的科技人员有13000多人。建立了全国渔业生态环境监测网和五个海区、流域级渔业资源监测网，对我国渔业资源和渔业水域生态环境状况进行监测和评估，为水生生物资源养护工作提供了坚实的技术支撑。

二、存在的主要问题

随着我国经济社会发展和人口不断增长，水产品市场需求与资源不足的矛盾日益突出。受诸多因素影响，目前我国水生生物资源严重衰退，水域生态环境不断恶化，部分水域呈现生态荒漠化趋势，外来物种入侵危害也日益严重。养护和合理利用水生生物资源已经成为一项重要而紧迫的任务。

（一）水域污染导致水域生态环境不断恶化。近年来，我国废水排放量呈逐年增加趋势，主要江河湖泊均遭受不同程度污染，近岸海域有机物和无机磷浓度明显上升，无机氮普遍超标，赤潮等自然灾害频发，渔业水域污染事故不断增加，水生生物的主要产卵场和索饵育肥场功能明显退化，水域生产力急剧下降。

（二）过度捕捞造成渔业资源严重衰退。我国是世界上捕捞渔船和渔民数量最多的国家，由于长期采取粗放型、掠夺式的捕捞方式，造成传统优质渔业品种资源衰退程度加剧，渔获物的低龄化、小型化、低值化现象严重，捕捞生产效率和经济效益明显下降。

（三）人类活动致使大量水生生物栖息地遭到破坏。水利水电、交通航运和海洋海岸工程建设等人类活动，在创造巨大经济效益和社会效益的同时，对水域生态也造成了不利影响，水生生物的生存条件不断恶化，珍稀水生野生动植物濒危程度加剧。

第二部分　水生生物资源养护的指导思想、原则和目标

一、指导思想

以邓小平理论和"三个代表"重要思想为指导，认真贯彻党的十六大和十六届五中全会精神，全面落实科学发展观，坚持科技创新，完善管理制度，强化保护措施，养护和合理利用水生生物资源，全面提升水生生物资源养护管理水平，改善水域生态环境，实现渔业可持续发展，促进人与自然和谐，维护水生生物多样性。

二、基本原则

（一）坚持统筹协调的原则，处理好资源养护与经济社会发展的关系。科学养护要与合理利用相结合，既服从和服务于国家建设发展的大局，又通过经济社会发展不断增强水生生物资源养护能力，做到保护中开发，开发中保护。科学调度、配置和保护水资源，强化节约资源、循环利用的生产和消费意识，在尽可能减少资源消耗和破

坏环境的前提下，把保护水生生物资源与转变渔业增长方式、优化渔业产业结构结合起来，提高资源利用效率，在实现渔业经济持续、健康发展的同时，促进经济增长、社会发展和资源保护相统一。

（二）坚持整体保护的原则，处理好全面保护与重点保护的关系。将水生生物资源养护工作纳入国家生态建设的总体部署，对水生生物资源和水域生态环境进行整体性保护。同时，针对水生生物资源在水生生态系统中的主体地位和不同水生生物的特点，以资源养护为重点，实行多目标管理；在养护措施上，立足当前，着眼长远，分阶段、有步骤地加以实施。

（三）坚持因地制宜的原则，处理好系统保护与突出区域特色的关系。根据资源的区域分布特征和养护工作面临的任务，分区确定水生生物资源保护和合理利用的方向与措施：近海海域以完善海洋伏季休渔、捕捞许可管理等渔业资源管理制度为重点，保护和合理利用海洋生物资源；浅海滩涂以资源增殖、生态养殖及水域生态保护为重点，促进海水养殖增长方式转变；内陆水域以资源增殖、自然保护区建设、水域污染防治及工程建设资源与生态补偿为重点，保护水生生物多样性和水域生态的完整性。

（四）坚持务实开放的原则，处理好立足国情与履行国际义务的关系。在实际工作中，要充分考虑我国经济社会的发展阶段，立足于我国人口多、渔民多、渔船多、资源承载重的特点，结合现有工作基础，制定切实可行的保护管理措施。同时，要负责任地履行我国政府签署或参加的有关国际公约和规定的相应义务，并学习借鉴国外先进保护管理经验。

（五）坚持执法为民的原则，处理好强化管理与维护渔民权益的关系。在制订各项保护管理措施时，既要考虑符合广大渔民的长远利益，也要考虑渔民的现实承受能力，兼顾各方面利益，妥善解决好渔民的生产发展和生活出路问题，依法维护广大渔民的合法权益。要积极采取各种增殖修复手段，增加水域生产力，提高渔业经济效益，促进渔民增收。

（六）坚持共同参与的原则，处理好政府主导与动员社会力量参与的关系。水生生物资源养护是一项社会公益事业，从水生生物资源的流动性和共有性特点考虑，必须充分发挥政府保护公共资源的主导作用，建立有关部门间各司其职、加强沟通、密切配合的水生生物资源养护管理体制。同时要加强宣传教育，提高全民保护意识，充分调动各方面的积极性，形成全社会广泛动员和积极参与的良好氛围，并通过建立多元化的投融资机制，为水生生物资源养护工作提供必要的资金保障。

三、奋斗目标

（一）近期目标。到 2010 年，水域生态环境恶化、渔业资源衰退、濒危物种数目增加的趋势得到初步缓解，过大的捕捞能力得到压减，捕捞生产效率和经济效益有所提高。全国海洋捕捞机动渔船数量、功率和国内海洋捕捞产量，分别由 2002 年底的

22.2 万艘、1270 万千瓦和 1306 万吨压减到 19.2 万艘、1143 万千瓦和 1200 万吨左右；每年增殖重要渔业资源品种的苗种数量达到 200 亿尾（粒）以上；省级以上水生生物自然保护区数量达到 100 个以上；渔业水域污染事故调查处理率达到 60% 以上。

（二）中期目标。到 2020 年，水域生态环境逐步得到修复，渔业资源衰退和濒危物种数目增加的趋势得到基本遏制，捕捞能力和捕捞产量与渔业资源可承受能力大体相适应。全国海洋捕捞机动渔船数量、功率和国内海洋捕捞产量分别压减到 16 万艘、1000 万千瓦和 1000 万吨左右；每年增殖重要渔业资源品种的苗种数量达到 400 亿尾（粒）以上；省级以上水生生物自然保护区数量达到 200 个以上；渔业水域污染事故调查处理率达到 80% 以上。

（三）远景展望。经过长期不懈努力，到 21 世纪中叶，水域生态环境明显改善，水生生物资源实现良性、高效循环利用，濒危水生野生动植物和水生生物多样性得到有效保护，水生生态系统处于整体良好状态。基本实现水生生物资源丰富、水域生态环境优美的奋斗目标。

第三部分　渔业资源保护与增殖行动

渔业资源是水生生物资源的重要组成部分，是渔业发展的物质基础。针对目前捕捞强度居高不下、渔业资源严重衰退、捕捞生产效益下降、渔民收入增长缓慢的严峻形势，为有效保护和积极恢复渔业资源，促进我国渔业持续健康发展，根据《中华人民共和国渔业法》、农业部《关于 2003–2010 年海洋捕捞渔船控制制度实施意见》等有关规定，参照联合国粮农组织《负责任渔业守则》的要求，实施本行动。

本行动包括重点渔业资源保护、渔业资源增殖、负责任捕捞管理三项措施：通过建立禁渔区和禁渔期制度、水产种质资源保护区等措施，对重要渔业资源实行重点保护；通过综合运用各种增殖手段，积极主动恢复渔业资源，改变渔业生产方式，提高资源利用效率，为渔民致富创造新的途径和空间；通过强化捕捞配额制度、捕捞许可证制度等各项资源保护管理制度，规范捕捞行为，维护作业秩序，保障渔业安全；通过减船和转产转业等措施，压缩捕捞能力，促进渔业产业结构调整，妥善解决捕捞渔民生产生活问题。

一、重点渔业资源保护

（一）坚持并不断完善禁渔区和禁渔期制度。针对重要渔业资源品种的产卵场、索饵场、越冬场、洄游通道等主要栖息繁衍场所及繁殖期和幼鱼生长期等关键生长阶段，设立禁渔区和禁渔期，对其产卵群体和补充群体实行重点保护。继续完善海洋伏季休渔、长江禁渔期等现有禁渔区和禁渔期制度，并在珠江、黑龙江、黄河等主要流域及重要湖泊逐步推行此项制度。

（二）加强目录和标准化管理。修订重点保护渔业资源品种名录和重要渔业资源品种最小可捕标准，推行最小网目尺寸制度和幼鱼比例检查制度。制定捕捞渔具准用目录，取缔禁用渔具，研制和推广选择性渔具。调整捕捞作业结构，压缩作业方式对资源破坏较大的渔船和渔具数量。

（三）保护水产种质资源。在具有较高经济价值和遗传育种价值的水产种质资源主要生长繁育区域建立水产种质资源保护区，并制定相应的管理办法，强化和规范保护区管理。建立水产种质资源基因库，加强对水产遗传种质资源、特别是珍稀水产遗传种质资源的保护，强化相关技术研究，促进水产种质资源可持续利用。采取综合性措施，改善渔场环境，对已遭破坏的重要渔场、重要渔业资源品种的产卵场制定并实施重建计划。

二、渔业资源增殖

（一）统筹规划、合理布局。合理确定适用于渔业资源增殖的水域滩涂，重点针对已经衰退的重要渔业资源品种和生态荒漠化严重水域，采取各种增殖方式，加大增殖力度，不断扩大增殖品种、数量和范围。合理布局增殖苗种生产基地，确保增殖苗种供应。

（二）建设人工鱼礁（巢）。制定国家和地方的沿海人工鱼礁和内陆水域人工鱼巢建设规划，科学确定人工鱼礁（巢）的建设布局、类型和数量，注重发挥人工鱼礁（巢）的规模生态效应。建立多元化投入机制，加大人工鱼礁（巢）建设力度，结合减船工作，充分利用报废渔船等废旧物资，降低建设成本。

（三）发展增养殖业。积极推进以海洋牧场建设为主要形式的区域性综合开发，建立海洋牧场示范区，以人工鱼礁为载体，底播增殖为手段，增殖放流为补充，积极发展增养殖业，并带动休闲渔业及其他产业发展，增加渔民就业机会，提高渔民收入，繁荣渔区经济。

（四）规范渔业资源增殖管理。制定增殖技术标准、规程和统计指标体系，建立增殖计划申报审批、增殖苗种检验检疫和放流过程监理制度，强化日常监管和增殖效果评价工作。大规模的增殖放流活动，要进行生态安全风险评估；人工鱼礁建设实行许可管理，大型人工鱼礁建设项目要进行可行性论证。

三、负责任捕捞管理

（一）实行捕捞限额制度。根据捕捞量低于资源增长量的原则，确定渔业资源的总可捕捞量，逐步实行捕捞限额制度。建立健全渔业资源调查和评估体系、捕捞限额分配体系和监督管理体系，公平、公正、公开地分配限额指标，积极探索配额转让的有效机制和途径。

（二）继续完善捕捞许可证制度。严格执行捕捞许可管理有关规定，按照国家下达的船网工具指标以及捕捞限额指标，严格控制制造、更新改造、购置和进口捕捞渔船以及捕捞许可证发放数量，加强对渔船、渔具等主要捕捞生产要素的有效监管，强化渔船检验和报废制度，加强渔船安全管理。

（三）强化和规范职务船员持证上岗制度。加强渔业船员法律法规和专业技能培训，逐步实行捕捞从业人员资格准入，严格控制捕捞从业人员数量。

（四）推进捕捞渔民转产转业工作。根据国家下达的船网工具控制指标及减船计划，加快渔业产业结构调整，积极引导捕捞渔民向增养殖业、水产加工流通业、休闲渔业及其他产业转移。地方各级人民政府要加大投入，落实各项配套措施，确保减船工作顺利实施。建立健全转产转业渔民服务体系，加强对转产转业渔民的专业技能培训，为其提供相关的技术和信息服务。对因实施渔业资源养护措施造成生活困难的部分渔民，当地政府要统筹考虑采取适当方式给予救助，妥善安排好他们的生活。

第四部分　生物多样性与濒危物种保护行动

生物多样性程度是衡量生态系统状态的重要标志。近年来，我国水生生物遗传多样性缺失严重，水生野生动植物物种濒危程度加剧、灭绝速度加快，外来物种入侵危害不断加大。依据《中华人民共和国野生动物保护法》《中华人民共和国渔业法》及《生物多样性公约》和《濒危野生动植物种国际贸易公约》等有关规定，为有效保护水生生物多样性，拯救珍稀濒危水生野生动植物，并履行相关国际义务，实施本行动。

本行动通过采取自然保护区建设、濒危物种专项救护、濒危物种驯养繁殖、经营利用管理以及外来物种监管等措施，建立水生生物多样性和濒危物种保护体系，全面提高保护工作能力和水平，有效保护水生生物多样性及濒危物种，防止外来物种入侵。

一、自然保护区建设

加强水生野生动植物物种资源调查，在充分论证的基础上，结合当地实际，统筹规划，逐步建立布局合理、类型齐全、层次清晰、重点突出、面积适宜的各类水生生物自然保护区体系。建立水生野生动植物自然保护区，保护白鳍豚、中华鲟等濒危水生野生动植物以及土著、特有鱼类资源的栖息地；建立水域生态类型自然保护区，对珊瑚礁、海草床等进行重点保护。加强保护区管理能力建设，配套完善保护区管理设施，加强保护区人员业务知识和技能培训，强化各项监管措施，促进保护区的规范化、科学化管理。

二、濒危物种专项救护

建立救护快速反应体系，对误捕、受伤、搁浅、罚没的水生野生动物及时进行救治、暂养和放生。根据各种水生野生动物濒危程度和生物学特点，对白鳍豚、白鲟、水獭等亟待拯救的濒危物种，制定重点保护计划，采取特殊保护措施，实施专项救护行动。对栖息场所或生存环境受到严重破坏的珍稀濒危物种，采取迁地保护措施。

三、濒危物种驯养繁殖

对中华鲟、大鲵、海龟和淡水龟鳖类等国家重点保护的水生野生动物，建立遗传资源基因库，加强种质资源保护与利用技术研究，强化对水生野生动植物遗传资源的利用和保护。建设濒危水生野生动植物驯养繁殖基地，进行珍稀濒危物种的驯养繁育核心技术攻关。建立水生野生动物人工放流制度，制订相关规划、技术规范和标准，对放流效果进行跟踪和评价。

四、经营利用管理

调整和完善国家重点保护水生野生动植物名录。建立健全水生野生动植物经营利用管理制度，对捕捉、驯养繁殖、运输、经营利用、进出口等各环节进行规范管理，严厉打击非法经营利用水生野生动植物行为。根据有关法律法规规定，完善水生野生动植物进出口审批管理制度，严格规范水生野生动植物进出口贸易活动。加强水生野生动植物物种识别和产品鉴定工作，为水生野生动植物保护管理提供技术支持。

五、外来物种监管

加强水生动植物外来物种管理，完善生态安全风险评价制度和鉴定检疫控制体系，建立外来物种监控和预警机制，在重点地区和重点水域建设外来物种监控中心和监控点，防范和治理外来物种对水域生态造成的危害。

第五部分　水域生态保护与修复行动

水域生态环境是水生生物赖以生存的物质条件，水生生物及水域生态环境共同构成了水生生态系统。针对目前水生生物生存空间被大量挤占，水域生态环境不断恶化，水域生态荒漠化趋势日益明显等问题，为有效保护和修复水域生态，维护水域生态平衡，促进经济社会发展与生态环境保护相协调，依据《中华人民共和国渔业法》《中华人民共和国环境保护法》《中华人民共和国水法》《中华人民共和国水污染防治法》《中华人民共和国海洋环境保护法》和《中华人民共和国环境影响评价法》等有关法律法规，实施本行动。

本行动通过采取水域污染与生态灾害防治、工程建设资源与生态补偿、水域生态修复和发展生态养殖等措施，强化水域生态保护管理，逐步减少人类活动和自然生态灾害对水域生态造成的破坏和损失。同时，积极采取各种生物、工程和技术措施，对已遭到破坏的水域生态进行修复和重建。

一、水域污染与生态灾害防治

各地区、各有关部门要建立污染减量排放和达标排放制度，严格控制污染物向水体排放。健全水域污染事故调查处理制度，建立突发性水域污染事故调查处理快速反应机制，规范应急处理程序，提高应急处理能力，强化污染水域环境应急监测和水产品质量安全检测工作，通过实施工程、生物、技术措施，减少污染损害，通过暂停养殖纳水、严控受污染的水产品上市等应急措施，尽量降低突发事故造成的渔业损失，保障人民群众食用安全。处置突发性水域污染事故所需财政经费，按财政部《突发事件财政应急保障预案》执行。渔业行政主管部门要加强渔业水域污染事故调查处理资质管理，及时确认污染主体，科学评估渔业资源和渔业生产者损失，依法对渔业水域污染事故进行调查处理，并督促落实。完善水域生态灾害的防灾减灾体系，开展防灾减灾技术研究，提高水域生态灾害预警预报能力，积极采取综合治理措施，减轻对渔业生产、水产品质量安全和水域生态环境造成的影响。

二、工程建设资源与生态补偿

完善工程建设项目环境影响评价制度，建立工程建设项目资源与生态补偿机制，减少工程建设的负面影响，确保遭受破坏的资源和生态得到相应补偿和修复。对水利水电、围垦、海洋海岸工程、海洋倾废区等建设工程，环保或海洋部门在批准或核准相关环境影响报告书之前，应征求渔业行政主管部门意见；对水生生物资源及水域生态环境造成破坏的，建设单位应当按照有关法律规定，制订补偿方案或补救措施，并落实补偿项目和资金。相关保护设施必须与建设项目的主体工程同时设计、同时施工、同时投入使用。

三、水域生态修复

加强水域生态修复技术研究，制定综合评价和整治修复方案。通过科学调度、优化配置水资源和采取必要的工程措施，修复因水域污染、工程建设、河道（航道）整治、采砂等人为活动遭到破坏或退化的江河鱼类产卵场等重要水域生态功能区；通过采取闸口改造、建设过鱼设施和实施灌江纳苗等措施，恢复江湖鱼类生态联系，维护江湖水域生态的完整性；通过采取湖泊生物控制、放养滤食鱼类、底栖生物移植和植被修复等措施，对富营养化严重的湖泊、潮间带、河口等水域进行综合治理；通过保护红树林、珊瑚礁、海草床等，改善沿岸及近海水域生态环境；通过合理发展海水贝藻类养殖，改善海洋碳循环，缓解温室效应。

四、推进科学养殖

制定和完善水产养殖环境方面的技术标准，强化水产养殖环境监督管理。根据环境容量，合理调整养殖布局，科学确定养殖密度，优化养殖生产结构。实施养殖水质监测、环境监控、渔用药物生产审批和投入品使用管理等各项制度，加强水产苗种监督管理，实施科学投饵、施肥和合理用药，保障水产品质量安全。积极探索传统与现代相结合的生态养殖模式，建立健康养殖和生态养殖示范区，积极推广健康和生态养殖技术，减少水产养殖造成的污染。

第六部分 保障措施

一、建立健全协调高效的管理机制

水生生物资源养护是一项"功在当代、利在千秋"的伟大事业，地方各级人民政府要增强责任感和使命感，切实加强领导，将水生生物资源养护工作列入议事日程，作为一项重点工作和日常性工作来抓。根据本纲要确定的指导思想、原则和目标，结合本地实际，组织有关部门确保各项养护措施的落实和行动目标的实现。各有关部门各司其职，加强沟通，密切配合。要不断完善以渔业行政主管部门为主体，各相关部门和单位共同参与的水生生物资源养护管理体系。财政、发展改革、科技等部门要加大支持力度，渔业行政主管部门要认真组织落实，切实加强水生生物资源养护的相关工作，环保、海洋、水利、交通等部门要加强水域污染控制、生态环境保护等工作。

二、探索建立和完善多元化投入机制

水生生物资源养护工作是一项社会公益性事业，各级财政要在加大投入的同时，整合有关生物资源养护经费，统筹使用。同时，要积极改革和探索在市场经济条件下的政府投入、银行贷款、企业资金、个人捐助、国外投资、国际援助等多元化投入机制，为水生生物资源养护提供资金保障。建立健全水生生物资源有偿使用制度，完善资源与生态补偿机制。按照谁开发谁保护、谁受益谁补偿、谁损害谁修复的原则，开发利用者应依法交纳资源增殖保护费用，专项用于水生生物资源养护工作；对资源及生态造成损害的，应进行赔偿或补偿，并采取必要的修复措施。

三、大力加强法制和执法队伍建设

针对目前水生生物资源养护管理工作存在的主要问题，要抓紧制定渔业生态环境保护等方面的配套法规，形成更为完善的水生生物资源养护法律法规体系。不断建立健全各项养护管理制度，为本纲要的顺利实施提供法制保障。各地区要按照国务院有关规定，强化渔业行政执法队伍建设，开展执法人员业务培训，加强执法装备建设，增强执法能力，规范执法行为，保障执法管理经费，实行"收支两条线"管理，努力建设一支高效、廉洁的水生生物资源养护管理执法队伍。

四、积极营造全社会参与的良好氛围

水生生物资源养护是一项社会性的系统工程，需要社会各界的广泛支持和共同努力。要通过各种形式和途径，加大相关法律法规及基本知识的宣传教育力度，树立生态文明的发展观、道德观、价值观，增强国民生态保护意识，提高保护水生生物资源的自觉性和主动性。要充分发挥各类水生生物自然保护机构、水族展示与科研教育单位和新闻媒体的作用，多渠道、多形式地开展科普宣传活动，广泛普及水生生物资源养护知识，提高社会各界的认知程度，增进人们对水生生物的关注和关爱，倡导健康文明的饮食观念，自觉拒食受保护的水生野生动物，为保护工作创造良好的社会氛围。

五、努力提升科技和国际化水平

加大水生生物资源养护方面的科研投入，加强基础设施建设，整合现有科研教学资源，发挥各自技术优势。对水生生物资源养护的核心和关键技术进行多学科联合攻关，大力推广相关适用技术。加强全国水生生物资源和水域生态环境监测网络建设，对水生生物资源和水域生态环境进行调查和监测。建立水生生物资源管理信息系统，为加强水生生物资源养护工作提供参考依据。扩大水生生物资源养护的国际交流与合作，与有关国际组织、外国政府、非政府组织和民间团体等在人员、技术、资金、管理等方面建立广泛的联系和沟通。加强人才培养与交流，学习借鉴国外先进的保护管理经验，拓宽视野，创新理念，把握趋势，不断提升我国水生生物资源养护水平。

国务院办公厅关于陆生野生动物行政主管部门依法行使处罚权有关问题的函

实施日期：1994年4月8日

林业部、国家工商局：

　　关于对违法出售、收购、运输、携带等经营国家或地方重点保护陆生野生动物及其产品的行为进行处罚的问题，经国务院批准，现将有关事项通知如下：

　　一、由国家工商局依照有关法规，授予全国县级以上（含县级）陆生野生动物行政主管部门对集贸市场以外违法经营国家或地方重点保护陆生野生动物及其产品行为的依法处罚权。

　　二、工商行政管理部门和各级陆生野生动物行政主管部门对查处违法经营陆生野生动物及其产品的行为都负有责任，要密切配合，共同做好打击违法犯罪的行为。对集贸市场以内违法经营国家或地方重点保护陆生野生动物及其产品的行为，工商行政管理部门要坚决查处，必要时可请陆生野生动物行政主管部门参与；各级陆生野生动物行政主管部门发现集贸市场以内违法经营国家或地方重点保护陆生野生动物及其产品的情况时，要及时向工商行政管理部门反映，工商行政管理部门要迅速查处。处罚案件部门之间发生争议，要报当地人民政府协调解决。对集贸市场以内的管理，地方法规另有规定的，按地方规定办。

　　三、其他有关具体事项，请你们依照有关法规协商处理。

国务院关于开展加强环境保护执法检查严厉打击违法活动的通知

实施日期：1993年3月12日

各省、自治区、直辖市人民政府，国务院各部委、各直属机构：

　　环境保护是我国的一项基本国策。对此，国家相继制定了有关法律、法规和一系列方针、政策及与之相配套的实施措施，走出了一条具有中国特色的环境保护道路。

党的十四大把加强环境保护列为九十年代改革和建设的任务之一，对我国的环境保护工作提出了更高的要求。当前和今后几年，环境保护工作的重点是充分运用法律武器和宣传舆论工具，强化环境执法监督，采取切实有力措施，大张旗鼓地进行宣传和检查环境保护法律、法规的贯彻落实，严厉打击那些造成严重污染和破坏生态环境、影响极坏的违法行为。为此，特作如下通知：

一、各级人民政府要迅速行动起来，把环境保护法制建设列入政府工作的重要议事日程，制订全民守法教育和打击违法行为工作计划，主动征得同级人大、政协的支持和帮助，组织力量开展加强环境保护执法检查，严厉打击违法行为，并将检查情况向同级人大和上级人民政府报告。要将违法排污和非法经营珍稀、濒危野生动物作为检查重点，力争用二三年的时间扭转有法不依、执法不严、违法不究的局面。

二、在开展加强环境保护执法检查、严厉打击违法行为的活动中，各级人民政府要支持有关部门依法行使职权。对执法不力、工作懈怠的单位要给予严肃批评和必要整顿；对不执行环境影响评价或"三同时"（凡从事对环境有影响的建设项目都必须执行防治污染及其他公害的设施与主体工程同时设计、同时施工、同时投入使用）制度，不按规定缴纳排污费，擅自拆除或闲置污染防治设施，擅自向河道、湖泊、水库排污或扩大排污口；未取得野生动物驯养繁殖许可证而经营利用野生动物及其产品，违法狩猎、收购、加工、进出口野生动物，非法生产、加工、购买、使用、携带猎枪弹具，拒绝监督管理部门现场检查或弄虚作假等违法行为，必须依照有关法律、法规严肃处理。对玩忽职守、徇私舞弊、造成环境污染事故和乱捕滥杀、违法经营野生动物的单位和个人，必须依法严肃查处，情节严重构成犯罪的，司法机关要追究其刑事责任。禁止使用与野生动物保护法相违背的商标，严禁销售国家明令保护的野生动物。

三、各部门尤其是环保、林业、农业、水利、建设、工商、外贸、海关、商业、公安、司法和新闻宣传部门要积极协调配合，共同做好环境保护执法检查工作。执法部门要加强执法队伍的建设，切实担负起法律赋予的职责，有效行使法律赋予的权力，对重大的违法案件，要一查到底，公开处理。新闻宣传部门要充分运用舆论工具提高全民环境法制观念和环境意识，对那些严重违法的单位和个人，要公开揭露、点名批评。

四、加强环境保护执法检查、严厉打击违法活动的工作，由国务院环境保护委员会牵头（办事机构按职能分工，分别设在国家环保局和林业部），约请有关部门参加，及时协调工作中的有关问题。地方各级人民政府可根据本地实际，组织有关部门，按照职责分工，加强对环境保护和珍稀、濒危野生动物保护方面的检查。

国务院批转林业部等部门关于加强鸟类
保护执行中日候鸟保护协定的请示的通知

实施日期：1981年9月25日

国务院同意林业部、外交部、外贸部、财政部、国务院环境保护领导小组、国家城市建设总局、中国科学院、共青团中央《关于加强鸟类保护执行中日候鸟保护协定的请示》，现转发给你们，请研究执行。

鸟类是大自然的重要组成部分。保护鸟类，对维护自然生态平衡，对科研、教育、文化、经济等方面，都具有重要意义。这项工作应引起各级领导的重视，组织有关部门认真落实请示中提出的保护鸟类的具体措施，研究和解决存在的问题，进一步把鸟类的保护管理、宣传教育和环志等工作做好，为国家和人类做出贡献。

关于加强鸟类保护执行中日候鸟保护协定的请示

国务院：

为了保护和合理利用迁徙、栖息于中日两国的候鸟，经国务院批准，我国于今年三月三日同日本签订的《中华人民共和国政府和日本国政府保护候鸟及其栖息环境协定》，已于六月八日正式生效。

鸟类是大自然的重要组成部分和国家的宝贵资源。保护和合理利用这项资源，对维护自然生态平衡，对科研、教育、文化、经济等方面，都具有重要意义。国际上对这项工作很重视，把它作为衡量一个国家和地区自然环境、科学文化和社会文明进步的标志之一。日本有鸟类四百九十六种，其中候鸟三百六十三种，占百分之七十三。为了保护鸟类，特别是保护候鸟及其自然环境，他们设立了管理机构，颁布了一系列法令，规定了鸟节，划定了各种类型的自然保护区三千六百一十二处，面积八百一十多万公顷，占国土面积的百分之二十一。从一九二四年开始候鸟的环志工作（用金属或塑料制成的脚环，套在候鸟的脚上以研究其迁徙和生活史等），现在每年环志七万多只鸟，全国设立了四十个观察站，一九八〇年国家为环志工作投资六千二百万日元。

我国鸟类一千一百七十五种，约占世界鸟类种类的百分之十三点五，其中候鸟五百多种，是世界上拥有鸟类种数最多的国家。我国的野生鸡类五十六种，占世界野鸡种类的五分之一。全世界有鹤类十五种，我国就有九种，其中丹顶鹤、黑颈鹤等主要分布在我国。多年来，各地在保护和合理利用鸟类资源方面，虽然做了一些工作，但是由于我们对这方面工作重视不够，没有颁布必要的法令，缺少相应的管理机构，保护管理不善，乱捕滥猎造成的资源破坏十分严重。据调查，朱?b、黄腹角雉、褐马鸡、白头鹤、白枕鹤、白鹤以及某些鹰、雕等猛禽已经濒于灭绝。有重要经济价值的雁、鸭类候鸟和野生鸡类等留鸟，也由于连年大量捕猎，数量也越来越少。

为改变以上状况，加强我国鸟类保护管理工作，执行中日候鸟保护协定，我们认为应认真做好以下工作：

一、大力开展宣传教育工作。深入宣传国家有关方针政策和规定，宣传鸟类在维护自然生态平衡和科研、教育、文化等方面的作用，使各级领导、广大干部、群众和青少年认识保护鸟类的重要意义，懂得一些有关的科学知识，把爱护鸟类、保护鸟类逐渐变为人们的自觉行动。这项工作宣传部门要抓，林业、环保、科研、教育、城建、供销、外贸等有关部门，共青团、少先队以及动物学会、鸟类学会等团体组织也要抓。建议在每年的四月至五月初（具体时间由省、市、自治区规定）确定一个星期为"爱鸟周"。在爱鸟周中开展各种宣传教育和保护鸟类的活动。共青团、少先队、中小学校和动物学会、鸟类学会等单位，可以组织报告会或座谈会，邀请专家讲课，也可以组织青少年到野外、自然保护区、禁猎区、公园去观看鸟类，开展挂置人工巢箱，保护和招引益鸟等活动，使他们从小树立"保护鸟类，人人有责"的思想，逐渐养成爱鸟护鸟的良好习惯。

二、加强保护管理，禁止乱捕滥猎。各级人民政府应加强对鸟类等野生动物保护管理工作的领导，拟订有关管理规定和办法。林业部门要加强管理机构，会同有关部门认真做好日常工作。

国家规定保护的珍稀鸟类，必须严加保护，任何单位和个人，未经林业主管部门批准，不得猎捕、买卖和运输。提倡保护益鸟，提倡人工饲养野生鸡类和鸭类等经济鸟类。对允许猎捕一定数量的鸟类，省、市、自治区林业部门要依据资源状况制订猎期和年度猎取量，有计划有组织地开展狩猎活动。跨省（市、自治区）、县（旗）狩猎，须经所在省（市、自治区）、县（旗）林业部门同意，并严格遵守当地的有关规定，接受监督和检查。在城镇、工矿区、自然保护区、禁猎区、旅游区、风景区和公园，禁止狩猎。禁止拣蛋、捣窝和使用毒药、排铳（炮）、汽枪等破坏鸟类资源的狩猎工具和狩猎方法。对违反国家规定，破坏鸟类资源的单位和个人，要依法追究责任。对保护鸟类有显著成绩的单位和个人，要给予表扬和奖励。

三、增划候鸟自然保护区。划定候鸟自然保护区，是保护候鸟及其栖息环境的重要措施之一。建议在全国和省、市、自治区自然保护区区划中，将候鸟的主要繁殖地、越冬地、陡徒路线上的主要停歇地，特别是对保护候鸟有重要价值的岛屿、湖泊、沼泽、海涂等划为候鸟自然保护区。对某些应当保护，但由于某种原因而又不可能划为自然保护区的地区，可以划为禁猎区。要按国家有关规定加强自然保护区和禁猎区的保护管理和科学研究工作。自然保护区、禁猎区所需编制、经费、物资、设备等，属国务院主管部门管理的，由国务院主管部门纳入计划；属地方管理的，由省、市、自治区纳入计划。

四、开展环志工作。环志工作对保护和合理利用候鸟资源，对科研、国防、植保、疾病防治等都具有重要意义。这项工作从一八九九年开始以来，全世界已环志了三千多万只鸟。亚洲东部各国一九六三至一九七〇年就环志了一千二百一十八种候鸟。环志是执行中日候鸟保护协定一项必不可少的工作，拟由林业部会同中国科学院研究办理。为做好这项工作，拟在林业部设立"全国鸟类环志办公室"，负责草拟有关规定并组织安排制环、挂环、收环、观察和情报交流、综合、协调等工作。所需经费在林业部的事业费中酌情安排。

五、加强鸟类产品的收购和出口管理工作。经济鸟类及其产品，是一项重要的出口物资，应在不破坏资源的前提下，有计划地组织生产、收购和出口。今后，凡是国家规定保护的鸟类，未经林业部门批准猎捕的，供销、外贸、城建等部门和花鸟商店（公司）、标本公司（厂）以及动物园等单位不得收购，外贸部门不得出口。经批准猎捕的某些保护鸟类的出口，必须按国家有关规定办理审批手续，由中华人民共和国濒危物种进出口管理办公室核发允许出口证明书后，方可出口。

以上请示，如无不妥，请批转各省、市、自治区和有关部门研究执行。

林业部　外交部

外贸部　财政部

国务院环境保护领导小组

国家城市建设总局

中国科学院

共青团中央

一九八一年九月十四日

国务院关于积极保护和合理利用野生动物资源的指示

实施日期：1962年9月14日

我国野生动物资源十分丰富，计有鸟类一千一百多种，兽类四百多种，占世界鸟兽种别总数的百分之十二。其中，不仅经济动物种类繁多，还有不少闻名世界的珍贵稀有鸟兽。野生动物是我国的一项巨大自然财富，每年不仅可以获得大量的野生动物肉类，还可以获得大量的野生动物毛皮和贵重的鹿茸、麝香。这些产品对改善人民生活和换取外汇都起了重要作用。

近几年来，有些地区对如何保护和合理利用野生动物资源的问题虽已经开始注意，并且取得了一定的成绩。但是，由于这是一项新的工作，许多地区还未普遍重视起来。不少地区对于野生动物偏重猎取，不注意保护，甚至把许多不应该列为害鸟害兽的，也列为害鸟害兽而加以消灭，致使野生动物资源遭到了严重的破坏。因此，近几年来，一些大型肉用动物和经济价值高的鸟兽，不仅数量上大大减少，分布区域也在逐渐缩小。所有这些情况，应该引起各级领导机关的重视。

为了迅速改变这种严重情况，把野生动物资源的保护和合理利用工作全面地开展起来，特作如下指示：

一、野生动物资源是国家的自然财富，各级人民委员会必须切实保护，在保护的基础上加以合理利用。当前首先要做好保护工作，要责成各地林场和所有有狩猎动物资源的人民公社、农场、农垦场、牧场，将所辖范围内的这项资源保护、管理起来。各地驻军也有保护所在地区的狩猎动物资源的责任。目前野生动物资源贫乏和破坏比较严重的地区，应该像封山育林那样，建立禁猎区，停猎一个时期。资源未遭到破坏的地区，也应该在不影响狩猎动物资源继续增长的前提下，确定合理的猎取量，有计划地组织利用。没有主管部门发给的狩猎证，任何人不得进行狩猎。到猎场、林场、农场、农垦场、牧场、人民公社管区内打猎的狩猎队和个人还应该得到上述单位的同意。严禁在禁猎期狩猎。禁猎区由各省（区、市）自行规定，报林业部备案。

二、各省、自治区、直辖市人民委员会应该加强狩猎生产的组织管理工作。各地应该根据加强资源保护，积极繁殖饲养，合理猎取利用的"护、养、猎并举"的狩猎业方针，结合本地区具体情况，制定临时性的狩猎管理办法或发布狩猎管理布告，建立猎民协会，逐步把城乡猎民组织起来，做到有组织、有领导地开展狩猎活动。今后凡是中央一级机关、部队、团体、学校和工矿企业的狩猎队到各省（区），以及这一省（区）的狩猎队到另一省（区）去狩猎时，都必须事先商得对方主管部门的同意，并且严格遵守当地的各项有关规定和接受当地的监督、检查。

三、保护和合理利用野生动物资源，是一项新的群众性的工作，各地在做好组织管理工作的同时，还必须做好宣传教育工作，充分利用报刊、杂志、广播电台、宣传画等形式，广泛开展宣传活动。教育部门应该在各级学校的生物学课程中，适当增添保护野生动物资源的内容，使广大群众都能了解保护和合理利用野生动物资源的重要意义。

四、对于珍贵、稀有或特产的鸟兽：大熊猫、东北虎、野象、野牛、野骆驼、野马、牛羚（扭角羚）、藏羚、鬣羚、金丝猴、长臂猿、叶猴、懒猴、梅花鹿、獐（河麂）、孔雀、丹顶鹤、褐马鸡、犀鸟等，严禁猎捕，并在其主要栖息、繁殖地区，建立自然保护区，加以保护。如因特殊需要，一定要猎捕上述动物时，必须经过林业部批准。对于经济价值高，数量已经稀少或目前虽有一定数量，但为我国特产的鸟兽：

紫貂、石貂、小熊猫、扫雪、青羊、盘羊、雪豹、云豹、野驴、野牦牛、马鹿、驼鹿、驯鹿、白唇鹿、白臀鹿、水鹿、麝、白鼬、水獭、金猫、雪兔、蒙鼠、一般猴类、海豹、江猪、穿山甲、兰马鸡、白马鸡、原鸡、血雉、虹雉、长尾雉、金鸡、白鹇、天鹅、鸳鸯、铜鸡等，禁止猎取或严格控制猎取量，每年猎取多少，必须经过省（区、市）主管部门批准。对产茸的鹿类，应该大力提倡活捉饲养，改变过去"打鹿砍茸"的生产方式。

五、禁止采用破坏野生动物资源和危害人畜安全的狩猎工具和方法，如地弓、地枪、毒药、炸药、阎王碓、绝后窖、自动武器以及机动车追猎、夜间照明行猎、歼灭性围猎、火攻、烟熏、掏窝、挖洞、捡鸟蛋等。但是，在消灭狼豺和鼠害时，可以采用歼灭性围猎、掏窝、挖洞、毒药、机动车追猎和军用武器。

早在一九五九年，国务院即决定将狩猎事业交由林业部门统一管理。几年来林业部门在这方面做了许多工作，取得了一定成绩。但是，目前各地主管这一工作的部门很不一致，作法也不一致，以致在工作上引起了许多不应有的混乱和困难。为了在全国范围内，切实保护野生动物资源和正确开展狩猎事业，各地应该迅速将这一工作统一交由林业部门管理，并加强有关管理机构。

农业农村部关于贯彻落实全国人大常委会革除滥食野生动物决定的通知

实施日期：2020年3月4日

各省、自治区、直辖市农业农村（农牧）厅（局、委），福建省海洋与渔业局，新疆生产建设兵团水产局：

为贯彻落实好《全国人民代表大会常务委员会关于全面禁止非法野生动物交易、革除滥食野生动物陋习、切实保障人民群众生命健康安全的决定》（以下简称《决定》），进一步加强水生野生动物保护管理，现就有关事项通知如下：

一、提高政治站位，坚决贯彻落实好《决定》精神

非法野生动物交易特别是滥食野生动物行为不仅破坏野生动物资源、危害生态安全，还会对公共卫生安全构成重大隐患。党中央、国务院对此高度重视，习近平总书记多次作出重要指示批示，要求坚决取缔和严厉打击非法野生动物市场和贸易，从源头防控重大公共卫生风险。《决定》的出台，为禁止和严厉打击一切非法捕杀、交易、食用野生动物的行为，提供了更加严格有力的法律保障。各级农业农村（渔业）主管部门要深入学习领会《决定》精神，增强紧迫感、责任感和使命感，以《决定》的贯彻落实为契机，推动进一步加强水生野生动物保护管理。要积极向同级党委和政府汇报，争取当地党委和政府对水生野生动物保护的重视和支持，加强组织领导，制定工

作方案，明确任务分工，强化责任担当，确保《决定》落实到位、有效实施。

二、加强衔接配合，形成水生野生动物保护工作合力

要做好《决定》与《野生动物保护法》《渔业法》及地方性法律法规的衔接，形成保护水生野生动物的制度合力。要协调好有关名录的关系，明确水生野生动物的范围，对于列入国家重点保护水生野生动物名录、《〈濒危野生动植物种国际贸易公约〉附录水生动物物种核准为国家重点保护野生动物名录》以及《人工繁育国家重点保护水生野生动物名录》的物种，要严格按照《决定》要求进行管理，对凡是《野生动物保护法》要求禁止猎捕、交易、运输、食用的，必须一律严格禁止。对于列入《国家重点保护经济水生动植物资源名录》的物种和我部公告的水产新品种，要按照《渔业法》等法律法规严格管理。中华鳖、乌龟等列入上述水生动物相关名录的两栖爬行类动物，按照水生动物管理。

三、加大执法力度，严厉打击各类涉及水生野生动物的违法犯罪行为

各级农业农村（渔业）主管部门要主动与市场监管、公安、林草等部门加强沟通，建立和完善打击野生动物非法贸易部门联席会议制度，明确执法管理范围和责任分工，形成机制合力，提高《决定》执行的针对性、有效性。要根据《关于联合开展打击野生动物违规交易专项执法行动的通知》要求，继续联合相关部门保持高压态势，坚决取缔非法水生野生动物市场，严厉打击各类违规交易，斩断水生野生动物非法交易利益链。要结合中国渔政"亮剑"系列专项执法行动，将打击水生野生动物非法捕捞贩卖等行为作为渔政执法重点，联合相关部门，针对重点地区、重点场所、重点物种、重点环节，加强执法监管，确保"全覆盖、无死角"。对于违反《野生动物保护法》非法猎捕、交易、运输、食用水生野生动物的，要按照《决定》要求在现行法律规定基础上加重处罚；同时要强化以案说法，适时公开一批典型案件，提高法律的震慑力。

四、强化源头管理，严格水生野生动物审批

各级农业农村（渔业）主管部门要认真梳理负责的水生野生动物行政许可事项，制定完善工作规范和办事指南，按照《决定》要求严格审批管理，确保水生野生动物行政许可工作规范、有序。要提高相关工作人员的业务素质，重点对水生野生动物来源合法性、申报材料的真实性，以及与审批条件的相符性严格把关，从严控制准入门槛。对于不符合审批条件和要求的，坚决不予批准。要按照"双随机、一公开"的原则，加强事中事后监管，完善相关档案和标识制度，推动水生野生动物动态化、可追溯管理。要加强水生野生动物标识管理，对于标识管理范围内的，必须严格执行标识管理有关规定，未取得标识的一律不得进入市场。对检查中发现的违法违规行为及时要求限期整改并依法予以处罚，确保水生野生动物人工繁育等活动依法依规、有序开展。

五、做好宣传引导，创造良好的社会环境

各级农业农村（渔业）主管部门要做好《决定》以及相关法律法规的宣传解读，加大普法宣传力度，提高全社会水生野生动物保护意识，强化法治能力和水平。要充分发挥行业协会、社会组织和新闻媒体的作用，利用世界野生动植物日、全国水生野生动物保护科普宣传月等重要时间节点，以及水生生物增殖放流活动等机会，加强水生野生动物保护知识的宣传普及，引导社会公众树立科学文明的饮食观，摒弃滥食野生动物陋习，彻底铲除野生动物非法交易的生存土壤。要发挥好公众参与和社会监督作用，利用各种举报渠道，主动接受人民群众的监督，推动形成全社会保护水生野生动物的良好氛围。

贯彻落实《决定》的有关情况请及时报送我部渔业渔政管理局。

农业农村部

2020 年 3 月 4 日

市场监管总局、公安部、农业农村部、海关总署、国家林草局关于联合开展打击野生动物违规交易专项执法行动的通知

实施日期：2020 年 2 月 6 日

各省、自治区、直辖市及新疆生产建设兵团市场监管局（厅、委）、公安厅（局）、农业农村厅（局）、林草主管部门、渔业主管部门，各直属海关：

《市场监管总局农业农村部国家林草局关于禁止野生动物交易的公告》（2020 年第 4 号）下发以来，各地各部门迅速行动，查办了一批野生动物违规交易案件，取得了初步成效。为深入贯彻落实党中央、国务院领导重要批示精神和要求，坚决取缔和严厉打击疫情期间野生动物违规交易行为，市场监管总局、公安部、农业农村部、海关总署、国家林草局决定自即日起联合开展打击野生动物违规交易专项执法行动。现将有关事项通知如下：

一、严格隔离饲养繁育野生动物场所。对野生动物饲养繁育场所实施封控隔离，场所周边应当设置隔离警示标识。严禁任何野生动物及制品运进或运出场所。严格落实野生动物交易市场关闭措施，严禁野生动物对外扩散和转运贩卖。违反公告规定的，要依法依规严肃查处，对经营者、经营场所分别予以停业整顿、查封，涉嫌犯罪的，移送公安机关。

二、除捕捞水产品外，严禁农（集）贸市场、超市、餐饮单位、电商平台等经营

场所开展任何形式的野生动物交易活动，对相关经营者一律停业整顿，经营场所一律查封。违法从事出售、购买、利用、运输、携带、寄递野生动物及制品等交易活动的，依据野生动物保护法、动物防疫法等法律法规从重予以处罚。涉嫌犯罪的，移送公安机关。

三、强化执法联动，突出案件查办。各地各部门要充分发挥打击野生动植物非法贸易部门联席会议等协调机制作用，强化协调配合，切实形成执法合力。要充分发挥投诉举报平台作用，及时受理对违规经营野生动物及其制品的投诉举报，快查快办，严查严办。对查获的大案要案及时予以曝光，对违法分子形成震慑，加强公众宣传教育，为专项执法行动开展营造良好氛围。

各省、自治区、直辖市及新疆生产建设兵团市场监管、公安、农业农村、林草、渔业主管部门，各直属海关自 2 月 10 日起，每周一上午 10 时前分别向市场监管总局、公安部、农业农村部、海关总署、国家林草局报送专项执法行动阶段性工作情况及情况统计表。工作中的重大情况，及时报告当地政府和上级主管部门。

市场监管总局
公安部
农业农村部
海关总署
国家林草局
2020 年 2 月 6 日

市场监管总局、农业农村部、国家林草局关于禁止野生动物交易的公告

实施日期：2020年1月26日

为严防新型冠状病毒感染的肺炎疫情，阻断可能的传染源和传播途径，市场监管总局、农业农村部、国家林草局决定，自本公告发布之日起至全国疫情解除期间，禁止野生动物交易活动。

一、各地饲养繁育野生动物场所实施隔离，严禁野生动物对外扩散和转运贩卖。

二、各地农（集）贸市场、超市、餐饮单位、电商平台等经营场所，严禁任何形式的野生动物交易活动。

三、社会各界发现违法违规交易野生动物的，可通过 12315 热线或平台举报。

四、各地各相关部门要加强检查，发现有违反本公告规定的，要依法依规严肃查处，对经营者、经营场所分别予以停业整顿、查封，涉嫌犯罪的，移送公安机关。

五、消费者要充分认识食用野生动物的健康风险，远离"野味"，健康饮食。

市场监管总局

农业农村部

国家林草局

2020 年 1 月 26 日

国家林业和草原局关于切实加强鸟类保护的通知

实施日期：2020年1月22日

各省、自治区、直辖市林业和草原主管部门，内蒙古、大兴安岭森工（林业）集团公司，新疆生产建设兵团林业和草原主管部门，国家林业和草原局各派出机构：

加强鸟类保护是贯彻习近平生态文明思想的重要内容。党中央、国务院领导高度重视鸟类保护工作并多次作出重要指示批示，明确要求"关键在落实"。为贯彻落实好中央领导同志重要指示批示精神，切实加强鸟类保护工作，根据当前鸟类保护形势，现将有关事项通知如下：

一、进一步提高认识，统一思想，切实增强鸟类保护工作的责任感和紧迫感

鸟类是生态系统的重要组成部分，切实加强鸟类保护工作，对于保护野生动物资源、维护生态平衡、保护和改善人类生存环境具有十分重要的意义。各级陆生野生动物保护主管部门要进一步提高政治站位，从增强"四个意识"、坚定"四个自信"、做到"两个维护"的政治高度，深刻认识鸟类保护工作的重要意义，增强做好鸟类保护工作的责任感和紧迫感。要结合巩固深化"不忘初心、牢记使命"主题教育成果，找问题、抓落实，坚持结果导向，制定行动方案，拿出可行措施，切实将践行习近平生态文明思想、贯彻落实中央领导重要指示批示精神落到实处。

二、进一步加强领导，压实责任，确保鸟类保护工作顺利开展

各级陆生野生动物保护主管部门要加强领导，主动出击，配合地方政府认真落实鸟类保护属地管理责任，将鸟类保护工作纳入地方各级领导绩效考核内容。要做到组织领导到位、目标责任到位、工作落实到位、巡护值守到位、监管措施到位，确保鸟类保护工作顺利开展。同时要将鸟类保护纳入打击野生动植物非法贸易部际联席会议制度，加强与公安、海关、市场监管、网信、邮政等部门的沟通协作，形成合力，提升保护成效。

三、进一步明确任务，强化措施，扎实推进鸟类保护工作

（一）加强种群及动态监测。依托各级陆生野生动物保护主管部门、科研机构、

鸟类环志站点和野生动物疫源疫病监测站等，在鸟类重要栖息地和主要迁飞通道持续开展种群动态监测和鸟类环志等科研活动，掌握鸟类种群变化及迁徙时空动态，了解本地区鸟类保护的热点区域和威胁因素，逐步建立鸟类保护监测体系。

（二）强化行政执法。一是要配合各级人民政府整合执法力量，提高执法效力，形成齐抓共管、协同应对和打击鸟类非法贸易的工作格局，发挥震慑作用。二是要依法依规开展鸟类环志、鸟类样本采集、鸟类调查等活动，主动接受有关部门的监督。三是禁止擅自进入自然保护区观鸟和拍鸟，禁止追逐鸟群和干扰及影响鸟类正常繁殖和迁徙。

（三）规范鸟类收容救护。依法依规开展鸟类收容救护活动，禁止在候鸟迁徙停歇地以及越冬地随意进行投食和补饲，避免人为因素致使鸟类滞留或延期迁徙，因特殊情况确实需要救助的，由属地陆生野生动物保护主管部门组织实施。清查国家级自然保护区机构开展人工繁育国家重点保护鸟类的现状，发现问题依法依规及时整改，对典型问题开展追踪和督办。

（四）强化疫源疫病防控和预警。近期我国部分地区发生鸟类禽流感疫情，各级陆生野生动物保护主管部门要提高警惕，主动预警，严格按照《陆生野生动物疫源疫病监测防控管理办法》（国家林业局令第31号）要求，及时发现并如实报告野生动物种群带病毒及感染疫病等异常情况，切实做好禽流感等野生动物疫源疫病监测防控和预警工作，确保取得实效。应依托我局现有疫源疫病监测体系及相关项目，开展鸟类等野生动物疫源疫病的样品采集、监测和防控工作，并定期向上级林业和草原主管部门报告监测结果。未经批准，任何机构不得自行开展工作或承接相关项目。

（五）加强区域性省际联防联控机制。加强候鸟重要迁飞通道省际鸟类保护联防联控长效机制建设，按照"统一部署、上下联动、分步实施、突出重点"的原则，全面提升区域性鸟类协同保护能力，有效遏制破坏鸟类等野生动物资源的违法犯罪活动。

（六）提升舆情处置能力。充分利用"爱鸟周""野生动植物日"活动，发挥公益组织、民间团体和志愿者保护鸟类的作用，建立与社会团体、非政府组织、志愿者团队沟通分享信息机制，及时发现和解决问题，提升焦点和热点舆情的处置能力，严防舆论炒作。同时要建立完善举报处理联动机制、野生动物肇事补偿机制。

（七）加强科技支撑。各级陆生野生动物保护主管部门要主动联络各方鸟类等野生动物保护科研力量，积极采用高科技监测巡护技术，建立科研与管理信息交流与协作互动机制，为鸟类及野生动物保护与执法提供技术服务与科技支撑。

（八）强化监督机制。我局各派出机构要积极督导辖区内各项鸟类等野生动物保护措施的落实，要及时了解掌握并报告相关情况，认真分析问题并提出解决办法和改进方案，确保监督职能落到实处。要邀请各级纪检监察、检察机关共同对打击乱捕滥猎及非法交易鸟类等野生动物的情况进行监督检查，我局对督查中发现的主体责任落实不到位、监管力度不够等问题，将进行约谈和通报。

请各省级林业和草原主管部门高度重视，并严格按照通知要求抓好贯彻落实，同时要认真梳理并全面总结好的经验和做法，将鸟类保护工作开展情况报送我局动植物司。

特此通知。

国家林业和草原局

2020 年 1 月 22 日

市场监管总局、农业农村部、国家林草局关于加强野生动物市场监管积极做好疫情防控工作的紧急通知

实施日期：2020 年 1 月 21 日

各省、自治区、直辖市及新疆生产建设兵团市场监管局（厅、委）、农业农村（农牧）厅（局、委）、林草主管部门：

近期，湖北省武汉市等多个地区发生新型冠状病毒感染的肺炎疫情。党中央、国务院高度重视，习近平总书记作出重要指示，李克强总理作出批示。按照国务院常务会议、国务院联防联控机制电视电话会议和联防联控机制会议精神，现就加强野生动物市场监管，做好疫情防控工作通知如下：

一、切实增强疫情防控工作的责任感使命感。各地各部门要把人民群众生命安全和身体健康放在第一位，充分认识当前加强野生动物市场监管的重要性，在当地党委、政府的统一领导下，积极发挥各自职能作用，研究制定针对性强的具体措施，全力以赴做好市场监管工作，切实维护人民群众生命健康。

二、加强重点环节重点场所监管。各地林草、农业农村和市场监管部门要依照《野生动物保护法》规定和职责分工，突出饲养、繁育、运输、出售、购买等环节，加强检验检疫力度，对竹鼠、獾等可能携带新型冠状病毒的野生动物，在其饲养繁育场所实施封控隔离，严禁对外扩散，禁止转运贩卖。对其他未经检疫合格的野生动物，一律严禁进入市场。突出农贸市场、超市、餐饮等重点场所以及网站，开展联合检查，加强隐患排查，严厉打击野生动物违法违规交易，涉嫌犯罪的，及时移送司法机关。各地要根据实际情况，及时调整优化需要重点监管的环节和场所。

三、武汉市相关部门要在当地党委、政府的领导下，加强农（集）贸市场、超市、餐饮等各类野生动物经营场所的整治，严格落实野生动物交易市场关闭措施，严禁野生动物交易，严禁野生动物转运贩卖进出武汉市域。

四、加强科普宣传，倡导健康饮食。各相关部门要大力宣传非法经营野生动物的法律后果，增强经营者法律意识。要加强食用野生动物健康风险提示，增强消费者自我保护意识，为强化野生动物市场监管和疫情防控营造良好氛围。

五、各地各部门根据联防联控机制的具体安排，密切协作配合，加强值班值守，形成监管合力，要及时处置群众投诉举报，提高整体防控效果。监管执法人员在工作中要做好自身安全防范。工作中遇到重大紧急情况，及时报告当地党委、政府和上级部门。

市场监管总局

农业农村部

国家林草局

2020 年 1 月 21 日

国家林业和草原局关于切实加强秋冬季候鸟保护的通知

实施日期：2019年9月27日

各省、自治区、直辖市林业和草原主管部门，内蒙古、大兴安岭森工（林业）集团公司，新疆生产建设兵团林业和草原主管部门，国家林业和草原局各派出机构：

加强候鸟保护是贯彻习近平生态文明思想的重要内容，是衡量一个国家、一个民族文明进步的重要标志。秋冬季是候鸟大规模迁徙和集群活动的季节，也是乱捕滥猎、滥食鸟类等野生动物非法案件的高发期。少数不法分子在候鸟迁徙路线沿途大肆捕捉、毒杀、非法催肥饲养和贩运候鸟，特别是近期河北、辽宁等地又相继出现破坏鸟类资源案件，造成了恶劣的社会影响。为切实巩固生态文明建设成果，坚决遏制并严厉打击伤害候鸟等野生动物违法犯罪活动，确保候鸟的迁徙及越冬安全，现将有关事项通知如下：

一、强化组织协调，层层压实责任

各地要主动作为，积极履行野生动物主管部门的职责，建立健全野生动物保护领导责任制，推动将鸟类等野生动物保护纳入地方各级领导绩效考核内容。没有建立打击野生动物非法贸易联席会议制度的，要抓紧建立，联合制定行动方案，联合开展保护候鸟执法。要主动配合地方政府建立候鸟迁飞安全责任制度，在重点区域和重点时段集中力量有针对性地开展专项打击行动，严防非法猎杀候鸟等重大事件的发生，确保候鸟在本辖区内迁徙及越冬安全。

二、落实保护措施，严格执法监管

各地要准确掌握本辖区候鸟种群及栖息地保护现状，配合地方政府组织力量在野生动物主要分布地和集群活动区开展巡护、值守、清网、清套、清夹和清除毒饵等专项行动，彻底铲除威胁候鸟安全隐患，并配合有关部门进行问题追查；要加强与公安、市场监管、海关、边防、交通运输等部门的沟通与协调，联合对辖区内野生动物人工饲养繁育和经营利用场所、非法生产和销售鸟网情况、野生动物及其产品运输情况以及电子商务、快递物流和社交媒体等涉及猎捕、买卖野生动物及其产品的情况逐一进行检查，发现有非法饲养和非法储存、运输、递送和买卖野生候鸟及产品的，以及销售非法猎捕工具的，要严格依法查处；要切实做好候鸟禽流感等野生动物疫源疫病监测防控工作，加密监测巡查路线，消除监测盲区；要进一步落实监测岗位职责，做好信息报送和节假日应急值守，密切关注并及时报告候鸟等野生动物的异常情况，严防疫情扩散蔓延。

三、认真监督检查，务求取得实效

各地要围绕我局关于加强秋冬季候鸟保护执法、打击非法犯罪活动的工作部署和要求，切实落实好辖区内候鸟等野生动物保护措施，汇总梳理情况，分析成因，提出解决措施和建议，形成总结报告。我局各派出机构要切实履行好监督职能，及时了解情况、到场检查、提出解决方案，形成督导报告。要邀请纪检、监察、检察机关共同对打击乱捕滥猎及非法交易野生动物的情况进行监督检查。我局将对重大伤害候鸟等野生动物的案件进行约谈和通报，对因保护监管不到位导致发生上述违法犯罪大案和要案的地区，要依法依规追究责任。

四、加强宣传引导，提升社会认知

各地要通过各种渠道，采取多种形式，大力宣传保护候鸟的知识和理念。要鼓励候鸟迁徙和越冬区的重点村屯制定乡规民约，抵制非法猎捕候鸟，摒弃滥食野生动物陋习；要公布举报电话，健全举报及信息反馈制度；要鼓励并支持公益组织、民间团体和志愿者等社会各界力量，主动向各级野生动物主管部门举报伤害候鸟的信息和案件，要多层面全方位支持志愿者自发组织和协助保护执法部门开展清网清套等保护候鸟的专项行动，努力创建全社会共同保护候鸟、打击野生动物违法犯罪的工作格局。

请各地各单位于2019年12月25日前将本辖区有关上述工作的落实情况报我局。

特此通知。

联系人：国家林草局动植物司肖红　周秀清

电话：010-84238442

国家林业和草原局

2019年9月27日

野生动物及其制品价值评估方法

实施日期：2017年12月15日

第一条　为了规范野生动物及其制品价值评估标准和方法，根据《中华人民共和国野生动物保护法》第五十七条规定，制定本方法。

第二条　《中华人民共和国野生动物保护法》规定的猎获物价值、野生动物及其制品价值的评估活动，适用本方法。

本方法所称野生动物，是指陆生野生动物的整体（含卵、蛋）；所称野生动物制品，是指陆生野生动物的部分及其衍生物，包括产品。

第三条　国家林业局负责制定、公布并调整《陆生野生动物基准价值标准目录》。

第四条　野生动物整体的价值，按照《陆生野生动物基准价值标准目录》所列该种野生动物的基准价值乘以相应的倍数核算。具体方法是：

（一）国家一级保护野生动物，按照所列野生动物基准价值的十倍核算；国家二级保护野生动物，按照所列野生动物基准价值的五倍核算；

（二）地方重点保护的野生动物和有重要生态、科学、社会价值的野生动物，按照所列野生动物基准价值核算。

两栖类野生动物的卵、蛋的价值，按照该种野生动物整体价值的千分之一核算；爬行类野生动物的卵、蛋的价值，按照该种野生动物整体价值的十分之一核算；鸟类野生动物的卵、蛋的价值，按照该种野生动物整体价值的二分之一核算。

第五条　野生动物制品的价值，由核算其价值的执法机关或者评估机构根据实际情况予以核算，但不能超过该种野生动物的整体价值。但是，省级以上人民政府林业主管部门对野生动物标本和其他特殊野生动物制品的价值核算另有规定的除外。

第六条　野生动物及其制品有实际交易价格的，且实际交易价格高于按照本方法评估的价值的，按照实际交易价格执行。

第七条　人工繁育的野生动物及其制品的价值，按照同种野生动物及其制品价值的百分之五十执行。

人工繁育的列入《人工繁育国家重点保护野生动物名录》的野生动物及其制品的价值，按照同种野生动物及其制品价值的百分之二十五执行。

第八条　《濒危野生动植物种国际贸易公约》附录所列在我国没有自然分布的野生动物，已经国家林业局核准按照国家重点保护野生动物管理的，该野生动物及其制品的价值按照与其同属、同科或者同目的国家重点保护野生动物的价值核算。

　　《濒危野生动植物种国际贸易公约》附录所列在我国没有自然分布的野生动物、未经国家林业局核准的，以及其他没有列入《濒危野生动植物种国际贸易公约》附录的野生动物及其制品的价值，按照与其同属、同科或者同目的地方重点保护野生动物或者有重要生态、科学、社会价值的野生动物的价值核算。

　　第九条　本方法施行后，新增加的重点保护野生动物和有重要生态、科学、社会价值的野生动物，尚未列入《陆生野生动物基准价值标准目录》的，其基准价值按照与其同属、同科或者同目的野生动物的基准价值核算。

　　第十条　本方法自 2017 年 12 月 15 日起施行。

附件

陆生野生动物基准价值标准目录

类群		基准价值（元）	备注
哺乳纲 MAMMALIA			
食虫目	**INSECTIVORA**		
猬科 所有种	Erinaceidea	200	
鼹科 所有种	Talpidae	100	
鼩鼱科 所有种	Soricinae	100	
攀鼩目	**SCANDENTIA**		
树鼩科 所有种	Tupaiidae	100	
翼手目 所有种	**CHIROPTERA**	50	
带甲目	**CINGULATA**		
犰狳科 所有种	Dasypodidae	1000	
脊尾袋鼠目	**DASYUROMORPHIA**		
袋鼬科 所有种	Dasyuridae	150	
袋狼科 所有种	Thylacinidae	200	
袋貂目	**DIPROTODONTIA**		
硕袋鼠科 所有种	Macropodidae	150	
泊托袋鼠科所有种	Potoroidae	150	
袋熊科 所有种	Vombatidae	200	
灵长目	**PRIMATES**		
蛛猴科 所有种	Atelidae	300	

类群		基准价值（元）	备注
鼠狐猴科 所有种	Cheirogaligidae	300	
狐猴科 所有种	Lemuridae	400	
嬉猴科 所有种	Lepilemuridae	400	
大狐猴科 所有种	Indriidae	450	
指猴科 所有种	Daubentoniidae	500	
眼镜猴科 所有种	Tarsiidae	500	
狨科 所有种	Callithrichidae	500	
卷尾猴科 所有种	Cebidae	500	
夜猴科 所有种	Aotidae	300	
懒猴科	Lorisidae		
蜂猴属	Nycticebus	2000	
其他所有属		1000	
猴科	Cercopithecidae		
猕猴属	Macaca	2000	
叶猴属	Presbytis	15000	
仰鼻猴属	Rhinopithecus	50000	
白臀叶猴属	Pygathrix	15000	
其他所有属		2000	
长臂猿科 所有种	Hylobatidae	50000	
人科	Hominidae		
猩猩属	Pango	50000	
黑猩猩属	Pan	50000	
大猩猩属	Gorilla	50000	
长鼻目	**PROBOSCIDEA**		
象科	Elephantidae		
亚洲象	Elephas maximus	200000	
非洲象	Loxodonta africana	100000	
鳞甲目	**PHOLIDOTA**		
穿山甲科 所有种	Manidae	8000	
长毛目	**PILOSA**		

续表

类群		基准价值（元）	备注
树懒科 所有种	Bradypodidae	300	
二趾树懒科所有种	Megalonychidae	300	
食蚁兽科 所有种	Myrmecophagidae	500	
食肉目	**CARNIVORA**		
犬科	Canidae		
豺属	*Cuon*	1500	
其他所有属		800	
食蚁狸科 所有种	Eupleridae	1000	
熊科	Ursidae		
懒熊属	*Melursus*	2000	
眼镜熊属	*Tremarctos*	2000	
棕熊属	*Ursus*	8000	
黑熊属	*Selenarctos*	8000	
马来熊属	*Helaratis*	10000	
大熊猫科	Ailuropodidae		
大熊猫	*Ailuropoda melanoleuca*	500000	
小熊猫科	Ailuridae		
小熊猫	*Ailurus fulgens*	8000	
臭鼬科 所有种	Mephitidae	500	
鼬科 所有种	Mustelidae	800	
浣熊科 所有种	Procyonidae	500	
灵猫科 所有种	Viverridae	1200	
獴科 所有种	Herpestidae	1000	
鬣狗科 所有种	Hyaenidae	500	
猫科	Felidae		
豹属	*Panthera*		
虎	*Panthera tigris*	100000	
豹	*Panthera pardus*	50000	
其他所有种		15000	
雪豹属	*Uncia*	50000	

类群		基准价值（元）	备注
云豹属	*Neofelis*	30000	
猎豹属	*Acinonyx*	10000	
其他所有属		1500	
奇蹄目	**PERISSODACTYLA**		
犀科	Rhinocerotidae		
白犀	*Ceratotherium simum*	100000	
其他所有种		200000	
貘科 所有种	Tapiridae	5000	
马科 所有种	Equidae	60000	
偶蹄目	**ARTIODACTLA**		
猪科 所有种	Suidae	500	
骆驼科	Camelidae		
骆驼属	*Camelus*	50000	
小羊驼属	*Lama*	5000	
鼷鹿科 所有种	Tragulidae	2000	
麝科 所有种	Moschidae	3000	
鹿科 所有种	Cervidae	3000	
河马科 所有种	Hippopotamidae	3000	
牛科	Bovidae		
野牛属	*Bos*	50000	
山羊属	*Capra*	10000	
鬣羚属	*Capricornis*	10000	
羚羊属	*Gazella*	5000	
原羚属	*Procapra*		
普氏原羚	*Procapra przewalskii*	20000	
其他所有种		5000	
藏羚属	*Pantholops*	50000	
高鼻羚羊属	*Saiga*	20000	
羚牛属	*Budorcas*	50000	
斑羚属	*Naemorhedus*	10000	

续表

类群		基准价值（元）	备注
塔尔羊属	*Hemitragus*	10000	
岩羊属	*Pseudois*	5000	
盘羊属	*Ovis*	10000	
其他所有属		3000	
啮齿目	**RODENTIA**		
毛丝鼠科 所有种	Chinchillidae	20	
兔豚鼠科 所有种	Cuniculidae	20	
美洲豪猪科所有种	Erethizontidae	300	
松鼠科	Sciuridae		
巨松鼠属	*Ratufa*	300	
其他所有属		150	
河狸科 所有种	Castoridae	500	
仓鼠科 所有种	Cricetidae	50	
鼠科 所有种	Muridae	50	
刺山鼠科 所有种	Platacanthomyidae	50	
竹鼠科	Rhizomyidae		
小竹鼠属	*Cannomys*	200	
竹鼠属	*Rhizomys*	200	
睡鼠科 所有种	Myoxidae	50	
跳鼠科 所有种	Dipodidae	50	
豪猪科 所有种	Hystricidae	500	
树鼩目	**SCANDENTIA**		
树鼩科 所有种	Upaiidae	80	
羽尾树鼩科所有种	Ptilocercidae	80	
兔形目	**LAGOMORPHA**		
鼠兔科 所有种	Ochotonidae	80	
兔科 所有种	Leporidae	80	
单孔目	**MONOTREMATA**		
针鼹科 所有种	Tachyglossidae	200	
袋狸目	**PERAMELEMORPHIA**		

类群		基准价值（元）	备注
豚足袋狸科所有种	Chaeropodidae	200	
袋狸科 所有种	Peramelidae	200	
兔袋狸科 所有种	Thylacomyidae	200	
鸟纲 AVES			
潜鸟目 所有种	**GAVIIFORMES**	200	
鸊鷉目 所有种	**PODICIPEDIFORMES**	200	
鹱形目	**PROCELLARIIFORMES**		
信天翁科所有种	Diomedeidae	300	
鹱科 所有种	Procellariidae	100	
海燕科所有种	Hydrobatidae	100	
鹈形目	**PELECANIFORMES**		
鹲科 所有种	Phaethontidae	200	
鹈鹕科 所有种	Pelecanidae	1000	
鲣鸟科 所有种	Sulidae	400	
鸬鹚科 所有种	Phalacrocoracidae	600	
军舰鸟科 所有种	Fregatidae	200	
鹳形目	**CICONIFORMES**		
鹭科 所有种	Ardeidae	500	
鹳科	Ciconiidae		
东方白鹳	*Ciconia boyciana*	10000	
黑鹳	*Ciconia nigra*	10000	
其他所有种		2000	
鹮科	Threskiornithidae	10000	
朱鹮	*Nipponia nippon*	100000	
黑脸琵鹭	*Platalea minor*	15000	
其他所有种		5000	
鲸头鹳科 所有种	Balaenicipitidae	5000	
红鹳目	**PHOENICOPTERIFORMES**		
红鹳科 所有种	Phoenicopteridae	8000	
雁形目	**ANSERIFORMES**		

类群		基准价值（元）	备注
鸭科	Anatidae		
中华秋沙鸭	*Mergus squamatus*	10000	
天鹅属所有种	*Cygnus spp.*	3000	
其他所有种		500	
隼形目	**FALCONIFORMES**		
鹰科	Accipitridae		
金雕	*Aquila chrysaetos*	8000	
虎头海雕	*Haliaeetus pelagicus*	8000	
白尾海雕	*Haliaeetus albicilla*	8000	
鹰科其他所有种		5000	
鹗科 所有种	Pandionidae	3000	
隼科	Falconidae		
猎隼	*Falco cherrug*	5000	
其他所有种		3000	
美洲鹫科 所有种	Cathartidae	2000	
鸡形目	**GALLIFORMES**		
松鸡科 所有种	Tetraonidae	1000	
雉科	Pheasianidae		
绿孔雀	*Pavo muticus*	15000	
雉鸡	*Phasianus coichicus*	300	
其他所有种		1000	
凤冠雉科 所有种	Cracidae	500	
冢雉科 所有种	Megapodiidae	500	
鹤形目	**GRUIFORMES**		
三趾鹑科 所有种	Turnicidae	500	
鹤科 所有种	Gruidae	10000	
秧鸡科 所有种	Rallidae	300	
鸨科 所有种	Otididae	10000	
鹭鹤科 所有种	Rhynochetidae	500	
鸻形目	**CHARDRIFORME**		

续表

类群		基准价值（元）	备注
雉鸻科 所有种	Jacanidae	500	
彩鹬科 所有种	Rostratulidae	500	
蛎鹬科 所有种	Haematopodidae	500	
鸻科 所有种	Charadriidae	300	
鹬科 所有种	Scolopacidae	300	
反嘴鹬科 所有种	Recurvirostridae	300	
鹮嘴鹬科 所有种	Ibidorhynchidae	300	
瓣蹼鹬科 所有种	Phalaropodidae	300	
石鸻科 所有种	Burhinidae	300	
燕鸻科 所有种	Glareolidae	300	
鸥形目	**LARIFORMES**		
贼鸥科 所有种	Stercorariidae	300	
鸥科	Laridae		
遗鸥	*Larus relictus*	5000	
黑嘴鸥	*Larus saundersi*	2000	
其他所有种		300	
燕鸥科 所有种	Sternidae	300	
剪嘴鸥科所有种	Rynchopidae	300	
海雀科 所有种	Alcidae	300	
鸽形目	**COLUMBIFORMES**		
鸠鸽科 所有种	Columbidae	300	
沙鸡目	**PTEROCLIFORMES**		
沙鸡科	Pteroclididae	300	
鹦形目	**PSITACIFORMES**		
鹦鹉科	Psittacidae	2000	
凤头鹦鹉科	Cacatuidae	2000	
吸蜜鹦鹉科	Loriidae	500	
鹃形目	**CUCULIFORMES**		
杜鹃科	Cuculidae	500	
蕉鹃科	Musophagidae	300	

续表

类群		基准价值（元）	备注
鸮形目	**STRIGIFORMES**		
草鸮科	Tytonidae	3000	
鸱鸮科	Strigidae	3000	
夜鹰目	**CAPRIMULGIFORMES**		
蟆口鸱科	Podargidae	1000	
夜鹰科	Caprimulgidae	1000	
雨燕目 所有种	**APODIFORMES**	300	
鸠形目 所有种	**TINAMIFORMES**	300	
咬鹃目 所有种	**TROGONIFORMES**	300	
佛法僧目 所有种	**CORACIIFORMES**	500	
戴胜目 所有种	**UPUPIFORMES**	300	
犀鸟目 所有种	**BUCEROTIFORMES**	50000	
鴷形目 所有种	**PICIFORMES**	1000	
雀形目	**PASSERIFORMES**		
阔嘴鸟科所有种	Eurylaimidae	500	
八色鸫科所有种	Pittidae	500	
百灵科	Alaudidae		
蒙古百灵	*Melanocorypha mongolica*	1000	
其他所有种		300	
椋鸟科	Sturnidae	300	
鹩哥	*Gracula religiosa*	1000	
其他所有种		300	
鹟科	Muscicapidae		
画眉	*Garrulax canorus*	1000	
红嘴相思鸟	*Leiothrix lutea*	1000	
其他所有种		300	
其他所有种		300	
美洲鸵目 所有种	**RHEIFORMES**	1500	
企鹅目 所有种	**SPHENISCIFORMES**	3000	
鸵形目 所有种	**STRUTHIONIFORMES**	1500	

续表

类群		基准价值（元）	备注
爬行纲 REPTILIA			
鳄形目	**CROCODYLIA**		
扬子鳄	Alligator sinensis	10000	
其他所有种		500	
龟鳖目	**TESTUDINES**		
平胸龟科 *所有种*	Platysternidae	500	
陆龟科	Testudinidae		
四爪陆龟	*Testudo horsfieldii*	8000	
凹甲陆龟	*Manouria impressa*	1000	
其他所有种		500	
龟科 *所有种*	Emydidae	500	水生野生动物除外
蜥蜴目	**SAURIA**		
壁虎科	Gekkonidae		
大壁虎	*Gekko gecko*	1000	
其他所有种		500	
鳄蜥科 *所有种*	Shinisauridae	10000	
巨蜥科	Varanidae		
巨蜥	*Varanus salvator*	1000	
其他所有种		500	
避役科 *所有种*	Chamaeleonidae	300	
其他所有种		300	
蛇目	**SERPENTES**		
蟒科	Pythonidae		
蟒	*Python molurus*	3000	
其他所有种		1000	
蚺科 *所有种*	Boidae	1000	
蝰科	Viperidae		
莽山烙铁头	*Ermia mangshanensis*	3000	
其他所有种		300	
眼镜蛇科 *所有种*	Elapidae	1000	海蛇除外

类群		基准价值（元）	备注
其他所有种		300	水蛇、瘰鳞蛇除外
两栖纲 AMPHIBIA			
蚓螈目	**GYMNOPHIONA**		
版纳鱼螈	*Ichthyophis bannanica*	500	
有尾目	**URODELA**		
小鲵科	Hynobiidae		
安吉小鲵	*Hynobius amjiensis*	2500	
蝾螈科	Salamandridae		
海南疣螈	*Tylototriton hainanensis*	300	
无尾目 所有种	**ANURA**	100	海蛙、棘腹蛙、棘胸蛙、威宁趾沟蛙、叶氏隆肛蛙除外
昆虫纲 INSECTA			
襀翅目	**PLECOPTERA**		
襀科	Perlidae	20	
扁襀科	Peltoperlidae	20	
螳螂目	**MANTODEA**		
怪螳科	Amorphoscelidae	20	
竹节虫目	**PHASMATODEA**		
竹节虫科	Phasmatidae	20	
叶䗛科	Phyllidae	20	
杆䗛科	Bacillidae	20	
异䗛科	Heteronemiidae	20	
啮虫目	**PSOCOPTERA**		
围啮科	Peripsocidae	20	
啮科	Psocidae	20	
缨翅目	**THYSANOPTERA**		
纹蓟马科	Aeolothripidae	20	
同翅目	**HOMOPTERA**		
蛾蜡蝉科	Flatidae	20	

类群		基准价值（元）	备注
蜡蝉科	Fulgoridae	20	
颜蜡蝉科	Eurybrachidae	20	
蝉科	Cicadidae	20	
犁胸蝉科	Aetalionidae	20	
角蝉科	Membracidae	20	
棘蝉科	Machaerotidae	20	
毛管蚜科	Greenideidae	20	
扁蚜科	Hormaphididae	20	
半翅目	**HEMIPTERA**		
负子蝽科	Belostomatidae	20	
盾蝽科	Scutelleridae	20	
猎蝽科	Reduviidae	20	
广翅目	**MEGALOPTERA**		
齿蛉科	Corydalidae	20	
蛇蛉目	RAPHIDIOPTERA		
盲蛇蛉科	Inocelliidae	20	
脉翅目	NEUROPTERA		
旌蛉科	Nemopteridae	20	
鞘翅目	**COLEOPTERA**		
虎甲科	Cicindelidae	50	
步甲科	Carabidae	200	
两栖甲科	Amphizoidae	20	
叩甲科	Elateridae	20	
吉丁虫科	Buprestidae	20	
瓢虫科	Coccinellidae	20	
拟步甲科	Tenebrionidae	50	
臂金龟科	Euchiridae	200	
犀金龟科	Dynastidae	200	
鳃金龟科	Melolonthidae	20	
花金龟科	Cetoniidae	20	

续表

类群		基准价值（元）	备注
锹甲科	Lucanidae	20	
天牛科	Cerambycidae	20	
叶甲科	Chrysomelidae	20	
锥象科	Brentidae	20	
捻翅目	**STREPSIPTERA**		
栉虫扇科	Halictophagidae	20	
长翅目	**MECOPTERA**		
蝎蛉科	Parnorpidae	20	
毛翅目	**TRICHOPTERA**		
石蛾科	Phryganeidae	20	
鳞翅目	**LEPIDOPTERA**		
蛉蛾科	Neopseustidae	20	
燕蛾科	Uraniidae	20	
灯蛾科	Arctiidae	20	
桦蛾科	Endromidae	20	
大蚕蛾科	Saturniidae	20	
萝纹蛾科	Brahmaeidae	20	
凤蝶科	Papilionidae		
金斑喙凤蝶	*Teinopalpus aureus*	1000	
其他所有种		200	
粉蝶科	Pieridae	200	
蛱蝶科	Nymphalidae	200	
绢蝶科	Parnassidae	200	
眼蝶科	Satyridae	200	
环蝶科	Amathusiidae	200	
灰蝶科	Lycaenidae	200	
弄蝶科	Hesperiidae	200	
双翅目	**DIPTERA**		
食虫虻科	Asilidae	20	
突眼蝇科	Diopsidae	20	

类群		基准价值（元）	备注
甲蝇科	Celyphidae	20	
膜翅目	**HYMENOPTERA**		
叶蜂科	Tenthredinidae	20	
姬蜂科	Ichneumonidae	20	
茧蜂科	Braconidae	20	
金小蜂科	Pteromalidae	20	
离颚细蜂科	Vanhornidae	20	
蟋蜂科	Sclerogibbidae	20	
泥蜂科	Sphecidae	20	
蚁科	Formicidae	20	
蜜蜂科	Apidae	20	

水生野生动物及其制品价值评估办法

实施日期：2019年10月1日

第一条　为了规范水生野生动物及其制品的价值评估方法和标准，根据《中华人民共和国野生动物保护法》规定，制定本办法。

第二条　《中华人民共和国野生动物保护法》规定保护的珍贵濒危水生野生动物及其制品价值的评估，适用本办法。

本办法规定的水生野生动物，是指国家重点保护水生野生动物及《濒危野生动植物种国际贸易公约》附录水生物种的整体（含卵）。

本办法规定的水生野生动物制品，是指水生野生动物的部分及其衍生物。

第三条　水生野生动物成年整体的价值，按照对应物种的基准价值乘以保护级别系数计算。

农业农村部负责制定、公布并调整《水生野生动物基准价值标准目录》。

第四条　国家一级重点保护水生野生动物的保护级别系数为10。国家二级重点保护水生野生动物的保护级别系数为5。

《濒危野生动植物种国际贸易公约》附录所列水生物种，已被农业农村部核准为国家重点保护野生动物的，按照对应保护级别系数核算价值；未被农业农村部核准为国家重点保护野生动物的，保护级别系数为1。

第五条　水生野生动物幼年整体的价值，按照该物种成年整体价值乘以发育阶段系数计算。

发育阶段系数不应超过 1，由核算其价值的执法机关或者评估机构综合考虑该物种繁殖力、成活率、发育阶段等实际情况确定。

第六条　水生野生动物卵的价值，有单独基准价值的，按照其基准价值乘以保护级别系数计算；没有单独基准价值的，按照该物种成年整体价值乘以繁殖力系数计算。

爬行类野生动物卵的繁殖力系数为十分之一；两栖类野生动物卵的繁殖力系数为千分之一；无脊椎、鱼类野生动物卵的繁殖力系数综合考虑该物种繁殖力、成活率进行确定。

第七条　水生野生动物制品的价值，按照该物种整体价值乘以涉案部分系数计算。

涉案部分系数不应超过 1；系该物种主要利用部分的，涉案部分系数不应低于 0.7。具体由核算其价值的执法机关或者评估机构综合考虑该制品利用部分、对动物伤害程度等因素确定。

第八条　人工繁育的水生野生动物及其制品的价值，根据本办法第四至七条规定计算后的价值乘以物种来源系数计算。

列入人工繁育国家重点保护水生野生动物名录物种的人工繁育个体及其制品，物种来源系数为 0.25；其它物种的人工繁育个体及其制品，物种来源系数为 0.5。

第九条　水生野生动物及其制品有实际交易价格，且实际交易价格高于按照本办法评估价值的，按照实际交易价格执行。

第十条　本办法施行后，新列入《国家重点保护野生动物名录》或《濒危野生动植物种国际贸易公约》附录，但尚未列入《水生野生动物基准价值标准目录》的水生野生动物，其基准价值参照与其同属、同科或同目的最近似水生野生动物的基准价值核算。

第十一条　未被列入《濒危野生动植物种国际贸易公约》附录的地方重点保护水生野生动物，可参照本办法计算价值，保护级别系数可按 1 计算。

第十二条　本办法自 2019 年 10 月 1 日起施行。

附表：水生野生动物基准价值标准目录

物种名称	学名	单位	基准价值（元）
脊索动物门 Chordata 哺乳纲 Mammalia			
食肉目 Carnivora			
鼬科 Mustelidae			

物种名称	学名	单位	基准价值（元）
水獭亚科 Lutrinae			
小爪水獭	*Aonyx cinerea*	只	2000
水獭亚科其他种		只	1800
鳍足类 Pinnipedia			
海象科 Odobenidae			
海象	*Odobenus rosmarus*	头	3000
海狗科 Otariidae			
毛皮海狮属所有种	*Arctocephalus* spp.	头	8000
海豹科 Phocidae			
斑海豹	*Phoca largha*	头	10000
僧海豹属所有种	*Monachus* spp.	头	10000
南象海豹	*Mirounga leonina*	头	5000
鳍足类其他种		头	2000
鲸目 Cetacea			
露脊鲸科所有种	*Balaenidae* spp.	头	150000
须鲸科所有种	*Balaenopteridae* spp.	头	120000
海豚科 Delphinidae			
中华白海豚	*Sousa chinensis*	头	200000
海豚科其他种		头	50000
灰鲸科所有种	*Eschrichtiidae* spp.	头	100000
亚马孙河豚科 Iniidae			
白鱀豚	*Lipotes vexillifer*	头	600000
亚马河豚科其他种		头	50000
鼠海豚科 Phocoenidae			
窄脊江豚长江种群（长江江豚）	*Neophocaena asiaeorientalis*	头	250000
鼠海豚科其他种		头	50000
抹香鲸科所有种	*Physeteridae* spp.	头	150000
鲸目其他种		头	75000
海牛目 Sirenia			
儒艮科 Dugongidae			

物种名称	学名	单位	基准价值（元）
儒艮	*Dugong dugon*	头	250000
海牛科所有种	*Trichechidae* spp.	头	150000
爬行纲 Reptilia			
鳄目 Crocodylia			
鳄目所有种（除鼍）	*Crocodylia* spp.	尾	500
蛇目 Serpentes			
蛇目所有种（仅瘰鳞蛇、水蛇及海蛇）	*Serpentes* spp.	条	300
龟鳖目 Testudines			
两爪鳖科所有种	*Carettochelyidae* spp.	只	500
蛇颈龟科所有种	*Chelidae* spp.	只	500
海龟科 Cheloniidae			
绿海龟	*Chelonia mydas*	只	15000
玳瑁	*Eretmochelys imbricata*	只	20000
蠵龟	*Caretta caretta*	只	15000
太平洋丽龟	*Lepidochelys olivacea*	只	15000
海龟科其他种		只	10000
棱皮龟科 Dermochelyidae			
棱皮龟	*Dermochelys coriacea*	只	20000
鳄龟科所有种	*Chelydridae* spp.	只	300
泥龟科所有种	*Dermatemydidae* spp.	只	500
龟科所有种	*Emydidae* spp.	只	500
地龟科 Geoemydidae			
三线闭壳龟	*Cuora trifasciata*	只	10000
云南闭壳龟	*Cuora yunnanensis*	只	30000
百色闭壳龟	*Cuora mccordi*	只	30000
金头闭壳龟	*Cuora aurocapitata*	只	30000
潘氏闭壳龟	*Cuora pani*	只	30000
周氏闭壳龟	*Cuora zhoui*	只	30000
黄额闭壳龟	*Cuora galbinifrons*	只	600
图纹闭壳龟	*Cuora picturata*	只	600

续表

物种名称	学名	单位	基准价值（元）
布氏闭壳龟	*Cuora bourreti*	只	600
地龟科其他种		只	500
侧颈龟科所有种	*Podocnemididae* spp.	只	500
鳖科 Trionychidae			
山瑞鳖	*Palea steindachneri*	只	1000
鼋属所有种	*Pelochelys* spp.	只	150000
斑鳖	*Rafetus swinhoei*	只	200000
鳖科其他种		只	500
两栖纲 Amphibia			
有尾目 Caudata			
隐鳃鲵科 Cryptobranchidae			
大鲵	*Andrias davidianus*	只	2500
隐鳃鲵科其他种		只	500
蝾螈科 Salamandridae			
细痣疣螈	*Tylototrirtion asperrimus*	只	400
镇海疣螈	*Tylototritrion chinhaiensis*	只	400
贵州疣螈	*Tylototritrion kweichowensis*	只	400
大凉疣螈	*Tylototritrion taliangensis*	只	500
红瘰疣螈	*Tylototritrion verrucosus*	只	350
有尾目其他种		只	300
无尾目 Anura			
无尾目所有种	*Anura* spp.	只	100
板鳃亚纲 Elasmobranchii			
鼠鲨目 Lamniformes			
姥鲨科 Cetorhinidae			
姥鲨	*Cetorhinus maximus*	尾	50000
鼠鲨科 Lamnidae			
噬人鲨	*Carcharodon carcharias*	尾	20000
鲼目 Myliobatiformes			
鲼科所有种	*Myliobatidae* spp.	尾	200

续表

物种名称	学名	单位	基准价值（元）
江魟科所有种	*Potamotrygonidae* spp.	尾	150
须鲨目 Orectolobiformes			
鲸鲨科 Rhincodontidae			
鲸鲨	*Rhincodon typus*	尾	40000
鲨类其他种		尾	200
锯鳐目 Pristiformes			
锯鳐科所有种	*Pristidae* spp.	尾	5000
辐鳍亚纲 Actinopteri			
鲟形目 Acipenseriformes			
鲟科 Acipenseridae			
中华鲟	*Acipenser sinensis*	尾	50000
中华鲟（卵）		万粒	20000
达氏鲟	*Acipenser dabryanus*	尾	50000
达氏鲟（卵）		万粒	20000
匙吻鲟科 Polyodontidae			
白鲟（成体）	*Psephurus gladius*	尾	500000
白鲟（卵）	*Psephurus gladius*	万粒	200000
鲟形目其他种（成体）		尾	5000
鲟形目其他种（卵）		万粒	2000
鳗鲡目 Anguilliformes			
鳗鲡科 Anguillidae			
花鳗鲡	*Anguilla marmorata*	尾	500
鳗鲡科其他种		尾	50
鲤形目 Cypriniformes			
胭脂鱼科 Catostomidae			
胭脂鱼	*Myxocyprinus asiaticus*	尾	200
胭脂鱼科其他种		尾	150
鲤科 Cyprinidae			
唐鱼	*Tanichthys albonubes*	尾	50
大头鲤	*Cyprinus pellegrini*	尾	100

物种名称	学名	单位	基准价值（元）
金线鲃	*Sinocyclocheilus grahami*	尾	100
新疆大头鱼	*Aspiorhynchus laticeps*	尾	500
大理裂腹鱼	*Schizothorax taliensis*	尾	100
鲤科其他种		尾	100
骨舌鱼目 Osteoglossiformes			
巨骨舌鱼科 Arapaimidae			
巨巴西骨舌鱼	*Arapaima gigas*	尾	500
骨舌鱼科 Osteoglossidae			
美丽硬仆骨舌鱼（包括丽纹硬骨舌鱼）	*Scleropages formosus*	尾	500
鲈形目 Perciformes			
隆头鱼科 Labridae			
波纹唇鱼（苏眉）	*Cheilinus undulatus*	尾	5000
杜父鱼科 Cottidae			
松江鲈鱼	*Trachidermus fasciatus*	尾	100
石首鱼科 Sciaenidae			
黄唇鱼	*Bahaba flavolabiata*	尾	16000
加利福尼亚湾石首鱼	*Totoaba macdonaldi*	尾	16000
海龙鱼目 Syngnathiformes			
海龙鱼科 Syngnathidae			
克氏海马	*Hippocampus kelloggi*	尾	200
海马属其他种		尾	30
鲑型目 Salmoniformes			
鲑科 Salmonidae			
川陕哲罗鲑	*Hucho bleekeri*	尾	2000
秦岭细鳞鲑	*Brachymystax lenok tsinlingensis*	尾	1000
肺鱼亚纲 Dipneusti			
角齿肺鱼目 Ceratodontiformes			
角齿肺鱼科 Ceratodontidae			
澳大利亚肺鱼	*Neoceratodus forsteri*	尾	100
腔棘亚纲 Coelacanthi			

物种名称	学名	单位	基准价值（元）
	腔棘鱼目 Coelacanthiformes		
	矛尾鱼科 Latimeriidae		
矛尾鱼属所有种	*Latimeria* spp.	尾	100000
	文昌鱼纲 Appendicularia		
	文昌鱼目 Amphioxiformes		
	文昌鱼科 Branchiostomatidae		
文昌鱼	*Branchiostoma belcheri*	尾	10
	半索动物门 Hemichordata		
	肠鳃纲 Enteropneusta		
	柱头虫科 Balanoglossidae		
多鳃孔舌形虫	*Glossobalanus Polybranchioporus*	只	100
	玉钩虫科 Harrimaniidae		
黄岛长吻虫	*Saccoglossus hwangtauensis*	只	100
	棘皮动物门 Echinodermata		
海参纲所有种	*Holothuroidea* spp.	只	10
	环节动物门 Annelida		
	蛭纲 Hirudinoidea		
	无吻蛭目 Arhynchobdellida		
医蛭科所有种	*Hirudinidae* spp.	只	10
	软体动物门 Mollusca		
	腹足纲 Gastropoda		
	中腹足目 Mesogastropoda		
	宝贝科 Cypraeidae		
虎斑宝贝	*Cypraea tigris*	只	50
	冠螺科 Cassididae		
冠螺	*Cassis cornuta*	只	100
	瓣鳃纲 Lamellibranchia		
	异柱目 Anisomyria		
	珍珠贝科 Pteriidae		
大珠母贝	*Pinctada maxima*	只	100

续表

物种名称	学名	单位	基准价值（元）
真瓣鳃目 Eulamellibranchia			
砗磲科 Tridacnidae			
库氏砗磲	*Tridacna cookiana*	只	5000
		千克	60
砗磲科其他种		只	200
蚌科 Unionidae			
佛耳丽蚌	*Lamprotula mansuyi*	只	100
头足纲 Cephalopoda			
鹦鹉螺目 Nautilida			
鹦鹉螺科所有种	*Nautilidae* spp.	只	3000
刺胞亚门 Cnidaria			
珊瑚虫纲 Anthozoa			
柳珊瑚目 Gorgonaceae			
红珊瑚科所有种	*Coralliidae* spp.	千克	50000
珊瑚类其他种		千克	500

国家林业和草原局关于加强野生动物保护管理及打击
非法猎杀和经营利用野生动物违法犯罪活动的紧急通知

实施日期：2019年3月8日

各省、自治区、直辖市林业和草原主管部门，内蒙古、大兴安岭森工（林业）集团公司，新疆生产建设兵团林业和草原主管部门，国家林业和草原局各派出机构：

最近，陕西侦破秦岭地区猎杀野生动物重大案件。党中央、国务院对此高度重视，要求切实加强保护、严厉打击违法犯罪行为。秦岭地区非法猎杀野生动物重大案件的发生，充分暴露出部分地区在野生动物保护监管方面仍然存在诸多问题，形势十分严峻。为切实强化野生动物及其栖息地保护，严厉打击破坏野生动物资源犯罪行为，严防非法猎杀贩卖野生动物恶劣事件再次发生，现紧急通知如下：

一、深刻认识野生动物保护的重大政治意义

野生动物是自然生态系统的重要组成部分，对维护生态系统平衡和稳定发挥着十分重要的作用。野生动物保护意识的高低是衡量一个国家、一个民族文明进步的重要标志。当前，野生动物保护已成为国际社会关注的热点和敏感问题，直接关系到我国的国际形象和声誉。党中央、国务院一贯高度重视野生动物保护工作，习近平总书记多次对大熊猫、东北虎豹等珍稀濒危野生动物保护作出重要批示，要求高度重视野生动物保护事业，加强野生动物栖息地保护和拯救繁育工作，切实维护我国野生动物保护领域建立的良好国际形象和声誉。各级林业和草原主管部门要深刻认识野生动物保护和打击破坏野生动物资源犯罪行为的重大政治意义，坚定不移地贯彻落实习近平总书记等中央领导同志的重要指示批示精神，提高政治站位，增强"四个意识"，坚定"四个自信"，做到"两个维护"，切实履行好野生动物保护的监管职责，坚决遏制非法猎杀野生动物犯罪行为，守护好来之不易的保护成果。

二、强化组织协调，层层压实责任

各级林业和草原主管部门要从建设生态文明、维护生态安全的高度，进一步增强保护意识和责任意识，加强对野生动物保护和打击破坏野生动物资源犯罪行为的组织领导。一是建立健全部门协调机制。经国务院批准，国家层面已建立了由我局牵头的"打击野生动植物非法贸易部际联席会议制度"，部分省区也建立了部门间联席会议制度。已建立的省份，林业和草原主管部门要利用联席会议制度，牵好头，联合各部门开展联合打击等执法活动；还没有建立的省份，要主动向省区市政府报告，尽快建立协调机制，加强日常协作，真正形成多部门联合打击野生动植物非法贸易的长效机制。二是以上率下，层层压实责任，强化野生动物保护领导责任制。各级林业和草原主管部门主要负责同志作为第一责任人，要亲自部署、亲自督办、亲自检查，严防非法猎杀野生动物的重大事件的发生。要积极与地方政府协调，落实地方政府属地管理责任，切实做到落实到位、管理到岗、责任到人。推进与县、乡镇签订野生动物保护责任书，将野生动物保护纳入各级领导绩效考核内容。三是梳理排查薄弱环节，制定问题清单、整改清单、责任清单，并建立落实督察机制，从根本上改变监管软弱、执法不到位现象。

三、全面部署实施从源头、流通到市场各环节的监管举措

各级林业和草原主管部门要针对此次秦岭猎杀案反映出的问题，举一反三，查找从资源调查、栖息地保护、流通到市场监管等各项保护管理工作中的薄弱环节，全面整改。一是对本辖区野生动物资源及栖息地情况进行摸底调查，掌握重点物种分布及栖息地保护现状，为制定野生动物保护策略奠定基础。二是强化栖息地保护管理。各地要立即部署对本区域野生动物主要分布区和集群活动区进行清网、清套、清夹专项行动，清除非法猎捕工具；科学制定野外巡护、值守工作方案，在破坏野生动物资源犯罪活动高发的重点区域，增密、扩展、完善巡护路线；要不断创新保护管理手段和技术防范措施，在进入野生动物种重要栖息区域关键路径，科学设立视频监控等设施，

密切监控进入野生动物栖息地各类人员的活动，及时发现和查处违法犯罪行为，为案件侦破和查处犯罪行为提供线索和证据。三是加强协调执法监管，组织清理整顿，规范经营利用行为。针对非法猎杀的濒危野生动物轻易混入流通、进入市场致使破坏野生动物资源犯罪屡打不绝问题，各地林业和草原主管部门要充分履行职责，主动协调公安、市场监管、海关、边防、交通运输等部门，加大联合执法检查力度，对辖区内所有野生动物及其产品的经营场所进行一次拉网式排查；要针对新形势下野生动物犯罪的特点，协调网信、邮政等部门，与互联网企业联手，建立网络打击非法交易联盟平台，加强对电子商务、快递物流、社交媒体等的监管，净化网络环境，严厉打击网络交易等非法贩卖野生动物违法犯罪活动。

四、加强宣传教育，举全社会之力保护好野生动物资源

野生动物保护是一项社会性很强的公益事业，需要社会各界的广泛参与。一是各级林业和草原主管部门要积极利用传统媒介和微博、微信公众号等新媒体，向社会大力传播保护理念和知识，不断提升公众爱护野生动物、抵制非法交易、坚决摈弃陋习的自觉性。二是要动员社会力量，充分发挥志愿者、公益组织和民间团体的优势，创新宣传方式、扩大宣传范围，让宣传活动走向社会、进入校园、深入基层。三是要进一步发挥基层组织作用，鼓励重点村庄制定乡规民约，引导村民抵制非法经营和摒弃滥食野生动物陋习。四是要正确对待、积极回应、正面引导媒体报道和公众舆论。各级林业和草原主管部门要以开放的姿态欢迎社会各界力量加入到保护队伍中来，形成全社会共同保护野生动物、打击违法犯罪的新格局。

五、强化监督检查，确保各项监管措施落地见效

省级林业和草原主管部门要积极督导辖区内各项监管措施的落实。我局各派出机构要切实履行好监督职能，及时了解掌握各地存在的非法猎杀野生动物活动情况，与当地林业和草原主管部门分析现阶段监管工作中存在的问题，提出解决办法和改进方案。我局将派督导组对重点地区落实情况进行督导。自然资源部总督察办将介入，对各级政府和相关部门是否有效履职进行督察，对不依法履职或不作为的，将严肃问责。

特此通知。

国家林业和草原局

2019 年 3 月 8 日

濒危野生动植物种国际贸易公约附录
水生物种核准为国家重点保护野生动物名录

实施日期：2018年10月9日

根据《中华人民共和国野生动物保护法》（2016年第四十七号主席令公布），经科学论证，现发布《濒危野生动植物种国际贸易公约附录水生物种核准为国家重点保护野生动物名录》。

自公告发布之日起，濒危野生动植物种国际贸易公约附录水生物种按照被核准的国家重点保护动物级别进行国内管理。已列入国家重点保护名录的物种不再单独进行核准，按对应国家重点保护动物级别进行国内管理，进出口环节需同时遵守国际公约有关规定。

特此公告。

农业农村部

2018年10月9日

附件：濒危野生动植物种国际贸易公约附录水生动物物种核准为
国家重点保护野生动物名录

中文名	学名	公约附录级别	国家重点保护级别	
			现行名录保护级别	经核准后保护级别
脊索动物门 Chordata 哺乳纲 Mammalia				
食肉目 Carnivora				
鼬科 Mustelidae				
水獭亚科 Lutrinae				
小爪水獭	*Aonyx cinerea*	II	二	
水獭	*Lutra lutra*	I	二	
扎伊尔小爪水獭（仅包括喀麦隆和尼日利亚种群）	*Aonyx capensis microdon*	I		二
海獭南方亚种	*Enhydra lutris nereis*	I		二
秘鲁水獭	*Lontra felina*	I		二
长尾水獭	*Lontra longicaudis*	I		二

中文名	学名	公约附录级别	国家重点保护级别	
			现行名录保护级别	经核准后保护级别
智利水獭	*Lontra provocax*	I		二
日本水獭	*Lutra nippon*	I		二
大水獭	*Pteronura brasiliensis*	I		二
水獭亚科其他种	*Lutrinae* spp.	II		二
海象科 Odobenidae				
海象（加拿大）	*Odobenus rosmarus*	III		二
海狗科 Otariidae				
北美毛皮海狮	*Arctocephalus townsendi*	I		二
毛皮海狮属所有种（除被列入附录 I 的物种）	*Arctocephalus* spp.	II		二
海豹科 Phocidae				
僧海豹属所有种	*Monachus* spp.	I		二
南象海豹	*Mirounga leonina*	II		二
鲸目 Cetacea				
鲸目所有种（除被列入附录 I 的物种）	*Cetacea* spp.	II	二	
露脊鲸科 Balaenidae				
北极露脊鲸	*Balaena mysticetus*	I		二
露脊鲸属所有种	*Eubalaena* spp.	I	二	
须鲸科 Balaenopteridae				
小鳁鲸（除被列入附录 II 的西格陵兰种群）	*Balaenoptera acutorostrata*	I	二	
南极须鲸	*Balaenoptera bonaerensis*	I		二
鳁鲸	*Balaenoptera borealis*	I	二	
鳀鲸	*Balaenoptera edeni*	I	二	
蓝鲸	*Balaenoptera musculus*	I	二	
大村鲸	*Balaenoptera omurai*	I	二	
长须鲸	*Balaenoptera physalus*	I	二	
座头鲸	*Megaptera novaeangliae*	I	二	
海豚科 Delphinidae				

续表

中文名	学名	公约附录级别	国家重点保护级别	
			现行名录保护级别	经核准后保护级别
伊洛瓦底江豚	*Orcaella brevirostris*	I	二	
矮鳍海豚	*Orcaella heinsohni*	I		二
驼海豚属所有种	*Sotalia* spp.	I		二
中华白海豚	*Sousa chinensis*	I	一	
白海豚属所有种（除中华白海豚）	*Sousa* spp.	I		二
灰鲸科 Eschrichtiidae				
灰鲸	*Eschrichtius robustus*	I	二	
亚马孙河豚科 Iniidae				
白鱀豚	*Lipotes vexillifer*	I	一	
侏露脊鲸科 Neobalaenidae				
侏露脊鲸	*Caperea marginata*	I		二
鼠海豚科 Phocoenidae				
窄脊江豚（长江种群）	*Neophocaena asiaeorientalis*	I	一	
窄脊江豚（非长江种群）	*Neophocaena asiaeorientalis*	I	二	
印太江豚	*Neophocaena phocaenoides*	I	二	
海湾鼠海豚	*Phocoena sinus*	I		一
抹香鲸科 Physeteridae				
抹香鲸	*Physeter macrocephalus*	I	二	
淡水豚科 Platanistidae				
恒河喙豚属所有种	*Platanista* spp.	I		二
喙鲸科 Ziphiidae				
拜氏鲸属所有种	*Berardius* spp.	I		二
巨齿鲸属所有种	*Hyperoodon* spp.	I		二
海牛目 Sirenia				
儒艮科 Dugongidae				
儒艮	*Dugong dugon*	I	一	
海牛科 Trichechidae				
亚马孙海牛	*Trichechus inunguis*	I		一

中文名	学名	公约附录级别	国家重点保护级别	
			现行名录保护级别	经核准后保护级别
美洲海牛	*Trichechus manatus*	I		一
非洲海牛	*Trichechus senegalensis*	I		一
爬行纲 Reptilia				
鳄目 Crocodylia				
鳄目所有种 (除鼍及被列入附录 I 的物种)	*Crocodylia* spp.	II		二(仅野外种群)
鼍科 Alligatoridae				
中美短吻鼍	*Caiman crocodilus apaporiensis*	I		一(仅野外种群)
南美短吻鼍 (除被列入附录 II 的种群)	*Caiman latirostris*	I		一(仅野外种群)
亚马孙鼍(除被列入附录 II 的种群)	*Melanosuchus niger*	I		一(仅野外种群)
鳄科 Crocodylidae				
窄吻鳄 (除被列入附录 II 的种群)	*Crocodylus acutus*	I		一(仅野外种群)
尖吻鳄	*Crocodylus cataphractus*	I		一(仅野外种群)
中介鳄	*Crocodylus intermedius*	I		一(仅野外种群)
菲律宾鳄	*Crocodylus mindorensis*	I		一(仅野外种群)
佩滕鳄 (除被列入附录 II 的种群)	*Crocodylus moreletii*	I		一(仅野外种群)
尼罗鳄 (除被列入附录 II 的种群)	*Crocodylus niloticus*	I		一(仅野外种群)
恒河鳄	*Crocodylus palustris*	I		一(仅野外种群)
湾鳄 (除被列入附录 II 的种群)	*Crocodylus porosus*	I		一(仅野外种群)
菱斑鳄	*Crocodylus rhombifer*	I		一(仅野外种群)
暹罗鳄	*Crocodylus siamensis*	I		一(仅野外种群)
短吻鳄	*Osteolaemus tetraspis*	I		一(仅野外种群)
马来鳄	*Tomistoma schlegelii*	I		一(仅野外种群)
食鱼鳄科 Gavialidae				

中文名	学名	公约附录级别	国家重点保护级别	
			现行名录保护级别	经核准后保护级别
食鱼鳄	*Gavialis gangeticus*	I		一（仅野外种群）
蛇目 Serpentes				
游蛇科 Colubridae				
拟蚺蛇	*Clelia clelia*	II		二（仅野外种群）
南美水蛇	*Cyclagras gigas*	II		二（仅野外种群）
印度食卵蛇	*Elachistodon westermanni*	II		二（仅野外种群）
绿滇西蛇（印度）	*Atretium schistosum*	III		暂缓核准
波加丹蛇（印度）	*Cerberus rynchops*	III		暂缓核准
渔异色蛇（印度）	*Xenochrophis piscator*	III		暂缓核准
施氏异色蛇（印度）	*Xenochrophis scnurrenbergeri*	III		暂缓核准
提氏异色蛇（印度）	*Xenochrophis tytleri*	III		暂缓核准
龟鳖目 Testudines				
两爪鳖科 Carettochelyidae				
两爪鳖	*Carettochelys insculpta*	II		二（仅野外种群）
蛇颈龟科 Chelidae				
短颈龟	*Pseudemydura umbrina*	I		一（仅野外种群）
麦氏长颈龟	*Chelodina mccordi*	II		二（仅野外种群）
海龟科 Cheloniidae				
海龟科所有种	*Cheloniidae* spp.	I	二	
鳄龟科 Chelydridae				
拟鳄龟（美国）	*Chelydra serpentina*	III		暂缓核准
大鳄龟（美国）	*Macroclemys temminckii*	III		暂缓核准
泥龟科 Dermatemydidae				
泥龟	*Dermatemys mawii*	I		一（仅野外种群）
棱皮龟科 Dermochelyidae				
棱皮龟	*Dermochelys coriacea*	I	二	
龟科 Emydidae				
牟氏水龟	*Glyptemys muhlenbergii*	I		一（仅野外种群）
箱龟	*Terrapene coahuila*	I		一（仅野外种群）

中文名	学名	公约附录级别	国家重点保护级别	
			现行名录保护级别	经核准后保护级别
斑点水龟	*Clemmys guttata*	II		二（仅野外种群）
布氏拟龟	*Emydoidea blandingii*	II		二（仅野外种群）
木雕水龟	*Glyptemys insculpta*	II		二（仅野外种群）
钻纹龟	*Malaclemys terrapin*	II		二（仅野外种群）
箱龟属所有种（除被列入附录 I 的物种）	*Terrapene* spp.	II		二（仅野外种群）
图龟属所有种（美国）	*Graptemys* spp.	III		二（仅野外种群）
地龟科 Geoemydidae				
马来潮龟	*Batagur affinis*	I		一（仅野外种群）
潮龟	*Batagur baska*	I		一（仅野外种群）
黑池龟	*Geoclemys hamiltonii*	I		一（仅野外种群）
三脊棱龟	*Melanochelys tricarinata*	I		一（仅野外种群）
眼斑沼龟	*Morenia ocellata*	I		一（仅野外种群）
印度泛棱背龟	*Pangshura tecta*	I		一（仅野外种群）
咸水龟	*Batagur borneoensis*	II		二（仅野外种群）
三棱潮龟	*Batagur dhongoka*	II		二（仅野外种群）
红冠潮龟	*Batagur kachuga*	II		二（仅野外种群）
缅甸潮龟	*Batagur trivittata*	II		二（仅野外种群）
闭壳龟属所有种（除三线闭壳龟和云南闭壳龟）	*Cuora* spp.	II		二（仅野外种群）
三线闭壳龟	*Cuora trifasciata*	II	二	
云南闭壳龟	*Cuora yunnanensis*	II	二	
日本地龟	*Geoemyda japonica*	II		二（仅野外种群）
地龟	*Geoemyda spengleri*	II	二	
冠背草龟	*Hardella thurjii*	II		二（仅野外种群）
庙龟	*Heosemys annandalii*	II		二（仅野外种群）
扁东方龟	*Heosemys depressa*	II		二（仅野外种群）
大东方龟	*Heosemys grandis*	II		二（仅野外种群）
锯缘东方龟	*Heosemys spinosa*	II		二（仅野外种群）

续表

中文名	学名	公约附录级别	国家重点保护级别	
			现行名录保护级别	经核准后保护级别
苏拉威西地龟	*Leucocephalon yuwonoi*	II		二（仅野外种群）
大头马来龟	*Malayemys macrocephala*	II		二（仅野外种群）
马来龟	*Malayemys subtrijuga*	II		二（仅野外种群）
安南龟	*Mauremys annamensis*	II		二（仅野外种群）
日本拟水龟	*Mauremys japonica*	II		二（仅野外种群）
黄喉拟水龟	*Mauremys mutica*	II		二（仅野外种群）
黑颈乌龟	*Mauremys nigricans*	II		二（仅野外种群）
黑山龟	*Melanochelys trijuga*	II		二（仅野外种群）
印度沼龟	*Morenia petersi*	II		二（仅野外种群）
果龟	*Notochelys platynota*	II		二（仅野外种群）
巨龟	*Orlitia borneensis*	II		二（仅野外种群）
泛棱背龟属所有种（除附录 I 物种）	*Pangshura* spp.	II		二（仅野外种群）
眼斑水龟	*Sacalia bealei*	II		二（仅野外种群）
四眼斑水龟	*Sacalia quadriocellata*	II		二（仅野外种群）
粗颈龟	*Siebenrockiella crassicollis*	II		二（仅野外种群）
雷岛粗颈龟	*Siebenrockiella leytensis*	II		二（仅野外种群）
蔗林龟	*Vijayachelys silvatica*	II		二（仅野外种群）
艾氏拟水龟（中国）	*Mauremys iversoni*	III		二（仅野外种群）
大头乌龟（中国）	*Mauremys megalocephala*	III		二（仅野外种群）
腊戍拟水龟（中国）	*Mauremys pritchardi*	III		二（仅野外种群）
乌龟（中国）	*Mauremys reevesii*	III		二（仅野外种群）
花龟（中国）	*Mauremys sinensis*	III		二（仅野外种群）
缺颌花龟（中国）	*Ocadia glyphistoma*	III		二（仅野外种群）
费氏花龟（中国）	*Ocadia philippeni*	III		二（仅野外种群）
拟眼斑水龟（中国）	*Sacalia pesudocellata*	III		二（仅野外种群）
平胸龟科 Platysternidae				
平胸龟科所有种	*Platysternidae* spp.	I		一
侧颈龟科 Podocnemididae				

中文名	学名	公约附录级别	国家重点保护级别	
			现行名录保护级别	经核准后保护级别
马达加斯加大头侧颈龟	*Erymnochelys madagascariensis*	II		二（仅野外种群）
亚马孙大头侧颈龟	*Peltocephalus dumerilianus*	II		二（仅野外种群）
南美侧颈龟属所有种	*Podocnemis* spp.	II		二（仅野外种群）
鳖科 Trionychidae				
刺鳖深色亚种	*Apalone spinifera atra*	I		一（仅野外种群）
小头鳖	*Chitra chitra*	I		一（仅野外种群）
缅甸小头鳖	*Chitra vandijki*	I		一（仅野外种群）
恒河鳖	*Nilssonia gangeticus*	I		一（仅野外种群）
宏鳖	*Nilssonia hurum*	I		一（仅野外种群）
黑鳖	*Nilssonia nigricans*	I		一（仅野外种群）
亚洲鳖	*Amyda cartilaginea*	II		二（仅野外种群）
小头鳖属所有种（除被列入附录 I 的种类）	*Chitra* spp.	II		二（仅野外种群）
努比亚盘鳖	*Cyclanorbis elegans*	II		二（仅野外种群）
塞内加尔盘鳖	*Cyclanorbis senegalensis*	II		二（仅野外种群）
欧氏圆鳖	*Cycloderma aubryi*	II		二（仅野外种群）
赞比亚圆鳖	*Cycloderma frenatum*	II		二（仅野外种群）
马来鳖	*Dogania subplana*	II		二（仅野外种群）
斯里兰卡缘板鳖	*Lissemys ceylonensis*	II		二（仅野外种群）
缘板鳖	*Lissemys punctata*	II		二（仅野外种群）
缅甸缘板鳖	*Lissemys scutata*	II		二（仅野外种群）
孔雀鳖	*Nilssonia formosa*	II		二（仅野外种群）
莱氏鳖	*Nilssonia leithii*	II		二（仅野外种群）
山瑞鳖	*Palea steindachneri*	II	二	
鼋	*Pelochelys bibroni*	II	一	
鼋属所有种（除鼋）	*Pelochelys* spp.	II		二（仅野外种群）
砂鳖	*Pelodiscus axenaria*	II		二（仅野外种群）
东北鳖	*Pelodiscus maackii*	II		二（仅野外种群）
小鳖	*Pelodiscus parviformis*	II		二（仅野外种群）

续表

中文名	学名	公约附录级别	国家重点保护级别	
			现行名录保护级别	经核准后保护级别
大食斑鳖	*Rafetus euphraticus*	II		二（仅野外种群）
斑鳖	*Rafetus swinhoei*	II		一
非洲鳖	*Trionyx triunguis*	II		二（仅野外种群）
珍珠鳖（美国）	*Apalone ferox*	III		暂缓核准
滑鳖（美国）	*Apalone mutica*	III		暂缓核准
刺鳖（美国）（除列入附录 I 的亚种）	*Apalone spinifera*	III		暂缓核准
两栖纲 Amphibia				
有尾目 Caudata				
钝口螈科 Ambystomatidae				
钝口螈	*Ambystoma dumerilii*	II		二（仅野外种群）
墨西哥钝口螈	*Ambystoma mexicanum*	II		二（仅野外种群）
隐鳃鲵科 Cryptobranchidae				
大鲵属所有种（除大鲵）	*Andrias* spp.	I		二（仅野外种群）
大鲵	*Andrias davidianus*	I	二	
美洲大鲵（美国）	*Cryptobranchus alleganiensis*	III		暂缓核准
蝾螈科 Salamandridae				
桔斑螈	*Neurergus kaiseri*	I		暂缓核准
香港瘰螈	*Paramensotriton hongkongensis*	II		二级
北非真螈（阿尔及利亚）	*Salamandra algira*	III		暂缓核准
板鳃亚纲 Elasmobranchii				
真鲨目 Carcharhiniformes				
真鲨科 Carcharhinidae				
镰状真鲨	*Carcharhinus falciformis*	II		暂缓核准
长鳍真鲨	*Carcharhinus longimanus*	II		暂缓核准
双髻鲨科 Sphyrnidae				
路氏双髻鲨	*Sphyrna lewini*	II		暂缓核准
无沟双髻鲨	*Sphyrna mokarran*	II		暂缓核准

中文名	学名	公约附录级别	国家重点保护级别	
			现行名录保护级别	经核准后保护级别
锤头双髻鲨	*Sphyrna zygaena*	II		暂缓核准
鼠鲨目 Lamniformes				
长尾鲨科 Alopiidae				
长尾鲨属所有种	*Alopiidae* spp.	II		暂缓核准
姥鲨科 Cetorhinidae				
姥鲨	*Cetorhinus maximus*	II		二
鼠鲨科 Lamnidae				
噬人鲨	*Carcharodon carcharias*	II		二
鼠鲨	*Lamna nasus*	II		暂缓核准
鲼目 Myliobatiformes				
鲼科 Myliobatidae				
前口蝠鲼属所有种	*Manta* spp.	II		暂缓核准
蝠鲼属所有种	*Mobula* spp.	II		暂缓核准
江魟科 Potamotrygonidae				
巴西副江魟（哥伦比亚）	*Paratrygon aiereba*	III		暂缓核准
江魟属所有种（巴西种群）	*Potamotrygon* spp.	III		暂缓核准
密星江魟（哥伦比亚）	*Potamotrygon constellate*	III		暂缓核准
马氏江魟（哥伦比亚）	*Potamotrygon magdalenae*	III		暂缓核准
南美江魟（哥伦比亚）	*Potamotrygon motoro*	III		暂缓核准
奥氏江魟（哥伦比亚）	*Potamotrygon orbignyi*	III		暂缓核准
施罗德江魟（哥伦比亚）	*Potamotrygon schroederi*	III		暂缓核准
锉棘江魟（哥伦比亚）	*Potamotrygon scobina*	III		暂缓核准
耶氏江魟（哥伦比亚）	*Potamotrygon yepezi*	III		暂缓核准
须鲨目 Orectolobiformes				
鲸鲨科 Rhincodontidae				
鲸鲨	*Rhincodon typus*	II		二
锯鳐目 Pristiformes				
锯鳐科 Pristidae				
锯鳐科所有种	*Pristidae* spp.	I		暂缓核准

续表

中文名	学名	公约附录级别	国家重点保护级别	
			现行名录保护级别	经核准后保护级别
辐鳍亚纲 Actinopteri				
鲟形目 Acipebseriformes				
鲟形目所有种（除被列入附录Ⅰ的物种）	Acipenseriformes spp.	Ⅱ		二（仅野外种群）
鲟科 Acipenseridae				
短吻鲟	Acipenser brevirostrum	Ⅰ		一（仅野外种群）
鲟	Acipenser sturio	Ⅰ		一（仅野外种群）
中华鲟	Acipenser sinensis	Ⅱ	一	
达氏鲟	Acipenser dabryanus	Ⅱ	一	
匙吻鲟科 Polyodontidae				
白鲟	Psephurus gladius	Ⅱ	一	
鳗鲡目 Anguilliformes				
鳗鲡科 Anguillidae				
欧洲鳗鲡	Anguilla anguilla	Ⅱ		暂缓核准
鲤形目 Cypriniformes				
胭脂鱼科 Catostomidae				
丘裂鳍亚口鱼	Chasmistes cujus	Ⅰ		一
鲤科 Cyprinidae				
湄公河原鲃	Probarbus jullieni	Ⅰ		一
刚果盲鲃	Caecobarbus geertsii	Ⅱ		二
骨舌鱼目 Osteoglossiformes				
巨骨舌鱼科 Arapaimidae				
巨巴西骨舌鱼	Arapaima gigas	Ⅱ		二
骨舌鱼科 Osteoglossidae				
美丽硬仆骨舌鱼（包括丽纹硬骨舌鱼）	Scleropages formosus	Ⅰ		一（仅野外种群）
鲈形目 Perciformes				
隆头鱼科 Labridae				
波纹唇鱼（苏眉）	Cheilinus undulatus	Ⅱ		二

中文名	学名	公约附录级别	国家重点保护级别	
			现行名录保护级别	经核准后保护级别
盖刺鱼科 Pomacanthidae				
克拉里昂刺蝶鱼	*Holacanthus clarionensis*	II		二
石首鱼科 Sciaenidae				
加利福尼亚湾石首鱼	*Totoaba macdonaldi*	I		一
鲇形目 Siluriformes				
鱼芒科 Pangasiidae				
巨无齿鱼芒	*Pangasianodon gigas*	I		暂缓核准
骨鲇科 Loricariidae				
斑马下钩鲇 (巴西)	*Hypancistrus zebra*	III		暂缓核准
海龙鱼目 Syngnathiformes				
海龙鱼科 Syngnathidae				
海马属所有种（除克氏海马）	*Hippocampus* spp.	II		二
克氏海马	*Hippocampus kelloggi*	II	二	
肺鱼亚纲 Dipneusti				
角齿肺鱼目 Ceratodontiformes				
角齿肺鱼科 Ceratodontidae				
澳大利亚肺鱼	*Neoceratodus forsteri*	II		二
腔棘亚纲 Coelacanthi				
腔棘鱼目 Coelacanthiformes				
矛尾鱼科 Latimeriidae				
矛尾鱼属所有种	*Latimeria* spp.	I		一
棘皮动物门 Echinodermata				
海参纲 Holothuroidea				
楯手目 Aspidochirotida				
刺参科 Stichopodidae				
暗色刺参 (厄瓜多尔)	*Isostichopus fuscus*	III		暂缓核准
环节动物门 Annelida				
蛭纲 Hirudinoidea				

续表

中文名	学名	公约附录级别	国家重点保护级别	
			现行名录保护级别	经核准后保护级别
无吻蛭目 Arhynchobdellida				
医蛭科 Hirudinidae				
欧洲医蛭	*Hirudo medicinalis*	II		暂缓核准
侧纹医蛭	*Hirudo verbana*	II		暂缓核准
软体动物门 Mollusca				
双壳纲 Bivalvia				
贻贝目 Mytilotda				
贻贝科 Mytilidae				
普通石蛏	*Lithophaga lithophaga*	II		暂缓核准
珠蚌目 Unionoida				
蚌科 Unionidae				
雕刻射蚌	*Conradilla caelata*	I		暂缓核准
走蚌	*Dromus dromas*	I		暂缓核准
冠前嵴蚌	*Epioblasma curtisi*	I		暂缓核准
闪光前嵴蚌	*Epioblasma florentina*	I		暂缓核准
沙氏前嵴蚌	*Epioblasma sampsonii*	I		暂缓核准
全斜沟前嵴蚌	*Epioblasma sulcate perobliqua*	I		暂缓核准
舵瘤前嵴蚌	*Epioblasma torulosa gubernaculum*	I		暂缓核准
瘤前嵴蚌	*Epioblasma torulosa torulosa*	I		暂缓核准
膨大前嵴蚌	*Epioblasma turgidula*	I		暂缓核准
瓦氏前嵴蚌	*Epioblasma walkeri*	I		暂缓核准
楔状水蚌	*Fusconaia cuneolus*	I		暂缓核准
水蚌	*Fusconaia edgariana*	I		暂缓核准
希氏美丽蚌	*Lampsilis higginsii*	I		暂缓核准
球美丽蚌	*Lampsilis orbiculata orbiculata*	I		暂缓核准
多彩美丽蚌	*Lampsilis satur*	I		暂缓核准
绿美丽蚌	*Lampsilis virescens*	I		暂缓核准
皱疤丰底蚌	*Plethobasus cicatricosus*	I		暂缓核准

中文名	学名	公约附录级别	国家重点保护级别	
			现行名录保护级别	经核准后保护级别
古柏丰底蚌	*Plethobasus cooperianus*	I		暂缓核准
满侧底蚌	*Pleurobema plenum*	I		暂缓核准
大河蚌	*Potamilus capax*	I		暂缓核准
中间方蚌	*Quadrula intermedia*	I		暂缓核准
稀少方蚌	*Quadrula sparsa*	I		暂缓核准
柱状扁弓蚌	*Toxolasma cylindrella*	I		暂缓核准
V线珠蚌	*Unio nickliniana*	I		暂缓核准
德科马坦比哥珠蚌	*Unio tampicoensis tecomatensis*	I		暂缓核准
横条多毛蚌	*Villosa trabalis*	I		暂缓核准
阿氏强膨蚌	*Cyprogenia aberti*	II		暂缓核准
行瘤前崎蚌	*Epioblasmatorulosa rangiana*	II		暂缓核准
棒形侧底蚌	*Pleurobema clava*	II		暂缓核准
帘蛤目 Veneroida				
砗磲科 Tridacnidae				
库氏砗磲	*Tridacna cookiana*	II	一	
砗磲科所有种	*Tridacnidae* spp.	II		二
头足纲 Cephalopoda				
鹦鹉螺目 Nautilida				
鹦鹉螺科 Nautilidae				
鹦鹉螺科所有种	*Nautilidae* spp.	II	一	
腹足纲 Gastropoda				
中腹足目 Mesogastropoda				
凤螺科 Strombidae				
大凤螺	*Strombus gigas*	II		二
柄眼目 Stylommatophora				
小玛瑙螺科 Achatinellidae				
小玛瑙螺属所有种	*Achatinella* spp.	I		暂缓核准
坚齿螺科 Camaenidae				

续表

中文名	学名	公约附录级别	国家重点保护级别	
			现行名录保护级别	经核准后保护级别
美丽尖柱螺	*Papustyla pulcherrima*	Ⅱ		暂缓核准
刺胞亚门 Cnidaria				
珊瑚虫纲 Anthozoa				
角珊瑚目 Antipatharia				
角珊瑚目所有种	*Antipatharia* spp.	Ⅱ		二
柳珊瑚目 Gorginaceae				
红珊瑚科 Coralliidae				
瘦长红珊瑚（中国）	*Corallium elatius*	Ⅲ	一	
日本红珊瑚（中国）	*Corallium japonicum*	Ⅲ	一	
皮滑红珊瑚（中国）	*Corallium konjoi*	Ⅲ	一	
巧红珊瑚（中国）	*Corallium secundum*	Ⅲ	一	
苍珊瑚目 Helioporacea				
苍珊瑚科 Helioporidae				
苍珊瑚科所有种（仅包括苍珊瑚 *Heliopora coerulea*，不含化石）	*Helioporidae* spp.	Ⅱ		二
石珊瑚目 Scleractinia				
石珊瑚目所有种（不含化石）	*Scleractinia* spp.	Ⅱ		二
多茎目 Stolonifera				
笙珊瑚科 Tubiporidae				
笙珊瑚科所有种（不含化石）	*Tubiporidae* spp.	Ⅱ		二
水螅纲 Hydrozoa				
多孔螅目 Milleporina				
多孔螅科 Milleporidae				
多孔螅科所有种（不含化石）	*Milleporidae* spp.	Ⅱ		二
柱星螅目 Stylasterina				
柱星螅科 Stylasteridae				
柱星螅科所有种（不含化石）	*Stylasteridae* spp.	Ⅱ		二

农业农村部办公厅关于规范濒危野生动植物种
国际贸易公约附录水生动物物种审批管理工作的通知

实施日期：2018年11月28日

根据《中华人民共和国野生动物保护法》有关规定，我部于前期印发农业农村部公告第69号，对《濒危野生动植物种国际贸易公约》附录水生动物物种的国内管理级别进行重新核准。为进一步明确管理要求，规范上述物种的人工繁育、出售购买利用和进出口审批工作，现就有关事项通知如下。

一、《濒危野生动植物种国际贸易公约》（以下简称"CITES"）附录中的水生动物物种，已经列入国家重点保护野生动物名录的，或尚未列入国家重点保护野生动物名录、但其野外种群和人工繁育种群均已被我部核准为国家重点保护野生动物的，按照对应保护级别进行国内管理。申请人工繁育、出售购买利用上述物种的，应依法办理人工繁育许可证或经营利用批文。

二、CITES附录中的水生动物物种，尚未列入国家重点保护野生动物名录、仅野外种群被核准为国家重点保护野生动物的，其野外种群按照对应保护级别进行国内管理，人工繁育种群不再视为国家重点保护野生动物。申请人工繁育、出售购买利用上述物种的，无论涉及野外种群或人工繁育种群，均应依法办理人工繁育许可证或经营利用批文。

三、CITES附录中的水生动物物种，尚未列入国家重点保护野生动物名录、被暂缓核准的，不再视为国家重点保护野生动物进行国内管理，无需办理人工繁育许可证或经营利用批文。但是，已按照CITES公约要求制定单独管理政策的，依照相关管理政策执行。

四、CITES附录中的水生动物物种，在进出口环节的管理要求不受国内保护级别核准影响。需要进口或出口CITES附录水生动物物种的，需按CITES公约和有关法律法规要求，报经农业农村部和国家濒危物种进出口管理办公室批准。

各地在开展水生野生动物审批管理过程中，对发现的新问题、新情况可及时与我部渔业渔政管理局沟通联系。

联系人：张宇，联系电话：010-59193273。

农业农村部办公厅

2018年11月28日

国家重点保护野生动物名录

实施日期：2021年2月1日

　　《国家重点保护野生动物名录》（见附件）于2021年1月4日经国务院批准，现予以公布，自公布之日起施行。

　　本公告发布前已经合法开展人工繁育经营活动，因名录调整依法需要变更、申办有关管理证件、行政许可决定的，应当于2021年6月30日前提出申请，在行政许可决定作出前，可依法继续从事相关活动。

　　特此公告。

　　附件：国家重点保护野生动物名录

国家林业和草原局

农业农村部

2021年2月1日

附件

国家重点保护野生动物名录

中文名	学名	保护级别	备注
脊索动物门 CHORDATA			
哺乳纲 MAMMALIA			
灵长目#	**PRIMATES**		
懒猴科	**Lorisidae**		
蜂猴	*Nycticebus bengalensis*	一级	
倭蜂猴	*Nycticebus pygmaeus*	一级	
猴科	**Cercopilhecidae**		
短尾猴	*Macaca arctoides*	二级	
熊猴	*Macaca assamensis*	二级	
台湾猴	*Macaca cyclopis*	一级	

续表

中文名	学名	保护级别		备注
北豚尾猴	*Macaca leonina*	一级		原名"豚尾猴"
白颊猕猴	*Macaca leucogenys*		二级	
猕猴	*Macaca mulatta*		二级	
藏南猕猴	*Macaca munzala*		二级	
藏酋猴	*Macaca thibetana*		二级	
喜山长尾叶猴	*Semnopithecus schistaceus*	一级		
印支灰叶猴	*Tmchypithecus crepusculus*	一级		
黑叶猴	*Trachypithecus francoisi*	一级		
菲氏叶猴	*Trachypithecus phayrei*	一级		
戴帽叶猴	*Trachypithecus pileatus*	一级		
白头叶猴	*Trachypithecus leucocephalus*	一级		
肖氏乌叶猴	*Trachypithecus shortridgei*	一级		
滇金丝猴	*Rhinopithecus bieti*	一级		
黔金丝猴	*Rhinopithecus brelichi*	一级		
川金丝猴	*Rhinopithecus roxellana*	一级		
怒江金丝猴	*Rhinopithecus strykeri*	一级		
长臂猿科	**Hylobatidae**			
西白眉长臂猿	*Hoolock hoollck*	一级		
东白眉长臂猿	*Hoolock leuconedys*	一级		
高黎贡白眉长臂猿	*Hoolock tianxing*	一级		
白掌长臂猿	*Hylobates lar*	一级		
西黑冠长臂猿	*Nomascus concolor*	一级		
东黑冠长臂猿	*Nomascus nasutus*	一级		
海南长臂猿	*Nomascus hainanus*	一级		
北白颊长臂猿	*Nomascus leucogenys*	一级		
鳞甲目#	**PHOLIDOTA**			
鲮鲤科	**Manidae**			
印度穿山甲	*Manis cmssicaudata*	一级		
马来穿山甲	*Manis javanica*	一级		
穿山甲	*Manis pentadactyla*	一级		

中文名	学名	保护级别	备注
食肉目	**CARNIVORA**		
犬科	**Canidae**		
狼	*Canis lupus*	二级	
亚洲胡狼	*Canis aureus*	二级	
豺	*Cuon alpinus*	一级	
貉	*Nyctereutes procyonoides*	二级	仅限野外种群
沙狐	*Vulpes corsac*	二级	
藏狐	*Vulpes ferrilata*	二级	
赤狐	*Vulpes vulpes*	二级	
熊科#	**Ursidae**		
懒熊	*Melursus ursinus*	二级	
马来熊	*Helarctos malayanus*	一级	
棕熊	*Ursus arctos*	二级	
黑熊	*Ursus thibetanus*	二级	
大熊猫科#	**Ailuropodidae**		
大熊猫	*Ailuropoda melanoleuca*	一级	
小熊猫科#	**Ailuridae**		
小熊猫	*Ailurus fulgens*	二级	
鼬科	**Mustelidae**		
黄喉貂	*Martes flavigula*	二级	
石貂	*Martes foina*	二级	
紫貂	*Martes zibellina*	一级	
貂熊	*Gulo gulo*	一级	
* 小爪水獭	*Aonyx cinerea*	二级	
* 水獭	*Lutra lutra*	二级	
* 江獭	*Lutrogale perspicillata*	二级	
灵猫科	**Viverridae**		
大斑灵猫	*Viverra megaspila*	一级	
大灵猫	*Viverra zibetha*	一级	
小灵猫	*Viverricula indica*	一级	

续表

中文名	学名	保护级别		备注
椰子猫	*Paradoxurus hermaphroditus*		二级	
熊狸	*Arctictis binturong*	一级		
小齿狸	*Arctogalidia trivirgata*	一级		
缟灵猫	*Chrotogale owstoni*	一级		
林狸科	**Prionodontidae**			
斑林狸	*Prionodon pardicolor*		二级	
猫科#	**Felidae**			
荒漠猫	*Felis bieti*	一级		
丛林猫	*Felis chaus*	一级		
草原斑猫	*Felis silvestris*		二级	
渔猫	*Felis viverrinus*		二级	
兔狲	*Otocolobus manul*		二级	
猞猁	*Lynx lynx*		二级	
云猫	*Pardofelis marmorata*		二级	
金猫	*Pardofelis termminckii*	一级		
豹猫	*Prionailurus bengalensis*		二级	
云豹	*Neofelis nebulosa*	一级		
豹	*Panthera pardus*	一级		
虎	*Panthera tigris*	一级		
雪豹	*Panthera uncia*	一级		
海狮科#	**Otariidae**			
＊北海狗	*Callorhinus ursinus*		二级	
＊北海狮	*Eumetopias jubatus*		二级	
海豹科#	**Phocidae**			
＊西太平洋斑海豹	*Phoca largha*	一级		原名"斑海豹"
＊髯海豹	*Erignathus barbatus*		二级	
＊环海豹	*Pusa hispida*		二级	
长鼻目#	**PROBOSCIDEA**			
象科	**Elephantidae**			
亚洲象	*Elephas maximus*	一级		

续表

中文名	学名	保护级别	备注
奇蹄目	**PERISSODACTYLA**		
马科	**Equidae**		
普氏野马	*Equus ferns*	一级	原名"野马"
蒙古野驴	*Equus hemionus*	一级	
藏野驴	*Equus kiang*	一级	原名"西藏野驴"
偶蹄目	**ARTIODACTYLA**		
骆驼科	**Camelidae**		原名"驼科"
野骆驼	*Camelus ferus*	一级	
鼷鹿科#	**Tragulidae**		
威氏鼷鹿	*Tragulus williamsoni*	一级	原名"鼷鹿"
麝科#	**Moschidae**		
安徽麝	*Moschus anhuiensis*	一级	
林麝	*Moschus berezovskii*	一级	
马麝	*Moschus chrysogaster*	一级	
黑麝	*Moschus fuscus*	一级	
喜马拉雅麝	*IMoschus leucogaster*	一级	
原麝	*Moschus moschiferus*	一级	
鹿科	**Cervidae**		
獐	*Hydropotes inermis*	二级	原名"河麂"
黑麂	*Muntiacus crinifrons*	一级	
贡山麂	*Muntiacus gongshanensis*	二级	
海南麂	*Munliacus nigripes*	二级	
豚鹿	*Axis porcinus*	一级	
水鹿	*Cervus equinus*	二级	
梅花鹿	*Cervus nippon*	一级	仅限野外种群
马鹿	*Cervus canadensis*	二级	仅限野外种群
西藏马鹿（包括白臀鹿）	*Cervus wallichii(C.w.macneilli)*	一级	
塔里木马鹿	*Cervus yarkandensis*	一级	仅限野外种群
坡鹿	*Panolia siamensis*	一级	
白唇鹿	*Przewalskium albirostris*	一级	

中文名	学名	保护级别		备注
麋鹿	*Elaphurus davidianus*	一级		
毛冠鹿	*Elaphodus cephalophus*		二级	
驼鹿	*Alces alces*	一级		
牛科	**Bovidae**			
野牛	*Bos gaurus*	一级		
爪哇野牛	*Bos javanicus*	一级		
野牦牛	*Bos mutus*	一级		
蒙原羚	*Procapra gutturosa*	一级		原名"黄羊"
藏原羚	*Procapra picticaudata*		二级	
普氏原羚	*Procapra przewalskii*	一级		
鹅喉羚	*Gazella subgutturosa*		二级	
藏羚	*Pantholops hodgsonii*	一级		
高鼻羚羊	*Saiga tatarica*	一级		
秦岭羚牛	*Budorcas bedfordi*	一级		
四川羚牛	*Budorcas tibetanus*	一级		
不丹羚牛	*Budorcas whitei*	一级		
贡山羚牛	*Budorcas taxicolor*	一级		
赤斑羚	*Naemorhedus baileyi*	一级		
长尾斑羚	*Naemorhedus caudatus*		二级	
缅甸斑羚	*Naemorhedus evansi*		二级	
喜马拉雅斑羚	*Naemorhedus goral*	一级		
中华斑羚	*Naemorhedus griseus*		二级	
塔尔羊	*Hemitragus jemlahicus*	一级		
北山羊	*Capra sibirica*		二级	
岩羊	*Pseudois nayaur*		二级	
阿尔泰盘羊	*Ovis ammon*		二级	
哈萨克盘羊	*Ovis collium*		二级	
戈壁盘羊	*Ovis darwini*		二级	
西藏盘羊	*Ovis hodgsoni*	一级		
天山盘羊	*Ovis karelini*		二级	

续表

中文名	学名	保护级别		备注
帕米尔盘羊	*Ovis polii*		二级	
中华鬣羚	*Capricornis milneedwardsii*		二级	
红鬣羚	*Capricornis rubidus*		二级	
台湾鬣羚	*Capricornis swinhoei*	一级		
喜马拉雅鬣羚	*Capricornis thar*	一级		
啮齿目	**RODENTIA**			
河狸科 #	**Casloridae**			
河狸	*Castor fiber*	一级		
松鼠科	**Sciuridae**			
巨松鼠	*Ratufa bicolor*		二级	
兔形目	**LAGOMORPHA**			
鼠兔科	**Ochotonidae**			
贺兰山鼠兔	*Ochotona argentata*		二级	
伊犁鼠兔	*Ochotona iliensis*		二级	
兔科	**Leporidae**			
粗毛兔	*Caprolagus hispidus*		二级	
海南兔	*Lepus hainanus*		二级	
雪兔	*Lepus timidus*		二级	
塔里木兔	*Lepus yarkandensis*		二级	
海牛目 #	**SIRENIA**			
儒艮科	**Dugongidae**			
＊儒艮	*Dugong dugon*	一级		
鲸目 #	**CETACEA**			
露脊鲸科	**Balacnidae**			
＊北太平洋露脊鲸	*Eubalaena japonica*	一级		
灰鲸科	**Eschrichtiidae**			
＊灰鲸	*Eschrichtius robustus*	一级		
须鲸科	**Balaenopteridae**			
＊蓝鲸	*Balaenoptera musculus*	一级		
＊小须鲸	*Balaenoptera acutorostrata*	一级		

中文名	学名	保护级别		备注
＊塞鲸	*Balaenoptera borealis*	一级		
＊布氏鲸	*Balaenoptera edeni*	一级		
＊大村鲸	*Balaenoptera omurai*	一级		
＊长须鲸	*Balaenoptera physalus*	一级		
＊大翅鲸	*Megaptera novaeangliae*	一级		
白鱀豚科	**Lipotidae**			
＊白鱀豚	*Lipotes vexillifer*	一级		
恒河豚科	**Platanistidae**			
＊恒河豚	*Platanista gangetica*	一级		
海豚科	**Delphinidae**			
＊中华白海豚	*Sousa chinensis*	一级		
＊糙齿海豚	*Steno bredanensis*		二级	
＊热带点斑原海豚	*Stenella attenuata*		二级	
＊条纹原海豚	*Stenella coeruleoalba*		二级	
＊飞旋原海豚	*Stenella longirostris*		二级	
＊长喙真海豚	*Delphinus capensis*		二级	
＊真海豚	*Delphinus delphis*		二级	
＊印太瓶鼻海豚	*Tursiops aduncus*		二级	
＊瓶鼻海豚	*Tursiops truncatus*		二级	
＊弗氏海豚	*Lagenodelphis hosei*		二级	
＊里氏海豚	*Grampus griseus*		二级	
＊太平洋斑纹海豚	*Lagenorhynchus obliquidens*		二级	
＊瓜头鲸	*Peponocephala electra*		二级	
＊虎鲸	*Orci1nus orca*		二级	
＊伪虎鲸	*Pseudorca crassidens*		二级	
＊小虎鲸	*Feresa attenuata*		二级	
＊短肢领航鲸	*Globicephala macrorhynchus*		二级	
鼠海豚科	**Phocoenidae**			
＊长江江豚	*Neophocaena asiaeorientalis*	一级		
＊东亚江豚	*Neophocaena sunameri*		二级	

续表

中文名	学名	保护级别	备注
＊印太江豚	*Neophocaena phocaenoides*	二级	
抹香鲸科	**Physeteridae**		
＊抹香鲸	*Physeter macrocephalus*	一级	
＊小抹香鲸	*Kogia breviceps*	二级	
＊侏抹香鲸	*Kogia sima*	二级	
喙鲸科	**Ziphidae**		
＊鹅喙鲸	*Ziphius cavirostris*	二级	
＊柏氏中喙鲸	*Mesoplodon densirostris*	二级	
＊银杏齿中喙鲸	*Mesoplodon ginkgodens*	二级	
＊小中喙鲸	*Mesoplodon peruvianus*	二级	
＊贝氏喙鲸	*Berardius bairdii*	二级	
＊朗氏喙鲸	*Indopacetus pacificus*	二级	
鸟纲 AVES			
鸡形目	**GALLIFORMES**		
雉科	**Phasianidae**		
环颈山鹧鸪	*Arborophila torqueola*	二级	
四川山鹧鸪	*Arborophila rufipectus*	一级	
红喉山鹧鸪	*Arborophila rufogularis*	二级	
白眉山鹧鸪	*Arborophila gingica*	二级	
白颊山鹧鸪	*Arborophila atrogularis*	二级	
褐胸山鹧鸪	*Arborophila brunneopectus*	二级	
红胸山鹧鸪	*Arborophila mandellii*	二级	
台湾山鹧鸪	*Arborophila crudigularis*	二级	
海南山鹧鸪	*Arborophila ardens*	一级	
绿脚树鹧鸪	*Tropicoperdix chloropus*	二级	
花尾榛鸡	*Tetrastes bonasia*	二级	
斑尾榛鸡	*Tetrastes sewerzowi*	一级	
镰翅鸡	*Falcipennis falcipennis*	二级	
松鸡	*Tetrao urogallus*	二级	
黑嘴松鸡	*Tetrao urogalloides*	一级	原名"细嘴松鸡"

中文名	学名	保护级别		备注
黑琴鸡	*Lyrurus tetrix*	一级		
岩雷鸟	*Lagopus muta*		二级	
柳雷鸟	*Logopus lagopus*		二级	
红喉雉鹑	*Tetraophasis obscurus*	一级		
黄喉雉鹑	*Tetraophasis szechenyii*	一级		
暗腹雪鸡	*Tetraogallus himalayensis*		二级	
藏雪鸡	*Tetraogallus tibetanus*		二级	
阿尔泰雪鸡	*Tetraogallus altaicus*		二级	
大石鸡	*Alectoris magna*		二级	
血雉	*Ithaginis cruentus*		二级	
黑头角雉	*Tragopan melanocephalus*	一级		
红胸角雉	*Tragopan satyra*	一级		
灰腹角雉	*Tragopan blythii*	一级		
红腹角雉	*Tragopan temminckii*		二级	
黄腹角雉	*Tragopan caboti*	一级		
勺鸡	*Pucrasia macrolopha*		二级	
棕尾虹雉	*Lophophorus impejanus*	一级		
白尾梢虹雉	*Lophophorus sclateri*	一级		
绿尾虹雉	*Lophophorus lhuysii*	一级		
红原鸡	*Gallus gallus*		二级	原名"原鸡"
黑鹇	*Lophura leucomelanos*		二级	
白鹇	*Lophura nycthemera*		二级	
蓝腹鹇	*Lophura swinhoii*	一级		原名"蓝鹇"
白马鸡	*Crossoptilon crossoptilon*		二级	
藏马鸡	*Crossoptilon harmani*		二级	
褐马鸡	*Crossoptilon mantchuricum*	一级		
蓝马鸡	*Crossoptilon auritum*		二级	
白颈长尾雉	*Syrmaticus ellioti*	一级		
黑颈长尾雉	*Syrmaticus humiae*	一级		
黑长尾雉	*Syrmaticus mikado*	一级		

中文名	学名	保护级别		备注
白冠长尾雉	*Syrmaticus reevesii*	一级		
红腹锦鸡	*Chrysolophus pictus*		二级	
白腹锦鸡	*Chrysolophus amherstiae*		二级	
灰孔雀雉	*Polyplectron bicalcaratum*	一级		
海南孔雀雉	*Polyplectron katsumatae*	一级		
绿孔雀	*Pavo muticus*	一级		
雁形目	**ANSERIFORMES**			
鸭科	**Anatidae**			
栗树鸭	*Dendrocygna javanica*		二级	
鸿雁	*Anser cygnoid*		二级	
白额雁	*Anser albifrons*		二级	
小白额雁	*Anser erythropus*		二级	
红胸黑雁	*Branta ruficollis*		二级	
疣鼻天鹅	*Cygnus olor*		二级	
小天鹅	*Cygnus columbianus*		二级	
大天鹅	*Cygnus cygnus*		二级	
鸳鸯	*Aix galericulata*		二级	
棉凫	*Nettapus coromandelianus*		二级	
花脸鸭	*Sibirionetta formosa*		二级	
云石斑鸭	*Marmaronetta angustirostris*		二级	
青头潜鸭	*Aythya baeri*	一级		
斑头秋沙鸭	*Mergellus albellus*		二级	
中华秋沙鸭	*Mergus squamatus*	一级		
白头硬尾鸭	*Oxyura leucocephala*	一级		
白翅栖鸭	*Asarcornis scutulata*		二级	
䴙䴘目	**PODICIPEDIFORMES**			
䴙䴘科	**Podicipedidae**			
赤颈䴙䴘	*Podiceps grisegena*		二级	
角䴙䴘	*Podiceps auritus*		二级	
黑颈䴙䴘	*Podiceps nigricollis*		二级	

中文名	学名	保护级别	备注
鸽形目	**COLUMBIFORMES**		
鸠鸽科	**Columbidae**		
中亚鸽	*Columba eversmanni*	二级	
斑尾林鸽	*Columba palumbus*	二级	
紫林鸽	*Columba punicea*	二级	
斑尾鹃鸠	*Macropygia unchall*	二级	
菲律宾鹃鸠	*Macropygia tenuirostris*	二级	
小鹃鸠	*Macropygia ruficeps*	一级	原名"棕头鹃鸠"
橙胸绿鸠	*Treron bicinctus*	二级	
灰头绿鸠	*Treron pompadora*	二级	
厚嘴绿鸠	*Treron curvirostra*	二级	
黄脚绿鸠	*Treron phoenicopterus*	二级	
针尾绿鸠	*Treron apicauda*	二级	
楔尾绿鸠	*Treron sphenurus*	二级	
红翅绿鸠	*Treron sieboldii*	二级	
红顶绿鸠	*Treron formosae*	二级	
黑额果鸠	*Ptilinopus leclancheri*	二级	
绿皇鸠	*Ducula aenea*	二级	
山皇鸠	*Ducula badia*	二级	
沙鸡目	**PTEROCLIFORMES**		
沙鸡科	**Pteroclidae**		
黑腹沙鸡	*Pterocles orientalis*	二级	
夜鹰目	**CAPRIMULGIFORMES**		
蛙口夜鹰科	**Podargidae**		
黑顶蛙口夜鹰	*Batrachostomus hodgsoni*	二级	
凤头雨燕科	**Hemiprocnidae**		
凤头雨燕	*Hemiprocne coronata*	二级	
雨燕科	**Apodidae**		
爪哇金丝燕	*Aerodramus fuciphagus*	二级	
灰喉针尾雨燕	*Hinmdapus cochinchinensis*	二级	

续表

中文名	学名	保护级别	备注
鹃形目	**CUCULIFORMES**		
杜鹃科	**Cuculidae**		
褐翅鸦鹃	*Centropus sinensis*	二级	
小鸦鹃	*Centropus bengalensis*	二级	
鸨形目#	**OTIDIFORMES**		
鸨科	**Otididae**		
大鸨	*Otis tarda*	一级	
波斑鸨	*Chlamydotis macqueenii*	一级	
小鸨	*Tetrax tetrax*	一级	
鹤形目	**GRUIFORMES**		
秧鸡科	**Rallidae**		
花田鸡	*Coturnicops exquisitus*	二级	
长脚秧鸡	*Crex crex*	二级	
棕背田鸡	*Zapornia bicolor*	二级	
姬田鸡	*Zapornia parva*	二级	
斑胁田鸡	*Zapornia paykullii*	二级	
紫水鸡	*Porphyrio porphyrio*	二级	
鹤科#	**Gruidae**		
白鹤	*Gros leucogeranus*	一级	
沙丘鹤	*Grus canadensis*	二级	
白枕鹤	*Grus vipio*	一级	
赤颈鹤	*Grus antigone*	一级	
蓑羽鹤	*Grus virgo*	二级	
丹顶鹤	*Grus japonensis*	一级	
灰鹤	*Grus grus*	二级	
白头鹤	*Grus monacha*	一级	
黑颈鹤	*Grus nigricollis*	一级	
鸻形目	**CHARADRIIFORMES**		
石鸻科	**Burhinidae**		
大石鸻	*Esacus recurvirostris*	二级	

中文名	学名	保护级别	备注
鹮嘴鹬科	**Ibidorhynchidae**		
鹮嘴鹬	*Ibidorhyncha struthersii*	二级	
鸻科	**Charadriidae**		
黄颊麦鸡	*Vanellus gregarius*	二级	
水雉科	**Jacanidae**		
水雉	*Hydrophasianus chirurgus*	二级	
铜翅水雉	*Metopidius indicus*	二级	
鹬科	**Scolopacidae**		
林沙锥	*Gallinago nemoricola*	二级	
半蹼鹬	*Limnodromus semipalmatus*	二级	
小杓鹬	*Numenius minutus*	二级	
白腰杓鹬	*Numenius arquata*	二级	
大杓鹬	*Numenius madagascariensis*	二级	
小青脚鹬	*Tringa guttifer*	一级	
翻石鹬	*Arenaria interpres*	二级	
大滨鹬	*Calidris tenuirostris*	二级	
勺嘴鹬	*Calidris pygmaea*	一级	
阔嘴鹬	*Calidris falcinellus*	二级	
燕鸻科	**Glareolidae**		
灰燕鸻	*Glareola lactea*	二级	
鸥科	**Laridae**		
黑嘴鸥	*Saundersilarus saundersi*	一级	
小鸥	*Hydrocoloeus minutus*	二级	
遗鸥	*Ichthyaetus relictus*	一级	
大凤头燕鸥	*Thalasseus bergii*	二级	
中华凤头燕鸥	*Thalasseus bernsteini*	一级	原名"黑嘴端凤头燕鸥"
河燕鸥	*Sterna aurantia*	一级	原名"黄嘴河燕鸥"
黑腹燕鸥	*Sterna acuticauda*	二级	
黑浮鸥	*Chlidonias niger*	二级	

续表

中文名	学名	保护级别	备注
海雀科	**Alcidae**		
冠海雀	*Synthliboramphus wumizusume*	二级	
鹱形目	**PROCELLARIIFORMES**		
信天翁科	**Diomedeidae**		
黑脚信天翁	*Phoebastria nigripes*	一级	
短尾信天翁	*Phoebastria albatrus*	一级	
鹳形目	**CICONIIFORMES**		
鹳科	**Ciconiidae**		
彩鹳	*Mycteria leucocephala*	一级	
黑鹳	*Ciconia nigra*	一级	
白鹳	*Ciconia ciconia*	一级	
东方白鹳	*Ciconia boyciana*	一级	
秃鹳	*Leptoptilos javanicus*	二级	
鲣鸟目	**SULIFORMES**		
军舰鸟科	**Fregatidae**		
白腹军舰鸟	*Fregata andrewsi*	一级	
黑腹军舰鸟	*Fregata minor*	二级	
白斑军舰鸟	*Fregata ariel*	二级	
鲣鸟科#	**Sulidae**		
蓝脸鲣鸟	*Sula dactylatra*	二级	
红脚鲣鸟	*Sula sula*	二级	
褐鲣鸟	*Sula leucogaster*	二级	
鸬鹚科	**Phalacrocoracidae**		
黑颈鸬鹚	*Microcarbo niger*	二级	
海鸬鹚	*Phalacrocorax pelagicus*	二级	
鹈形目	**PELECANIFORMEs**		
鹮科	**Threskiornithidae**		
黑头白鹮	*Threskiornis melanocephalus*	一级	原名"白鹮"
白肩黑鹮	*Pseudibis davisoni*	一级	原名"黑鹮"
朱鹮	*Nipponia nippon*	一级	

中文名	学名	保护级别		备注
彩鹮	*Plegadis falcinellus*	一级		
白琵鹭	*Platalea leucorodia*		二级	
黑脸琵鹭	*Platalea minor*	一级		
鹭科	**Ardeidae**			
小苇鳽	*Ixobrychus minutus*		二级	
海南鳽	*Gorsachius magnificus*	一级		原名"海南虎斑鳽"
栗头鳽	*Gorsachius goisagi*		二级	
黑冠鳽	*Gorsachius melanolophus*		二级	
白腹鹭	*Ardea insignis*	一级		
岩鹭	*Egretta sacra*		二级	
黄嘴白鹭	*Egretta eulophotes*	一级		
鹈鹕科 #	**Pelecanidae**			
白鹈鹕	*Pelecanus onocrotalus*	一级		
斑嘴鹈鹕	*Pelecanus philippensis*	一级		
卷羽鹈鹕	*Pelecanus crispus*	一级		
鹰形目 #	**ACCIPITRIFORMES**			
鹗科	**Pandionidae**			
鹗	*Pandion haliaetus*		二级	
鹰科	**Accipitridae**			
黑翅鸢	*Elanus caeruleus*		二级	
胡兀鹫	*Gypaetus barbatus*	一级		
白兀鹫	*Neophron percnopterus*		二级	
鹃头蜂鹰	*Pernis apivorus*		二级	
凤头蜂鹰	*Pernis ptilorhynchus*		二级	
褐冠鹃隼	*Aviceda jerdoni*		二级	
黑冠鹃隼	*Aviceda leuphotes*		二级	
兀鹫	*Gyps fulvus*		二级	
长嘴兀鹫	*Gyps indicus*		二级	
白背兀鹫	*Gyps bengalensis*	一级		原名"拟兀鹫"
高山兀鹫	*Gyps himalayensis*		二级	

中文名	学名	保护级别		备注
黑兀鹫	*Sarcogyps calvus*	一级		
秃鹫	*Aegypius monachus*	一级		
蛇雕	*Spilornis cheela*		二级	
短趾雕	*Circaetus gallicus*		二级	
凤头鹰雕	*Nisaetus cirrhatus*		二级	
鹰雕	*Nisaetus nipalensis*		二级	
棕腹隼雕	*Lophotriorchis kienerii*		二级	
林雕	*Ictinaetus malaiensis*		二级	
乌雕	*Clanga clanga*	一级		
靴隼雕	*Hieraaetus pennatus*		二级	
草原雕	*Aquila nipalensis*	一级		
白肩雕	*Aquila heliaca*	一级		
金雕	*Aquila chrysaetos*	一级		
白腹隼雕	*Aquila fasciata*		二级	
凤头鹰	*Ace,Piter trivirgatus*		二级	
褐耳鹰	*Accipiter badius*		二级	
赤腹鹰	*Accipiter soloensis*		二级	
日本松雀鹰	*Accipiter gularis*		二级	
松雀鹰	*Accipiter virgatus*		二级	
雀鹰	*Accipiter nisus*		二级	
苍鹰	*Accipiter gentilis*		二级	
白头鹞	*Circus aeruginosus*		二级	
白腹鹞	*Circus spilonotus*		二级	
白尾鹞	*Circus cyaneus*		二级	
草原鹞	*Circus macrourus*		二级	
鹊鹞	*Circus melanoleucos*		二级	
乌灰鹞	*Circus pygargus*		二级	
黑鸢	*Milvus migrans*		二级	
栗鸢	*Haliastur indus*		二级	
白腹海雕	*Haliaeetus leucogaster*	一级		

中文名	学名	保护级别		备注
玉带海雕	*Haliaeetus leucoryphus*	一级		
白尾海雕	*Haliaeetus albicilla*	一级		
虎头海雕	*Haliaeetus pelagicus*	一级		
渔雕	*lcthyophaga humilis*		二级	
白眼鵟鹰	*Butastur teesa*		二级	
棕翅鵟鹰	*Butastur liventer*		二级	
灰脸鵟鹰	*Butastur indicus*		二级	
毛脚鵟	*Buteo lagopus*		二级	
大鵟	*Buteo hemilasius*		二级	
普通鵟	*Buteo japonicus*		二级	
喜山鵟	*Buteo refectus*		二级	
欧亚鵟	*Buteo buteo*		二级	
棕尾鵟	*Buteo rufinus*		二级	
鸮形目#	**STRIGIFORMES**			
鸱鸮科	**Strigidae**			
黄嘴角鸮	*Otus spilocephalus*		二级	
领角鸮	*Otus lettia*		二级	
北领角鸮	*Otus semitorques*		二级	
纵纹角鸮	*Otus brucei*		二级	
西红角鸮	*Otus scops*		二级	
红角鸮	*Otus sunia*		二级	
优雅角鸮	*Otus elegans*		二级	
雪鸮	*Bubo scandiacus*		二级	
雕鸮	*Bubo bubo*		二级	
林雕鸮	*Bubo nipalensis*		二级	
毛腿雕鸮	*Bubo blakistoni*	一级		
褐渔鸮	*Ketupa zeylonensis*		二级	
黄腿渔鸮	*Ketupa flavipes*		二级	
褐林鸮	*Strix leptogrammica*		二级	
灰林鸮	*Strix aluco*		二级	

中文名	学名	保护级别		备注
长尾林鸮	*Strix uralensis*		二级	
四川林鸮	*Strix davidi*	一级		
乌林鸮	*Strix nebulosa*		二级	
猛鸮	*Sumia ulula*		二级	
花头鸺鹠	*Glaucidium passerinum*		二级	
领鸺鹠	*Glaucidium brodiei*		二级	
斑头鸺鹠	*Glaucidium cuculoides*		二级	
纵纹腹小鸮	*Athene noctua*		二级	
横斑腹小鸮	*Athene brama*		二级	
鬼鸮	*Aegolius funereus*		二级	
鹰鸮	*Ninox scutulata*		二级	
日本鹰鸮	*Ninox japonica*		二级	
长耳鸮	*Asio otus*		二级	
短耳鸮	*Asio flammeus*		二级	
草鸮科	**Tytonidae**			
仓鸮	*Tyto alba*		二级	
草鸮	*Tyto longimembris*		二级	
栗鸮	*Phodilus badius*		二级	
咬鹃目 #	**TROGONIFORMES**			
咬鹃科	**Trogonidae**			
橙胸咬鹃	*Harpactes oreskios*		二级	
红头咬鹃	*Harpactes erythrocephalus*		二级	
红腹咬鹃	*Harpactes wardi*		二级	
犀鸟目	**BUCEROTIFORMES**			
犀鸟科 #	**Bucerotidae**			
白喉犀鸟	*Anorrhinus austeni*	一级		
冠斑犀鸟	*Anthracoceros albirostris*	一级		
双角犀鸟	*Buceros bicornis*	一级		
棕颈犀鸟	*Aceros nipalensis*	一级		
花冠皱盔犀鸟	*Rhyticeros undulatus*	一级		

中文名	学名	保护级别	备注
佛法僧目	**CORACIIFORMES**		
蜂虎科	**Meropidae**		
赤须蜂虎	*Nycryornis amictus*	二级	
蓝须蜂虎	*Nyctyornis athertoni*	二级	
绿喉蜂虎	*Merops orientalis*	二级	
蓝颊蜂虎	*Merops persicus*	二级	
栗喉蜂虎	*Merops philippinus*	二级	
彩虹蜂虎	*Merops ornatus*	二级	
蓝喉蜂虎	*Merops viridis*	二级	
栗头蜂虎	*Merops leschenaulti*	二级	原名"黑胸蜂虎"
翠鸟科	**Alcedinidae**		
鹳嘴翡翠	*Pelargopsis capensis*	二级	原名"鹳嘴翠鸟"
白胸翡翠	*Halcyon smyrnensis*	二级	
蓝耳翠鸟	*Alcedo meninting*	二级	
斑头大翠鸟	*Alcedo hercules*	二级	
啄木鸟目	**PICIFORMES**		
啄木鸟科	**Picidae**		
白翅啄木鸟	*Dendrocopos leucopterus*	二级	
三趾啄木鸟	*Picoides tridactylus*	二级	
白腹黑啄木鸟	*Dryocopus javensis*	二级	
黑啄木鸟	*Dryocopus martius*	二级	
大黄冠啄木鸟	*Chrysophlegma flavinucha*	二级	
黄冠啄木鸟	*Picus chlorolophus*	二级	
红颈绿啄木鸟	*Ficus rabieri*	二级	
大灰啄木鸟	*Mulleripicus pulverulentus*	二级	
隼形目#	**FALCONIFORMES**		
隼科	**Falconidae**		
红腿小隼	*Microhierax caerulescens*	二级	
白腿小隼	*Microhierax melanoleucos*	二级	
黄爪隼	*Falco naumanni*	二级	

中文名	学名	保护级别		备注
红隼	*Falco tinnunculus*		二级	
西红脚隼	*Falco vespertinus*		二级	
红脚隼	*Falco amurensis*		二级	
灰背隼	*Falco columbarius*		二级	
燕隼	*Falco subbuteo*		二级	
猛隼	*Falco severus*		二级	
猎隼	*Falco cherrug*	一级		
矛隼	*Falco rusticolus*	一级		
游隼	*Falco peregrinus*		二级	
鹦形目 #	**PSITTACIFORMES**			
鹦鹉科	**Psittacidae**			
短尾鹦鹉	*Loriculus vernalis*		二级	
蓝腰鹦鹉	*Psittinus cyanurus*		二级	
亚历山大鹦鹉	*Psittacula eupatria*		二级	
红领绿鹦鹉	*Psittacula krameri*		二级	
青头鹦鹉	*Psittacula himalayana*		二级	
灰头鹦鹉	*Psittacula finschii*		二级	
花头鹦鹉	*Psittacula roseata*		二级	
大紫胸鹦鹉	*Psittacula derbiana*		二级	
绯胸鹦鹉	*Psittacula alexandri*		二级	
雀形目	**PASSERIFORMES**			
八色鸫科 #	**Pitlidac**			
双辫八色鸫	*Pitta phayrei*		二级	
蓝枕八色鸫	*Pitta nipalensis*		二级	
蓝背八色鸫	*Pitta soror*		二级	
栗头八色鸫	*Pitta oatesi*		二级	
蓝八色鸫	*Pitta cyanea*		二级	
绿胸八色鸫	*Pitta sordida*		二级	
仙八色鸫	*Pitta nympha*		二级	
蓝翅八色鸫	*Pitta moluccensis*		二级	

续表

中文名	学名	保护级别		备注
阔嘴鸟科#	**Eurylaimidae**			
长尾阔嘴鸟	*Psarisomus dalhousiae*		二级	
银胸丝冠鸟	*Serilophus lunatus*		二级	
黄鹂科	**Oriolidae**			
鹊鹂	*Oriolus mellianus*		二级	
卷尾科	**Dicruridae**			
小盘尾	*Dicrurus remifer*		二级	
大盘尾	*Dicrurns paradiseus*		二级	
鸦科	**Corvidae**			
黑头噪鸦	*Perisoreus internigrans*	一级		
蓝绿鹊	*Cissa chinensis*		二级	
黄胸绿鹊	*Cissa hypoleuca*		二级	
黑尾地鸦	*Podoces hendersoni*		二级	
白尾地鸦	*Podoces biddulphi*		二级	
山雀科	**Paridae**			
白眉山雀	*Poecile superciliosus*		二级	
红腹山雀	*Poecile davidi*		二级	
百灵科	*Alaudidae*			
歌百灵	*Mirafra javanica*		二级	
蒙古百灵	*Melanocorypha mongolica*		二级	
云雀	*Alauda arvensis*		二级	
苇莺科	**Acrocephalidae**			
细纹苇莺	*Acrocephalus sorghophilus*		二级	
鹎科	**Pycnonotidoe**			
台湾鹎	*Pycnonotus taivanus*		二级	
莺鹛科	**Sylviidae**			
金胸雀鹛	*Lioparus chrysotis*		二级	
宝兴鹛雀	*Moupinia poecilotis*		二级	
中华雀鹛	*Fulvetta striaticollis*		二级	
三趾鸦雀	*Cholornis paradoxus*		二级	

中文名	学名	保护级别		备注
白眶鸦雀	*Sinosuthora conspicillata*		二级	
暗色鸦雀	*Sinosuthora zappeyi*		二级	
灰冠鸦雀	*Sinosuthora przewalskii*	一级		
短尾鸦雀	*Neosuthora davidiana*		二级	
震旦鸦雀	*Paradoxomis heudei*		二级	
绣眼鸟科	**Zosteropidae**			
红胁绣眼鸟	*Zosterops erythropleurus*		二级	
林鹛科	**Timaliidae**			
淡喉鹩鹛	*Spelaeornis kinneari*		二级	
弄岗穗鹛	*Stachyris nonggangensis*		二级	
幽鹛科	**Pcllorneidae**			
金额雀鹛	*Schoeniparus variegaticeps*	一级		
噪鹛科	**Leiothrichidae**			
大草鹛	*Babax waddelli*		二级	
棕草鹛	*Babax koslowi*		二级	
画眉	*Garrulax canorus*		二级	
海南画眉	*Garrulax owstoni*		二级	
台湾画眉	*Garrulax taewanus*		二级	
褐胸噪鹛	*Garrulax maesi*		二级	
黑额山噪鹛	*Garrulax sukatschewi*	一级		
斑背噪鹛	*Garrulax lunulatus*		二级	
白点噪鹛	*Garrulax bieti*	一级		
大噪鹛	*Gairulax maximus*		二级	
眼纹噪鹛	*Garrulax ocellatus*		二级	
黑喉噪鹛	*Garrulax chinensis*		二级	
蓝冠噪鹛	*Garrulax courtoisi*	一级		
棕噪鹛	*Garrulax berthemyi*		二级	
橙翅噪鹛	*Trochalopteron elliotii*		二级	
红翅噪鹛	*Trochalopteron fonnosum*		二级	
红尾噪鹛	*Trochalopteron milnei*		二级	

续表

中文名	学名	保护级别		备注
黑冠薮鹛	*Liocichla bugunorum*	一级		
灰胸薮鹛	*Liocichla omeiensis*	一级		
银耳相思鸟	*Leiothrix argentauris*		二级	
红嘴相思鸟	*Leiothrix lutea*		二级	
旋木雀科	**Certhiidae**			
四川旋木雀	*Certhia tianquanensis*		二级	
䴓科	**Sittidae**			
滇䴓	*Sitta yunnanensis*		二级	
巨䴓	*Sitta magna*		二级	
丽䴓	*Sitta formosa*		二级	
椋鸟科	**Sturnidae**			
鹩哥	*Gracula religiosa*		二级	
鸫科	**Turdidae**			
褐头鸫	*Turdusfeae*		二级	
紫宽嘴鸫	*Cochoa purpurea*		二级	
绿宽嘴鸫	*Cochoa viridis*		二级	
鹟科	**Muscicapidae**			
棕头歌鸲	*Larvivora ruficeps*	一级		
红喉歌鸲	*Calliope calliope*		二级	
黑喉歌鸲	*Calliope obscura*		二级	
金胸歌鸲	*Calliope pectardens*		二级	
蓝喉歌鸲	*Luscinia svecica*		二级	
新疆歌鸲	*Luscinia megarhynchos*		二级	
棕腹林鸲	*Tarsiger hyperythrus*		二级	
贺兰山红尾鸲	*Phoenicurus alaschanicus*		二级	
白喉石䳭	*Saxicola insignis*		二级	
白喉林鹟	*Cyomis brunneatus*		二级	
棕腹大仙鹟	*Niltava davidi*		二级	
大仙鹟	*Niltava grandis*		二级	
岩鹨科	**Prunellidae**			

续表

中文名	学名	保护级别	备注
贺兰山岩鹨	*Prunella koslowi*	二级	
朱鹀科	**Urocynchramidae**		
朱鹀	*Urocynchramus pylzowi*	二级	
燕雀科	**Fringillidae**		
褐头朱雀	*Carpodacus sillemi*	二级	
藏雀	*Carpodacus roborowskii*	二级	
北朱雀	*Carpodacus roseus*	二级	
红交嘴雀	*Loxia curvirostra*	二级	
鹀科	**Emberizidae**		
蓝鹀	*Emberiza siemsseni*	二级	
栗斑腹鹀	*Emberiza jankowskii*	一级	
黄胸鹀	*Emberiza aureola*	一级	
藏鹀	*Emberiza koslowi*	二级	
爬行纲 REPTILIA			
龟鳖目	**TESTUDINES**		
平胸龟科#	**Platysternidae**		
＊平胸龟	*Platystemon megacephalurn*	二级	仅限野外种群
陆龟科#	**Testudinidae**		
缅甸陆龟	*Indotestudo elongata*	一级	
凹甲陆龟	*Manouria impressa*	一级	
四爪陆龟	*Testudo horsfieldii*	一级	
地龟科	**Geoemydidae**		
＊欧氏摄龟	*Cyclemys oldhamii*	二级	
＊黑颈乌龟	*Mauremys nigricans*	二级	仅限野外种群
＊乌龟	*Mauremys reevesii*	二级	仅限野外种群
＊花龟	*Mauremys sinensis*	二级	仅限野外种群
＊黄喉拟水龟	*Mauremys mutica*	二级	仅限野外种群
＊闭壳龟属所有种	*Cuora spp.*	二级	仅限野外种群
＊地龟	*Geoemyda spengleri*	二级	
＊眼斑水龟	*Sacalia bealei*	二级	仅限野外种群

中文名	学名	保护级别		备注
＊四眼斑水龟	*Sacalia quadriocellata*		二级	仅限野外种群
海龟科＃	**Cheloniidae**			
＊红海龟	*Caretta caretta*	一级		原名"蠵龟"
＊绿海龟	*Chelonia mydas*	一级		
＊玳瑁	*Eretmochelys imbricata*	一级		
＊太平洋丽龟	*Lepidochelys olivacea*	一级		
棱皮龟科＃	**Dermochelyidae**			
＊棱皮龟	*Dermochelys coriacea*	一级		
鳖科	**Trionychidae**			
＊鼋	*Pelochelys cantorii*	一级		
＊山瑞鳖	*Polea steindachneri*		二级	仅限野外种群
＊斑鳖	*Rafetus swinhoei*	一级		
有鳞目	**SQUAMATA**			
壁虎科	**Gekkonidae**			
大壁虎	*Gekko gecko*		二级	
黑疣大壁虎	*Gekko reevesii*		二级	
球趾虎科	**Sphaerodactylidae**			
伊犁沙虎	*Teratoscincus scincus*		二级	
吐鲁番沙虎	*Teratoscincus roborowskii*		二级	
睑虎科＃	**Eublepharidae**			
英德睑虎	*Goniurosaurus yingdeensis*		二级	
越南睑虎	*Goniurosaurus araneus*		二级	
霸王岭睑虎	*Goniurosaurus bawanglingensis*		二级	
海南睑虎	*Goniurosaurus hainanensis*		二级	
嘉道理睑虎	*Goniurosaurus kadoorieorum*		二级	
广西睑虎	*Goniurosaurus kwangsiensis*		二级	
荔波睑虎	*Goniurosaurus liboensis*		二级	
凭祥睑虎	*Goniurosaurus luii*		二级	
蒲氏睑虎	*Goniurosaurus zhelongi*		二级	
周氏睑虎	*Goniurosaurus zhoui*		二级	

续表

中文名	学名	保护级别		备注
鬣蜥科	**Agamidae**			
巴塘龙蜥	*Diploderma batangense*		二级	
短尾龙蜥	*Diploderma brevicaudurn*		二级	
侏龙蜥	*Diploderma drukdaypo*		二级	
滑腹龙蜥	*Diploderma laeviventre*		二级	
宜兰龙蜥	*Diploderma luei*		二级	
溪头龙蜥	*Diploderma makii*		二级	
帆背龙蜥	*Diploderma vela*		二级	
蜡皮蜥	*Leiolepis reevesii*		二级	
贵南沙蜥	*Phrynocephalus guinanensis*		二级	
大耳沙蜥	*Phrynocephalus mystaceus*	一级		
长鬣蜥	*Physignathus cocincinus*		二级	
蛇蜥科 #	**Anguidae**			
细脆蛇蜥	*Ophisaurus gracilis*		二级	
海南脆蛇蜥	*Ophisaurus hainanensis*		二级	
脆蛇蜥	*Ophisaurus harti*		二级	
鳄蜥科	**Shinisauridae**			
鳄蜥	*Shinisaurus crocodilurus*	一级		
巨蜥科 #	**Varanidae**			
孟加拉巨蜥	*Varanus bengalensis*	一级		
圆鼻巨蜥	*Varanus salvator*	一级		原名"巨蜥"
石龙子科	**Scincidae**			
桓仁滑蜥	*Scincella huanrenensis*		二级	
双足蜥科	**Dibamidae**			
香港双足蜥	*Dibamus bogadeki*		二级	
盲蛇科	**Typblopidae**			
香港盲蛇	*Indotyphlops lazelli*		二级	
筒蛇科	**Cylindrophiidae**			
红尾筒蛇	*Cylindrophis ruffus*		二级	
闪鳞蛇科	**Xenopeltidae**			

续表

中文名	学名	保护级别	备注
闪鳞蛇	*Xenopeltis unicolor*	二级	
蚺科 #	**Boidae**		
红沙蟒	*Eryx miliaris*	二级	
东方沙蟒	*Eryx tataricus*	二级	
蟒科 #	**Pythonidae**		
蟒蛇	*Python bivittatus*	二级	原名"蟒"
闪皮蛇科	**Xenodermidae**		
井冈山脊蛇	*Achalinus jinggangensis*	二级	
游蛇科	**Colubridae**		
三索蛇	*Coelognathus radiatus*	二级	
团花锦蛇	*Elaphe davidi*	二级	
横斑锦蛇	*Euprepiophis perlaceus*	二级	
尖喙蛇	*Rhynchophis boulengeri*	二级	
西藏温泉蛇	*Thermophis baileyi*	一级	
香格里拉温泉蛇	*Thermophis shangrila*	一级	
四川温泉蛇	*Thermophis zhaoermii*	一级	
黑网乌梢蛇	*Zaocys carinatus*	二级	
瘰鳞蛇科	**Acrochordidae**		
＊瘰鳞蛇	*Acrochordus granulatus*	二级	
眼镜蛇科	**Elapidae**		
眼镜王蛇	*Ophiophagus hannah*	二级	
＊蓝灰扁尾海蛇	*Laticauda colubrina*	二级	
＊扁尾海蛇	*Laticauda laticaudata*	二级	
＊半环扁尾海蛇	*Laticauda semifasciata*	二级	
＊龟头海蛇	*Emydocephalus ijimae*	二级	
＊青环海蛇	*Hydrophis cyanocinctus*	二级	
＊环纹海蛇	*Hydrophis fasciatus*	二级	
＊黑头海蛇	*Hydrophis melanocephalus*	二级	
＊淡灰海蛇	*Hydrophis ornatus*	二级	
＊棘眦海蛇	*Hydrophis peronii*	二级	
＊棘鳞海蛇	*Hydrophis stokesii*	二级	

续表

中文名	学名	保护级别	备注
＊青灰海蛇	*Hydrophis caerulescens*	二级	
＊平颏海蛇	*Hydrophis curtus*	二级	
＊小头海蛇	*Hydrophis gracilis*	二级	
＊长吻海蛇	*Hydrophis platurus*	二级	
＊截吻海蛇	*Hydrophis jerdonii*	二级	
＊海蝰	*Hydrophis viperinus*	二级	
蝰科	**Viperidae**		
泰国圆斑蝰	*Daboia siamensis*	二级	
蛇岛蝮	*Gloydius shedaoensis*	二级	
角原矛头蝮	*Protobothrops cornutus*	二级	
莽山烙铁头蛇	*Protobothrops mangshanensis*	一级	
极北蝰	*Vipera berus*	二级	
东方蝰	*Vipera renardi*	二级	
鳄目	**CROCODYLIA**		
鼍科#	**Alligatoridae**		
＊扬子鳄	*Alligator sinensis*	一级	
两栖纲 AMPHIBIA			
蚓螈目	**GYMNOPHIONA**		
鱼螈科	**Ichthyophiidae**		
版纳鱼螈	*Ichthyophis bannanicus*	二级	
有尾目	**CAUDATA**		
小鲵科#	**Hynobiidae**		
＊安吉小鲵	*Hynobius amjiensis*	一级	
＊中国小鲵	*Hynobius chinensis*	一级	
＊挂榜山小鲵	*Hynobius guabangshanensis*	一级	
＊猫儿山小鲵	*Hynobius maoershansis*	一级	
＊普雄原鲵	*Protohynobius puxiongensis*	一级	
＊辽宁爪鲵	*Onychodactylus zhaoermii*	一级	
＊吉林爪鲵	*Onychodactylus zhangyapingi*	二级	
＊新疆北鲵	*Ranodon sibiricus*	二级	
＊极北鲵	*Salamandrella keyserlingii*	二级	

中文名	学名	保护级别	备注
＊巫山巴鲵	*Liua shihi*	二级	
＊秦巴巴鲵	*Liua tsinpaensis*	二级	
＊黄斑拟小鲵	*Pseudohynobius flavomaculatus*	二级	
＊贵州拟小鲵	*Pseudohynobius guizhouensis*	二级	
＊金佛拟小鲵	*Pseudohynobius jinfo*	二级	
＊宽阔水拟小鲵	*Pseudohynobius kuankuoshuiensis*	二级	
＊水城拟小鲵	*Pseudohynobius shuichengensis*	二级	
＊弱唇褶山溪鲵	*Batrachuperus cochranae*	二级	
＊无斑山溪鲵	*Batrachuperus karlschmidti*	二级	
＊龙洞山溪鲵	*Batrachuperus londongensis*	二级	
＊山溪鲵	*Batrachuperus pinchonii*	二级	
＊西藏山溪鲵	*Batrachuperus tibetanus*	二级	
＊盐源山溪鲵	*Batrachuperus yenyuanensis*	二级	
＊阿里山小鲵	*Hynobius arisanensis*	二级	
＊台湾小鲵	*Hynobius formosanus*	二级	
＊观雾小鲵	*Hynobius fucus*	二级	
＊南湖小鲵	*Hynobius glacialis*	二级	
＊东北小鲵	*Hynobius leechii*	二级	
＊楚南小鲵	*Hynobius sonani*	二级	
＊义乌小鲵	*Hynobius yiwuensis*	二级	
隐鳃鲵科	**Cryptobranchidae**		
＊大鲵	*Andrias davidianus*	二级	仅限野外种群
蝾螈科	**Salamandroidae**		
＊潮汕蝾螈	*Cynops orphicus*	二级	
＊大凉螈	*Liangshantriton taliangensis*	二级	原名"大凉疣螈"
＊贵州疣螈	*Tylototriton kweichowensis*	二级	
＊川南疣螈	*Tylototriton pseudoverrucosus*	二级	
＊丽色疣螈	*Tylototriton pulcherrima*	二级	
＊红瘰疣螈	*Tylotolriton shanjing*	二级	
＊棕黑疣螈	*Tylototriton verrucosus*	二级	原名"细瘰疣螈"
＊滇南疣螈	*Tylototriton yangi*	二级	

续表

中文名	学名	保护级别		备注
＊安徽瑶螈	*Yaotriton anhuiensis*		二级	
＊细痣瑶螈	*Yaotriton asperrimus*		二级	原名"细痣疣螈"
＊宽脊瑶螈	*Yaotriton broadoridgus*		二级	
＊大别瑶螈	*Yaotriton dabienicus*		二级	
＊海南瑶螈	*Yaotriton hainanensis*		二级	
＊浏阳瑶螈	*Yaotriton liuyangensis*		二级	
＊莽山瑶螈	*Yaotriton lizhenchangi*		二级	
＊文县瑶螈	*Yaotriton wenxianensis*		二级	
＊蔡氏瑶螈	*Yaotriton ziegleri*		二级	
＊镇海棘螈	*Echinotriton chinhaiensis*	一级		原名"镇海疣螈"
＊琉球棘螈	*Echinotriton andersoni*		二级	
＊高山棘螈	*Echinotriton maxiquadratus*		二级	
＊橙脊瘰螈	*Paramesotriton aurantius*		二级	
＊尾斑瘰螈	*Paramesotriton caudopunctatus*		二级	
＊中国瘰螈	*Paramesotriton chinensis*		二级	
＊越南瘰螈	*Paramesotriton deloustali*		二级	
＊富钟瘰螈	*Paramesotriton fuzhongensis*		二级	
＊广西瘰螈	*Paramesotriton guangxiensis*		二级	
＊香港瘰螈	*Paramesotriton hongkongensis*		二级	
＊无斑瘰螈	*Paramesotriton labiatus*		二级	
＊龙里瘰螈	*Paramesotriton longliensis*		二级	
＊茂兰瘰螈	*Paramesotriton maolanensis*		二级	
＊七溪岭瘰螈	*Paramesotriton qixilingensis*		二级	
＊武陵瘰螈	*Paramesotriton wulingensis*		二级	
＊云雾瘰螈	*Paramesotriton yunwuensis*		二级	
＊织金瘰螈	*Paramesotriton zhijinensis*		二级	
无尾目	**ANURA**			
角蟾科	**Megophryidae**			
抱龙角蟾	*Boulenophrys baolongensis*		二级	
凉北齿蟾	*Oreolalax liangbeiensis*		二级	

续表

中文名	学名	保护级别		备注
金顶齿突蟾	*Scutiger chintingensis*		二级	
九龙齿突蟾	*Scutiger jiulongensis*		二级	
木里齿突蟾	*Scutiger muliensis*		二级	
宁陕齿突蟾	*Scutiger ningshanensis*		二级	
平武齿突蟾	*Scutiger pingwuensis*		二级	
哀牢髭蟾	*Vibrissaphora ailaonica*		二级	
峨眉髭蟾	*Vibrissaphora boringii*		二级	
雷山髭蟾	*Vibrissaphora leishanensis*		二级	
原髭蟾	*Vibrissaphora promustache*		二级	
南澳岛角蟾	*Xenophrys insularis*		二级	
水城角蟾	*Xenophrys shuichengensis*		二级	
蟾蜍科	**Bufonidae**			
史氏蟾蜍	*Bufo stejnegeri*		二级	
鳞皮小蟾	*Parapelophryne scalpta*		二级	
乐东蟾蜍	*Qiongbufo ledongensis*		二级	
无棘溪蟾	*Bufo aspinius*		二级	
叉舌蛙科	**Dicroglossidae**			
＊虎纹蛙	*Hoplobatrachus chinensis*		二级	仅限野外种群
＊脆皮大头蛙	*Limnonectes fragilis*		二级	
＊叶氏肛刺蛙	*Yerana yei*		二级	
蛙科	**Ranidae**			
＊海南湍蛙	*Amolops hainanensis*		二级	
＊香港湍蛙	*Amolops hongkongensis*		二级	
＊小腺蛙	*Glandirana minima*		二级	
＊务川臭蛙	*Odorrana wuchuanensis*		二级	
树蛙科	**Rhacophoridae**			
巫溪树蛙	*Rhacophorus hongchibaensis*		二级	
老山树蛙	*Rhacophorus laoshan*		二级	
罗默刘树蛙	*Liuixalus romeri*		二级	
洪佛树蛙	*Rhacophorus hungfuensis*		二级	

续表

中文名	学名	保护级别	备注
文昌鱼纲 AMPHIOXI			
文昌鱼目	**AMPHIOXIFORMES**		
文昌鱼科#	**Branchiostomatidae**		
＊厦门文昌鱼	*Branchiostoma belcheri*	二级	仅限野外种群。原名"文昌鱼"
＊青岛文昌鱼	*Branchiostoma tsingdauense*	二级	仅限野外种群
圆口纲 CYCLOSTOMATA			
七鳃鳗目	**PETROMYZONTIFORMES**		
七鳃鳗科#	**Pelromyzontidae**		
＊日本七鳃鳗	*Lampetra japonica*	二级	
＊东北七鳃鳗	*Lampetra morii*	二级	
＊雷氏七鳃鳗	*Lampetra reissneri*	二级	
软骨鱼纲 CHONDRICHTHYES			
鼠鲨目	**LAMNIFORMES**		
姥鲨科	**Cetorbinidae**		
＊姥鲨	*Cetorhinus maximus*	二级	
鼠鲨科	**Lamnidae**		
＊噬人鲨	*Carcharodon carcharias*	二级	
须鲨目	**ORECTOLOBIFORMES**		
鲸鲨科	**Rhincodontidae**		
＊鲸鲨	*Rhincodon typus*	二级	
鲼目	**MYLIOBATIFORMES**		
魟科	**Dasyalidae**		
＊黄魟	*Dasyatis bennettii*	二级	仅限陆封种群
硬骨鱼纲 OSTEICHTHYES			
鲟形目#	**ACIPENSERIFORMES**		
鲟科	**Acipenseridae**		
＊中华鲟	*Acipenser sinensis*	一级	
＊长江鲟	*Acipenser dabryanus*	一级	原名"达氏鲟"
＊鳇	*Huso dauricus*	一级	仅限野外种群
＊西伯利亚鲟	*Acipenser baerii*	二级	仅限野外种群

中文名	学名	保护级别		备注
＊裸腹鲟	*Acipenser nudiventris*		二级	仅限野外种群
＊小体鲟	*Acipenser ruthenus*		二级	仅限野外种群
＊施氏鲟	*Acipenser schrenckii*		二级	仅限野外种群
匙吻鲟科	**Polyodontidae**			
＊白鲟	*Psephurns gladius*	一级		
鳗鲡目	**ANGUILLIFORMES**			
鳗鲡科	**Anguillidae**			
＊花鳗鲡	*Anguilla marmorata*		二级	
鲱形目	**CLUPEIFORMES**			
鲱科	**Clupeidae**			
＊鲥	*Tenualosa reevesii*	一级		
鲤形目	*CYPRINIFORMES*			
双孔鱼科	**Gyrinocheilidae**			
＊双孔鱼	*Gyrinocheilus aymonieri*		二级	仅限野外种群
裸吻鱼科	**Psilorhynchidae**			
＊平鳍裸吻鱼	*Psilorhynchus homaloptera*		二级	
亚口鱼科	**Catostomidae**			原名"胭脂鱼科"
＊胭脂鱼	*Myxocyprinus asiaticus*		二级	仅限野外种群
鲤科	**Cyprinidae**			
＊唐鱼	*Tanichthys albonubes*		二级	仅限野外种群
＊稀有鮈鲫	*Gobiocypris rarus*		二级	仅限野外种群
＊鯮	*Luciobrama macrocephalus*		二级	
＊多鳞白鱼	*Anabarilius polylepis*		二级	
＊山白鱼	*Anabarilius transmontanus*		二级	
＊北方铜鱼	*Coreius septentrionalis*	一级		
＊圆口铜鱼	*Coreius guichenoti*		二级	仅限野外种群
＊大鼻吻鮈	*Rhinogobio nasutus*		二级	
＊长鳍吻鮈	*Rhinogobio ventralis*		二级	
＊平鳍鳅鮀	*Gobiobotia homalopteroidea*		二级	
＊单纹似鳡	*Luciocyprinus langsoni*		二级	

续表

中文名	学名	保护级别	备注
＊金线鲃属所有种	*Sinocyclocheilus spp.*	二级	
＊四川白甲鱼	*Onychostoma angustistomata*	二级	
＊多鳞白甲鱼	*Onychostoma macrolepis*	二级	仅限野外种群
＊金沙鲈鲤	*Percocypris pingi*	二级	仅限野外种群
＊花鲈鲤	*p erco守'Pns regani*	二级	仅限野外种群
＊后背鲈鲤	*Percocypris retrodorslis*	二级	仅限野外种群
＊张氏鲈鲤	*Percocypris tchangi*	二级	仅限野外种群
＊裸腹盲鲃	*Typhlobarbus nudiventris*	二级	
＊角鱼	*Akrokolioplax bicornis*	二级	
＊骨唇黄河鱼	*Chuanchia labiosa*	二级	
＊极边扁咽齿鱼	*Platypharodon extremus*	二级	仅限野外种群
＊细鳞裂腹鱼	*Schizothorax chongi*	二级	仅限野外种群
＊巨须裂腹鱼	*Schizothorax macropogon*	二级	
＊重口裂腹鱼	*Schizothorax davidi*	二级	仅限野外种群
＊拉萨裂腹鱼	*Schizothorax waltoni*	二级	仅限野外种群
＊塔里木裂腹鱼	*Schizothorax biddulphi*	二级	仅限野外种群
＊大理裂腹鱼	*Schizothorax taliensis*	二级	仅限野外种群
＊扁吻鱼	*Aspiorhynchus laticeps*	一级	原名"新疆大头鱼"
＊厚唇裸重唇鱼	*Gymnodiptychus pachycheilus*	二级	仅限野外种群
＊斑重唇鱼	*Diptychus maculatus*	二级	
＊尖裸鲤	*Oxygymnocypris stewartii*	二级	仅限野外种群
＊大头鲤	*Cyprinus pellegrini*	二级	仅限野外种群
＊小鲤	*Cyprinus micristius*	二级	
＊抚仙鲤	*Cyprinus fuxianensis*	二级	
＊岩原鲤	*Procypris rabaudi*	二级	仅限野外种群
＊乌原鲤	*Procypris merus*	二级	
＊大鳞鲢	*Hypophthalmichthys harmandi*	二级	
鳅科	**Cobitidae**		
＊红唇薄鳅	*Leptobotia rubrilabris*	二级	仅限野外种群
＊黄线薄鳅	*Leptobotia flavolineata*	二级	

中文名	学名	保护级别		备注
＊长薄鳅	*Leptobotia elongata*		二级	仅限野外种群
条鳅科	**Nemacheilidae**			
＊无眼岭鳅	*Oreonectes anophthalmus*		二级	
＊拟鲇高原鳅	*Triplophysa siluroides*		二级	仅限野外种群
湘西盲高原鳅	*Triplophysa xiangxiensis*		二级	
＊小头高原鳅	*Triphophysa minuta*		二级	
爬鳅科	**Balitoridae**			
＊厚唇原吸鳅	*Protomyzon pachychilus*		二级	
鲇形目	**SILURIFORMES**			
鲿科	**Bagridae**			
＊斑鳠	*Hemibagrus guttatus*		二级	仅限野外种群
鲇科	**Siluridae**			
＊昆明鲇	*Silurus mento*		二级	
𩷴科	**Pangasiidae**			
＊长丝𩷴	*Pangasius sanitwangsei*	一级		
钝头鮡科	**Amblycipitidae**			
＊金氏䰾	*Liobagrus kingi*		二级	
鮡科	**Sisoridae**			
＊长丝黑鮡	*Gagata dolichonema*		二级	
＊青石爬鮡	*Euchiloglanis davidi*		二级	
＊黑斑原鮡	*Glyptosternum maculatum*		二级	
＊鮁	*Bagarius bagarius*		二级	
＊红鮁	*Bagarius rutilus*		二级	
＊巨鮁	*Bagarius yarrelli*		二级	
鲑形目	**SALMONIFORMES**			
鲑科	**Salmonidae**			
＊细鳞鲑属所有种	*Brachymystax spp.*		二级	仅限野外种群
＊川陕哲罗鲑	*Hucho bleekeri*	一级		
＊哲罗鲑	*Hucho taimen*		二级	仅限野外种群
＊石川氏哲罗鲑	*Hucho ishikawai*		二级	

中文名	学名	保护级别		备注
＊花羔红点鲑	*Salvelinus malma*		二级	仅限野外种群
＊马苏大马哈鱼	*Oncorhynchus masou*		二级	
＊北鲑	*Stenodus leucichthys*		二级	
＊北极茴鱼	*Thymallus arcticus*		二级	仅限野外种群
＊下游黑龙江茴鱼	*Thymallus tugarinae*		二级	仅限野外种群
＊鸭绿江茴鱼	*Thymallus yaluensis*		二级	仅限野外种群
海龙鱼目	**SYNGNATHIFORMES**			
海龙鱼科	**Syngnalhidae**			
＊海马属所有种	*Hippocampus spp.*		二级	仅限野外种群
鲈形目	**PERCIFORMES**			
石首鱼科	**Sciaenidae**			
＊黄唇鱼	*Bahaba taipingensis*	一级		
隆头鱼科	**Labridae**			
＊波纹唇鱼	*Cheilinus undulatus*		二级	仅限野外种群
鲉形目	**SCORPAENIFORMES**			
杜父鱼科	**Cottidae**			
＊松江鲈	*Trachidermus fasciatus*		二级	仅限野外种群。原名"松江鲈鱼"
半索动物门 HEMICHORDATA				
肠鳃纲 ENTEROPNEUSTA				
柱头虫目	**BALANOGLOSSIDA**			
殖翼柱头虫科	**Plychoderidae**			
＊多鳃孔舌形虫	*Glossobalanus polybranchioporus*	一级		
＊三崎柱头虫	*Balanoglossus misakiensis*		二级	
＊短殖舌形虫	*Glossobalanus mortenseni*		二级	
＊肉质柱头虫	*Balanoglossus carnosus*		二级	
＊黄殖翼柱头虫	*Ptychodera flava*		二级	
史氏柱头虫科	**Spengeliidae**			
＊青岛橡头虫	*Glandiceps qingdaoensis*		二级	
玉钩虫科	**Harrimaniidae**			
＊黄岛长吻虫	*Saccoglossus hwangtauensis*	一级		

中文名	学名	保护级别	备注
节肢动物门 ARTHROPODA			
昆虫纲 INSECTA			
双尾目	**DIPLURA**		
铗虬科	**Japygidae**		
伟铗虬	*Atlasjapyx atlas*	二级	
䗛目	**PHASMATODEA**		
叶䗛科 #	**Phyllidae**		
丽叶䗛	*Phyllium pulchrifolium*	二级	
中华叶䗛	*Phyllium sinensis*	二级	
泛叶䗛	*Phyllium celebicum*	二级	
翔叶䗛	*Phyllium westwoodi*	二级	
东方叶䗛	*Phyllium siccifolium*	二级	
独龙叶䗛	*Phyllium drunganum*	二级	
同叶䗛	*Phyllium parum*	二级	
滇叶䗛	*Phyllium yunnanense*	二级	
藏叶䗛	*Phyllium tibetense*	二级	
珍叶䗛	*Phyllium rarum*	二级	
蜻蜓目	**ODONATA**		
箭蜓科	**Gomphidae**		
扭尾曦春蜓	*Heliogomphus retroflexus*	二级	原名"尖板曦箭蜓"
棘角蛇纹春蜓	*Ophiogomphus spinicornis*	二级	原名"宽纹北箭蜓"
缺翅目	**ZORAPTERA**		
缺翅虫科	**Zorolypidae**		
中华缺翅虫	*Zorotypus sinensis*	二级	
墨脱缺翅虫	*Zorotypus medoensis*	二级	
蛩蠊目	**GRYLWBLATTODAE**		
蛩蠊科	**Grylloblattidae**		
中华蛩蠊	*Galloisiana sinensis*	一级	
陈氏西蛩蠊	*Grylloblattella cheni*	一级	

续表

中文名	学名	保护级别	备注
脉翅目	**NEUROPTERA**		
旌蛉科	**Nemopteridae**		
中华旌蛉	*Nemopistha sinica*	二级	
鞘翅目	**COLEOPTERA**		
步甲科	**Carabidae**		
拉步甲	*Carabus lafossei*	二级	
细胸大步甲	*Carabus osawai*	二级	
巫山大步甲	*Carabus ishizukai*	二级	
库班大步甲	*Carabus kubani*	二级	
桂北大步甲	*Carabus guibeicus*	二级	
贞大步甲	*Carabus penelope*	二级	
蓝鞘大步甲	*Carabus cyaneogigas*	二级	
滇川大步甲	*Carabus yunanensis*	二级	
硕步甲	*Carabus davidi*	二级	
两栖甲科	**Amphizoidae**		
中华两栖甲	*Amphizoa sinica*	二级	
长阎甲科	**Synteliidae**		
中华长阎甲	*Syntelia sinica*	二级	
大卫长阎甲	*Syntelia davidis*	二级	
玛氏长阎甲	*Syntelia mazuri*	二级	
臂金龟科	**Euchiridae**		
戴氏棕臂金龟	*Propomacrus davidi*	二级	
玛氏棕臂金龟	*Propomacrus muramotoae*	二级	
越南臂金龟	*Cheirotonus battareli*	二级	
福氏彩臂金龟	*Cheirotonus fujiokai*	二级	
格彩臂金龟	*Cheirotonus gestroi*	二级	
台湾长臂金龟	*Cheirotonus formosanus*	二级	
阳彩臂金龟	*Cheirotonus jansoni*	二级	
印度长臂金龟	*Cheirotonus macleayii*	二级	
昭沼氏长臂金龟	*Cheirotonus terunumai*	二级	

中文名	学名	保护级别	备注
金龟科	**Scarabaeidae**		
艾氏泽蜣螂	*Scarabaeus erichsoni*	二级	
拜氏蜣螂	*Scarabaeus babori*	二级	
悍马巨蜣螂	*Heliocopris bucephalus*	二级	
上帝巨蜣螂	*Heliocopris dominus*	二级	
迈达斯巨蜣螂	*Heliocopris midas*	二级	
犀金龟科	**Dynastidae**		
戴叉犀金龟	*Trypoxylus davvidis*	二级	原名"叉犀金龟"
粗尤犀金龟	*Eupaton,s hardwickii*	二级	
细角尤犀金龟	*Eupatorns gracilicornis*	二级	
胫晓扁犀金龟	*Eophileurus tetraspermexitus*	二级	
锹甲科	**Lucanidae**		
安达刀锹甲	*Dorcus antaeus*	二级	
巨叉深山锹甲	*Lucanus hemani*	二级	
鳞翅目	**LEPIDOPTERA**		
凤蝶科	**Papilionidae**		
喙凤蝶	*Teinopalpus imperialism*	二级	
金斑喙凤蝶	*Teinopalpus aureus*	一级	
裳凤蝶	*Troides helena*	二级	
金裳凤蝶	*Troides aeacus*	二级	
荧光裳凤蝶	*Troides magellanus*	二级	
鸟翼裳凤蝶	*Troides amphrysus*	二级	
珂裳凤蝶	*Troides criton*	二级	
楔纹裳凤蝶	*Troides cuneifera*	二级	
小斑裳凤蝶	*Troides haliphron*	二级	
多尾凤蝶	*Bhutanitis lidderdalii*	二级	
不丹尾凤蝶	*Bhutanitis ludlowi*	二级	
双尾凤蝶	*Bhutanitis mansfieldi*	二级	
玄裳尾凤蝶	*Bhutanitis nigrilima*	二级	
三尾凤蝶	*Bhutanitis thaidina*	二级	

续表

中文名	学名	保护级别	备注
玉龙尾凤蝶	*Bhutanitis yulongensisn*	二级	
丽斑尾凤蝶	*Bhutanitis pulchristriata*	二级	
锤尾凤蝶	*Losaria coon*	二级	
中华虎凤蝶	*Luehdorfia chinensis*	二级	
蛱蝶科	**Nymphalidae**		
最美紫蛱蝶	*Sasakia pulcherrima*	二级	
黑紫蛱蝶	*Sasakia funebris*	二级	
绢蝶科	**Parnassidae**		
阿波罗绢蝶	*Parnassius apollo*	二级	
君主绢蝶	*Parnassius imperator*	二级	
灰蝶科	**Lycaenidae**		
大斑霾灰蝶	*Maculinea arionides*	二级	
秀山白灰蝶	*Phengaris xiushani*	二级	
蛛形纲 ARACHNIDA			
蜘蛛目	**ARANEAE**		
捕鸟蛛科	**Theraphosidae**		
海南塞勒蛛	*Cyriopagopus hainanus*	二级	
肢口纲 MEROSTOMATA			
剑尾目	**XIPHOSURA**		
鲎科#	**Tachypleidae**		
＊中国鲎	*Tachypleus tridentatus*	二级	
＊圆尾蝎鲎	*Carcinoscorpius rotundicauda*	二级	
软甲纲 MALACOSTRACA			
十足目	**DECAPODA**		
龙虾科	**Palinuridae**		
＊锦绣龙虾	*Panulirus ornatus*	二级	仅限野外种群
软体动物门 MOLLUSCA			
双壳纲 BIVALVIA			
珍珠贝目	**PTERIOIDA**		
珍珠贝科	**Pteriidae**		

续表

中文名	学名	保护级别		备注
＊大珠母贝	*Pinctada maxima*		二级	仅限野外种群
帘蛤目	**VENEROIDA**			
砗磲科#	**Tridacnidae**			
＊大砗磲	*Tridacna gigas*	一级		原名"库氏砗磲"
＊无鳞砗磲	*Tridacna derasa*		二级	仅限野外种群
＊鳞砗磲	*Tridacna squamosa*		二级	仅限野外种群
＊长砗磲	*Tridacna maxima*		二级	仅限野外种群
＊番红砗磲	*Tridacna crocea*		二级	仅限野外种群
＊砗蚝	*Hippopus hippopus*		二级	仅限野外种群
蚌目	**UNIONIDA**			
珍珠蚌科	**Margaritanidae**			
＊珠母珍珠蚌	*Margaritiana dahurica*		二级	仅限野外种群
蚌科	**Unionidae**			
＊佛耳丽蚌	*Lamprotula mansuyi*		二级	
＊绢丝丽蚌	*Lamprotula fibrosa*		二级	
＊背瘤丽蚌	*Lamprotula leai*		二级	
＊多瘤丽蚌	*Lamprotula polysticta*		二级	
＊刻裂丽蚌	*Lamprotula scripta*		二级	
截蛏科	**Solecurtidae**			
＊中国淡水蛏	*Novaculina chinensis*		二级	
＊龙骨蛏蚌	*Solenaia carinatus*		二级	
头足纲 CEPHALOPODA				
鹦鹉螺目	**NAUTILIDA**			
鹦鹉螺科	**Nautilidae**			
＊鹦鹉螺	*Nautilus pompilius*	一级		
腹足纲 GASTROPODA				
田螺科	**Viviparidae**			
＊螺蛳	*Margarya melanioides*		二级	
蝾螺科	**Turbinidae**			
＊夜光蝾螺	*Turbo marmoratus*		二级	

续表

中文名	学名	保护级别	备注
宝贝科	**Cypraeidae**		
＊虎斑宝贝	*Cypraea tigris*	二级	
冠螺科	**Cassididae**		
＊唐冠螺	*Cassis cornuta*	二级	原名"冠螺"
法螺科	**Charoniidae**		
＊法螺	*Charonia tritonis*	二级	
刺胞动物门 CNIDARIA			
珊瑚纲 ANTHOZOA			
角珊瑚目＃	**ANTIPATHARIA**		
＊角珊瑚目所有种	*ANTIPATHARIA spp.*	二级	
石珊瑚目＃	**SCLERACTINIA**		
＊石珊瑚目所有种	*SCLERACTINIA spp*	二级	
苍珊瑚目	**HELIOPORACEA**		
苍珊瑚科＃	**Helioporidae**		
＊苍珊瑚科所有种	*Helioporidae spp.*	二级	
软珊瑚目	**ALCYONACEA**		
笙珊瑚科＃	**Tubiporidae**		
＊笙珊瑚	*Tubipora musica*	二级	
红珊瑚科＃	**Coralliidae**		
＊红珊瑚科所有种	*Coralliidae spp.*	一级	
竹节柳珊瑚科	**Isididae**		
＊粗糙竹节柳珊瑚	*Isis hippuris*	二级	
＊细枝竹节柳珊瑚	*Isis minorbrachyblasta*	二级	
＊网枝竹节柳珊瑚	*Isis reticulata*	二级	
水螅纲 HYDROZOA			
花裸螅目	**ANTHOATHECATA**		
多孔螅科＃	**Milleporidae**		
＊分叉多孔螅	*Millepora dichotoma*	二级	
＊节块多孔螅	*Millepora exaesa*	二级	
＊窝形多孔螅	*Millepora foveolata*	二级	

续表

中文名	学名	保护级别	备注
＊错综多孔螅	*Millepora intricata*	二级	
＊阔叶多孔螅	*Millepora latifolia*	二级	
＊扁叶多孔螅	*Millepora platyphylla*	二级	
＊娇嫩多孔螅	*Millepora tenera*	二级	
柱星螅科＃	**Stylasleridae**		
＊无序双孔螅	*Distichopora irregularis*	二级	
＊紫色双孔螅	*Distichopora violacea*	二级	
＊佳丽刺柱螅	*Errina dabneyi*	二级	
＊扇形柱星螅	*Stylaster flabelliformis*	二级	
＊细巧柱星螅	*Stylaster gracilis*	二级	
＊佳丽柱星螅	*Stylaster pulcher*	二级	
＊艳红柱星螅	*Stylaster sanguineus*	二级	
＊粗糙柱星螅	*Stylaster scabiosus*	二级	

＊代表水生野生动物；＃代表该分类单元所有种均列入名录。

国家重点保护水生野生动物重要栖息地名录（第一批）

实施日期：2018年1月1日

根据《中华人民共和国野生动物保护法》有关规定，我部将四川省诺水河水獭重要栖息地等 33 处水生野生动物重要栖息地列入《国家重点保护水生野生动物重要栖息地名录》（第一批），现予以公布，自 2018 年 1 月 1 日起实施。

特此公告。

农业部

2017 年 12 月 13 日

序号	物种名称	保护级别	栖息地名称	地理坐标	总面积（公顷）	现有保护形式
1	水獭	二	四川省诺水河水獭重要栖息地	北纬：31° 56′ 54″ ～32° 28′ 50″ 东经：107° 08′ 14″ ～107° 40′ 7″	9220	诺水河珍稀水生动物国家级自然保护区
2			陕西省太白湑水河水獭重要栖息地	北纬：33° 38′ ～33° 54′ 东经：107° 16′ ～107° 42′	5343	太白湑水河珍稀水生生物国家级自然保护区
3			陕西省丹江武关河水獭重要栖息地	北纬：33° 37′ ～33° 52′ 东经：110° 25′ ～110° 49′	9029	陕西丹江武关河国家级自然保护区
4			陕西省黑河水獭重要栖息地	北纬：33° 18′ 46″ ～34° 3′ 59″ 东经：107° 45′ 15″ ～108° 21′ 45″	4619	陕西黑河珍稀水生野生动物国家级自然保护区
5	斑海豹	二	辽宁省大连斑海豹重要栖息地	北纬：38° 55′ ～40° 05′ 东经：120° 50′ ～121° 57′	672275	辽宁省大连市斑海豹国家级自然保护区
6	白鱀豚	一	湖北省长江新螺段白鱀豚重要栖息地	北纬：29° 38′ 39″ ～30° 05′ 12″ 东经：113° 07′ 19″ ～114° 05′ 12″	40000	湖北长江新螺段白鱀豚国家级自然保护区
7			湖北省长江天鹅洲白鱀豚重要栖息地	北纬：29° 30′ ～29° 37′ 东经：112° 13′ ～112° 48′	15250	湖北长江天鹅洲白鱀豚国家级自然保护区
8	中华白海豚	一	福建省厦门中华白海豚重要栖息地	北纬：24° 23′ ～24° 44′ 东经：117° 57′ ～118° 26′	33088	厦门珍稀海洋物种国家级自然保护区
9			广东省珠江口中华白海豚重要栖息地	北纬：22° 11′ ～22° 24′ 东经：113° 40′ ～粤港分界线	46000	珠江口中华白海豚国家级自然保护区
10	长江江豚	二（参照一级管理）	湖北省长江新螺段长江江豚重要栖息地	北纬：29° 38′ ～30° 05′ 东经：113° 07′ ～114° 05′	40000	湖北长江新螺段白鱀豚国家级自然保护区
11			湖北省长江天鹅洲长江江豚重要栖息地	北纬：29° 46′ 71″ ～29° 51′ 45″ 东经：112° 31′ 36″ ～112° 36′ 90″	15250	湖北长江天鹅洲白鱀豚国家级自然保护区

续表

序号	物种名称	保护级别	栖息地名称	地理坐标	总面积（公顷）	现有保护形式
12	海龟	二	广东省惠东海龟重要栖息地	北纬：22° 31′ ～ 22° 33′ 东经：114° 52′ ～ 114° 55′	1800	惠东港口海龟国家级自然保护区
13			湖北省咸丰忠建河大鲵重要栖息地	北纬：29° 19′ 28″ ～ 30° 02′ 52″ 东经：108° 37′ 08″ ～ 109° 20′ 08″	1043	咸丰忠建河大鲵国家级自然保护区
14			湖南省张家界大鲵重要栖息地	北纬：27° 44′ 28″ ～ 30° 00′ 43″ 东经：109° 42′ 56″ ～ 111° 16′ 05″	14285	湖南张家界大鲵国家级自然保护区
15			陕西省太白湑水河大鲵重要栖息地	北纬：33° 38′ ～ 33° 54′ 东经：107° 16′ ～ 107° 42′	5343	太白湑水河珍稀水生生物国家级自然保护区
16	大鲵	二	四川省诺水河大鲵重要栖息地	北纬：31° 56′ 54″ ～ 32° 28′ 50″ 东经：107° 08′ 14″ ～ 107° 40′ 7″	9220	诺水河珍稀水生动物国家级自然保护区
17			陕西省略阳大鲵重要栖息地	北纬：33° 12′ 46.5″ ～ 33° 35′ 42.0″ 东经：106° 11′ 27.3″ ～ 106° 25′ 01.8″	5600	陕西略阳大鲵国家级自然保护区
18			陕西省丹江武关河大鲵重要栖息地	北纬：33° 37′ ～ 33° 52′ 东经：110° 25′ ～ 110° 49′	9029	陕西丹江武关河国家级自然保护区
19			陕西省黑河大鲵重要栖息地	北纬：33° 18′ 46″ ～ 34° 3′ 59″ 东经：107° 45′ 15″ ～ 108° 21′ 45″	4619	陕西黑河珍稀水生野生动物国家级自然保护区
20			甘肃省秦州大鲵重要栖息地	北纬：34° 05′ 42″ ～ 34° 19′ 49″ 东经：105° 45′ 08″ ～ 105° 59′ 48″	2350	甘肃秦州大鲵国家级自然保护区
21	胭脂鱼	二	长江上游胭脂鱼重要栖息地	北纬：27° 29′ ～ 29° 4′ 东经：104° 9′ ～ 106° 30′	31714	长江上游珍稀特有鱼类国家级自然保护区
25	川陕哲罗鲑	二	陕西省太白湑水河川陕哲罗鲑重要栖息地	北纬：33° 38′ ～ 33° 54′ 东经：107° 16′ ～ 107° 42′	5343	太白湑水河珍稀水生生物国家级自然保护区

续表

序号	物种名称	保护级别	栖息地名称	地理坐标	总面积（公顷）	现有保护形式
26	秦岭细鳞鲑	二	陕西省陇县秦岭细鳞鲑重要栖息地	北纬：34°35′17″～35°08′16″ 东经：106°26′32″～107°06′10″	6559	陕西陇县秦岭细鳞鲑国家级自然保护区
27			陕西省太白湑水河秦岭细鳞鲑重要栖息地	北纬：33°38′～33°54′ 东经：107°16′～107°42′	5343	太白湑水河珍稀水生生物国家级自然保护区
28			陕西省黑河秦岭细鳞鲑重要栖息地	北纬：33°18′46″～34°3′59″ 东经：107°45′15″～108°21′45″	4619	陕西黑河珍稀水生野生动物国家级自然保护区
29			甘肃省漳县秦岭细鳞鲑重要栖息地	北纬：34°27′42″～34°57′18″ 东经：104°6′20″～104°43′59″	5775	甘肃漳县秦岭细鳞鲑国家级自然保护区
30	中华鲟	一	湖北省长江新螺段中华鲟重要栖息地	北纬：29°38′～30°05′ 东经：113°07′～114°05′	40000	湖北长江新螺段白鱀豚国家级自然保护区
31	达氏鲟	一	长江上游达氏鲟重要栖息地	北纬：33°38′～33°54′ 东经：107°16′～107°42′	31714	长江上游珍稀特有鱼类国家级自然保护区
32	白鲟	一	长江上游白鲟重要栖息地	北纬：33°38′～33°54′ 东经：107°16′～107°42′	31714	长江上游珍稀特有鱼类国家级自然保护区
33	文昌鱼	二	福建省厦门文昌鱼重要栖息地	北纬：24°23′～24°44′ 东经：117°57′～118°26′	33088	厦门珍稀海洋物种国家级自然保护区

国家保护的有益的或者有重要经济、
科学研究价值的陆生野生动物名录

实施日期：2000年8月1日

兽纲 MAMMALIA	6目14科88种
鸟纲 AVES	18目61科707种
两栖纲 PHIBIA	3目10科291种
爬行纲 REPTILIA	2目20科395种
昆虫纲 INSECTA	17目72科120属另110种
合计	5纲 46目 177科 1591种 及昆虫120属的所有种和另外110种

名录详见国家林业和草原局官方网站：http://www.forestry.gov.cn/main/3954/content-959027.html

人工繁育国家重点保护陆生野生动物名录（第一批）

实施日期：2017年7月1日

按照《中华人民共和国野生动物保护法》第二十八条规定，经科学论证，现发布《人工繁育国家重点保护陆生野生动物名录（第一批）》（见附件），自2017年7月1日起生效。

特此公告。

附件：人工繁育国家重点保护陆生野生动物名录（第一批）

国家林业局

2017年6月28日

附件：人工繁育国家重点保护陆生野生动物名录（第一批）

序号	中文名	学名
1	梅花鹿	*Cervus nippon*
2	马鹿	*Cervus elaphus*
3	鸵鸟*	*Struthio camelus*
4	美洲鸵*	*Rhea americana*
5	大东方龟*	*Heosemys grandis*
6	尼罗鳄*	*Crocodylus niloticus*
7	湾鳄*	*Crocodylus porosus*
8	暹罗鳄*	*Crocodylus siamensis*
9	虎纹蛙	*Rana tigrian*

注：中文名后标注*号的为境外引进、依法按照国家重点保护野生动物管理的野生动物。

人工繁育国家重点保护水生野生动物名录（第一批）

实施日期：2017年11月13日

根据《中华人民共和国野生动物保护法》有关规定，经科学论证，现发布《人工繁育国家重点保护水生野生动物名录（第一批）》（见附件），自公告发布之日起生效。特此公告。

农业部

2017年11月13日

附件：人工繁育国家重点保护水生野生动物名录（第一批）

序号	中文名	学名
1	三线闭壳龟	*Cuora trifasciata*
2	大鲵	*Andrias davidianus*

续表

序号	中文名	学名
3	胭脂鱼	*Myxocyprinus asiaticus*
4	山瑞鳖	*Trionyx steindachneri*
5	松江鲈	*Trachidermus fasciatus*
6	金线鲃	*Sinocyclocheilus grahami grahami*

人工繁育国家重点保护水生野生动物名录（第二批）

实施日期：2019年7月29日

根据《中华人民共和国野生动物保护法》有关规定，经科学论证，现发布《人工繁育国家重点保护水生野生动物名录（第二批）》，自公告发布之日起生效。

特此公告。

农业农村部

2019 年 7 月 29 日

附：人工繁育国家重点保护水生野生动物名录（第二批）

序号	中文名	学名
1	黄喉拟水龟	*Mauremys mutica*
2	花龟	*Mauremys sinensis*
3	黑颈乌龟	*Mauremys nigricans*
4	安南龟	*Mauremys annamensis*
5	黄缘闭壳龟	*Cuora flavomarginata*
6	黑池龟	*Geoclemys hamiltonii*
7	暹罗鳄	*Crocodylus siamensis*
8	尼罗鳄	*Crocodylus niloticus*
9	湾鳄	*Crocodylus porosus*
10	施氏鲟	*Acipenser schrenkii*
11	西伯利亚鲟	*Acipenser bearii*
12	俄罗斯鲟	*Acipenser gueldenstaedtii*

续表

序号	中文名	学名
13	小体鲟	*Acipenser ruthenus*
14	鳇	*Huso dauricus*
15	匙吻鲟	*Polyodon spathula*
16	唐鱼	*Tanichthys albonubes*
17	大头鲤	*Cyprinus pellegrini*
18	大珠母贝	*Pinctada maxima*

引进陆生野生动物外来物种种类及数量审批管理办法

修订后实施日期：2016年9月22日

第一条　为了加强陆生野生动物外来物种管理，防止陆生野生动物外来物种入侵，保护生物多样性，维护国土生态安全，根据《中华人民共和国行政许可法》《国务院对确需保留的行政审批项目设定行政许可的决定》（国务院令第412号）和国家有关规定，制定本办法。

第二条　实施引进陆生野生动物外来物种种类及数量审批的行政许可事项，应当遵守本办法。

第三条　本办法所称陆生野生动物外来物种，是指自然分布在境外的陆生野生动物活体及繁殖材料。

第四条　引进陆生野生动物外来物种的，应当采取安全可靠的防范措施，防止其逃逸、扩散，避免对自然生态造成危害。

第五条　需要从境外引进陆生野生动物外来物种的，申请人应当提交下列材料：

（一）申请报告、进出口申请表及进口目的的说明；

（二）当事人签订的合同或者协议，属于委托引进的，还应当提供委托代理合同或者协议；

（三）证明具备与引进陆生野生动物外来物种种类及数量相适应的人员和技术的有效文件或者材料，以及安全措施的说明。

申请首次引进境外陆生野生动物外来物种的，申请人还应当提交证明申请人身份的有效文件和拟进行隔离引种试验的实施方案。

第六条　申请材料齐全且符合下列条件的，国家林业局应当作出准予行政许可的决定：

（一）具备与引进陆生野生动物外来物种种类及数量相适应的人员和技术；

（二）具备适宜商业性经营利用和科学研究外来物种的固定场所和必要设施；

（三）有安全可靠的防逃逸管理措施；

（四）具有相应的紧急事件处置措施。

第七条　国家林业局在收到引进陆生野生动物外来物种种类及数量审批的申请后，对申请材料齐全、符合法定形式的，即时出具《国家林业局行政许可受理通知书》；对不予受理的，应当即时告知申请人并说明理由，出具《国家林业局行政许可不予受理通知书》；对申请材料不齐或者不符合法定形式的，应当在5日内出具《国家林业局行政许可补正材料通知书》，并一次性告知申请人需要补正的全部内容。

第八条　国家林业局作出行政许可决定，需要举行听证或者组织专家评审的，应当自受理之日起10日内，出具《国家林业局行政许可需要听证、招标、拍卖、检验、检测、检疫、鉴定和专家评审通知书》，并将听证或者专家评审所需时间告知申请人。

听证和专家评审所需时间不计算在作出行政许可决定的期限内。

第九条　国家林业局应当自受理之日起20日内作出是否准予行政许可的决定，出具《国家林业局准予行政许可决定书》或者《国家林业局不予行政许可决定书》，并告知申请人。

在法定期限内不能作出行政许可决定的，经国家林业局主管负责人批准，国家林业局应当在法定期限届满前5日办理《国家林业局行政许可延期通知书》，并告知申请人。

第十条　准予首次引进境外陆生野生动物外来物种进行驯养繁殖的，应当进行隔离引种试验。

隔离引种试验由省、自治区、直辖市林业主管部门指定的科研机构或者专家进行评估，评估通过后方可继续引进和推广。

隔离引种试验应当包含中间试验。中间试验未获成功的，评估不得通过。

在自然保护区、自然保护小区、森林公园、风景名胜区以及自然生态环境特殊或者脆弱的区域，不得开展隔离引种试验。

第十一条　禁止开展陆生野生动物外来物种的野外放生活动。

因科学研究、生物防治、野生动物种群结构调节等特殊情况，需要放生陆生野生动物外来物种的，应当按照《中华人民共和国陆生野生动物保护实施条例》的相关规定执行。

第十二条　经批准从境外引进的陆生野生动物外来物种及其繁殖后代、产品应当依照国家有关规定进行标记。

第十三条　陆生野生动物外来物种发生逃逸的，被许可人应当立即向当地林业主管部门报告，由当地林业主管部门责令其限期捕回或者采取其他补救措施。被责令限期捕回或者采取其他补救措施而拒绝执行的，当地林业主管部门或者其委托的单位可以代为捕回或者采取其他补救措施，并由被许可人承担全部捕回或者采取其他补救措施所需的经费；造成损害的，依照有关法律法规承担法律责任。

第十四条 依法查没的陆生野生动物外来物种，应当由当地县级以上林业主管部门按照国家有关规定处理。

第十五条 国家林业局成立陆生野生动物外来物种咨询科学委员会，负责陆生野生动物外来物种管理的科学论证、评估和咨询。

第十六条 各级林业主管部门应当建立防范陆生野生动物外来物种入侵的预警和应急防范机制。

在野外发现陆生野生动物外来物种的，当地林业主管部门应当立即向同级人民政府和上级林业主管部门报告，并会同有关部门采取监测和防治措施。

第十七条 省、自治区、直辖市之间引进本行政区域内没有天然分布的陆生野生动物外来物种的，按照国家和省、自治区、直辖市的相关规定办理。

第十八条 引进的陆生野生动物属于中国参加的国际公约限制进出口的濒危物种的，必须向国家濒危物种进出口管理机构申请办理允许进出口证明书。

第十九条 本办法自 2005 年 11 月 1 日起施行。

国家重点保护野生动物驯养繁殖许可证管理办法

修订后实施日期：2015年4月30日

第一条 为保护、发展和合理利用野生动物资源，加强野生动物驯养繁殖管理工作，维护野生动物驯养繁殖单位和个人的合法权益，根据《中华人民共和国野生动物保护法》第十七条规定，制定本办法。

第二条 从事驯养繁殖野生动物的单位和个人，必须取得《国家重点保护野生动物驯养繁殖许可证》(以下简称《驯养繁殖许可证》)。没有取得《驯养繁殖许可证》的单位和个人，不得从事野生动物驯养繁殖活动。

本办法所称野生动物，是指国家重点保护的陆生野生动物；所称驯养繁殖，是指在人为控制条件下，为保护、研究、科学实验、展览及其他经济目的而进行的野生动物驯养繁殖活动。

第三条 具备下列条件的单位和个人，可以申请《驯养繁殖许可证》：

(一) 有适宜驯养繁殖野生动物的固定场所和必需的设施；

(二) 具备与驯养繁殖野生动物种类、数量相适应的人员和技术；

(三) 驯养繁殖野生动物的饲料来源有保证。

第四条 有下列情况之一的，可以不批准发放《驯养繁殖许可证》：

（一）野生动物资源不清；

（二）驯养繁殖尚未成功或技术尚未过关；

（三）野生动物资源极少，不能满足驯养繁殖种源要求。

第五条 驯养繁殖野生动物的单位和个人，必须向所在地县级政府野生动物行政主管部门提出书面申请，并填写《国家重点保护野生动物驯养繁殖许可证申请表》。

凡驯养繁殖国家一级保护野生动物的，由省、自治区、直辖市政府林业行政主管部门报林业部审批；凡驯养繁殖国家二级保护野生动物的，由省、自治区、直辖市政府林业行政主管部门审批。

批准驯养繁殖野生动物的，作出行政许可决定的林业行政主管部门应当核发《驯养繁殖许可证》。

《驯养繁殖许可证》和《国家重点保护野生动物驯养繁殖许可证申请表》由林业部统一印制。

第六条 驯养繁殖野生动物的单位和个人，应当遵守以下规定：

（一）遵守国家和地方有关野生动物保护管理政策和法规，关心和支持野生动物保护事业；

（二）用于驯养繁殖的野生动物来源符合国家规定；

（三）接受野生动物的行政主管部门的监督检查和指导；

（四）建立野生动物驯养繁殖档案和统计制度；

（五）按有关规定出售、利用其驯养繁殖野生动物及其产品。

第七条 驯养繁殖野生动物的单位和个人，必须按照《驯养繁殖许可证》规定的种类进行驯养繁殖活动。需要变更驯养繁殖野生动物种类的，应当比照本办法第五条的规定，在2个月内向原批准机关申请办理变更手续；需要终止驯养繁殖野生动物活动的，应当在2个月内向原批准机关办理终止手续，并交回原《驯养繁殖许可证》。

第八条 因驯养繁殖野生动物需要从野外获得种源的，必须按照《中华人民共和国野生动物保护法》第十六条及有关规定办理。

第九条 取得《驯养繁殖许可证》的单位和个人，需要出售、利用其驯养繁殖的国家一级保护野生动物及其产品的，必须经林业部或其授权的单位批准；需要出售、利用其驯养繁殖的国家二级保护野生动物及其产品的，必须经省、自治区、直辖市政府林业行政主管部门或其授权的单位批准。

取得《驯养繁殖许可证》的单位和个人未经批准不得出售、利用其驯养繁殖的野生动物及其产品。

第十条 县级以上政府野生动物行政主管部门或其授权的单位应当定期查验《驯养繁殖许可证》。对未取得《驯养繁殖许可证》的单位和个人进行野生动物驯养繁殖活动的，由县级以上政府野生动物行政主管部门没收其驯养繁殖的野生动物。

第十一条　取得《驯养繁殖许可证》的单位和个人，有下列情况之一的，除按野生动物保护法律、法规的有关规定处理外，批准驯养繁殖野生动物或核发《驯养繁殖许可证》的机关可以注销其《驯养繁殖许可证》，并可建议工商行政管理部门吊销其《企业法人营业执照》或《营业执照》：

（一）超出《驯养繁殖许可证》的规定驯养繁殖野生动物种类的；

（二）隐瞒、虚报或以其他非法手段取得《驯养繁殖许可证》的；

（三）伪造、涂改、转让或倒卖《驯养繁殖许可证》的；

（四）非法出售、利用其驯养繁殖的野生动物及其产品的；

（五）取得《驯养繁殖许可证》以后在 1 年内未从事驯养繁殖活动的。

被注销《驯养繁殖许可证》的单位和个人，应立即停止驯养繁殖野生动物活动，其驯养繁殖的野生动物由县级以上政府野生动物行政主管部门或其授权单位按有关规定处理。

第十二条　省、自治区、直辖市政府林业行政主管部门要建立《驯养繁殖许可证》审批、核发制度，配备专人管理，使用野生动物管理专用章。

第十三条　本办法由林业部负责解释。

第十四条　本办法自 1991 年 4 月 1 日起施行。

野生动物收容救护管理办法

实施日期：2018年1月1日

第一条　为了规范野生动物收容救护行为，依据《中华人民共和国野生动物保护法》等有关法律法规，制定本办法。

第二条　从事野生动物收容救护活动的，应当遵守本办法。

本办法所称野生动物，是指依法受保护的陆生野生动物。

第三条　野生动物收容救护应当遵循及时、就地、就近、科学的原则。

禁止以收容救护为名买卖野生动物及其制品。

第四条　国家林业局负责组织、指导、监督全国野生动物收容救护工作。县级以上地方人民政府林业主管部门负责本行政区域内野生动物收容救护的组织实施、监督和管理工作。

县级以上地方人民政府林业主管部门应当按照有关规定明确野生动物收容救护机构，保障人员和经费，加强收容救护工作。

县级以上地方人民政府林业主管部门依照本办法开展收容救护工作，需要跨行政区域的或者需要其他行政区域予以协助的，双方林业主管部门应当充分协商、积极配合。必要时，可以由共同的上级林业主管部门统一协调。

第五条　野生动物收容救护机构应当按照同级人民政府林业主管部门的要求和野生动物收容救护的实际需要，建立收容救护场所，配备相应的专业技术人员、救护工具、设备和药品等。

县级以上地方人民政府林业主管部门及其野生动物收容救护机构可以根据需要，组织从事野生动物科学研究、人工繁育等活动的组织和个人参与野生动物收容救护工作。

第六条　县级以上地方人民政府林业主管部门应当公布野生动物收容救护机构的名称、地址和联系方式等相关信息。

任何组织和个人发现因受伤、受困等野生动物需要收容救护的，应当及时报告当地林业主管部门及其野生动物收容救护机构。

第七条　有下列情况之一的，野生动物收容救护机构应当进行收容救护：

（一）执法机关、其他组织和个人移送的野生动物；

（二）野外发现的受伤、病弱、饥饿、受困等需要救护的野生动物，经简单治疗后还无法回归野外环境的；

（三）野外发现的可能危害当地生态系统的外来野生动物；

（四）其他需要收容救护的野生动物。

国家或者地方重点保护野生动物受到自然灾害、重大环境污染事故等突发事件威胁时，野生动物收容救护机构应当按照当地人民政府的要求及时采取应急救助措施。

第八条　野生动物收容救护机构接收野生动物时，应当进行登记，记明移送人姓名、地址、联系方式、野生动物种类、数量、接收时间等事项，并向移送人出具接收凭证。

第九条　野生动物收容救护机构对收容救护的野生动物，应当按照有关技术规范进行隔离检查、检疫，对受伤或者患病的野生动物进行治疗。

第十条　野生动物收容救护机构应当按照以下规定处理收容救护的野生动物：

（一）对体况良好、无须再采取治疗措施或者经治疗后体况恢复、具备野外生存能力的野生动物，应当按照有关规定，选择适合该野生动物生存的野外环境放至野外；

（二）对收容救护后死亡的野生动物，应当进行检疫；检疫不合格的，应当采取无害化处理措施；检疫合格且按照规定需要保存的，应当采取妥当措施予以保存；

（三）对经救护治疗但仍不适宜放至野外的野生动物和死亡后经检疫合格、确有利用价值的野生动物及其制品，属于国家重点保护野生动物及其制品的，依照《中华人民共和国野生动物保护法》的规定由具有相应批准权限的省级以上人民政府林业主管部门统一调配；其他野生动物及其制品，由县级以上地方人民政府林业主管部门依照有关规定调配处理。

处理执法机关查扣后移交的野生动物，事先应当征求原执法机关的意见，还应当遵守罚没物品处理的有关规定。

第十一条　野生动物收容救护机构应当建立野生动物收容救护档案，记录收容救护的野生动物种类、数量、措施、状况等信息。

野生动物收容救护机构应当将处理收容救护野生动物的全过程予以记录，制作书面记录材料；必要时，还应当制作全过程音视频记录。

第十二条　野生动物收容救护机构应当将收容救护野生动物的有关情况，按照年度向同级人民政府林业主管部门报告。

县级以上地方人民政府林业主管部门应当将本行政区域内收容救护野生动物总体情况，按照年度向上级林业主管部门报告。

第十三条　从事野生动物收容救护活动成绩显著的组织和个人，按照《中华人民共和国野生动物保护法》有关规定予以奖励。

参与野生动物收容救护的组织和个人按照林业主管部门及其野生动物收容救护机构的规定开展野生动物收容救护工作，县级以上人民政府林业主管部门可以根据有关规定予以适当补助。

第十四条　县级以上人民政府林业主管部门应当加强对本行政区域内收容救护野生动物活动进行监督检查。

第十五条　野生动物收容救护机构或者其他组织和个人以收容救护野生动物为名买卖野生动物及其制品的，按照《中华人民共和国野生动物保护法》规定予以处理。

第十六条　本办法自 2018 年 1 月 1 日起施行。

陆生野生动物疫源疫病监测防控管理办法

实施日期：2013年4月1日

第一条　为了加强陆生野生动物疫源疫病监测防控管理，防范陆生野生动物疫病传播和扩散，维护公共卫生安全和生态安全，保护野生动物资源，根据《中华人民共和国野生动物保护法》《重大动物疫情应急条例》等法律法规，制定本办法。

第二条　从事陆生野生动物疫源疫病监测防控活动，应当遵守本办法。

本办法所称陆生野生动物疫源是指携带危险性病原体，危及野生动物种群安全，或者可能向人类、饲养动物传播的陆生野生动物；本办法所称陆生野生动物疫病是指在陆生野生动物之间传播、流行，对陆生野生动物种群构成威胁或者可能传染给人类和饲养动物的传染性疾病。

第三条　国家林业局负责组织、指导、监督全国陆生野生动物疫源疫病监测防控工作。县级以上地方人民政府林业主管部门按照同级人民政府的规定，具体负责本行政区域内陆生野生动物疫源疫病监测防控的组织实施、监督和管理工作。

陆生野生动物疫源疫病监测防控实行统一领导，分级负责，属地管理。

第四条　国家林业局陆生野生动物疫源疫病监测机构按照国家林业局的规定负责全国陆生野生动物疫源疫病监测工作。

第五条　县级以上地方人民政府林业主管部门应当按照有关规定确立陆生野生动物疫源疫病监测防控机构，保障人员和经费，加强监测防控工作。

第六条　县级以上人民政府林业主管部门应当建立健全陆生野生动物疫源疫病监测防控体系，逐步提高陆生野生动物疫源疫病检测、预警和防控能力。

第七条　乡镇林业工作站、自然保护区、湿地公园、国有林场的工作人员和护林员、林业有害生物测报员等基层林业工作人员应当按照县级以上地方人民政府林业主管部门的要求，承担相应的陆生野生动物疫源疫病监测防控工作。

第八条　县级以上人民政府林业主管部门应当按照有关规定定期组织开展陆生野生动物疫源疫病调查，掌握疫病的基本情况和动态变化，为制定监测规划、预防方案提供依据。

第九条　省级以上人民政府林业主管部门应当组织有关单位和专家开展陆生野生动物疫情预测预报、趋势分析等活动，评估疫情风险，对可能发生的陆生野生动物疫情，按照规定程序向同级人民政府报告预警信息和防控措施建议，并向有关部门通报。

第十条　县级以上人民政府林业主管部门应当按照有关规定和实际需要，在下列区域建立陆生野生动物疫源疫病监测站：

（一）陆生野生动物集中分布区；

（二）陆生野生动物迁徙通道；

（三）陆生野生动物驯养繁殖密集区及其产品集散地；

（四）陆生野生动物疫病传播风险较大的边境地区；

（五）其他容易发生陆生野生动物疫病的区域。

第十一条　陆生野生动物疫源疫病监测站，分为国家级陆生野生动物疫源疫病监测站和地方级陆生野生动物疫源疫病监测站。

国家级陆生野生动物疫源疫病监测站的设立，由国家林业局组织提出或者由所在地省、自治区、直辖市人民政府林业主管部门推荐，经国家林业局组织专家评审后批准公布。

地方级陆生野生动物疫源疫病监测站按照省、自治区、直辖市人民政府林业主管部门的规定设立和管理，并报国家林业局备案。

陆生野生动物疫源疫病监测站统一按照"××（省、自治区、直辖市）××（地名）××级（国家级、省级、市级、县级）陆生野生动物疫源疫病监测站"命名。

第十二条　陆生野生动物疫源疫病监测站应当配备专职监测员，明确监测范围、重点、巡查线路、监测点，开展陆生野生动物疫源疫病监测防控工作。

陆生野生动物疫源疫病监测站可以根据工作需要聘请兼职监测员。

监测员应当经过省级以上人民政府林业主管部门组织的专业技术培训；专职监测员应当经省级以上人民政府林业主管部门考核合格。

第十三条　陆生野生动物疫源疫病监测实行全面监测、突出重点的原则，并采取日常监测和专项监测相结合的工作制度。

日常监测以巡护、观测等方式，了解陆生野生动物种群数量和活动状况，掌握陆生野生动物异常情况，并对是否发生陆生野生动物疫病提出初步判断意见。

专项监测根据疫情防控形势需要，针对特定的陆生野生动物疫源种类、特定的陆生野生动物疫病、特定的重点区域进行巡护、观测和检测，掌握特定陆生野生动物疫源疫病变化情况，提出专项防控建议。

日常监测、专项监测情况应当按照有关规定逐级上报上级人民政府林业主管部门。

第十四条　日常监测根据陆生野生动物迁徙、活动规律和疫病发生规律等分别实行重点时期监测和非重点时期监测。

日常监测的重点时期和非重点时期，由省、自治区、直辖市人民政府林业主管部门根据本行政区域内陆生野生动物资源变化和疫病发生规律等情况确定并公布，报国家林业局备案。

重点时期内的陆生野生动物疫源疫病监测情况实行日报告制度；非重点时期的陆生野生动物疫源疫病监测情况实行周报告制度。但是发现异常情况的，应当按照有关规定及时报告。

第十五条　国家林业局根据陆生野生动物疫源疫病防控工作需要，经组织专家论证，制定并公布重点监测陆生野生动物疫病种类和疫源物种目录；省、自治区、直辖市人民政府林业主管部门可以制定本行政区域内重点监测陆生野生动物疫病种类和疫源物种补充目录。

县级以上人民政府林业主管部门应当根据前款规定的目录和本辖区内陆生野生动物疫病发生规律，划定本行政区域内陆生野生动物疫源疫病监测防控重点区域，并组织开展陆生野生动物重点疫病的专项监测。

第十六条　本办法第七条规定的基层林业工作人员发现陆生野生动物疑似因疫病引起的异常情况，应当立即向所在地县级以上地方人民政府林业主管部门或者陆生野生动物疫源疫病监测站报告；其他单位和个人发现陆生野生动物异常情况的，有权向当地林业主管部门或者陆生野生动物疫源疫病监测站报告。

第十七条　县级人民政府林业主管部门或者陆生野生动物疫源疫病监测站接到陆生野生动物疑似因疫病引起异常情况的报告后，应当及时采取现场隔离等措施，组织具备条件的机构和人员取样、检测、调查核实，并按照规定逐级上报到省、自治区、直辖市人民政府林业主管部门，同时报告同级人民政府，并通报兽医、卫生等有关主管部门。

第十八条 省、自治区、直辖市人民政府林业主管部门接到报告后，应当组织有关专家和人员对上报情况进行调查、分析和评估，对确需进一步采取防控措施的，按照规定报国家林业局和同级人民政府，并通报兽医、卫生等有关主管部门。

第十九条 国家林业局接到报告后，应当组织专家对上报情况进行会商和评估，指导有关省、自治区、直辖市人民政府林业主管部门采取科学的防控措施，按照有关规定向国务院报告，并通报国务院兽医、卫生等有关主管部门。

第二十条 县级以上人民政府林业主管部门应当制定突发陆生野生动物疫病应急预案，按照有关规定报同级人民政府批准或者备案。

陆生野生动物疫源疫病监测站应当按照不同陆生野生动物疫病及其流行特点和危害程度，分别制定实施方案。实施方案应当报所属林业主管部门备案。

陆生野生动物疫病应急预案及其实施方案应当根据疫病的发展变化和实施情况，及时修改、完善。

第二十一条 县级以上人民政府林业主管部门应当根据陆生野生动物疫源疫病监测防控工作需要和应急预案的要求，做好防护装备、消毒物品、野外工作等应急物资的储备。

第二十二条 发生重大陆生野生动物疫病时，所在地人民政府林业主管部门应当在人民政府的统一领导下及时启动应急预案，组织开展陆生野生动物疫病监测防控和疫病风险评估，提出疫情风险范围和防控措施建议，指导有关部门和单位做好事发地的封锁、隔离、消毒等防控工作。

第二十三条 在陆生野生动物疫源疫病监测防控中，发现重点保护陆生野生动物染病的，有关单位和个人应当按照野生动物保护法及其实施条例的规定予以救护。

处置重大陆生野生动物疫病过程中，应当避免猎捕陆生野生动物；特殊情况确需猎捕陆生野生动物的，应当按照有关法律法规的规定执行。

第二十四条 县级以上人民政府林业主管部门应当采取措施，鼓励和支持有关科研机构开展陆生野生动物疫源疫病科学研究。

需要采集陆生野生动物样品的，应当遵守有关法律法规的规定。

第二十五条 县级以上人民政府林业主管部门及其监测机构应当加强陆生野生动物疫源疫病监测防控的宣传教育，提高公民防范意识和能力。

第二十六条 陆生野生动物疫源疫病监测信息应当按照国家有关规定实行管理，任何单位和个人不得擅自公开。

第二十七条 林业主管部门、陆生野生动物疫源疫病监测站等相关单位的工作人员玩忽职守，造成陆生野生动物疫情处置延误，疫情传播、蔓延的，或者擅自公开有关监测信息、编造虚假监测信息，妨碍陆生野生动物疫源疫病监测工作的，依法给予处分；构成犯罪的，依法追究刑事责任。

第二十八条　本办法自 2013 年 4 月 1 日起施行。

住房和城乡建设部关于进一步加强动物园管理的意见

实施日期：2010年10月18日

各省、自治区住房和城乡建设厅，北京市园林绿化局，上海市绿化和市容管理局，天津市市容和园林管理委员会，重庆市园林事业管理局，新疆生产建设兵团建设局：

为全面落实科学发展观，规范动物园管理，促进动物园（包括设动物展区的公园）健康、可持续发展，现就进一步加强动物园的管理提出以下意见：

一、正确认识动物园的性质、作用和任务

动物园作为城市绿地系统中开展野生动物综合保护的专类公园，是保护生物多样性的示范场所，是社会公益事业的重要组成部分，是精神文明和生态文明建设的重要载体，其中心任务是开展野生动物综合保护和科学研究，并对公众进行科普教育和环境保护宣传。要从建设和谐社会和生态文明的高度，重视动物园的发展，切实抓好动物园的规划、建设和管理工作。

改革开放以来，我国动物园行业得到了较快的发展，在丰富群众生活、保护野生动物物种及自然资源等方面发挥了积极作用。但是随着社会经济的发展，一些地方政府和动物园片面追求经济效益，偏离了动物园的公益性发展方向，出现了把动物园变成营利性机构、利用野生动物进行表演、违规经营野生动物产品等情况，导致动物保护和动物园管理水平下降，动物非正常死亡、伤人等事件时有发生，给野生动物保护和社会公共安全带来了隐患，造成了不良的社会影响。这些与动物园的公益性质和中心任务相悖的行为必须坚决禁止和取缔。

二、切实加强动物园管理

（一）加大投入，保障动物园可持续发展

各级城市人民政府要在资金、机构、政策等方面给予充分保障，以保证动物园具备正常运营和持续发展所需的动物资源、笼舍、饲料、医疗等物质条件和兽医等专业技术与管理人员。要设立动物园建设管理专项资金，不能将动物园视为"财政包袱"，推向市场进行商业化经营。公益性动物园的所有权和经营权不得转让。要积极引导社会各界通过捐赠、认养等形式支持动物园的发展。

（二）严格管理动物园选址和搬迁，确保动物园的公益性质

新建和搬迁动物园，要按照动物园的公益性原则进行可行性论证，严格把关。论证要广泛征求公众意见，结果要通过两种以上的公共媒体向社会公示。最终论证结果要经省级建设（园林绿化）主管部门报住房城乡建设部备案。确需搬迁的，搬迁后不得改变动物园的公益性质，不得改变动物园原址的公园绿地性质。

（三）加强安全管理，保证动物园安全运营

各地建设（园林绿化）主管部门要加强对动物园日常运行管理中各个环节的监管，定期组织安全检查，及时发现问题、消除隐患。

动物园要制定日常安全管理工作制度，完善安全警示标识等设置，及时检查维护园内设备设施，确保动物和人的安全。要制定动物逃逸、伤人等突发事故及重大动物疫情等突发事件的应急预案，定期组织模拟演练。

（三）切实保障动物福利，保证动物健康

动物园要保质保量供应适合动物食性的饲料；建设适合动物生活习性、安全卫生、利于操作管理的笼舍，配备必要的防暑御寒设施；加强兽医院建设，采取必要的疾病预防和救治措施，为动物提供必要的医疗保障；妥善处理死亡动物的尸体；不得进行动物表演；避免让动物受到惊扰和刺激。

不能提供上述基本福利保障的公园不得设立动物展区。

（四）健全档案管理，科学规划发展

动物园要建立健全园内动物饲养、管理档案；设立动物谱系员专门负责登记、整理动物谱系资料，依据动物园行业的种群发展规划，制定本单位的动物种群发展计划。

（五）完善法规、标准体系，规范行业管理

要充分调动行业协会、科研院所的力量，在行业现状调研的基础上，针对当前动物园管理存在的突出问题，进一步完善动物园建设、管理配套法规，明确法律责任和惩戒措施，使动物园行业管理有法可依、有章可循。

（六）加大宣传，提高全社会动物保护意识

园林绿化主管部门要加大对动物园的宣传力度，提高全社会对动物园在野生动物保护、科学普及教育、环境保护等方面所发挥重要作用的认识，使动物园成为向公众传递关爱自然、保护动物等良好信息的窗口。对于公众和媒体关注的问题，要积极响应、妥善解决。

三、开展专项检查，着力解决当前动物园行业存在的突出问题

（一）全面清理各类动物表演项目

各地动物园和其他公园要立即进行各类动物表演项目的清理整顿工作，自本意见发布之日起3个月内，停止所有动物表演项目。

（二）严格禁止违规经营野生动物产品等不当行为

动物园和其他公园内严禁开设野味餐厅，禁止食用野生动物及其产品，禁止非法销售野生动物产品。存在上述问题的动物园、公园要在本意见发布之日起 3 个月内清理完毕。

（三）坚决纠正对动物园进行租赁、承包等违规经营

禁止将动物园、公园动物展区、动物场馆场地或园内动物以租赁、承包、买断等形式转交给营利性组织或个人经营。存在上述问题的动物园、公园要限期整改，尽早恢复动物园的公益性质。

（四）严肃处理侵占动物园等公园绿地的事件

严禁借改造、搬迁动物园，变相侵占公园绿地；对侵占动物园用地进行商业开发的，要限期整改，并恢复用地的公园绿地性质。

各地要对照本意见各项内容，全面开展动物园管理专项检查。各动物园应在本通知发布之日起 1 个月内完成自查自纠工作，并将自查结果报所在城市园林绿化主管部门。各省级建设（园林绿化）主管部门要在本通知发布之日起 3 个月内完成本行政区域内动物园的普查工作，并将普查结果报住房城乡建设部。

我部将根据各地开展专项检查的实际情况进行重点抽查，并把动物园规划、建设、管理情况纳入国家园林城市考核和复查内容。对经检查发现存在问题的动物园，将责令其限期整改；对不配合检查、不进行整改或在限定期限内整改不合格的动物园，将予以停业整顿，并通报批评。

中华人民共和国住房和城乡建设部

二〇一〇年十月十八日

农业部办公厅关于成立海洋珍稀濒危野生动物救护网络的通知

实施日期：2010年3月15日

为做好海洋珍稀濒危野生动物救护工作，不断提高水生野生动物保护管理科学化水平。经商有关单位，我部决定组织成立海洋珍稀濒危野生动物救护网络（以下简称"网络"）。现将有关事项通知如下：

一、网络由我部水生野生动植物保护办公室、各海区渔政局、沿海各省级渔业行政主管部门及渔政执法机构、水生生物自然保护区、水族馆、海洋馆、驯养繁殖基地、教学科研机构和全国水生野生动物保护分会组成（见附件1）。部水生野生动植物保护办公室为组长单位，各海区渔政局为副组长单位，全国水生野生动物保护分会承担网络成员之间的联络工作。

二、网络的主要任务是开展海洋珍稀濒危野生动物救护工作，及时通报并公布有关信息；开展海洋珍稀濒危野生动物种群动态监测，定期发布资源报告；组织海洋珍稀濒危野生动物保护对策研究，拟订保护行动计划并组织实施；开展海洋珍稀濒危野生动物保护技术培训，宣传普及保护知识。

三、请各成员单位认真填写《海洋珍稀濒危野生动物救护网络成员单位联系人信息采集表》（见附件2），于4月16日前报送至全国水生野生动物保护分会。

联系人：郭志杰　王志祥

电话：010-65086647/65086546

传真：010-65086546

电子信箱：nawca@163.com

地址：北京市朝阳区农展南里5号京朝大厦9020室

邮编：100125

二〇一〇年三月十五日

附件1、附件2：略

农业部关于加强海洋馆和水族馆等场馆
水生野生动物驯养展演活动管理的通知

实施日期：2010年9月2日

各省、自治区、直辖市渔业主营厅（局），新疆生产建设兵团水产局：

近年来，各地海洋馆、水族馆等水生野生动物展演场馆建设数量不断增加，对普及水生野生动物保护知识，提高全社会保护意识，促进水生野生动物保护事业发展发挥了积极作用。但在发展过程中，有些展演场馆过度注重经济效益，在驯养条件不过关和技术能力跟不上的情况下进行水生野生动物驯养繁殖和展览、展示、表演活动，致使一些珍稀濒危物种得不到妥善安置并导致死亡，在社会上造成了不良的影响。为进一步规范水生野生动物驯养和展演行为，切实加强水生野生动物保护工作，现将有关问题通知如下：

一、依法加强海洋馆、水族馆等场馆水生野生动物利用特许管理。按照《中华人民共和国野生动物保护法》及《中华人民共和国水生野生动物利用特许办法》的有关规定，海洋馆、水族馆等场馆开展水生野生动物驯养、展演等利用特许活动，必须按规定事前向国家或省级渔业主管部门提出申请，通过农业部濒危水生野生动植物种科学委员会专家评估，按规定领取利用特许证件后，才能开展有关活动。新建以水生野生动物驯养、展演为主要目的海洋馆、水族馆等场馆，事前应当向国家或省级渔业主管部门提交建设方案和水生野生动物驯养、展演可行性论证报告，并通过农业部濒危水生野生动植物种科学委员会专家评估。没有通过专家评估的，建成后不得开展水生野生动物驯养、展演等特许利用活动。

二、组织对海洋馆、水族馆等场馆进行全面清查整顿和评估。各省级渔业行政主管部门要加强组织领导，认真做好这次水生野生动物展演场馆的清查整顿和评估工作。清查整顿和评估分三个阶段进行。第一阶段：自本通知下发之日起至10月31日，各水生野生动物展演场馆依据有关水生野生动物保护、驯养繁殖的法律法规、规章和技术标准等，对本场馆水生野生动物驯养繁殖场所设施及条件、技术能力、经费保障、规章制度、应急预案、档案记录、广告宣传、经营管理等各个方面，进行全面的自查、整顿，立即停止水生野生动物与观众零距离接触、虐待性表演、违规经营水生野生动物产品等各种不当行为，并根据要求进行自我评估，完成评估报告（具体格式见附件），经省级渔业行政主管部门审查核实后报送我部渔政指挥中心。第二阶段：11月1日至11月30日，我部组织濒危水生野生动植物种科学委员会专家对各场馆自我评估情况进行现场核查，发现问题，责成有关场馆及时进行整改。第三阶段：12月1日至12月20日，我部组织濒危水生野生动植物种科学委员会专家会议对各场馆总体情况和水生野生动物驯养条件、技术能力等进行全面集中评估，出具评估报告。未通过评估的，根据专家意见限期进行整改。

三、认真履行职责，加强管理，切实规范水生野生动物展演行为。各级渔业行政主管部门及渔政管理机构要认真履行法律法规赋予的水生野生动物保护管理职责，切实加强海洋馆、水族馆等场馆水生野生动物驯养展演活动监督管理，依法严厉查处未经许可开展水生野生动物展演活动等违法违规行为。对已领取特许利用许可证，但未通过我部濒危水生野生动植物种科学委员会专家评估的海洋馆、水族馆等场馆，限期进行整改。到期仍不能通过评估的，依法吊销其许可证件，不得再从事水生野生动物驯养、展演活动。整改期间可以进行适当驯养活动，但不得进行展演活动。

四、充分发挥行业协会作用，加强行业自律，努力提高水生野生动物保护水平。水生野生动物保护分会要充分发挥行业协会的桥梁和纽带作用，推动制订水生野生动物展演场馆相关技术操作规范和标准，促进国内外学术交流与合作，加强行业自律，努力规范水生野生动物展演活动。要积极发挥海洋馆、水族馆等海洋珍稀濒危野生动物救护网络成员单位在水生动物救护及科普宣传方面的作用，努力提高水生野生动物保护水平。

联系人：刘颖　樊祥国

电话：010-59193100（传真）59193007

邮箱：fisheryccf@agri.gov.cn

附件：水生野生动物驯养展演情况评估报告格式（略）

中华人民共和国农业部
二〇一〇年九月二日

水生生物增殖放流管理规定

实施日期：2009年5月1日

第一条　为规范水生生物增殖放流活动，科学养护水生生物资源，维护生物多样性和水域生态安全，促进渔业可持续健康发展，根据《中华人民共和国渔业法》《中华人民共和国野生动物保护法》等法律法规，制定本规定。

第二条　本规定所称水生生物增殖放流，是指采用放流、底播、移植等人工方式向海洋、江河、湖泊、水库等公共水域投放亲体、苗种等活体水生生物的活动。

第三条　在中华人民共和国管辖水域内进行水生生物增殖放流活动，应当遵守本规定。

第四条　农业部主管全国水生生物增殖放流工作。

县级以上地方人民政府渔业行政主管部门负责本行政区域内水生生物增殖放流的组织、协调与监督管理。

第五条　各级渔业行政主管部门应当加大对水生生物增殖放流的投入，积极引导、鼓励社会资金支持水生生物资源养护和增殖放流事业。

水生生物增殖放流专项资金应专款专用，并遵守有关管理规定。渔业行政主管部门使用社会资金用于增殖放流的，应当向社会、出资人公开资金使用情况。

第六条　县级以上人民政府渔业行政主管部门应当积极开展水生生物资源养护与增殖放流的宣传教育，提高公民养护水生生物资源、保护生态环境的意识。

第七条　县级以上人民政府渔业行政主管部门应当鼓励单位、个人及社会各界通过认购放流苗种、捐助资金、参加志愿者活动等多种途径和方式参与、开展水生生物增殖放流活动。对于贡献突出的单位和个人，应当采取适当方式给予宣传和鼓励。

第八条　县级以上地方人民政府渔业行政主管部门应当制定本行政区域内的水生生物增殖放流规划，并报上一级渔业行政主管部门备案。

第九条　用于增殖放流的人工繁殖的水生生物物种，应当来自有资质的生产单位。其中，属于经济物种的，应当来自持有《水产苗种生产许可证》的苗种生产单位；属于珍稀、濒危物种的，应当来自持有《水生野生动物驯养繁殖许可证》的苗种生产单位。

渔业行政主管部门应当按照"公开、公平、公正"的原则，依法通过招标或者议标的方式采购用于放流的水生生物或者确定苗种生产单位。

第十条　用于增殖放流的亲体、苗种等水生生物应当是本地种。苗种应当是本地种的原种或者子一代，确需放流其他苗种的，应当通过省级以上渔业行政主管部门组织的专家论证。

禁止使用外来种、杂交种、转基因种以及其他不符合生态要求的水生生物物种进行增殖放流。

第十一条　用于增殖放流的水生生物应当依法经检验检疫合格，确保健康无病害、无禁用药物残留。

第十二条　渔业行政主管部门组织开展增殖放流活动，应当公开进行，邀请渔民、有关科研单位和社会团体等方面的代表参加，并接受社会监督。

增殖放流的水生生物的种类、数量、规格等，应当向社会公示。

第十三条　单位和个人自行开展规模性水生生物增殖放流活动的，应当提前15日向当地县级以上地方人民政府渔业行政主管部门报告增殖放流的种类、数量、规格、时间和地点等事项，接受监督检查。

经审查符合本规定的增殖放流活动，县级以上地方人民政府渔业行政主管部门应当给予必要的支持和协助。

应当报告并接受监督检查的增殖放流活动的规模标准，由县级以上地方人民政府渔业行政主管部门根据本地区水生生物增殖放流规划确定。

第十四条　增殖放流应当遵守省级以上人民政府渔业行政主管部门制定的水生生物增殖放流技术规范，采取适当的放流方式，防止或者减轻对放流水生生物的损害。

第十五条　渔业行政主管部门应当在增殖放流水域采取划定禁渔区、确定禁渔期等保护措施，加强增殖资源保护，确保增殖放流效果。

第十六条　渔业行政主管部门应当组织开展有关增殖放流的科研攻关和技术指导，并采取标志放流、跟踪监测和社会调查等措施对增殖放流效果进行评价。

第十七条　县级以上地方人民政府渔业行政主管部门应当将辖区内本年度水生生物增殖放流的种类、数量、规格、时间、地点、标志放流的数量及方法、资金来源及数量、放流活动等情况统计汇总，于11月底以前报上一级渔业行政主管部门备案。

第十八条　违反本规定的，依照《中华人民共和国渔业法》《中华人民共和国野生动物保护法》等有关法律法规的规定处罚。

第十九条　本规定自2009年5月1日起施行。

中华人民共和国濒危物种进出口管理办公室
关于加强非盈利性种用野生动植物管理的通知

实施日期：2001年9月3日

各省、自治区、直辖市林业（农林）厅（局）、农业（水产）厅（局）：

从1996年开始，国家对非盈利性种用野生动植物进口实行了税收优惠政策。两年多来，在各有关部门的大力支持下，非盈利性种用野生动植物进口免税审批工作进展顺利，引进和推广了一大批有价值的野生动植物种，丰富了我国野生动植物资源。为切实加强非盈利性种用野生动植物（以下简称种用野生动植物）免税管理和进口后的监督检查工作，我办就有关问题提出具体要求，现通知如下：

一、申请办理免税进口种用野生动植物的程序要严格按国家濒管办《关于进一步做好非盈利性野生动植物种源免征进口环节增值税管理工作的通知》（濒办综字[1998]51号）的要求执行。申请单位要认真填写《非盈利性种用野生动植物种源进口免税申请表》，并连同有关材料报省级野生动植物行政主管部门审核后，以厅文上报国家濒管办。对于申请表填写不清、文件及有关材料不全的，一律不予办理。

二、种用野生动植物进口免征进口环节增值税由国家濒管办统一审批。要严格按规定使用《非盈利性种用野生动植物进口审批表》，任何单位或个人不得进行涂改、伪造、倒卖和转让。因特殊原因需要延长《非盈利性种用野生动植物进口审批表》有效期或变更内容的，必须重新向国家濒管办申报。对未办理《非盈利性种用野生动植物进口审批表》进口的野生动植物，国家濒管办不予补办免税进口野生动植物的手续。

三、进口种用野生动植物只限于农、林、牧、渔领域的生产引种和科研使用，严禁倒买倒卖或以盈利为目的直接进行利用。违反规定者除照章补税外，还要依照有关法规进行处罚。种用野生动植物禁止调往异地进行饲养繁殖。因特殊需要，须经省级野生动植物行政主管部门报国家濒管办审批。

四、种用野生动植物的进口实行计划管理。省级野生动植物行政主管部门根据本地区的具体情况，制定下一年度进口计划，于每年11月15日前报国家濒管办。国家濒管办审核汇总后，报财政部、国家税务总局审批。国家濒管办在财政部、国家税务总局批准的种类、数量限额内，具体审理并签发《非盈利性种用野生动植物进口审批表》。逾期不报的，不再受理。

五、国家濒管办对种用野生动物实行标记管理。对进口的野生动物，要分别采用适宜的标记方法进行标记，并实行登记注册，建立数据库。对免税进口的野生动物进行定期检查，跟踪管理。

六、为加强免税进口种用野生动植物的管理，各省、自治区、直辖市野生动植物行政主管部门在每年申请种用野生动植物进口计划的同时，将免税进口的种用野生动植物饲养、繁殖管理情况报国家濒管办。对种用野生动植物进口后管理不力的省份，国家濒管办将减少或取消下一年度该省的免税进口指标。以上通知，请各有关单位遵照执行。

卫生部关于限制以野生动植物及其产品为原料生产保健食品的通知

实施日期：2001年6月7日

各省、自治区、直辖市卫生厅局：

为保护野生动植物，对以野生动植物及其产品为原料生产保健食品，特作如下规定：

一、受保护的野生动、植物是指根据《中华人民共和国野生动物保护法》《中华人民共和国野生植物保护条例》等国家有关野生动、植物保护法律法规，由国务院及其农业（渔业）、林业行政主管部门发布的国家保护的野生动物、植物名录中收入的野生动物、植物品种。

二、禁止使用国家一级和二级保护野生动植物及其产品作为保健食品成份。

三、禁止使用人工驯养繁殖或人工栽培的国家一级保护野生动植物及其产品作为保健食品成份。使用人工驯养繁殖或人工栽培的国家二级保护野生动植物及其产品作为保健食品成份的，应提供省级以上农业（渔业）、林业行政主管部门的批准文件。

四、使用国家保护的有益的或者有重要经济、科学研究价值的陆生野生动物及其产品作为保健食品成份的，应提供省级以上农业（渔业）、林业行政主管部门依据管理职能批准的开发利用的证明。

五、使用中华人民共和国林业植物新品种保护名录中植物及其产品作为保健食品成份的，如果该种植物已获"品种权"，应提供该种植物品种权所有人许可使用的证明；如该种植物尚未取得品种权，应提供国务院林业主管部门出具的该种品种尚未取得品种权的证明。

六、对于进口保健食品中使用《濒危野生动植物种国际贸易公约》名录中动植物及其产品的，应提供国务院农业（渔业）、林业行政主管部门批准文件、进出口许可证及海关的证明文件。

七、对于本通知下发前已获批准的以野生动植物及其产品为原料生产的保健食品，应于2001年12月31日前，按本通知的要求，向我部提出原料备案或变更的申请，并提供相应证明文件。

二〇〇一年六月七日

附件：参照文件目录

1、国家重点保护野生动物名录——1998 年 12 月 10 日国务院批准，1989 年 1 月 4 日林业部、农业部发布；

2、国家重点保护野生植物名录——国务院 1999 年 8 月 4 日批准发布实施；

3、国家保护的有益或者有重要经济、科学研究价值的陆生野生动物名录——2000 年 8 月 1 日国家林业局发布实施；

4、中华人民共和国林业植物新品种保护名录——第一批国家林业局 1999 年 4 月 22 日发布实施，第二批国家林业局 2000 年 2 月 2 日发布实施；

5、《濒危野生动植物种国际贸易公约》附录Ⅰ、附录Ⅱ物种和《濒危野生动植物国际贸易公约》附录水生野生物种目录。

国家林业局、公安部关于森林和陆生野生动物刑事案件管辖及立案标准

实施日期：2001年5月9日

根据《中华人民共和国刑法》《中华人民共和国刑事诉讼法》《公安机关办理刑事案件程序规定》及其他有关规定，现将森林和陆生野生动物刑事案件管辖及立案标准规定如下：

一、森林公安机关管辖在其辖区内发生的刑法规定的下列森林和陆生野生动物刑事案件

（一）盗伐林木案件（第三百四十五条第一款）；

（二）滥伐林木案件（第三百四十五条第二款）；

（三）非法收购盗伐、滥伐的林木案件（第三百四十五条第三款）；

（四）非法采伐、毁坏珍贵树木案件（第三百四十四条）；

（五）走私珍稀植物、珍稀植物制品案件（第一百五十一条第三款）；

（六）放火案件中，故意放火烧毁森林或者其他林木的案件（第一百一十四条、第一百一十五条第一款）；

（七）失火案件中，过失烧毁森林或者其他林木的案件（第一百一十五条第二款）；

（八）聚众哄抢案件中，哄抢林木的案件（第二百六十八条）；

（九）破坏生产经营案件中，故意毁坏用于造林、育林、护林和木材生产的机械设备或者以其他方法破坏林业生产经营的案件（第二百七十六条）；

（十）非法猎捕、杀害珍贵、濒危陆生野生动物案件（第三百四十一条第一款）；

（十一）非法收购、运输、出售珍贵、濒危陆生野生动物、珍贵、濒危陆生野生动物制品案件（第三百四十一条第一款）；

（十二）非法狩猎案件（第三百四十一条第二款）；

（十三）走私珍贵陆生野生动物、珍贵陆生野生动物制品案件（第一百五十一条第二款）；

（十四）非法经营案件中，买卖《允许进口证明书》《允许出口证明书》《允许再出口证明书》、进出口原产地证明及国家机关批准的其他关于林业和陆生野生动物的经营许可证明文件的案件（第二百二十五条第二项）；

（十五）伪造、变造、买卖国家机关公文、证件案件中，伪造、变造、买卖林木和陆生野生动物允许进出口证明书、进出口原产地证明、狩猎证、特许猎捕证、驯养繁殖许可证、林木采伐许可证、木材运输证明、森林、林木、林地权属证书、征用或者占用林地审核同意书、育林基金等缴费收据以及由国家机关批准的其他关于林业和陆生野生动物公文、证件的案件（第二百八十条第一、二款）；

（十六）盗窃案件中，盗窃国家、集体、他人所有并已经伐倒的树木、偷砍他人房前屋后、自留地种植的零星树木、以谋取经济利益为目的非法实施采种、采脂、挖笋、掘根、剥树皮等以及盗窃国家重点保护陆生野生动物或其制品的案件（第二百六十四条）；

（十七）抢劫案件中，抢劫国家重点保护陆生野生动物或其制品的案件（第二百六十三条）；

（十八）抢夺案件中，抢夺国家重点保护陆生野生动物或其制品的案件（第二百六十七条）；

（十九）窝藏、转移、收购、销售赃物案件中，涉及被盗伐滥伐的木材、国家重点保护陆生野生动物或其制品的案件（第三百一十二条）；

未建立森林公安机关的地方，上述案件由地方公安机关负责查处。

二、森林和陆生野生动物刑事案件的立案标准

（一）盗伐林木案

盗伐森林或者其他林木，立案起点为 2 立方米至 5 立方米或者幼树 100 至 200 株；盗伐林木 20 立方米至 50 立方米或者幼树 1000 株至 2000 株，为重大案件立案起点；盗伐林木 100 立方米至 200 立方米或者幼树 5000 株至 10000 株，为特别重大案件立案起点。

（二）滥伐林木案

滥伐森林或者其他林木，立案起点为 10 立方米至 20 立方米或者幼树 500 至 1000

株；滥伐林木 50 立方米以上或者幼树 2500 株以上，为重大案件；滥伐林木 100 立方米以上或者幼树 5000 株以上，为特别重大案件。

（三）非法收购盗伐、滥伐的林木案

以牟利为目的，在林区非法收购明知是盗伐、滥伐的林木在 20 立方米或者幼树 1000 株以上的，以及非法收购盗伐、滥伐的珍贵树木 2 立方米以上或者 5 株以上的应当立案；非法收购林木 100 立方米或者幼树 5000 株以上的，以及非法收购盗伐、滥伐的珍贵树木 5 立方米以上或者 10 株以上的为重大案件；非法收购林木 200 立方米或者幼树 1000 株以上的，以及非法收购盗伐、滥伐的珍贵树木 10 立方米以上或者 20 株以上的为特别重大案件。

（四）非法采伐、毁坏珍贵树木案

非法采伐、毁坏珍贵树木的应当立案；采伐珍贵树木 2 株、2 立方米以上或者毁坏珍贵树木致死 3 株以上的，为重大案件；采伐珍贵树木 10 株、10 立方米以上或者毁坏珍贵树木致死 15 株以上的，为特别重大案件。

（五）走私珍稀植物、珍稀植物制品案

走私国家禁止进出口的珍稀植物、珍稀植物制品的应当立案；走私珍稀植物 2 株以上、珍稀植物制品价值在 2 万元以上的，为重大案件；走私珍稀植物 10 株以上、珍稀植物制品价值在 10 万元以上的，为特别重大案件。

（六）放火案

凡故意放火造成森林或者其他林木火灾的都应当立案；过火有林地面积 2 公顷以上为重大案件；过火有林地面积 10 公顷以上，或者致人重伤、死亡的，为特别重大案件。

（七）失火案

失火造成森林火灾，过火有林地面积 2 公顷以上，或者致人重伤、死亡的应当立案；过火有林地面积为 10 公顷以上，或者致人死亡、重伤 5 人以上的为重大案件；过火有林地面积为 50 公顷以上，或者死亡 2 人以上的，为特别重大案件。

（八）非法猎捕、杀害国家重点保护珍贵、濒危陆生野生动物案

凡非法猎捕、杀害国家重点保护的珍贵、濒危陆生野生动物的应当立案，重大案件、特别重大案件的立案标准详见附表。

（九）非法收购、运输、出售珍贵、濒危陆生野生动物、珍贵、濒危陆生野生动物制品案

非法收购、运输、出售国家重点保护的珍贵、濒危陆生野生动物的应当立案，重大案件、特别重大案件的立案标准见附表。

非法收购、运输、出售国家重点保护的珍贵、濒危陆生野生动物制品的，应当立案；制品价值在 10 万元以上或者非法获利 5 万元以上的，为重大案件；制品价值在 20

万元以上或非法获利 10 万元以上的，为特别重大案件。

（十）非法狩猎案

违反狩猎法规，在禁猎区、禁猎期或者使用禁用的工具、方法狩猎，具有下列情形之一的，应予立案：

1、非法狩猎陆生野生动物 20 只以上的；

2、在禁猎区或者禁猎期使用禁用的工具、方法狩猎的；

3、具有其他严重破坏野生动物资源情节的。

违反狩猎法规，在禁猎区、禁猎期或者使用禁用的工具、方法狩猎，非法狩猎陆生野生动物 50 只以上的，为重大案件；非法狩猎陆生野生动物 100 只以上或者具有其他恶劣情节的，为特别重大案件。

（十一）走私珍贵动物、珍贵动物制品案

走私国家重点保护和《濒危野生动植物种国际贸易公约》附录一、附录二的陆生野生动物及其制品的应当立案；走私国家重点保护的陆生野生动物重大案件和特别重大案件按附表的标准执行。

走私国家重点保护和《濒危野生动植物种国际贸易公约》附录一、附录二的陆生野生动物制品价值 10 万元以上的，应当立为重大案件；走私国家重点保护和《濒危野生动植物种国际贸易公约》附录一、附录二的陆生野生动物制品价值 20 万元以上的，应当立为特别重大案件。

（十二）盗窃、抢夺、抢劫案、窝藏、转移、收购、销售赃物案、破坏生产经营案、聚众哄抢案、非法经营案、伪造变造买卖国家机关公文、证件案，执行相应的立案标准。

三、其他规定

（一）林区与非林区的划分，执行各省、自治区、直辖市人民政府的规定。

（二）林木的数量，以立木蓄积计算。

（三）对于一年内多次盗伐、滥伐少量林木未经处罚的，累计其盗伐林木、滥伐林木的数量。

（四）被盗伐、滥伐林木的价值，有国家规定价格的，按国家规定价格计算；没有国家规定价格的，按主管部门规定的价格计算；没有国家或者主管部门规定价格的，按市场价格计算；进入流通领域的，按实际销售价格计算；实际销售价格低于国家或者主管部门规定价格的，按国家或者主管部门规定的价格计算；实际销售价格低于市场价格，又没有国家或者主管部门规定价格的，按市场价格计算，不能按低价销赃的价格计算。

（五）非法猎捕、杀害、收购、运输、出售、走私《濒危野生动植物种国际贸易公约》附录一、附录二所列陆生野生动物的，其立案标准参照附表中同属或者同科的国家一、二级保护野生动物的立案标准执行。

（六）珍贵、濒危陆生野生动物制品的价值，依照国家野生动物行政主管部门的规定核定；核定价值低于实际交易价格的，以实际交易价格认定。

（七）单位作案的，执行本规定的立案标准。

（八）本规定中所指的"以上"，均包括本数在内。

（九）各省、自治区、直辖市公安厅、局和林业主管部门可根据本地的实际情况，在本规定的幅度内确定本地区盗伐林木案、滥伐林木案和非法狩猎案的立案起点及重大、特别重大案件的起点。

（十）盗伐、滥伐竹林或者其他竹子的立案标准，由各省、自治区、直辖市公安厅、局和林业主管部门根据竹子的经济价值参照盗伐、滥伐林木案的立案标准确定。

（十一）本规定自发布之日起执行。1986 年 8 月 20 日发布的《林业部、公安部关于森林案件管辖范围及森林刑事案件立案标准的暂行规定》和 1994 年 5 月 25 日发布的《林业部、公安部关于陆生野生动物刑事案件的管辖及其立案标准的规定》同时废止。

附表：走私、非法猎捕、杀害、收购、运输、出售珍贵、濒危陆生野生动物重大案件、特别重大案件立案标准

中文名	学名	级别	重大案件	特别重大案件
蜂猴	*Nycticebus* spp.	I	3	4
熊猴	*Macaca assamensis*	I	2	3
台湾猴	*Macaca cyclopis*	I	1	2
豚尾猴	*Macaca nemestrina*	I	2	3
叶猴（所有种）	*Prebytis* spp.	I	1	2
金丝猴（所有种）	*Rhinopithecus* spp.	I		1
长臂猿（所有种）	*Hylobates* spp.	I	1	2
马来熊	*Helarctos malayanus*	I	2	3
大熊猫	*Ailuropoda melanoleuca*	I		1
紫貂	*Murtes zibellina*	I	3	4
貂熊	*Gulo gulo*	I	2	3
熊狸	*Arcticlis binturong*	I	1	2
云豹	*Neofelis nebulosa*	I		1
豹	*Panthera pardus*	I		1

中文名	学名	级别	重大案件	特别重大案件
雪豹	*Panthera uncia*	I		1
虎	*Panthera tigris*	I		1
亚洲象	*Elephas maximus*	I		1
蒙古野驴	*Equus hemionus*	I	2	3
西藏野驴	*Equus kiang*	I	3	5
野马	*Equus przewalskii*	I		1
野骆驼	*Camelus ferus (=bactrianus)*	I	1	2
鼷鹿	*Tragulus javanicus*	I	2	3
黑麂	*Muntiacus crinifrons*	I	1	2
白唇鹿	*Cervus albirostris*	I	1	2
坡鹿	*Cervus eldi*	I	1	2
梅花鹿	*Cervus nippon*	I	2	3
豚鹿	*Cervus porcinus*	I	2	3
麋鹿	*Elaphurus davidianus*	I	1	2
野牛	*Bos gaurus*	I	1	2
野牦牛	*Bos mutus (=grunniens)*	I	2	3
普氏原羚	*Procapra przewalskii*	I	1	2
藏羚	*Pantholops hodgsoni*	I	2	3
高鼻羚羊	*Saiga tatarica*	I		1
扭角羚	*Budorcas taxicolor*	I	1	2
台湾鬣羚	*Capricornis crispus*	I	2	3
赤斑羚	*Naemorhedus cranbrooki*	I	2	4
塔尔羊	*Hemitragus jemlahicus*	I	2	4
北山羊	*Capraibex*	I	2	4
河狸	*Castorfiber*	I	1	2
短尾信天翁	*Diomedea albatrus*	I	2	4
白腹军舰鸟	*Fregata andrewsi*	I	2	4
白鹳	*Ciconia ciconia*	I	2	4
黑鹳	*Ciconia nigra*	I	2	4
朱鹮	*Nipponia nippon*	I		1

续表

中文名	学名	级别	重大案件	特别重大案件
中华沙秋鸭	*Mergus squamatus*	I	2	3
金雕	*Aquila chrysaelos*	I	2	4
白肩雕	*Aquila heliaca*	I	2	4
玉带海雕	*Haliaeetus leucoryphus*	I	2	4
白尾海雕	*Haliaeetus albcilla*	I	2	3
虎头海雕	*Haliaeetus pelagicus*	I	2	4
拟兀鹫	*Pseudogyps bengalensis*	I	2	4
胡兀鹫	*Gypaetus barbatus*	I	2	4
细嘴松鸡	*Tetrao parvirostris*	I	3	5
斑尾榛鸡	*Tetrastes sewerzowi*	I	3	5
雉鹑	*Tetraophasis obscurus*	I	3	5
四川山鹧鸪	*Arborophila rufipectus*	I	3	5
海南山鹧鸪	*Arborophila ardens*	I	3	5
黑头角雉	*Tragopan melanocephalus*	I	2	3
红胸角雉	*Tragopan satyra*	I	2	4
灰腹角雉	*Tragopan blythii*	I	2	3
黄腹角雉	*Tragopan caboti*	I	2	3
虹雉（所有种）	*Lophophorus* spp.	I	2	4
褐马鸡	*Crossoptilon mantchuricum*	I	2	3
蓝鹇	*Lophura swinhoii*	I	2	3
黑颈长尾雉	*Syrmaticus humiae*	I	2	4
白颈长尾雉	*Syrmaticus ewllioti*	I	2	4
黑长尾雉	*Syrmaticus mikado*	I	2	4
孔雀雉	*Polyplectrom bicalcarrtum*	I	2	3
绿孔雀	*Pavo muticus*	I	2	3
黑颈鹤	*Grus nigricollis*	I	2	3
白头鹤	*Grus monacha*	I	2	3
丹顶鹤	*Grus japonensis*	I	2	3
白鹤	*Grus leucogeranus*	I	2	3
赤颈鹤	*Grus antigone*	I	1	2

续表

中文名	学名	级别	重大案件	特别重大案件
鸨（所有种）	*Otis* spp.	I	4	6
遗鸥	*Larus relicius*	I	2	4
四爪陆龟	*Testudo horsfieldi*	I	4	8
鳄蜥	*Shinisaurus crocodilurus*	I	2	4
巨蜥	*Varanus salvator*	I	2	4
蟒	*Python molurus*	I	2	4
扬子鳄	*Alligator sinensis*	I	1	2
中华蚤蟆	*Galloisianx sinensis*	I	3	6
金斑喙凤蝶	*Teinopalpus aureus*	I	3	6
短尾猴	*Macaca arctoides*	II	6	10
猕猴	*Macaca mulatta*	II	6	10
藏酋猴	*Macaca thibetana*	II	6	10
穿山甲	*Manis pentadactyla*	II	8	16
豺	*Cuon alpinus*	II	4	6
黑熊	*Selenarctos thibetanus*	II	3	5
棕熊	*Ursus arctos (U. a. pruinosus)*	II	3	5
小熊猫	*Ailurus fulgens*	II	3	5
石貂	*Martes foina*	II	4	10
黄喉貂	*Martes flavigula*	II	4	10
斑林狸	*Prionodon pardicolor*	II	4	8
大灵猫	*Viverra zibetha*	II	3	5
小灵猫	*Viverricula indica*	II	4	8
草原斑猫	*Felis lybica (=silvestris)*	II	4	8
荒漠猫	*Felis bieti*	II	4	10
丛林猫	*Felis chaus*	II	4	8
猞猁	*Felis lynx*	II	2	3
兔狲	*Felis manul*	II	3	5
金猫	*Felis temmincki*	II	4	8
渔猫	*Felis viverrinus*	II	4	8
麝（所有种）	*Moschus* spp.	II	3	5

中文名	学名	级别	重大案件	特别重大案件
河麂	*Hydropotes inermis*	Ⅱ	4	8
马鹿（含白臀鹿）	*Cervus elaphus (C. e. macneilli)*	Ⅱ	4	6
水鹿	*Cervus unicolor*	Ⅱ	3	5
驼鹿	*Alces alces*	Ⅱ	3	5
黄羊	*Procapra gutturosa*	Ⅱ	8	15
藏原羚	*Procapra picticaudata*	Ⅱ	4	8
鹅喉羚	*Gazella subgutturosa*	Ⅱ	4	8
鬣羚	*Capricornis sumatraensis*	Ⅱ	3	4
斑羚	*Naemorhedus goral*	Ⅱ	4	8
岩羊	*Pseudois nayaur*	Ⅱ	4	8
盘羊	*Ovis anmon*	Ⅱ	3	5
海南兔	*Lepus peguensis hainanus*	Ⅱ	6	10
雪兔	*Lepus timidus*	Ⅱ	6	10
塔里木兔	*Lepus yarkandensis*	Ⅱ	20	40
巨松鼠	*Ratufa bicolor*	Ⅱ	6	10
角鸊鷉	*Podiceps auritus*	Ⅱ	6	10
赤颈鸊鷉	*Podiceps grisegena*	Ⅱ	6	8
鹈鹕（所有种）	*Pelecanus* spp.	Ⅱ	4	8
鲣鸟（所有种）	*Sula* spp.	Ⅱ	6	10
海鸬鹚	*Phalacrocorax pelagicus*	Ⅱ	4	8
黑颈鸬鹚	*Phalacrocorax niger*	Ⅱ	4	8
黄嘴白鹭	*Egretta eulophotes*	Ⅱ	6	10
岩鹭	*Egretta sacra*	Ⅱ	6	20
海南虎斑鳽	*Gorsachius magnificus*	Ⅱ	6	10
小苇鳽	*Ixbrychusminutus*	Ⅱ	6	10
彩鹳	*Ibis leucocephalus*	Ⅱ	3	4
白鹮	*Threskiornis aethiopicus*	Ⅱ	4	8
黑鹮	*Pseudibis papillosa*	Ⅱ	4	8
彩鹮	*Pseudibis falcinellus*	Ⅱ	4	8
白琵鹭	*Platalea leucorodia*	Ⅱ	4	8

中文名	学名	级别	重大案件	特别重大案件
黑脸琵鹭	*Platalea ninor*	II	4	8
红胸黑雁	*Branta ruficollis*	II	4	8
白额雁	*Anser albifrons*	II	6	10
天鹅（所有种）	*Cygnus* spp.	II	6	10
鸳鸯	*Aix galericulata*	II	6	10
其他鹰类	*(Accipitridae)*	II	4	8
隼类（所有种）	*Falconidae*	II	6	10
黑琴鸡	*Lyrurus tetrix*	II	4	8
柳雷鸟	*Lagopus lagopus*	II	4	8
岩雷鸟	*Lagopus mutus*	II	6	10
镰翅鸡	*Falcipennis falcipennis*	II	3	4
花尾榛鸡	*Tetrastes bonasia*	II	10	20
雪鸡（所有种）	*Tetraoallus* spp.	II	10	20
血雉	*Ithaginis cruentus*	II	4	6
红腹角雉	*Tragopan teminckii*	II	4	6
藏马鸡	*Crossoptilon crossoptilon*	II	4	6
蓝马鸡	*Crossoptilon auritum*	II	4	10
黑鹇	*Lophura leucomelana*	II	6	8
白鹇	*Lophura nycthemera*	II	6	10
原鸡	*Gallus gallus*	II	6	8
勺鸡	*Pucrasia macrolopha*	II	6	8
白冠长尾雉	*Syrmaticus reevesii*	II	4	6
锦鸡（所有种）	*Chrysolsphus* spp.	II	4	8
灰鹤	*Grus grus*	II	4	8
沙丘鹤	*Grus canadensis*	II	4	8
白枕鹤	*Grus vipio*	II	4	8
蓑羽鹤	*Anthropoides virgo*	II	6	10
长脚秧鸡	*Crex crex*	II	6	10
姬田鸡	*Porzana parva*	II	6	10
棕背田鸡	*Porzana bicolor*	II	6	10

续表

中文名	学名	级别	重大案件	特别重大案件
花田鸡	*Coturnicops noveboracensis*	II	6	10
铜翅水雉	*Metopidius indicus*	II	6	10
小杓鹬	*Numenius borealis*	II	8	15
小青脚鹬	*Tringa guttifer*	II	6	10
灰燕	*Glareola lactea*	II	6	10
小鸥	*Larus minutus*	II	6	10
黑浮鸥	*Chlidonias niger*	II	6	10
黄嘴河燕鸥	*Sterna aurantia*	II	6	10
黑嘴端凤头燕鸥	*Thalasseus zimmermanni*	II	4	8
黑腹沙鸡	*Petrocles orientalis*	II	4	8
绿鸠（所有种）	*Treron* spp.	II	6	8
黑颏果鸠	*Ptilinopus leclancheri*	II	6	10
皇鸠（所有种）	*Ducula* spp.	II	6	10
斑尾林鸽	*Columba palumbus*	II	6	10
鹃鸠（所有种）	*Macropygia* spp.	II	6	10
鹦鹉科（所有种）	*Psittacidae.*	II	6	10
鸦鹃（所有种）	*Centropus* spp.	II	6	10
鸮形目（所有种）	STRIGIFORMES	II	6	10
灰喉针尾雨燕	*Hirundapus cochinchinensis*	II	6	10
凤头雨燕	*Hemiprocne longipennis*	II	6	10
橙胸咬鹃	*Harpactes oreskios*	II	6	10
蓝耳翠鸟	*Alcedomeninting*	II	6	10
鹳嘴翠鸟	*Pelargopsis capensis*	II	6	10
黑胸蜂虎	*Merops leschenaulti*	II	6	10
绿喉蜂虎	*Merops orientalis*	II	6	10
犀鸟科（所有种）	*Bucerotidae*	II	4	8
白腹黑啄木鸟	*Dryocopus javensis*	II	6	10
阔嘴鸟科（所有鸟）	*Eurylaimidae*	II	6	10
八色鸫科（所有种）	*Pittidae*	II	6	10
凹甲陆龟	*Manouria impressa*	II	6	10

续表

中文名	学名	级别	重大案件	特别重大案件
大壁虎	*Gekko gecko*	II	10	20
虎纹蛙	*Rana tigrina*	II	100	200
伟铗虬	*Atlasjapyx atlas*	II	6	10
尖板曦箭蜓	*Heliogomphus retroflexus*	II	6	10
宽纹北箭蜓	*Ophiogomphus spinicorne*	II	6	10
中华缺翅虫	*Zorotypus sinensis*	II	6	10
墨脱缺翅虫	*Zorotypus medoensis*	II	6	10
拉步甲	*Carabus (Coptolabrus) lafossei*	II	6	10
硕步甲	*Carabus (Apotopterus) davidi*	II	6	10
彩臂金龟（所有种）	*Cheirotonus spp.*	II	6	10
叉犀金龟	*Allomyrina davidis*	II	6	10
双尾褐凤蝶	*Bhutanitis mansfieldi*	II	6	10
三尾褐凤蝶	*Bhutanitis thaidina dongchuanensis*	II	6	10
中华虎凤蝶	*Luehdorfia chinensis huashanensis*	II	6	10
阿波罗绢蝶	*Parnassius apollo*	II	6	10

国务院办公厅关于有序停止商业性加工销售象牙及制品活动的通知

实施日期：2016月12月29日

各省、自治区、直辖市人民政府，国务院各部委、各直属机构：为加强对象的保护，打击象牙非法贸易，经国务院同意，现就有序停止商业性加工销售象牙及制品活动的有关事项通知如下：

一、分期分批停止商业性加工销售象牙及制品活动。

日前先行停止一批象牙定点加工单位和定点销售场所的加工销售象牙及制品活动，2017年12月31日前全面停止。国家林业局要确定具体单位名录并及时发布公告。相关单位应在规定期限内停止加工销售象牙及制品活动，并到工商行政管理部门申请办理变更、注销登记手续。工商行政管理部门不再受理经营范围涉及商业性加工销售象牙及制品的企业设立或变更登记。

二、积极引导象牙雕刻技艺转型。停止商业性加工销售象牙及制品活动后，文化部门要引导象牙雕刻技艺传承人和相关从业者转型。对象牙雕刻国家级、省级非物质文化遗产项目代表性传承人开展抢救性记录，留下其完整的工艺流程和核心技艺等详细资料；对象牙雕刻技艺名师，鼓励其到博物馆等机构从事相关艺术品修复工作；对象牙雕刻技艺传承人，引导其用替代材料发展其他牙雕、骨雕等技艺。非营利性社会文化团体、行业协会可整合现有资源组建象牙雕刻工作室，从事象牙雕刻技艺研究及传承工作，但不得开展相关商业性活动。

三、严格管理合法收藏的象牙及制品。禁止在市场摆卖或通过网络等渠道交易象牙及制品。对来源合法的象牙及制品，可依法加载专用标识后在博物馆、美术馆等非销售性场所开展陈列、展览等活动，也可依法运输、赠与或继承；对来源合法、经专业鉴定机构确认的象牙文物，依法定程序获得行政许可后，可在严格监管下拍卖，发挥其文化价值。

四、加强执法监管和宣传教育。公安、海关、工商、林业等部门要按照职责分工，加强执法监管，继续加大对违法加工销售、运输、走私象牙及制品等行为的打击力度，重点查缉、摧毁非法加工窝点，阻断市场、网络等非法交易渠道。要广泛开展保护宣传和公众教育，大力倡导生态文明理念，引导公众自觉抵制象牙及制品非法交易行为，营造有利于保护象等野生动植物的良好社会环境。

各省、自治区、直辖市人民政府和有关部门要高度重视，加强组织领导，明确责任分工，确保停止商业性加工销售象牙及制品活动顺利进行，并妥善做好相关单位和人员安置、转产转型等工作，切实维护好社会和谐稳定。

国务院办公厅
2016 年 12 月 29 日

关于禁止在出入境口岸隔离区内商店摆卖
珍贵动物和珍稀植物及其制品的通知

实施日期：2002 年 8 月 19 日

国家濒管办各办事处，广东分署，上海、天津特派办，各直属海关，各省、自治区、直辖市工商局：

根据《濒危野生动植物种国际贸易公约》（下称《公约》）、《野生动物保护法》、《野生植物保护条例》和《最高人民法院关于审理走私刑事案件具体应用法律若干问题的解释》（法释〔2000〕30 号）的有关规定，列入《公约》附录一、附录二中的野生动物和列入《国家重点保护野生动物名录》中的国家一级、二级保护野生动物以及驯养繁殖的上述物种属于国家禁止进出口的珍贵动物，列入《公约》附录一、附录二中的野生植物和列入《国家重点保护野生植物名录》中的国家一级、二级保护野生植物以及人工栽培的列入《公约》附录一、附录二中的野生植物属于国家禁止进出口的珍稀植物，未取得国家濒管办或其办事处核发的《允许进出口证明书》，任何单位或个人不得擅自进出口上述野生动植物及其制品。然而，最近一个时期以来，不少出入境口岸隔离区内的商店都在摆卖国家禁止进出口的珍贵动物、珍稀植物及其制品，特别是象牙制品和含熊胆、象皮、豹骨、羚羊角、麝香、甲片或黄草等成份的中成药，许多国家都截获到在我国出入境口岸隔离区内的商店购买并携带出境的珍贵动物、珍稀植物及其制品，以上行为不仅违反了《公约》和我国有关法律法规的规定，也影响了我国的履约形象。为保护我国的野生动植物资源，切实执行《公约》和我国有关法律法规的规定，特重申严禁在出入境口岸隔离区内的商店摆卖国家禁止进出口的珍贵动物、珍稀植物及其制品，并就有关事宜通知如下：

一、严禁在出入境口岸隔离区内的商店摆卖国家禁止进出口的珍贵动物、珍稀植物及其制品。已经上架摆卖的，有关单位应立即从货架上撤出。凡包装或说明书上标有上述野生动植物及其制品字样的，均按含有该种野生动植物及其制品对待。二、各有关海关、工商行政管理部门应分别加强对出入境口岸隔离区内的口岸免税店和其它商店的监督管理，国家濒管办各办事处应积极配合海关、工商行政管理部门开展上述监督检查工作。对于检查中发现的非法摆卖国家禁止进出口的珍贵动物、珍稀植物及其制品的，应依法查处。

国家濒管办海关总署

国家工商行政管理总局

二〇〇二年八月十九日

国家林业局关于发布破坏野生动物资源刑事案中涉及走私的象牙及其制品价值标准的通知

实施日期：2001年6月13日

各省、自治区、直辖市林业（农林）厅（局）：

亚洲象是国家一级保护野生动物，非洲象被依法核准为国家一级保护野生动物，国家禁止亚洲象和非洲象象牙及其制品的收购、运输、出售和进出口活动。近几年来，各地、各部门严格按照《濒危野生动植物种国际贸易公约》和我国野生动物保护法规的规定，严厉打击非法收购、运输、出售走私象牙及其制品违法犯罪活动，查获了大量非法收购、运输、出售和走私象牙及其制品案件。为确保各部门依法查处上述刑事案件，依据《林业部、财政部、国家物价局关于发布〈陆生野生动物资源保护管理费收费办法〉的通知》（林护字〔1992〕72号）、《林业部关于在野生动物案件中如何确定国家重点保护野生动物及其产品价值标准的通知》（林策通字〔1996〕8号）、《国家林业局、公安部关于印发森林和陆生野生动物刑事案件管辖及立案标准的通知》（林安发〔2001〕156号）和《最高人民法院关于审理破坏野生动物资源刑事案件具体应用法律若干问题的解释》（法释〔2000〕37号）的有关规定，现将破坏野生动物资源刑事案件中涉及走私的象牙及其制品的价值标准规定如下：

一根未加工象牙的价值为25万元；由整根象牙雕刻而成的一件象牙制品，应视为一根象牙，其价值为25万元；由一根象牙切割成数段牙块或者雕刻成数件象牙制品的，这些象牙块或者象牙制品总合，也应视为一根象牙，其价值为25万元；对于无法确定是否属一根象牙切割或者雕刻成的象牙块或象牙制品，应根据其重量来核定，单价为41667元/千克。按上述价值标准核定的象牙及其制品价格低于实际销售价的按实际销售价格执行。

凡过去的有关规定与本通知不一致的，按本通知执行。

国家林业局

二〇〇一年六月十三日

国家林业局关于发布破坏野生动物资源刑事案件中
涉及犀牛角价值标准的通知

实施日期：2002年5月18日

各省、自治区、直辖市林业厅（局）：

多年来，各地各部门在严厉打击涉及犀牛角的非法贸易活动中，查获了大量非法出售、收购、运输、走私的犀牛角。为确保各执法部门依法查处上述刑事案件，我局依据《林业部、财政部、国家物价局关于发布〈陆生野生动物资源保护管理费收费办法〉的通知》（林护字〔1992〕72号）、《林业部关于在野生动物案件中如何确定国家重点保护野生动物及其产品价值标准的通知》（林策通字〔1996〕8号）、《国家林业局、公安部关于印发森林和陆生野生动物刑事案件管辖及立案标准的通知》（林安发〔2001〕156号）、《最高人民法院关于审理破坏野生动物资源刑事案件具体应用法律若干问题的解释》（法释〔2000〕37号）的有关规定，将破坏野生动物资源刑事案件中涉及犀牛角的价值标准确定为：每千克犀牛角的价值为25万元，实际交易价高于上述价值的按实际交易价执行。

特此通知。

国家林业局

二〇〇二年五月十八日

野生动植物进出口证书管理办法

实施日期：2014年5月1日

第一章　总　则

第一条　为了规范野生动植物进出口证书管理，根据《中华人民共和国濒危野生动植物进出口管理条例》《国务院对确需保留的行政审批项目设定行政许可的决定》及《濒危野生动植物种国际贸易公约》（以下简称公约）等规定，制定本办法。

第二条　通过货运、邮递、快件和旅客携带等方式进出口野生动植物及其产品的，适用本办法的规定。

第三条　依法进出口野生动植物及其产品的，实行野生动植物进出口证书管理。

野生动植物进出口证书包括允许进出口证明书和物种证明。进出口列入《进出口野生动植物种商品目录》（以下简称商品目录）中公约限制进出口的濒危野生动植物及其产品、出口列入商品目录中国家重点保护的野生动植物及其产品的，实行允许进出口证明书管理。

进出口列入前款商品目录中的其他野生动植物及其产品的，实行物种证明管理。

商品目录由中华人民共和国濒危物种进出口管理办公室（以下简称国家濒管办）和海关总署共同制定、调整并公布。

第四条　允许进出口证明书和物种证明由国家濒管办核发；国家濒管办办事处代表国家濒管办核发允许进出口证明书和物种证明。国家濒管办办事处核发允许进出口证明书和物种证明的管辖区域由国家濒管办确定并予以公布。允许进出口证明书和物种证明由国家濒管办组织统一印制。

第五条　国家濒管办及其办事处依法对被许可人使用允许进出口证明书和物种证明进出口野生动植物及其产品的情况进行监督检查。

第六条　禁止进出口列入国家《禁止进出口货物目录》的野生动植物及其产品。

第二章　允许进出口证明书核发

第一节　申　请

第七条　申请核发允许进出口证明书的，申请人应当根据申请的内容和国家濒管办公布的管辖区域向国家濒管办或者其办事处提出申请。

第八条　申请核发允许进出口证明书的，申请人应当提交下列材料：

（一）允许进出口证明书申请表。申请人为单位的，应当加盖本单位印章；申请人为个人的，应当有本人签字或者印章。

（二）国务院野生动植物主管部门的进出口批准文件。

（三）进出口合同。但是以非商业贸易为目的个人所有的野生动植物及其产品进出口的除外。

（四）身份证明材料。申请人为单位的，应当提交营业执照复印件或者其他身份证明；申请人为个人的，应当提交身份证件复印件。

（五）进出口含野生动植物成份的药品、食品等产品的，应当提交物种成份含量表和产品说明书。

（六）出口野生动植物及其产品的，应当提交证明野外或者人工繁育等来源类型的材料。

（七）国家濒管办公示的其他应当提交的材料。

第九条　申请进出口公约附录所列的野生动植物及其产品的，申请人还应当提交下列材料：

（一）进口公约附录所列野生动植物及其产品的，应当提交境外公约管理机构核发的允许出口证明材料。公约规定由进口国先出具允许进口证明材料的除外。

（二）进出口活体野生动物的，应当提交证明符合公约规定的装运条件的材料。其中，进口公约附录Ⅰ所列活体野生动物的，还应当提交接受者在笼舍安置、照管等方面的文字和图片材料。

（三）出口公约附录Ⅰ所列野生动植物及其产品，或者进口后再出口公约附录Ⅰ所列活体野生动植物的，应当提交境外公约管理机构核发的允许进口证明材料。公约规定由出口国先出具允许出口证明材料的除外。

与非公约缔约国之间进行野生动植物及其产品进出口的，申请人提交的证明材料应当是在公约秘书处注册的机构核发的允许进出口证明材料。

第十条　进口后再出口野生动植物及其产品的，应当提交经海关签注的允许进出口证明书复印件和海关进口货物报关单复印件。进口野生动植物原料加工后再出口的，还应当提交相关生产加工的转换计划及说明；以加工贸易方式进口后再出口野生动植物及其产品的，提交海关核发的加工贸易手册复印件或者电子化手册、电子账册相关内容（表头及相关表体部分）打印件。

以加工贸易方式进口野生动植物及其产品的，应当提交海关核发的加工贸易手册复印件或者电子化手册、电子账册相关内容（表头及相关表体部分）打印件。

第十一条　申请人委托代理人代为申请的，应当提交代理人身份证明和委托代理合同；申请商业性进出口的，还应当提交申请人或者代理人允许从事对外贸易经营活动的资质证明。

第二节　审查与决定

第十二条　国家濒管办及其办事处在收到核发允许进出口证明书的申请后，对申请材料齐全、符合法定形式的，应当出具受理通知书；对申请材料不齐或者不符合法定形式的，应当出具补正材料通知书，并一次性告知申请人需要补正的全部内容。对依法应当不予受理的，应当告知申请人并说明理由，出具不予受理通知书。

第十三条　国家濒管办及其办事处核发允许进出口证明书，需要咨询国家濒危物种进出口科学机构意见的、需要向境外相关机构核实允许进出口证明材料的，或者需要对出口的野生动植物及其产品进行实地核查的，应当在出具受理通知书时，告知申请人。

咨询意见、核实允许进出口证明材料和实地核查所需时间不计入核发允许进出口证明书工作日之内。

第十四条　有下列情形之一的，国家濒管办及其办事处不予核发允许进出口证明书：

（一）申请内容不符合《中华人民共和国濒危野生动植物进出口管理条例》或者公约规定的。

（二）申请内容与国务院野生动植物主管部门的进出口批准文件不符的。

（三）经国家濒危物种进出口科学机构认定可能对本物种或者其他相关物种野外种群的生存造成危害的。

（四）因申请人的原因，致使核发机关无法进行实地核查的。

（五）提供虚假申请材料的。

第十五条　国家濒管办及其办事处自收到申请之日起二十个工作日内，对准予行政许可的，应当核发允许进出口证明书；对不予行政许可的，应当作出不予行政许可的书面决定，并说明理由，同时告知申请人享有的权利。

国家濒管办及其办事处作出的不予行政许可的书面决定应当抄送国务院野生动植物主管部门。

在法定期限内不能作出决定的，经国家濒管办负责人批准，可以延长十个工作日，并将延长期限的理由告知申请人。

第十六条　对准予核发允许进出口证明书的，申请人在领取允许进出口证明书时，应当按照国家规定缴纳野生动植物进出口管理费。

第十七条　允许进出口证明书的有效期不得超过 180 天。

第十八条　被许可人需要对允许进出口证明书上记载的进出口口岸、境外收发货人进行变更的，应当在允许进出口证明书有效期届满前向原发证机关提出书面变更申请。

被许可人需要延续允许进出口证明书有效期的，应当在允许进出口证明书有效期届满十五日前向原发证机关提出书面延期申请。

原发证机关应当根据申请，在允许进出口证明书有效期届满前作出是否准予变更或者延期的决定。

第十九条　允许进出口证明书损坏的，被许可人可以在允许进出口证明书有效期届满前向原发证机关提出补发的书面申请并说明理由，同时将已损坏的允许进出口证明书交回原发证机关。

原发证机关应当根据申请，在允许进出口证明书有效期届满前作出是否准予补发的决定。

第二十条　进出口野生动植物及其产品的，被许可人应当在自海关放行之日起三十日内，将海关验讫的允许进出口证明书副本和海关进出口货物报关单复印件交回原发证机关。进口野生动植物及其产品的，还应当同时交回境外公约管理机构核发的允许出口证明材料正本。

未实施进出口野生动植物及其产品活动的，被许可人应当在允许进出口证明书有效期届满后三十日内将允许进出口证明书退回原发证机关。

第二十一条　有下列情形之一的，国家濒管办及其办事处应当注销允许进出口证明书：

（一）允许进出口证明书依法被撤回、撤销的。

（二）允许进出口证明书有效期届满未延续的。

（三）被许可人死亡或者依法终止的。

（四）因公约或者法律法规调整致使允许进出口证明书许可事项不能实施的。

（五）因不可抗力致使允许进出口证明书许可事项无法实施的。

第二十二条　允许进出口证明书被注销的，申请人不得继续使用该允许进出口证明书从事进出口活动，并应当及时将允许进出口证明书交回原发证机关。

第三章　物种证明核发

第一节　申　请

第二十三条　申请核发物种证明的，申请人应当根据申请的内容和国家濒管办公布的管辖区域向国家濒管办或者其办事处提出申请。

第二十四条　申请核发物种证明的，申请人应当提交下列材料：

（一）物种证明申请表。申请人为单位的，应当加盖本单位印章；申请人为个人的，应当有本人签字或者加盖印章。

（二）进出口合同。但是以非商业贸易为目的个人所有的野生动植物及其产品进出口的除外。

（三）身份证明材料。申请人为单位的，应当提交营业执照复印件或者其他身份证明；申请人为个人的，应当提交身份证件复印件。

（四）进出口含野生动植物成份的药品、食品等产品的，应当提交物种成份含量表和产品说明书。

（五）出口野生动植物及其产品的，应当提交合法来源证明材料。

（六）进口野生动植物及其产品的，应当提交境外相关机构核发的原产地证明、植物检疫证明或者提货单等能够证明进口野生动植物及其产品真实性的材料。

（七）进口的活体野生动物属于外来陆生野生动物的，应当提交国务院陆生野生动物主管部门同意引进的批准文件。

（八）进口后再出口野生动植物及其产品的，应当提交加盖申请人印章并经海关签注的物种证明复印件或者海关进口货物报关单复印件。

（九）国家濒管办公示的其他应当提交的材料。

第二十五条　申请人委托代理人代为申请的，应当提交代理人身份证明和委托代理合同；申请商业性进出口的，还应当提交申请人或者代理人允许从事对外贸易经营活动的资质证明。

第二节　审查与决定

第二十六条　国家濒管办及其办事处在收到核发物种证明的申请后，对申请材料齐全、符合法定形式的，应当出具受理通知书；对申请材料不齐或者不符合法定形式的，应当出具补正材料通知书，并一次性告知申请人需要补正的全部内容。对依法应当不予受理的，应当告知申请人并说明理由，出具不予受理通知书。

第二十七条　有下列情形之一的，国家濒管办及其办事处不予核发物种证明：

（一）不能证明其来源合法的。

（二）提供虚假申请材料的。

第二十八条　国家濒管办及其办事处自收到申请之日起二十个工作日内，对准予行政许可的，应当核发物种证明；对不予行政许可的，应当作出不予行政许可的书面决定，并说明理由，同时告知申请人享有的权利。

在法定期限内不能作出决定的，经国家濒管办负责人批准，可以延长十个工作日，并将延长期限的理由告知申请人。

第二十九条　物种证明分为一次使用和多次使用两种。

第三十条　对于同一物种、同一货物类型并在同一报关口岸多次进出口野生动植物及其产品的，申请人可以向国家濒管办指定的办事处申请核发多次使用物种证明；但属于下列情形的，不得申请核发多次使用物种证明：

（一）出口国家保护的有益的或者有重要经济、科学研究价值的陆生野生动物及其产品的。

（二）进口或者进口后再出口与国家保护的有益的或者有重要经济、科学研究价值的陆生野生动物同名的陆生野生动物及其产品的。

（三）出口与国家重点保护野生植物同名的人工培植来源的野生植物及其产品的。

（四）进口或者进口后再出口与国家重点保护野生动植物同名的野生动植物及其产品的。

（五）进口或者进口后再出口非原产我国的活体陆生野生动物的。

（六）国家濒管办公示的其他情形。

第三十一条　一次使用的物种证明有效期不得超过180天。多次使用的物种证明有效期不得超过360天。

第三十二条　被许可人需要对物种证明上记载的进出口口岸、境外收发货人进行变更的，应当在物种证明有效期届满前向原发证机关提出书面变更申请。

被许可人需要延续物种证明有效期的，应当在物种证明有效期届满十五日前向原发证机关提出书面延期申请。

原发证机关应当根据申请，在物种证明有效期届满前作出是否准予变更或者延期的决定。

第三十三条　物种证明损坏的，被许可人可以在物种证明有效期届满前向原发证机构提出补发的书面申请并说明理由，同时将已损坏的物种证明交回原发证机关。

原发证机关应当根据申请，在物种证明有效期届满前作出是否准予补发的决定。

第四章　进出境监管

第三十四条　进出口商品目录中的野生动植物及其产品的，应当向海关主动申报并同时提交允许进出口证明书或者物种证明，并按照允许进出口证明书或者物种证明规定的种类、数量、口岸、期限完成进出口活动。

第三十五条　进出口商品目录中的野生动植物及其产品的，其申报内容与允许进出口证明书或者物种证明中记载的事项不符的，由海关依法予以处理。但申报进出口的数量未超过允许进出口证明书或者物种证明规定，且其他申报事项一致的除外。

第三十六条　公约附录所列野生动植物及其产品需要过境、转运、通运的，不需申请核发野生动植物进出口证书。

第三十七条　对下列事项有疑义的，货物进、出境所在地直属海关可以征求国家濒管办或者其办事处的意见：

（一）允许进出口证明书或者物种证明的真实性、有效性。

（二）境外公约管理机构核发的允许进出口证明材料的真实性、有效性。

（三）野生动植物物种的种类、数量。

（四）进出境货物或者物品是否为濒危野生动植物及其产品或者是否含有濒危野生动植物种成份。

（五）海关质疑的其他情况。国家濒管办或者其办事处应当及时回复意见。

第三十八条　海关在允许进出口证明书和物种证明中记载进出口野生动植物及其产品的数量，并在办结海关手续后，将允许进出口证明书副本返还持证者。

第三十九条　在境外与保税区、出口加工区等海关特殊监管区域、保税监管场所之间进出野生动植物及其产品的，申请人应当向海关交验允许进出口证明书或者物种证明。

在境内与保税区、出口加工区等海关特殊监管区域、保税监管场所之间进出野生动植物及其产品的，或者在上述海关特殊监管区域、保税监管场所之间进出野生动植物及其产品的，无须办理允许进出口证明书或者物种证明。

第五章　附　则

第四十条　本办法所称允许进出口证明书包括濒危野生动植物种国际贸易公约允许进出口证明书和中华人民共和国野生动植物允许进出口证明书。

本办法所称物种证明是指非进出口野生动植物种商品目录物种证明。

第四十一条　从不属于任何国家管辖的海域获得的野生动植物及其产品，进入中国领域的，参照本办法对进口野生动植物及其产品的有关规定管理。

第四十二条　本办法关于期限没有特别规定的，适用行政许可法有关期限的规定。

第四十三条　本办法由国家林业局、海关总署共同解释。

第四十四条　本办法自二〇一四年五月一日起实施。

最高人民法院关于审理破坏野生动物资源刑事案件 具体应用法律若干问题的解释

实施日期：2000年12月11日

为依法惩处破坏野生动物资源的犯罪活动，根据刑法的有关规定，现就审理这类案件具体应用法律的若干问题解释如下：

第一条　刑法第三百四十一条第一款规定的"珍贵、濒危野生动物"，包括列入国家重点保护野生动物名录的国家一、二级保护野生动物、列入《濒危野生动植物种国际贸易公约》附录一、附录二的野生动物以及驯养繁殖的上述物种。

第二条　刑法第三百四十一条第一款规定的"收购"，包括以营利、自用等为目的的购买行为；"运输"，包括采用携带、邮寄、利用他人、使用交通工具等方法进行运送的行为；"出售"，包括出卖和以营利为目的的加工利用行为。

　　第三条　非法猎捕、杀害、收购、运输、出售珍贵、濒危野生动物具有下列情形之一的，属于"情节严重"：

　　（一）达到本解释附表所列相应数量标准的；

　　（二）非法猎捕、杀害、收购、运输、出售不同种类的珍贵、濒危野生动物，其中两种以上分别达到附表所列"情节严重"数量标准一半以上的。

　　非法猎捕、杀害、收购、运输、出售珍贵、濒危野生动物具有下列情形之一的，属于"情节特别严重"：

　　（一）达到本解释附表所列相应数量标准的；

　　（二）非法猎捕、杀害、收购、运输、出售不同种类的珍贵、濒危野生动物，其中两种以上分别达到附表所列"情节特别严重"数量标准一半以上的。

　　第四条　非法猎捕、杀害、收购、运输、出售珍贵、濒危野生动物构成犯罪，具有下列情形之一的，可以认定为"情节严重"；非法猎捕、杀害、收购、运输、出售珍贵、濒危野生动物符合本解释第三条第一款的规定，并具有下列情形之一的，可以认定为"情节特别严重"：

　　（一）犯罪集团的首要分子；

　　（二）严重影响对野生动物的科研、养殖等工作顺利进行的；

　　（三）以武装掩护方法实施犯罪的；

　　（四）使用特种车、军用车等交通工具实施犯罪的；

　　（五）造成其他重大损失的。

　　第五条　非法收购、运输、出售珍贵、濒危野生动物制品具有下列情形之一的，属于"情节严重"：

　　（一）价值在十万元以上的；

　　（二）非法获利五万元以上的；

　　（三）具有其他严重情节的。

　　非法收购、运输、出售珍贵、濒危野生动物制品具有下列情形之一的，属于"情节特别严重"：

　　（一）价值在二十万元以上的；

　　（二）非法获利十万元以上的；

　　（三）具有其他特别严重情节的。

　　第六条　违反狩猎法规，在禁猎区、禁猎期或者使用禁用的工具、方法狩猎，具有下列情形之一的，属于非法狩猎"情节严重"：

　　（一）非法狩猎野生动物二十只以上的；

　　（二）违反狩猎法规，在禁猎区或者禁猎期使用禁用的工具、方法狩猎的；

（三）具有其他严重情节的。

第七条　使用爆炸、投毒、设置电网等危险方法破坏野生动物资源，构成非法猎捕、杀害珍贵、濒危野生动物罪或者非法狩猎罪，同时构成刑法第一百一十四条或者第一百一十五条规定之罪的，依照处罚较重的规定定罪处罚。

第八条　实施刑法第三百四十一条规定的犯罪，又以暴力、威胁方法抗拒查处，构成其他犯罪的，依照数罪并罚的规定处罚。

第九条　伪造、变造、买卖国家机关颁发的野生动物允许进出口证明书、特许猎捕证、狩猎证、驯养繁殖许可证等公文、证件构成犯罪的，依照刑法第二百八十条第一款的规定以伪造、变造、买卖国家机关公文、证件罪定罪处罚。

实施上述行为构成犯罪，同时构成刑法第二百二十五条第二项规定的非法经营罪的，依照处罚较重的规定定罪处罚。

第十条　非法猎捕、杀害、收购、运输、出售《濒危野生动植物种国际贸易公约》附录一、附录二所列的非原产于我国的野生动物"情节严重"、"情节特别严重"的认定标准，参照本解释第三条、第四条以及附表所列与其同属的国家一、二级保护野生动物的认定标准执行；没有与其同属的国家一、二级保护野生动物的，参照与其同科的国家一、二级保护野生动物的认定标准执行。

第十一条　珍贵、濒危野生动物制品的价值，依照国家野生动物保护主管部门的规定核定；核定价值低于实际交易价格的，以实际交易价格认定。

第十二条　单位犯刑法第三百四十一条规定之罪，定罪量刑标准依照本解释的有关规定执行。

附：非法猎捕、杀害、收购、运输、出售珍贵、濒危野生动物刑事案件"情节严重"、"情节特别严重"数量认定标准（略）

最高人民法院关于审理掩饰、隐瞒犯罪所得、犯罪所得收益刑事案件适用法律若干问题的解释

修订后实施日期：2021年4月15日

第一条　明知是犯罪所得及其产生的收益而予以窝藏、转移、收购、代为销售或者以其他方法掩饰、隐瞒，具有下列情形之一的，应当依照刑法第三百一十二条第一款的规定，以掩饰、隐瞒犯罪所得、犯罪所得收益罪定罪处罚：

（一）一年内曾因掩饰、隐瞒犯罪所得及其产生的收益行为受过行政处罚，又实施掩饰、隐瞒犯罪所得及其产生的收益行为的；

（二）掩饰、隐瞒的犯罪所得系电力设备、交通设施、广播电视设施、公用电信设施、军事设施或者救灾、抢险、防汛、优抚、扶贫、移民、救济款物的；

（三）掩饰、隐瞒行为致使上游犯罪无法及时查处，并造成公私财物损失无法挽回的；

（四）实施其他掩饰、隐瞒犯罪所得及其产生的收益行为，妨害司法机关对上游犯罪进行追究的。

人民法院审理掩饰、隐瞒犯罪所得、犯罪所得收益刑事案件，应综合考虑上游犯罪的性质、掩饰、隐瞒犯罪所得及其收益的情节、后果及社会危害程度等，依法定罪处罚。

司法解释对掩饰、隐瞒涉及计算机信息系统数据、计算机信息系统控制权的犯罪所得及其产生的收益行为构成犯罪已有规定的，审理此类案件依照该规定。

依照全国人民代表大会常务委员会《关于〈中华人民共和国刑法〉第三百四十一条、第三百一十二条的解释》，明知是非法狩猎的野生动物而收购，数量达到五十只以上的，以掩饰、隐瞒犯罪所得罪定罪处罚。

第二条　掩饰、隐瞒犯罪所得及其产生的收益行为符合本解释第一条的规定，认罪、悔罪并退赃、退赔，且具有下列情形之一的，可以认定为犯罪情节轻微，免予刑事处罚：

（一）具有法定从宽处罚情节的；

（二）为近亲属掩饰、隐瞒犯罪所得及其产生的收益，且系初犯、偶犯的；

（三）有其他情节轻微情形的。

第三条　掩饰、隐瞒犯罪所得及其产生的收益，具有下列情形之一的，应当认定为刑法第三百一十二条第一款规定的"情节严重"：

（一）掩饰、隐瞒犯罪所得及其产生的收益价值总额达到十万元以上的；

（二）掩饰、隐瞒犯罪所得及其产生的收益十次以上，或者三次以上且价值总额达到五万元以上的；

（三）掩饰、隐瞒的犯罪所得系电力设备、交通设施、广播电视设施、公用电信设施、军事设施或者救灾、抢险、防汛、优抚、扶贫、移民、救济款物，价值总额达到五万元以上的；

（四）掩饰、隐瞒行为致使上游犯罪无法及时查处，并造成公私财物重大损失无法挽回或其他严重后果的；

（五）实施其他掩饰、隐瞒犯罪所得及其产生的收益行为，严重妨害司法机关对上游犯罪予以追究的。

司法解释对掩饰、隐瞒涉及机动车、计算机信息系统数据、计算机信息系统控制权的犯罪所得及其产生的收益行为认定"情节严重"已有规定的，审理此类案件依照该规定。

第四条　掩饰、隐瞒犯罪所得及其产生的收益的数额，应当以实施掩饰、隐瞒行为时为准。收购或者代为销售财物的价格高于其实际价值的，以收购或者代为销售的价格计算。

多次实施掩饰、隐瞒犯罪所得及其产生的收益行为，未经行政处罚，依法应当追诉的，犯罪所得、犯罪所得收益的数额应当累计计算。

第五条　事前与盗窃、抢劫、诈骗、抢夺等犯罪分子通谋，掩饰、隐瞒犯罪所得及其产生的收益的，以盗窃、抢劫、诈骗、抢夺等犯罪的共犯论处。

第六条　对犯罪所得及其产生的收益实施盗窃、抢劫、诈骗、抢夺等行为，构成犯罪的，分别以盗窃罪、抢劫罪、诈骗罪、抢夺罪等定罪处罚。

第七条　明知是犯罪所得及其产生的收益而予以掩饰、隐瞒，构成刑法第三百一十二条规定的犯罪，同时构成其他犯罪的，依照处罚较重的规定定罪处罚。

第八条　认定掩饰、隐瞒犯罪所得、犯罪所得收益罪，以上游犯罪事实成立为前提。上游犯罪尚未依法裁判，但查证属实的，不影响掩饰、隐瞒犯罪所得、犯罪所得收益罪的认定。

上游犯罪事实经查证属实，但因行为人未达到刑事责任年龄等原因依法不予追究刑事责任的，不影响掩饰、隐瞒犯罪所得、犯罪所得收益罪的认定。

第九条　盗用单位名义实施掩饰、隐瞒犯罪所得及其产生的收益行为，违法所得由行为人私分的，依照刑法和司法解释有关自然人犯罪的规定定罪处罚。

第十条　通过犯罪直接得到的赃款、赃物，应当认定为刑法第三百一十二条规定的"犯罪所得"。上游犯罪的行为人对犯罪所得进行处理后得到的孳息、租金等，应当认定为刑法第三百一十二条规定的"犯罪所得产生的收益"。

明知是犯罪所得及其产生的收益而采取窝藏、转移、收购、代为销售以外的方法，如居间介绍买卖，收受，持有，使用，加工，提供资金账户，协助将财物转换为现金、金融票据、有价证券，协助将资金转移、汇往境外等，应当认定为刑法第三百一十二条规定的"其他方法"。

第十一条　掩饰、隐瞒犯罪所得、犯罪所得收益罪是选择性罪名，审理此类案件，应当根据具体犯罪行为及其指向的对象，确定适用的罪名。

最高人民法院、最高人民检察院关于办理走私刑事案件适用法律若干问题的解释（节选）

实施日期：2014年8月12日

为依法惩治走私犯罪活动，根据刑法有关规定，现就办理走私刑事案件适用法律的若干问题解释如下：

第九条　走私国家一、二级保护动物未达到本解释附表中（一）规定的数量标准，或者走私珍贵动物制品数额不满二十万元的，可以认定为刑法第一百五十一条第二款规定的"情节较轻"。

具有下列情形之一的，依照刑法第一百五十一条第二款的规定处五年以上十年以下有期徒刑，并处罚金：

（一）走私国家一、二级保护动物达到本解释附表中（一）规定的数量标准的；

（二）走私珍贵动物制品数额在二十万元以上不满一百万元的；

（三）走私国家一、二级保护动物未达到本解释附表中（一）规定的数量标准，但具有造成该珍贵动物死亡或者无法追回等情节的。

具有下列情形之一的，应当认定为刑法第一百五十一条第二款规定的"情节特别严重"：

（一）走私国家一、二级保护动物达到本解释附表中（二）规定的数量标准的；

（二）走私珍贵动物制品数额在一百万元以上的；

（三）走私国家一、二级保护动物达到本解释附表中（一）规定的数量标准，且属于犯罪集团的首要分子，使用特种车辆从事走私活动，或者造成该珍贵动物死亡、无法追回等情形的。

不以牟利为目的，为留作纪念而走私珍贵动物制品进境，数额不满十万元的，可以免予刑事处罚；情节显著轻微的，不作为犯罪处理。

第十条　刑法第一百五十一条第二款规定的"珍贵动物"，包括列入《国家重点保护野生动物名录》中的国家一、二级保护野生动物，《濒危野生动植物种国际贸易公约》附录Ⅰ、附录Ⅱ中的野生动物，以及驯养繁殖的上述动物。

走私本解释附表中未规定的珍贵动物的，参照附表中规定的同属或者同科动物的数量标准执行。

走私本解释附表中未规定珍贵动物的制品的，按照《最高人民法院、最高人民检察院、国家林业局、公安部、海关总署关于破坏野生动物资源刑事案件中涉及的

CITES 附录 I 和附录 II 所列陆生野生动物制品价值核定问题的通知》（林濒发〔2012〕239 号）的有关规定核定价值。

第十一条　走私国家禁止进出口的货物、物品，具有下列情形之一的，依照刑法第一百五十一条第三款的规定处五年以下有期徒刑或者拘役，并处或者单处罚金：

（一）走私国家一级保护野生植物五株以上不满二十五株，国家二级保护野生植物十株以上不满五十株，或者珍稀植物、珍稀植物制品数额在二十万元以上不满一百万元的；

（二）走私重点保护古生物化石或者未命名的古生物化石不满十件，或者一般保护古生物化石十件以上不满五十件的；

（三）走私禁止进出口的有毒物质一吨以上不满五吨，或者数额在二万元以上不满十万元的；

（四）走私来自境外疫区的动植物及其产品五吨以上不满二十五吨，或者数额在五万元以上不满二十五万元的；

（五）走私木炭、硅砂等妨害环境、资源保护的货物、物品十吨以上不满五十吨，或者数额在十万元以上不满五十万元的；

（六）走私旧机动车、切割车、旧机电产品或者其他禁止进出口的货物、物品二十吨以上不满一百吨，或者数额在二十万元以上不满一百万元的；

（七）数量或者数额未达到本款第一项至第六项规定的标准，但属于犯罪集团的首要分子，使用特种车辆从事走私活动，造成环境严重污染，或者引起甲类传染病传播、重大动植物疫情等情形的。

具有下列情形之一的，应当认定为刑法第一百五十一条第三款规定的"情节严重"：

（一）走私数量或者数额超过前款第一项至第六项规定的标准的；

（二）达到前款第一项至第六项规定的标准，且属于犯罪集团的首要分子，使用特种车辆从事走私活动，造成环境严重污染，或者引起甲类传染病传播、重大动植物疫情等情形的。

第十二条　刑法第一百五十一条第三款规定的"珍稀植物"，包括列入《国家重点保护野生植物名录》《国家重点保护野生药材物种名录》《国家珍贵树种名录》中的国家一、二级保护野生植物、国家重点保护的野生药材、珍贵树木，《濒危野生动植物种国际贸易公约》附录 I、附录 II 中的野生植物，以及人工培育的上述植物。

本解释规定的"古生物化石"，按照《古生物化石保护条例》的规定予以认定。走私具有科学价值的古脊椎动物化石、古人类化石，构成犯罪的，依照刑法第一百五十一条第二款的规定，以走私文物罪定罪处罚。

第二十五条　本解释发布实施后，《最高人民法院关于审理走私刑事案件具体应用法律若干问题的解释》（法释〔2000〕30号）、《最高人民法院关于审理走私刑事案件具体应用法律若干问题的解释（二）》（法释〔2006〕9号）同时废止。之前发布的司法解释与本解释不一致的，以本解释为准。

最高人民法院、最高人民检察院、公安部、司法部关于依法惩治妨害新型冠状病毒感染肺炎疫情防控违法犯罪的意见（节选）

实施日期：2020年2月6日

为依法惩治妨害新型冠状病毒感染肺炎疫情防控违法犯罪行为，保障人民群众生命安全和身体健康，保障社会安定有序，保障疫情防控工作顺利开展，根据有关法律、司法解释的规定，制定本意见。

一、提高政治站位，充分认识疫情防控时期维护社会大局稳定的重大意义

各级人民法院、人民检察院、公安机关、司法行政机关要切实把思想和行动统一到习近平总书记关于新型冠状病毒感染肺炎疫情防控工作的系列重要指示精神上来，坚决贯彻落实党中央决策部署、中央应对新型冠状病毒感染肺炎疫情工作领导小组工作安排，按照中央政法委要求，增强"四个意识"、坚定"四个自信"、做到"两个维护"，始终将人民群众的生命安全和身体健康放在第一位，坚决把疫情防控作为当前压倒一切的头等大事来抓，用足用好法律规定，依法及时、从严惩治妨害疫情防控的各类违法犯罪，为坚决打赢疫情防控阻击战提供有力法治保障。

二、准确适用法律，依法严惩妨害疫情防控的各类违法犯罪

（九）依法严惩破坏野生动物资源犯罪。非法猎捕、杀害国家重点保护的珍贵、濒危野生动物的，或者非法收购、运输、出售国家重点保护的珍贵、濒危野生动物及其制品的，依照刑法第三百四十一条第一款的规定，以非法猎捕、杀害珍贵、濒危野生动物罪或者非法收购、运输、出售珍贵、濒危野生动物、珍贵、濒危野生动物制品罪定罪处罚。

违反狩猎法规，在禁猎区、禁猎期或者使用禁用的工具、方法进行狩猎，破坏野生动物资源，情节严重的，依照刑法第三百四十一条第二款的规定，以非法狩猎罪定罪处罚。

违反国家规定，非法经营非国家重点保护野生动物及其制品（包括开办交易场所、进行网络销售、加工食品出售等），扰乱市场秩序，情节严重的，依照刑法第二百二十五条第四项的规定，以非法经营罪定罪处罚。

知道或者应当知道是国家重点保护的珍贵、濒危野生动物及其制品，为食用或者其他目的而非法购买，符合刑法第三百四十一条第一款规定的，以非法收购珍贵、濒危野生动物、珍贵、濒危野生动物制品罪定罪处罚。

知道或者应当知道是非法狩猎的野生动物而购买，符合刑法第三百一十二条规定的，以掩饰、隐瞒犯罪所得罪定罪处罚。

最高人民法院研究室关于收购、运输、出售部分
人工驯养繁殖技术成熟的野生动物适用法律问题的复函

实施日期：2016年3月2日

国家林业局森林公安局：

贵局《关于商请对非法收购、运输、出售部分人工驯养繁殖的珍贵濒危野生动物适用法律问题予以答复的函》（林公刑便字【2015】49号）收悉。经研究并征求我院相关业务庭意见，我室认为：

我院《关于被告人郑喜和非法收购珍贵、濒危野生动物、珍贵、濒危野生动物制品罪请示一案的批复》（[2011]刑他字第86号，以下简称《批复》）是根据贵局《关于发布商业性经营利用驯养繁殖技术成熟的梅花鹿等54种陆生野生动物名单的通知》（林护发[2003]121号，以下简称《通知》）的精神作出的。虽然《通知》于2012年被废止，但从实践看，《批复》的内容仍符合当前野生动物保护与资源利用实际，即：由于驯养繁殖技术的成熟，对有的珍贵、濒危野生动物的驯养繁殖、商业利用在某些地区已成规模，有关野生动物的数量极大增加，收购、运输、出售这些人工驯养繁殖的野生动物实际已无社会危害性。

来函建议对我院2000年《关于审理破坏野生动物资源刑事案件具体应用法律若干问题的解释》进行修改，提高收购、运输、出售有关人工驯养繁殖的野生动物的定罪量刑标准。此一思路虽能将一些行为出罪，但不能完全解决问题。如将运输人工驯养繁殖梅花鹿行为的入罪标准规定为20只以上后，还会有相当数量的案件符合定罪乃至判处重刑的条件。按此思路修订解释、对相关案件作出判决后，恐仍难保障案件处理的法律与社会效果。

鉴此，我室认为，彻底解决当前困境的办法，或者是尽快启动国家重点保护野生动物名录的修订工作，将一些实际已不再处于濒危状态的动物从名录中及时调整出去，同时将有的已处于濒危状态的动物增列进来；或者是在修订后司法解释中明确，对某些经人工驯养繁殖、数量已大大增多的野生动物，附表所列的定罪量刑数量标准，仅

适用于真正意义上的野生动物，而不包括驯养繁殖的。

以上意见供参考。

2016年3月2日

最高人民法院、最高人民检察院、国家林业局等 关于破坏野生动物资源刑事案件中涉及的CITES附录Ⅰ和附录Ⅱ 所列陆生野生动物制品价值核定问题的通知

实施日期：2012年9月17日

各省、自治区、直辖市高级人民法院、人民检察院、林业厅（局）、公安厅（局），解放军军事法院，解放军军事检察院，新疆维吾尔自治区高级人民法院生产建设兵团分院，新疆生产建设兵团人民检察院、林业局、公安局，海关总署广东分署，各直属海关：

我国是《濒危野生动植物种国际贸易公约》（CITES）缔约国，非原产我国的CITES附录Ⅰ和附录Ⅱ所列陆生野生动物已依法被分别核准为国家一级、二级保护野生动物。近年来，各地严格按照CITES和我国野生动保护法律法规的规定，查获了大量非法收购、运输、出售和走私CITES附录Ⅰ、附录Ⅱ所列陆生野生动物及其制品案件。为确保依法办理上述案件，依据《陆生野生动物保护实施条例》第二十四条、《最高人民法院关于审理走私刑事案件具体应用法律若干问题的解释》（法释〔2000〕30号）第四条，以及《最高人民法院关于审理破坏野生动物资源刑事案件具体应用法律若干问题的解释》（法释〔2000〕37号）第十条和第十一条的有关规定，结合《林业部关于在野生动物案件中如何确定国家重点保护野生动物及其产品价值标准的通知》（林策通字〔1996〕8号），现将破坏野生动物资源案件中涉及的CITES附录Ⅰ和附录Ⅱ所列陆生野生动物制品的价值标准规定如下：

一、CITES附录Ⅰ、附录Ⅱ所列陆生野生动物制品的价值，参照与其同属的国家重点保护陆生野生动物的同类制品价值标准核定；没有与其同属的国家重点保护陆生野生动物的，参照与其同科的国家重点保护陆生野生动物的同类制品价值标准核定；没有与其同科的国家重点保护陆生野生动物的，参照与其同目的国家重点保护陆生野生动物的同类制品价值标准核定；没有与其同目的国家重点保护陆生野生动物的，参照与其同纲或者同门的国家重点保护陆生野生动物的同类制品价值标准核定。

二、同属、同科、同目、同纲或者同门中，如果存在多种不同保护级别的国家重点保护陆生野生动物的，应当参照该分类单元中相同保护级别的国家重点保护野生动

物的同类制品价值标准核定；如果存在多种相同保护级别的国家重点保护陆生野生动物的，应当参照该分类单元中价值标准最低的国家重点保护陆生野生动物的同类制品价值标准核定；如果 CITES 附录Ⅰ、附录Ⅱ所列陆生野生动物所处分类单元有多种国家级重点保护陆生野生动物，但保护级别不同的，应当参照该分类单元中价值最低的国家重点保护陆生野生动物的同类制品价值标准核定；如果仅有一种国家重点保护陆生野生动物的，应当参照该种重点保护陆生野生动物的同类制品价值标准核定。

三、同一案件中缴获的同一动物个体的不同部分的价值总和，不得超过该种动物个体的价值。

四、核定价值低于非法贸易实际交易价格的，以非法贸易实际交易价格认定。

五、犀牛角、象牙等野生动物制品的价值，继续依照《国家林业局关于发布破坏野生动物资源刑事案件中涉及走私的象牙及其制品价值标准的通知》（林频发〔2001〕234 号），以及《国家林业局关于发布破坏野生动物资源刑事案件中涉及犀牛角价值标准的通知》（林护发〔2002〕130 号）的规定核定。

人民法院、人民检察院、公安、海关等办案单位可以依据上述价值标准，核定破坏野生动物资源刑事案件中涉及的 CITES 附录Ⅰ、附录Ⅱ所列陆生野生动物制品的价值。核定有困难的，县级以上林业主管部门、国家濒危物种进出口管理机构或者其指定的鉴定单位应该协助。

特此通知。

最高人民法院

最高人民检察院

国家林业局

公安部海关总署

二〇一二年九月十七日

第二章

情报导向执法侦查环境犯罪的技术

第一节　环境犯罪中情报导向执法的目的

一、什么是环境犯罪

首先，环境犯罪也是一种犯罪，犯罪分子和犯罪组织通常有计划地违反法律，为自己谋取利益而损害了他人的利益。因此，通用的执法侦查手段如追踪钱财的来路等方式都可以应用于打击环境犯罪。

如今，违反环境法律法规已经成为一个严重的、复杂的国际问题，直接或间接地影响到了一个国家的经济、安全以及公民福利。环境犯罪所带来的影响体现在多个方面，包括自然资源的消耗、栖息地的破坏以及对人类健康的损害。我们应该对其进行有效的执法。

从犯罪者的角度来说，环境犯罪是一种高收益低风险的犯罪，因此成为受青睐的犯罪方式和腐败官员的避风港。造成这种现象的根本原因是监管缺失，其原因是多方面的。比如，缺少环境法律相关的专家、执法资源匮乏、针对此类犯罪只有一个脆弱的法律框架或者因为刑罚过轻导致法律威慑力不足等，大大降低了环境犯罪的犯罪成本。

有证据表明，环境犯罪也会与其他种类的犯罪有交集，变成一种"交叉犯罪"。这些犯罪包括但不限于谋杀、伪造和篡改文件、护照欺诈行为、腐败、非法持有使用武器、走私及毒品和人口交易。这种广泛存在的犯罪行为证明环境执法机构需要与其他的执法机构进行跨越多学科、多领域，国内和国际间的紧密合作来打击犯罪。

这些不同的个体犯罪或者大量不相关环境犯罪合并起来的影响，其量级已经大到让环境受到干扰和侵蚀，甚至是摧毁一个国家的经济和生态安全。环境犯罪并不是孤立的事件，它所带来的影响可能毫无阻碍地穿越边境，并且难以被监测。环境犯罪的受害者将是这个地球上的每一个物种，包括人类。

二、环境犯罪是如何体现出来的

环境犯罪影响深远，牵涉到了自然和城市中的栖息地、生物多样性和自然资源等

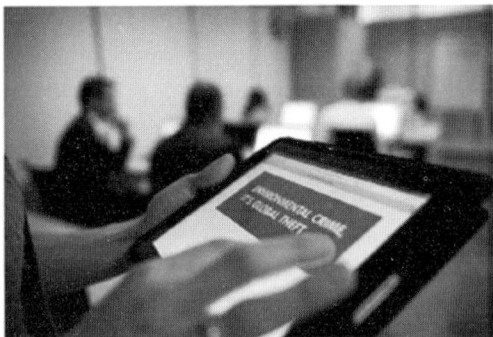

问题，包括但不限于以下几项：

- 非法动植物贸易；

- 空气、水和土地的污染；

- 非法进出口有毒有害的货物和废物；

- 非法捕鱼；

- 造成大气气候变化的犯罪，如非法交易破坏臭氧层的制冷剂和碳排放额度欺诈；

- 非法伐木和森林砍伐；

- 盗采自然资源，如人工采矿；

- 威胁生态安全的行为，如倾倒压舱水或者非法引进基因改造过的生物。

三、什么是信息管理

在过去的 10 年中，执法已经逐渐被证明不应再是某个单位的单独行动，组织机构也迅速引进了情报导向执法的管理理念，而这一切都是建立在有效的信息管理上的。

为了更准确地预测到犯罪时间和地点以及如何最有效地打击犯罪，各组织机构发现他们不能再以保守、独立的专门部门来管理犯罪信息，而是应当将信息管理贯穿到整个组织的运作当中。高效信息管理在今天已经成为执法机构必备的运作模式和管理方法。

然而，要建立一个情报导向的执法机构，不仅需要高级的管理方式支持，还需要在整个组织机构中普及知识和增强意识。这具体表现在改变政策和流程，改变职业习惯，对人力资源、职业技能和系统的一定投入上。最后，还要设立充足的安全保护手段和合法的保障措施来保护公民的隐私权、公民权和自由权。

以上列举的工作是值得为之投入的，因为恰当的信息管理可以为一个组织提供有效的决策机制，这个机制是通过分析来自不同渠道的信息得出结论来运作的，而不是凭借感觉和经验来提供解决方案。

以下是几个典型的由信息管理系统产出的情报。

⊙　**战略分析报告**

可在大量多种类的开放来源信息背景下鉴别出大规模的威胁、风险和趋势；可参与到社会经济发展中，如市场、法规、科技和人口的发展。这些趋势和威胁可以被解读成可能的场景，为政客和商人提供信息，也可以帮助高级执法人员在发展策略、决定优先级和分配资源时进行决策。

⊙　**战术性犯罪分析报告**

战术性分析的流程旨在通过发现有违反法律法规嫌疑的组织、公司、个人、走私路线或商品来鉴别高危目标。这些报告可以让审核、稽查和犯罪侦查的范围缩小，大大提高行动的成功率。

⊙　**侦查行动提案**

基于战术性分析报告所鉴定和证实的高危目标，在起草实际侦查提案时就能根据更详细的情报内容，做出高效的行动策划。

⊙　**（紧急的）威胁警告**

在日常的信息管理过程中，如果发现新型的环境犯罪活动、犯罪手法或者潜在的危险，应该尽快在更大范围的执法机构间互相提醒。威胁警告应该是简短且真实，要包括发现新犯罪迹象的相关提示。另外，还可以在警告中为一线执法人员提供专业的执行建议。信息管理成功实行后，管理层人员将可以设计有效的长期执法策略，而前线的人员队伍则可以成功锁定潜在的和高度可疑的违法者。因此，管理人员可以更高效地分配人力资源，使在减少和阻止犯罪方面投入的资源得到最大的收益。信息的管理没有任何地理上的局限。将地方的信息管理系统与国家信息管理系统联结，将会大大提高信息的可辨析性，得出的结论也会更有价值。接下来的一步则是将国家信息管理通过国际刑警组织与国际执法组织机构相联结，建立更全面的信息交互渠道。

四、什么是信息导向执法

打击犯罪的执法方式大概可以分为两种：被动式和主动式。被动式执法是针对正在进行或已经发生的犯罪活动，譬如谋杀、盗窃或者盗猎老虎等，这些案件一般是由巡查人员或者民众发现并举报。这种情况下，执法是由偶然发现的作案痕迹或者第三方检举触发，解决已经发生的案件的行为。此时犯罪对社会造成的危害已经产生，具有不可逆性。执法者所能做的只是尽可能地搜集证据，以法律来制裁违法者。主动式执法的重点则在于鉴别、认识和解决潜在的问题并分析趋势。由于拓宽了侦查视角，预判性的执法成为可能，同时也缓解了执法机构资源紧张的压力。但主动式执法的某些元素也可被运用于被动式执法中，例如，引导资源和通过调查得到整个事件的状况概览。

当执法机构可以更加明确地预测犯罪可能发生的时间、地点，或者犯罪行为偏离了原本预计的方向时，就可以集中资源去侦查高危的目标和可疑地点，以此来阻止犯罪。在这个过程中，主动执法的优势慢慢显现了出来。这不仅提高了执法行动的成功率，同时也提高了执法机构搜集额外有用情报和高质量证据的能力。

举个例子，根据民众或者线人举报，或者从社会活动、巡查和监察中观察到的迹象，执法机构可以联系以往的犯罪记录（例如，一系列的走私货运记录），发现可能发生的犯罪行为。执法机构因此获得了在犯罪行为发生前先发制人的机会，特别是在一系列的犯罪中，执法机构可以将被动与主动执法结合，有效地遏制犯罪活动。执法机构也可以利用信息导向执法的方式侦查已经发生的案件，搜集证据，并用于侦查和预防同一个作案者或作案网络重复作案。

这种主动式的执法方式也被称为"信息导向执法"。在同等信息条件下，由信息导向的执法可以让执法机构掌握犯罪发生的正确时间、地点，对犯罪分子产生有效的威慑作用，提高执法行动的成功率。

应该指出，即使是最高级的情报导向执法战略也不能完全排除被动式执法。一次性犯罪和第一次犯罪所能提供的信息，不足以用来分析预测并阻止下一次的犯罪，而即使是最低密度的随机巡检也能对腐败和反监控行为产生一定的阻力。

五、情报导向执法对我们的工作有何影响

如上所述，研究犯罪行为模式为侦查者提供了几种不同的方式和机会来占据主动地位，并且在预防犯罪发生和及时阻止犯罪的过程中，还能收集到更多的情报和有力的证据。

然而，情报导向执法不是简单地用情报来"引导"巡查和侦查。我们可以利用情报信息将犯罪问题区分优先次序，将资源分配到最好的策略上，这些对于有效打击犯罪来说很重要。譬如，当执法机构发现某个地方是犯罪事件多发的"热点"时，就可以对这个地方增派巡查力量，而不是将执法人员分散到很多地方去巡查。更为重要的是，如果情报显示某一个人掌控了犯罪活动，执法机关就可以将大量精力花在对此人的监控上，而不必将侦查资源分散到其他的犯罪团伙成员身上。

六、控制交付

主动性执法经常需要部署一些隐蔽的行动，如监视、窃听通信或者控制交付等。国际刑警组织的控制交付指导手册详细分析了如何在行动中建立有利环境的方法和策略，这是一种侦查野生动植物犯罪的方法。由此，执法机构可以在不惊动嫌疑犯的同时搜集更多的证据和情报。

另一个重要的因素是，情报导向执法中必须确认所有相关信息是否由一个组织收取、搜集和保存。很多情况下，情报的完整信息可能分布在不同的机构、政府组织、民众或者私人组织中。信息导向执法可以将这些碎片化的情报搜集联系起来，融合成

有效的信息。依照这个逻辑，信息导向执法将转变成多机构间的合作执法，将各个机构的优势与资源优化组合，产生更大的执法收益。

与此同时，一个机构为某个目的搜集到的信息很可能在其他机构或项目中得到利用。特别是在应对跨领域犯罪时，例如，盗猎者使用的武器可能成为侦查走私武器案件的关键。

恰当的信息管理在信息导向执法中可以帮助建立不同机构间工作人员持续性的合作关系，并为高效的业务合作提供条件。

当信息管理的流程逐渐进入成熟阶段时，分析搜集到的广泛和多样的信息时会分为3个阶段（见下图）。战略分析将模拟出一系列长期情境演练和犯罪趋势；战术分析则在此基础上对最有可能出现的情境中高危的犯罪集团、事件、热点和路线进行重点描述和证实；当执法力量被有针对性地分配到高危目标上，并且成功达到目的之后，对执行行动的分析还可以在接下来的侦查和起诉阶段继续产生作用。

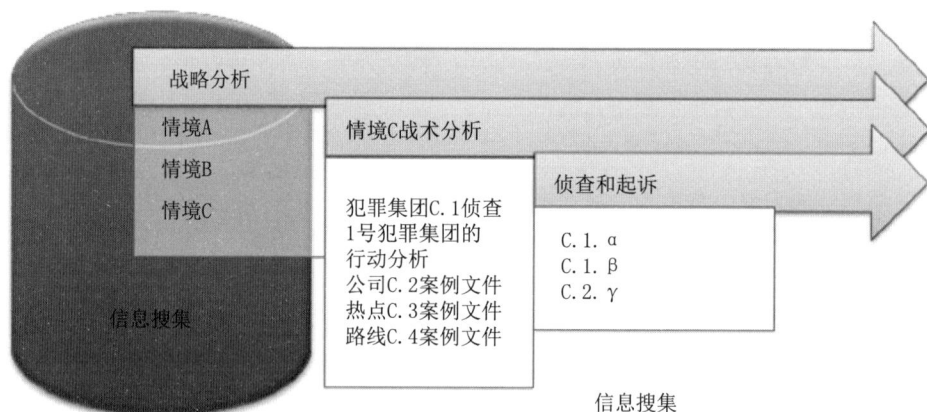

图2-1-1　信息分析的3个阶段

七、如何打击国际环境犯罪

环境犯罪具有跨境犯罪的特性。很多条约和法案都被用来管理自然资源和可能带来污染的产品，如野生动植物、鱼类、原木、化学产品和废料等，目的是保护地球生态系统。所以，在跨国执法中，除非参与者间建立了有效的合作和分享机制，否则很难将这些法律法规落到实处。

信息导向执法因此成了打击跨国环境犯罪最有效的策略。为此，国家层面的重要信息情报需要随时与国际合作伙伴共享。同样，在地方和国家之间也需要建立执法信息分享和分析的渠道。地方上的很多执法机构已经意识到了将执法信息上传到国家级信息库中并进行交叉确认的重要性，并借此将案件中的各种因素联系起来。

　　同样，地方或国家执法机构所持有的信息情报可能与一些罪犯的国际性犯罪有联系，或者是与这些罪犯所犯下的其他罪行有联系。这种国家性信息交流的关键在于，地方和国家机构是否能够意识到某些组织、个人或公司与国际性犯罪的内在联系。

　　因此，当检方的指控无法准确地将犯罪行为所涉及的范围和影响反映出来时，甚至在案件筛选的过程中，嫌疑人可能就因为证据信息不足而逃脱了侦查和逮捕。如果嫌疑犯在地理范围上扩大犯罪活动或者开始隐蔽行动，他就很可能在逃脱法律制裁的同时继续建立国际性的犯罪网络。

　　通过国际性的信息交换、整理和分析，执法机构可以辨别出控制活跃国际犯罪组织和网络的嫌疑人，然后将执法资源分配到这些罪犯的身上。最终的目的，是重点将这些对社会和生态系统造成极大伤害的犯罪分子绳之以法。

八、如何在本国管理环境执法信息

　　很多国家已经引进了一种叫做国家信息模式（NIM）的方式，明确了信息处理流程，提供了信息获取、处理和存储的相关资料。

　　环境执法需要包括警察、海关、环境保护机构、军队、林业部门和渔业部门等一众国家机构的通力合作。每个机构都需要采取和坚持各自信息搜集交换的内部机制，同时也需要在国家层面进行协调和精简。

　　大多数国家都有专门的国家情报中心来整理相关部门提供的情报信息，以此来提供犯罪活动的趋势和威胁的分析数据。分析的结果经过分发，可以调动下级部门的执法资源，有针对性地打击犯罪。

　　需要再次强调的是，因为环境犯罪的跨国特性，国家机构应与其他国家交换情报来互相提醒。

九、机构和组织在国家信息管理中扮演什么样的角色

⊙　**执法机构**

　　执法机构包括了负责执法的地方与国家政府机构。它们的执法行为包括稽查、监控和监察、侦查犯罪、搜集情报、逮捕和讯问嫌疑人。大多数国家的警局是最明显的执法机构。

　　工作在前线的执法人员在情报搜集中发挥了关键作用，他们可以从民众或者线人处获得宝贵的情报。这样的"情报来源管理"通常是情报搜集流程中最基本、最关键的部分。通过得到的信息，执法机构可以发现严重的犯罪行为（如需了解更详细的信

息，请查阅另一部提供侦查野生动植物犯罪手段的、国际刑警组织讯问野生动植物走私者等相关内容的指导手册）。

⊙ **民间组织**

这些组织包括了非盈利性组织、非政府组织、慈善组织、私人企业和基金（可以是通过民众捐赠支持的基金）。这些组织通过获得资金支持或者售卖产品等商业收入来维持运作。他们参与到了培训、研究、调查和信息搜集等工作中。私人企业很少被赋予执法的权利，但他们的独立性让他们可以在执法机构与政府的交流中建立合作关系。在他们的工作中，有可能涉及或搜集到有价值的情报。（本章的附录六中，详细给出了与民间团体交换信息的指导。）

十、在国家层面推行情报导向执法

假如环境犯罪只能是通过坚定实行跨机构间合作来进行打击的话，最有效实施情报导向执法的关键在于得到政治和部门的支持，引入国家信息模式，将标准化的业务模式套用到各个执法机构中，增加执法队伍与机构间、地区与国家机构间信息交换的机会。其目的是通过建立标准的处理流程，改善沟通和合作环境来减少阻碍，提高效率。

国家信息模式将业务模式表述为如下几点，国家信息模式的效率由这些资源的分配利用情况所决定：

　　－知识资源——了解情报导向执法的业务知识；

　　－系统资源——根据情况建立恰当的系统和结构；

　　－信息源资源——保证高效搜集管理信息；

　　－人力资源——利用有经验和能力的员工建立专业人员结构。

第二节 管理执法信息的流程

一、信息管理流程基础

信息管理的基础是管理所谓的"档案"。如果档案对于情报导向执法有作用，它们应该在现在和未来都被妥善保管，随时方便取阅。

档案管理可以保证信息被搜集、保存、评估、分享、拍卖和处理的历史变得可追溯，保证信息的完整性。这不仅提高了信息管理流程的效率，也保证了管理执法相关信息的私密性和合法权益不被侵犯。

无论是文本、图像、声音、影像还是实物证据，无论是纸质存档还是电子存档，档案都可以被简化为"一份数据、信息或情报"。

二、数据、信息和情报的区别

所有信息管理流程中的参与者都要理解信息管理的概念，掌握通用的沟通方式。

以下通过简单的类比，分析了 3 个经常被混淆使用，导致误解的术语。我们通过在公有森林中有预谋地倾倒大量桶装危险废弃物这个例子来解释。

⊙ 数据

数据是通过观察得到的客观字面结论，通常以标准化的单位符号来测量和记录。在本例中，数据可以是发现案情的日期（年、月、日、时、分、秒），地点（经纬度坐标）和污染量（每升中的毫克浓度）；也可以是一些很简单的记录，如 5 桶油，三橡山，等等。

⊙ 信息

信息是数据在其来源和环境条件下的呈现。举个例子，线人向警察检举的信息为："我听到有人在讨论把 5 桶油抛在三橡山底灌木丛的事。"同时，当地的环境执法部门可能收到了一份监控报告："2012 年 1 月 2 日在林肯路 1 号杰克汽修站附近行巡视时，我注意到屋后的隔水层上堆放了 5 个装满废油的桶子。我通知老板在两周内请专业人员将这些废料回收。出于检查执行情况的需要，预计在 1 月 16 日我会进行回访确认处理情况。老板表示他会在两周内请绿色回收公司将这些桶收走。"

以上的例子说明了信息实质上是原始的数据元素，一般与信息源不专业的认识和理解混杂在一起。其内容的质量和准确性往往相差甚远。所以，这些信息还需要通过评估和交叉验证来决定其准确性及可靠性。

⊙ 情报

情报是经过严格评估和提炼，提升了准确性和可靠性的信息。在以上关于举报的例子中，信息是可以在标准格式中组织出来的，并且根据来源的可靠性及信息的准确性添加了处理意见。另外，还可以要求一些补充性的信息。例如，"据社区委员约翰逊称，三橡山是林肯路尽头那座山的当地名称，坐标是（X,Y）。"

根据这样的流程，搜集到的信息经过分析确认了其有效性，并且在加入了其他信息的环境中为执法人员提供了对犯罪活动的全面认识。当分析覆盖了尽可能多的信息时，得出的结果就越准确。如果在我们的例子中，警察和环境执法机构在通用的框架下共享了他们的信息，例如，将双方系统连接，警方就有可能实时阅读到那份检查报告。分析人员可以从这些信息中做出一个情报报告，甚至有可能在废油被抛弃前就阻止了情况发生。

情报在这种情况下为执法人员提供了关于信息准确性的参考，了解到信息在侦查整个犯罪活动中起到的作用。同时，情报也成了执法人员在基于事实做出理解和决策时最有力的依据。

三、主动式预防与被动式反应

在倾倒废油的案例中，分析人员可能从检查报告中"三橡山"这个词上得到启示。把检举信息和检查报告放在一起，就可以得出杰克汽修站的主人虽然已经答应检查人员要求他回收废油的要求，却并没有请有资质的有害物质回收公司来收走废油的打算，而是可能出于省钱的考虑将这些东西倒在林肯路的尽头。

分析人员此时可以通过补充一些缺失的信息来了解整个案情，或者证实自己的猜测。譬如，可以通知执法人员去联系绿色回收公司，问明是否在1月2～16日收到了来自老板的回收请求。如果杰克汽修站没有联系绿色回收公司，分析人员就可以做出情报报告，确认这间汽修站有可能出现了违法违规情况，并向管理人员建议派出执法队伍去阻止案情发生。假设管理层因此向三橡山山脚附近增派巡查人员，两天之后杰克汽修站的两名雇员将会在倾倒废油的现场被抓捕。

再者，假设一年以后有一宗报告三橡山溪流中发现浮油的案例，结合以上案例中搜集整理到的信息，执法人员在上游找到了被抛弃的废油桶。此时，在警察局登记过的举报人可能还可以在系统中找到。即使警察和环境执法部门的系统没有相连，相关的检查报告经过长期侦查也能寻回。施以合适的犯罪侦查和审讯，杰克汽修站的老板和雇员仍可以被成功起诉。但此时对自然的损害已经造成，需要投入大量资源进行清洁，另外在长期的侦查中也浪费了执法资源。因此可见，只有通过实时的机构间信息分析共享，才能避免此类事件的发生。

四、为什么情报导向执法需要组织间统一的处理流程

本手册目前仅讨论了基于单个案例的数据、信息和情报。然而，信息管理需要将大量的类似信息汇集起来，发现其内在的联系和共同点并识别出规律，以此辨认趋势、热点、重点嫌疑人和犯罪组织，犯罪活动的整体情况会逐渐显示出来。如果信息的质量和数量达到一定程度，最终的目标就是可以将犯罪行为可能发生的时间、地点、人物都推敲出来。此时，无论是在长期战略还是短期战术方面，信息管理产出的情报都可以帮助其最有效地分配执法力量。

所以理论上来说，信息管理可以适用于单个的侦查行动，而情报引导执法的概念则建立在持续性地从相关资源中获取信息上。只有当单独的信息元素被放到大环境下与其他元素一起被分析时，其附加价值才会显现出来。在日常的信息管理活动中，需要在整个组织或组织间保持持续性的工作进程，这可以成为执法中最有价值的团队资源。

一个机构应当在任何时候都能够对所有相关信息进行集中管控。储存、搜寻和分析信息需要足够的技术支持，但缺少持续性的管理，不能确保策略和步骤都被正确执行的话，投入和产出就不能成正比。

五、信息管理流程的运作方法

情报导向执法的成功实施需要高管层面的支持和维护，因此他们需要发展和维持一个清晰的信息管理策略（IMS）。该策略界定了业务流程中的目标、原则、政策、标准、步骤。更为重要的是，它还将信息管理中的角色、任务、责任分配到了每个员工身上。

除了以下章节中所提到的管理人员在操作过程中的职责之外，他们还肩负了几个核心任务。这些管理人员在信息管理中是获取信息的关键点。

⊙　信息主管（CIO）

信息主管主要负责策划、实施和监督信息管理策略，同时也要负责与其他执法机构建立和维护战略伙伴关系，以便于信息共享。

⊙　搜集信息

搜集信息是持续有效地进行信息管理并支持情报导向执法的基础。虽然这是很明显的一点，但必须要意识到任何阶段的工作都完全依赖于所搜集信息的准确性和持

续性。信息搜集必须完全依照信息管理策略的原则和标准来进行。

六、信息是如何被搜集的

如何搜集信息也决定了应该有哪些详细步骤和要求。通常来说有 3 种搜集方式，都可以通过主动和被动的方式实现。

⊙　**常规信息搜集**

在一线人员进行巡查、监察和处理案件的日常活动中，这些信息以日常执法活动记录的形式被搜集起来。侦查人员搜集到的"其他信息"和"相关信息"也是其中的一部分。如今，很大一部分的日常信息是通过自动化的执法系统搜集的，如闭路电视和自动拍照识别系统（ANPR）等。

另一个日常的信息来源是与其他机构或利益相关者的战略关系。最突出的例子是将环境执法部门的信息系统联结起来，包括野生动植物机构、环境机构、公安和海关等。渔业和林业管理部门也掌握着有价值的监管信息，所以也应当加入信息共享的环节中来。最后，可以直接从商会、执照发放机构或其他一些社会机构中获得信息来支持情报导向执法。拥有外部的登记机构直接使用自动化的信息获取渠道，并不能被视为是日常信息搜集。但是，现代化的信息系统允许通过设置关键条件等方式来进行常规搜集工作。譬如，可以设置每周对某个管理机构的监察报告进行"终止令"的关键词搜索。

⊙　**任务式信息搜集**

信息管理的流程可能基于不同的原因来发起搜集信息的任务。最基本的任务包括让一位工作人员通过访问证人、审问嫌疑犯或者窃听的方式对案件的关键信息进行搜寻。上述倾倒废油的例子里，分析人员就可以请求一位执法人员去寻找"三橡山"的位置。

在成熟的信息管理流程中，对情报信息的优先性分析，是信息搜集任务中非常重要的部分。当战术分析指出某个特定的犯罪组织或者企业是高危目标时，信息获取的重点就应该被转移到这些目标身上。

由此可以引发的方案有增加对特定地区的巡逻、启用隐蔽的情报提供者（卧底），或者要求合作机构提供特定的信息。

⊙　**自发性信息搜集**

此类信息更多的是由民众、利益相关者、合作伙伴处自发地提交而来。典型的例子就是举报，有时候也有可能是匿名举报。虽然这种信息具有自愿性和自发性，但并不意味着执法机构和执法人员就对它没有影响。

通过培养与社会和合作伙伴的关系，执法机构可以获得更多、更高质量的自发性信息。社区也可以通过订阅新闻，或者社区监督和遏制犯罪等项目，变成执法机构在媒体和公共空间中的活跃信息搜集伙伴。

七、什么是信息源

在侦查环境犯罪的过程中，执法机构可以通过几百种不同的渠道获得辅助执法行动的信息，包括民众、卧底线人或者举报热线等。非政府组织、政府合作组织、民间团体和媒体也是有价值的信息源。

举报者通常是指秘密情报来源人（CHIS），但也有可能不是人类。如果侦查者设立了摄像头来监控活动，或者截听嫌疑人的电话，那么通过这些手段获得的信息也是通过一个"信息源"获得的。无论是人类还是技术产品，无论是公开的还是秘密的，执法者都可以将信息的来源统称为"信息源"，以此来保证信息提供者的安全和隐秘性，防止其受到威胁。

关于"信息源管理"的更多内容，请参考《国际刑警组织野生动植物讯问走私者指导手册》。

第三节　记录信息

一、为什么要记录信息

当执法人员没有意识到需要记录和共享他们搜集到的信息时，情报导向执法就注定会失败，所以本章的内容着重于执法人员的职业素养和基本原则问题。

当高层人员在对组织介绍信息管理时，他们需要认真说明信息储存和分享的重要性。而且，他们必须意识到实行的主要阻力是什么。

广为流传的培根名言"知识就是力量。"经常被误读为要将关键信息据为己有，才能在工作中保证自己的地位和晋升空间。很久以来，执法人员经常将重要的信息隐瞒起来，并认为因此他们在组织里的地位才不会动摇。但事实上，这样的行为会大大降低一个组织的工作效率。储存在一位执法者脑中或笔记本上的信息对于执法来说效果甚微，将此信息与其他信息联系起来产生对案件新的解读的机会也因此变得很小。

与此同时，在机构内分享和保护搜集到的信息的执法人员才是最有价值的员工。事实上，培根也说过"我只想警告所有人：如果你认为自己是知识的终点，如果你为了寻求优越感，为了权力或者其他任何卑贱的东西寻求知识，那你就是可悲的[①]。"

高层应当确保这种理念被贯彻到整个执法机构的文化当中。所以变革管理是引进和实施信息管理及情报导向执法的重要方面，每一个管理人员都应该适应并接受这种职业态度。只有当信息可以被获取时，信息才能成为组织资源和组织记忆。

二、应该如何处理收到的信息

执法人员在搜集信息的时候应该确保自己的信息被机构内的中央信息管理系统记录下来，这样才能对其进行分析，或者与其他信息进行交叉确认来侦查已发生的案件。

有些信息具有国家级和国际级别的重要性，例如，跨国环境犯罪等，此类的犯罪信息应该被提交到国家信息中心。不同国家和机构可能有不同的信息管理架构，但在分析、传播和传递信息之前，应该确保信息已经被恰当地储存。

三、记录信息的标准

使用记录信息的标准可以保证和促进所有相关信息被及时、准确以用户界面友好

---

① 前言 .Inst.Magna:Bacon,IV[1901],20f. 引用自 http://plato.stanford.edu/entries/francis-bacon/。

的方式记录下来。此外，这也确保了信息可以被有效评估、分析和使用。最好将以下这些标准在国家层面进行推广：

- 确保所有信息是在合法情况下储存的；
- 确保信息可被用于帮助国家信息模式的运作；
- 让决策过程变得可追溯、可审查和可追责；
- 确保恰当、负责地将信息与其他机构或公众共享。

如果信息没有被正确地保存，就很有可能出现曲解和滥用，使信息无法在情报引导执法中发挥其全部价值。记录信息时应当遵循的原则如下：

- 明确获取该信息的目的，主要是为了执法；
- 其质量必须与国家信息模式的要求相符。这个模式必须包含一个保护评估方案，又称为"操作代码"；
- 任何员工对信息的报告、记录和编辑都要存档，方便随时查阅；
- 出于同样的原因，为了提供额外的信息，信息源也应该被记录。当需要时，可以根据情报来源参考将来源记录为匿名来源；
- 建立新的信息档案时，需要交叉确认不会重复存储信息，并尽快将新的信息与其他信息联系起来。这对于犯罪预警和发掘情报导向执法的潜力尤为重要。

推行国家犯罪记录标准将提升机构间交流的协调性，允许他们在结构化和规范化的条件下进行交流。推荐的原则包括：

- 执法机构接收到的任何案情报告，无论严重程度或来源情况，都应该被记录在档；
- 所有信息都应当在相关领域内以国家法规为指导进行评估分类，一般包括刑事犯罪、违规、行政违法和普通信息；
- 为了保证信息交叉检查和分析的最大效果，各类档案应当在国家规定下保存尽可能长的时间，或者直到信息被证实无效为止。

四、数据质量原则是什么

数据质量是决策和行动的可靠依据。数据质量原则应该确保信息间的关键联系被辨别出来，包括信息被最大化利用，以及信息可追溯、可管理。数据质量有以下4个原则。

⊙　**准确性**

当信息被记录在档时，应确认信息的真实性、正确性和可靠性程度。这并不意味着信息必须是完全正确可信的，但写入档案时应该注明信息已经经过何种程度的评估。如果对信息的真实性存在疑问，应当尽快从信息源处确认，当信息的准确性较低时，应当尽快将其提升。然而，对历史信息进行整理也可以令其发挥更大价值，如旧电话号码、车牌号或者嫌犯的住址等。

⊙ **充分性**

记录信息的目的就是为情报导向执法服务，所以它的内容应当足以支持执法活动的进行。如果评估发现信息出现断层，阻碍了情报导向执法的进行，应采取行动将信息补全。此外，采取通用标准的意义在于使记录的信息具有在同行间易查找、使用、理解的特性。

⊙ **相关性**

通常情况下很难预测经过联系和分析的信息是否能导向有价值的情报和观察结果。信息管理的基本概念是将所有可能与情报导向执法相关的信息都纳入管理范围内。然而，在处理、搜寻和分析信息过程中应当避免无价值和不相关的内容，以免这些信息"污染"了管理系统和过程。在这个过程中，拥有常识是非常重要的一点，但国家情报模式和信息主管也要提供明确的指导。

即便现代的信息管理系统在搜寻方面变得更加便捷，但是将大量零散的、过于丰富和冗余的信息用于请求和支持分析，仍会让信息管理的过程效率和准确度降低。

⊙ **及时性**

信息尽早被记录，交叉确认和分析，才能实现更高层次的实时风险响应，及时阻止犯罪行为的发生。在处理信息时，应当实行一定的质量标准以保证信息的一致性以及在可预测的时间内被处理完成。

五、如何记录信息

大多数的执法机构都有一个中央电子系统来管理他们的信息。这些系统可能在覆盖范围、格式、功能性、使用友好度和性能方面有很大区别。理论上来说，不同系统间的差距，可能是一个现代化的关联式资料库管理系统和一本纸质笔记本的区别。在实际操作的时候，使用一些基本标准可以保证中央信息管理系统在情报引导执法中发挥有效作用。一个中央信息管理系统应有如下特点：

- 可以进行持续、透明、高效的信息管理；
- 可以进行质量管控、可追溯管理和审查管理；
- 在组织内稳定，运行可靠；
- 可供所有相关部门和组织使用；
- 基于预先设定、合理记录的数据架构；

－允许关联档案；

－账户有使用和更新权限分级系统；

－记录账户使用，更新档案的记录；

－可以在分析时进行简单可靠的信息提取。

出于合法性和实际操作的考虑，执法机构需要至少两个或两个以上的地点，系统化、标准化地存储信息。信息管理策略应当明确提出，记录和管理信息时要注明谁，是在何处、何时、何事，处于什么样的条件和流程下记录的。信息主管有责任确保所有员工都认识到这些问题，并且都具有必备的技能和能力来履行他们的职责，负责任地记录、使用和更新信息。

六、应该记录哪些细节

正如之前提到的，现代化的先进信息管理系统正在逐渐摆脱对结构化信息的依赖，成为有能力挖掘海量、多格式、多来源零散信息的强力智能化的系统。但是在未来的几年中，有架构的关联性数据库依旧是记录和分析执法信息的首选。

国际刑警组织提供最低标准和基本的生态信息格式标准，方便使用者组织、记录、分享和请求环境执法信息。这种格式包括了一些描述性的文字：

－与信息相关的基本主题和法律因素；

－信息来源；

－日期、时间、地点，以及侦查手段；

－相关的人物／企业；

－相关的环境产品；

－操作手段、运输方式、路线和使用过的文件；

－任何附加信息，如评估来源和内容的可靠性（该生态信息格式的详细内容见本章的附录四）。

国际刑警组织环境犯罪组可以辅助国家整理国际间的情报信息，以此来鉴别危险、趋势、个人与犯罪网络的联系、跨境犯罪。除了案件报告的内容之外，中央信息管理系统还应该记录：

－收据的时间和日期戳；

－记录的时间和日期戳；

－一个独特的参考号码；

－报告的方式；

－保护标志代码。记录案件报告时使用国家犯罪行为代码系统可以为档案增加价值。

这样做可以让对不同犯罪类型的发展趋势阶段性管理报告变得快速准确。

七、执法信息系统

执法信息的中央关联性数据库在理想状态下应该是可以让信息被持续、高效记录，在大范围内与相关信息关联，并在不同的层面聚合。此类执法信息的中央信息管理系统包括但不局限于：

－用独特的参考号码将详细的资源联系起来（自然人或者法律实体）；

－案件记录（投诉、巡视和回复、监察、抓捕报告等）；

－情报资源参考；

－托管跟踪记录；

－案件管理记录（包括所有为起诉搜集的文档，如宣誓书、证人报告、讯问记录、逮捕许可、使用特别侦查权的法院授权、结论报告等）；

－指纹、DNA 和其他的生物记录；

－公开的和秘密的登记信息，如商会、纳税服务、邮政服务、通讯服务提供商和证照发放机构（譬如，武器或者与环境有关的活动）。

八、如何在记录信息的同时保护信息来源

成熟的信息管理应包括恰当发展、管理和保护信息来源的流程和机制保障，无论信息来源是公开的还是隐蔽的，个人的还是组织的。这个系统通常包含了出于情报目的记录的，历史的、现有的和潜在的信息来源人的名字和组织名称。

如何分类这些名字取决于分析决定的战略和战术优先层级。新的潜在信息源应该是基于这些优先权选择出来的。

系统应当允许引用匿名来源，特别是秘密情报来源人。同时应当实施一些措施来保证和保护这些来源以及信息的质量。

－信息源在中央信息系统中应该是以匿名符号代码的形式出现，不可以名字等可被辨别的方式记录；

－有一个独立的系统来管理这些代表信息源的匿名符号代码，只允许有限的经过审查和证明的员工访问，通常这些都是刑事情报单位的员工；

－从信息源处获得的信息在中央信息系统广泛传播、分析、交叉验证时必须永不透露信息源的身份；

－由于卧底情报来源的特殊性（通常其本身是犯罪者，接受金钱补贴来提供情报，并且要求保证他们的人身安全），对于情报导向执法来说最重要的是将他们提供的信息进行可靠性和准确性的甄别，并且确认他们的传播机制。

刑事情报单位官员的职责是将情报在存储到中央信息管理系统前进行审查和

分级。

　　除了积极的"与卧底合作"，此单位还需要不断地鉴别从前线执法人员处发回的信息是否可以放入中央信息系统，因为有些信息可能会给信息源带来无法承受的危险。通常出现这种情况，刑事情报单位官员就会接手该信息源的管理。

　　最后，刑事情报单位也可以对从热线等匿名信息源处获得的信息进行分级。

九、用于处理此类事务的工具——5×5×5 情报信息报告表

　　信息的质量可能良莠不齐，信息源的可靠性也有很大的不确定性。最可靠的信息可能是某执法人员目睹了案件发生，最不可靠的则可能是一个匿名信息源提供了无法确认的情报。后者并不意味着该信息就该被忽略，但接收到信息的人必须要依据信息源和信息的质量来决定要采取何种行动。

　　为了解决这种情况，执法人员通常会对信息进行分级处理，必要时还可以让刑事情报单位的官员进行复审。适用于此情况的通用操作工具就是 5×5×5 情报信息报告表。这种标准格式可以管理评估信息源，证实信息的证据，以及提供如何处理传播信息的操作指导。

　　在与其他机构分享信息时，这个报告也可以用于确保信息的一致性和可靠性，以及审计跟踪管理流程的工具。所以，一般推荐将大部分以获取情报为目的执法行为用 5×5×5 的格式记录。在此之后，就可以将谨慎审查的分级结果和信息最终上传到信息系统中。

　　本章的附录三中记录了这个报告的模板。此模板不仅可用于手动报告和数据输入，也可以用于中央信息系统的整合部分，以及专门的刑事情报（受保护的）应用流程。

　　对信息源和特定的信息本身都需要进行可靠性和准确性的分级，分别从 A-E 和 1-5 两个等级分类中体现。例如，某警察亲眼看见的案情可以被界定为 A-1 级；而一个此前没有向执法人员提供过信息且无法验证的人，可以被界定为 E-4 级。

　　分级也包含了对信息传播的指导意见。经过分级的信息通常是被"消毒"过，或者编辑过的，所以不会透露信息源的身份。例如，不可有任何关于信息源性别、国籍和职业的信息。信息源的安全因此在信息被传播的条件下得到了保证。有些只有信息源才能掌握的元素，可能被用于反向追溯到信息源时，就应该被省略，或者只提供给有足够权限、资质和被审查过的员工使用。

　　关于 5×5×5 格式的详情，请参阅本章的附录三及警察信息管理指南。国家和相关机构可以选择修改格式的一些具体元素，譬如，保护性评分方案，来适应已有的国家法律法规。

　　记录环境执法信息的意义：

　　-保证记录信息是为了执法目的；

– 以合适的环境执法格式记录信息，如使用国际刑警生态信息格式；

– 保证以准确、充分、相关和及时的数据质量原则记录信息；

– 为了避免重复信息，应当在录入前检查是否已经有相同信息存在；

– 保证信息上附加了正确的可靠性分级和保护标志；

– 确保录入时信息已经被交叉检查过，并且尽快与现有的信息进行联系。

第四节　评估及利用信息和情报

一、评估信息的目的

所有搜集和储存的信息都要经过评估来确定其出处、准确性和与情报导向执法的相关性。另外，任何基于此信息做出的行动都需要经过识别再启动。具体的行动可能是即时的响应执法或者进一步的分享信息以推进执法计划。

如前所述，假设在此阶段现有的信息已经经过了搜寻，确保不会出现重复上传的情况。评估的第一步是搜查和交叉确认与其他档案的联系，实际操作中这两步可能是紧密相连甚至合并操作的。不过在很多案例中这些步骤也被分离开来，特别是在跨系统和跨领域的情况下，因为操作中可能要求不同的员工技能和不同级别的授权。

评估应当与信息的目标性和本质相称。对于所有需要进行快速反应的信息来说，决定行动越快越好。对犯罪活动更进一步的战略战术分析是次要的，并且需要管理层决策的资源分配来配合。

二、评估执法信息的原则

独立于执法范围外，一部分后续的评估信息的基本原则被建立了起来：

－确定信息的来源、准确性和可靠性；

－确定信息源的可靠性；

－确定信息源、具体事务、存储和使用信息的风险；

－决定信息是否需要经过无害化处理；

－确认与其他信息的联系；

－评估信息的情报价值；

－提前申请行动评估。

如前所述，刑事情报单位在评估信息时起到了关键作用，特别是在评估由5×5×5表提交的对信息源可能有风险的信息时。在实际操作时为了保证客观性和一致性，可以分工合作，一人负责记录5×5×5表格的原始信息，另一人则负责确保信息质量和最终评估。

三、如何实际执行信息评估导向

信息管理本身没有目的性，但必须对执法行动有所帮助。当信息的情报价值和质量被确定下来之后，评估流程需要基于信息确定应该采取何种行动，以及决定行动的优先级。总体来说需要达成以下的管理决策：

  - 发起一次即时的反应执法；

  - 与合作伙伴分享情报／信息；

  - 委托、委派任务，或与其他部门协调行动；

  - 对信息进行额外研究和拓展，如犯罪分析；

  - 推迟行动，等待额外的信息；

  - 放弃行动，等待更多的参考。

委派任务和寻求合作的决策流程要求管理层的全面参与。虽然负责评估的认证人员可以在结构性协议许可下发起紧急的反应行动或者与其他机构的信息共享，但在发起战术性或战略性分析的决策时，需要调动大量的资源，所以要求更高权限的支持。

四、任务指示和任务报告

在委派任务或者寻求合作来进行战术性、操作性和分析性的反应行动时，以及对所要进行的干预进行评估时，定期的任务指示和任务报告是管理信息流程中的重要结构元素。它们确保了这些反应行动被及时传达到员工，也保证了行动被持续性评估。如需了解更多关于任务指示和任务报告的信息，请参阅《ACPO（2006）国家汇报模式指南》。

五、评估和分析的区别

信息分析基本上就是信息评估的一个详细版本。最初的评估进程，是以某一个特定的档案作为出发点，确定其质量和价值之后决定短期内后续行动的优先级。犯罪分析将一个或多个搜集到的信息（数据库中的档案集合）作为出发点，以一个预定的目标寻找、查询、联系和分析汇总在一起的信息。信息分析的目的，由信息管理流程中决定的优先层级所决定。

现代的信息管理系统本身的功能性允许其对信息进行初级评估，避免重复输入，同时也可以建立与其他档案的内在联系。但是在犯罪情报分析中，一些追加性的高级分析工具经常被用于提炼、联系和分析一个或多个来源之间的关系，然后为决策者提供一个清晰、用户友好的图形化的情况概览。

六、情报成熟度

情报有时候会被分为3个"成熟程度"：完结阶段、发展阶段、可操作阶段。

完结阶段的情报，是已经发生的过去的案件，可以被用于鉴别犯罪特征和趋势，基本上已经无法直接或间接影响任何未来的执法行动。

发展阶段的情报可能与当前或未来的案件有关，也有可能通过回访原信息源或其他信息源等方式获得更多信息，可能在执行计划之前还要通过多种方式来验证情报。譬如，执法人员可能需要通过监视搜集证据来证实情报的可靠性。可操作性情报，与它的字面意思一样，就是可以或者应当立即让执法力量行动的情报。此类情报很可能是从某个曾经提供可靠信息的信息源而来。它也可能是一些明显不能被忽略的信息，譬如，严重的生命财产损失。

第五节　共享信息和情报

一、为何要共享搜集到的信息

正如前部分所述，分享执法信息的重要性与搜集执法信息的重要性是同等的。由于执法人员搜集的情报通常都会在组织内流通，所以本章主要关注合作伙伴间为实现共同目标进行的信息共享，这种共享可以是临时性或结构性的。

需要意识到环境法律由于其范围和特性，只有在大量合作伙伴间进行跨学科、跨机构和机构间结构化的合作才能达到很好的效果。其中部分的合作需要涉及以下的信息传播与共享：

  － 支持增加合作的开放性；
  － 与本地执法机构建立信任；
  － 建立双向机制，使不同机构间对人、事物、地点和事件等信息的分析和评估效率提高；
  － 通过分享和采用最优策略，增加整体的能力、专业性和职业性；
  － 增强最优执法和介入策略的可持续性；
  － 帮助提升公共服务水平。

整体来说，与合作伙伴分享信息是一种有效进行情报导向执法的措施。对其本身这并没有什么意义，其目的是在法律允许的条件下，排除对信息源和目标的风险，服务执法目标。所以，在做出分享信息的决策前，应当对这些信息元素进行恰当的分析。

最后，要重点注意信息分享并不局限于执法机构之间。行政机构在他们的许可机构中持有大量有价值的执法信息，而许可机构则可以从策略性风险评估中受益（比如，在特定的行业分支或自然地理区域等方面）。

与非政府组织间效果良好的信息交流共享也可以提升执法效率以及环境执法在公众/私有领域的表现。显而易见的是，不同的执法机构所建立的联系是基于不同的结构、范围和特性。比如，非政府组织需要认识的是他们分享的执行性和战术性情报，都是对执法机构的单向输送。然而执法机构也要主动和创造性地对公共和利益相关者分享可以让整体环境受益的分析结果。比如，执法机构可以帮助非政府组织设计一次反对消费非法野生动植物产品的活动。

二、什么情况下才能分享信息

分享执法信息需要依据当地的国家法律，但本手册无法提供详尽的国家法律架构分析。每一个执法人员都有责任了解并严格遵守其所在国家的相关法律，因此需要对他们进行妥善的教育和训练，并将培训计划纳入信息管理的策略中。信息主管应该确保员工在初始培训和定期考核中掌握他们在信息管理流程中所需要具备的技能。

当执法人员在信息共享时对法律或伦理问题有疑问，应当向其所在的法律部门或者信息主管寻求意见。

在遵守不同地区法律法规的条件下，执法信息分享可以遵循以下 3 个通用定律：①遵循法令（法定义务）；②运用法令（法定权力）；③应用民事或通行法律。

本手册不会通过详细说明法定义务来提供进一步的信息，譬如，法院判决或者信息自由法案等，而是会重点讨论合法范围内应该如何界定允许分享信息的空间。

促进情报导向执法的第一步是在执法机构间分享执法信息。因为执法机构的目的是维护法律，虽然在大部分的法律系统内他们拥有很大的分享权限，但却没有义务在机构间进行信息分享。建议在类似的信息交换过程中，通过实际规定和流程等方式来建立组织架构。在某些情况下，不同的机构间对"刑事""行政"和"公众"的界定就会出现差异。大多数情况下，建立此类架构时，都会通过签署谅解备忘录的方式进行。同时，也要注意应包含关于以下问题的可被追踪审查的信息：

－分享信息的目的是什么；

－信息属于什么类别；

－谁拥有此信息；

－谁有权力决定是否分享这个信息；

－信息分享、保存和回收的时间和要求是什么。

成熟的信息管理和情报导向执法应该重视与执法群体之外的组织（一般没有执法的权力）分享和接收信息的价值。

此类合作关系要建立在合理的风险评估结果之上，并且考虑到执法目的、分享的信息内容等因素。正式的合作关系内容包括了协议、规则和处理流程，以及信息储存的限制和责任、使用目的、可追踪的审计数据、保存和销毁。

在任何合作关系下共享信息时，要注意以下事项：

－根据相关法律规定限制信息中关于个人信息的内容；

－明确继续传播信息的限制。国际刑警组织建议相关活动应在各国现有的法律允许条件下进行，同时要符合世界人权宣言的精神。

共享信息时，建议各执法机构确保行动在个人权益和公共利益的平衡点上运行。这就要求机构在分享信息时分析分享所带来的收益是否值得为之侵犯个人隐私。出现以下情况时应当共享个人信息：

－个人已经了解并明确同意分享信息；

－分享的信息被证明有正当理由可以侵犯隐私；

－使用合理的分享措施，如分享个人信息是合理且符合分享目的的；

－没有其他较低侵犯性的手段可以达到目的。所有组织间信息共享的合作，都要包括反对任何武断干涉隐私行为的合法条款。

出现以下情况时应当分享环境执法信息：

－建议为分享信息设立专门的目标和架构，并签署信息共享协议；

－分享信息的决策是基于现有的执法目的和风险评估结论做出的；

－特别建议机构间合作应签署信息分享协议，明确规范、流程、限制条件，以及每个参与者的责任。

三、什么是信息分享协议

信息分享协议（ISA）可以被用于规范机构间的信息分享。落实这些管理活动是信息主管的职责。

ISA 保证了执法机构与合作伙伴之间合法稳定的信息分享，也有利于在信息共享的规定和流程、限制条件与责任分配上达成共识。因此，在商定 ISA 时最重要的内容之一就是制定信息分享的流程。

合作的各方都要明确了解以下内容：

－分享了什么信息，出于什么目的分享；

－何时、如何分享信息；

－信息储存在何处，如何被储存；

－谁有获得信息的权限；

－使用信息的目的；

－如何确保信息的时效性和准确性；

－信息会被保存多长时间；

－如何确保分享信息时符合隐私相关法律；

－谁是可靠负责的 ISA 执行负责人（包括传输、接收、存储、保密、授权和销毁等）。

－谁是 ISA 的授权拥有及签署人，协议被储存在何处。

四、国家环境安全工作组

发起和组建一个工作组是通过提高跨机构合作及信息管理效率来促进情报导向执法的重要步骤。国际刑警组织将其称为环境安全工作组（NEST）。NEST 是一个国家级跨机构合作组织，参与者包括警察局、海关、环境机构、税收部门、运输部门、健康机构、检察官和其他相关的国家部门机构。NEST 最好设立在每个国家的国际刑警组织国家中心局（NCB）内，并成为国家性的环境犯罪信息情报交换中心。其优点是可以加强已有的国家网络与 NCB 间的联系，同时也加强了对环境犯罪的全面包围打击。

　　NEST 的主要职责是通过情报导向执法，主动打击严重的、有组织的环境犯罪（详情请参阅国际刑警组织国家环境安全工作组概念、组织和架构概念文件。这个文件还包括了一份在国家层面签署跨执法机构 ISA 的范例）。不应该仅仅将 ISA 描述成一个反对官僚政治的工具。相反的是，对一个强有力的 ISA 投入并生效后，有利于大大提升快速、有效和有组织的信息交换。为了保证政府机构在人权义务上的透明性和可靠性，ISA 应当尽可能在公开情况下签署。

　　最终，ISA 应当被定期修改来决定是否符合以下要求：

－是否还在实现既定目标，目标是否还有效；

－是否仍旧合法；

－是否在角色、任务和职责描述上及时有效；

－是否在日常操作中有效；

－是否有新的情况出现。

　　基于复审的结果，机构可以决定扩展、修改或者终止 ISA。

　　图 2-5-1 的流程图基于英国 ACPO 的警察信息管理系统指南，解释了如何通过发展和应用 ISA 来检查确保一致合法的信息分析。

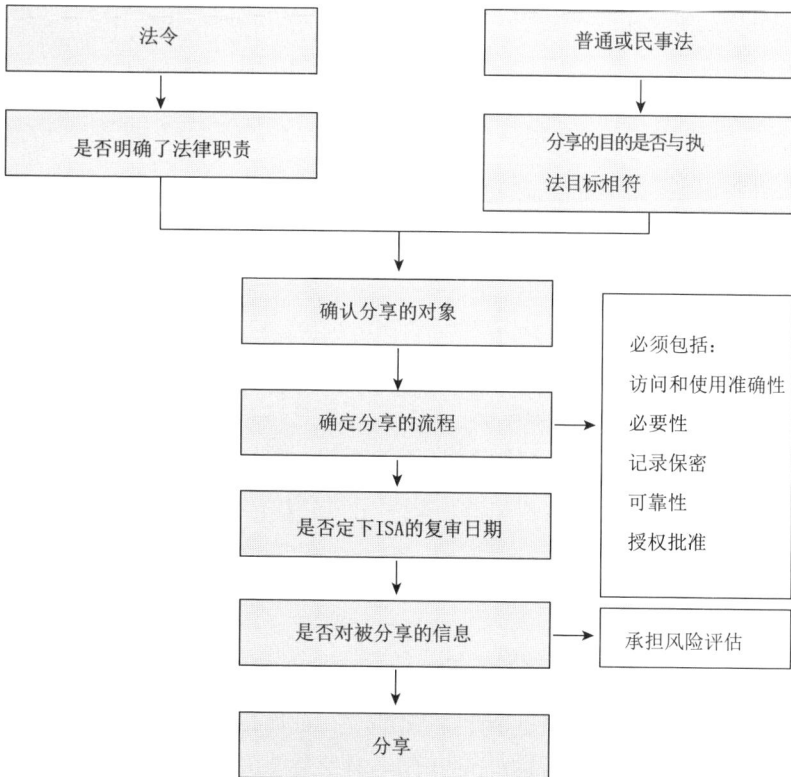

图2-5-1　信息分享协议（ISA）流程图

在 ISA 之外分析信息：

－ 谁请求获得信息？

－ 信息的内容是什么？

－ 使用信息的目的是什么？

－ 是否记录了申请者的姓名、职位、组织和联系信息？

－ 申请人是否通过了审查和认证？

－ 申请的是否为私人信息？

－ 是否存在相关法令、普通法或者民事法？为了执法目的分享信息的出发点是否成立？

－ 如果是，信息请求是以什么形式、什么时间发出的？

－ 第一时间记录做出分享信息的决定，决定的原因以及分享的内容。

五、信息是如何在国际间共享的

一部分政府间组织提供了执法信息交流的功能，包括世界海关组织（WCO）和国际刑警组织。国家也可以利用大使馆和领事馆的网络来交换执法及司法信息。执法信息可以与其他国家交换的先决条件是建立了有组织和方式的合作运行关系，譬如签署 ISA。

六、如何确保国际信息共享是安全的

进行任何形式的有关犯罪活动信息交流时，都应保证信息安全，以进行负责任的、职业的信息交流。通过安全的信息交流，降低了信息被第三方截获的可能性，保证了信息的完整性，为破获案件提供了保障。

无法使用信息网络、安全邮箱地址的执法机构，应当通过将信息发送给相关的政府机构或者限制接收者等方式来保证信息的安全。网络邮件提供者，如 Hotmail、Gmail、雅虎或者社交网络，如脸书、推特和领英等都不是安全的平台，应该限制使用。这些平台属于一些拥有信息交换权利的私人企业和组织。

所有的政府执法机构都可以访问并使用国际刑警组织的服务和产品。国际刑警组织在 190 个成员国的 NCB 提供了安全的 7×24 小时全球执法信息交流系统。执法机构不再需要使用不安全的通讯手段进行跨国交流，而是可以通过这些 NCB 进行有效的跨国合作。

I–24/7 系统可以通过 NCB 的终端访问，并根据不同国家的规定延伸到其他的执法机构办公处。I–24/7 也可以通过手持设备访问。国际刑警组织鼓励在 NCB 之外为执法机构扩展访问渠道。在传统的警察间的沟通交流之外，国际刑警组织 NCB 所提供的专供环境执法机构间安全沟通和标准化的程序，通常会成为这些机构发起有效的国际信息分享的首要步骤。

国际刑警组织 NCB 与国际刑警组织总部（俗称总秘书处）除了直接与相关国家交流情报之外，NCB 还会将信息上传到总秘书处与数据库的档案信息进行比对（图2-5-2）。

图2-5-2 信息全球性交叉引用分析图

信息抄送给国际刑警组织总秘书处，同时允许全球性交叉引用分析。环境犯罪组（ECP）因此可以研究犯罪趋势和威胁，将研究结果通过 NCB 网络分发到相关的国家机构处。

⊙ **国际刑警组织**

国际刑警组织（ICPO-INTERPOL）是一个支持和帮助国际间组织、政府与服务机构预防和打击国际犯罪的组织。国际刑警组织（NCB）是国家内最主要的环境犯罪信息交流中心。它们可能会将国家警察系统外的海关、林业局和野生动植物管理部门所提供的信息纳入交流中。

⊙ **国际刑警组织全球安全通信网络**

国际刑警组织的 I-24/7 系统在 190 个成员国之间提供唯一的国际间安全电子信息交流网络，使用者可以请求、提交或者传输名义上的个人信息（图 2-5-3）。

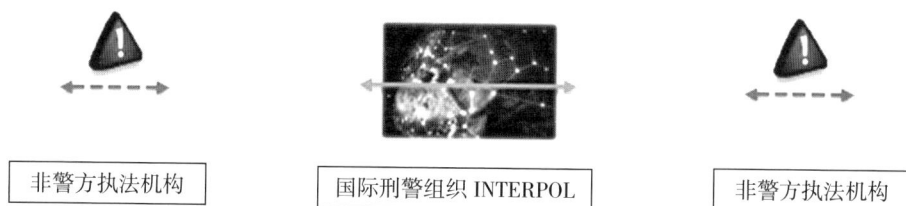

| 非警方执法机构 | 国际刑警组织 INTERPOL | 非警方执法机构 |

图2-5-3 国际信息交流的流程图

⊙ 世界海关组织（World Customs Organization，WCO）

海关人员有权利通过世界海关组织（WCO）的安全工具如海关执法网络（CEN）、CEN 数据库及 CENCOMM 来交流。海关执法网络是一个全球海关信息数据网络。

CEN 允许海关人员不间断地，及时、可靠、安全地通过交流海关信息来截获和破获案件。CEN 数据库只包含了缴获物品的匿名信息。这个国际性数据库使用了有效的数据保护手段，依赖加密技术来保证通信和数据传输的安全。

CENCOMM 是一个为海关人员和其他执法机构、地区网络提供边境犯罪安全的在线实时全球通讯工具。其目的是为这些人员和机构提供执法信息共享的渠道。

ENVIRONET 是由 CENCOMM 支持，关注多边环境贸易相关协议中所包含的所有有害环境商品的平台。这包括了濒危动植物、消耗臭氧层的物质、有毒废弃物、农药、化学武器和转基因活体生物等。

⊙ WCO地区联系办公室（RILO）

作为执法战略的一部分，WCO 建立了一个用于信息情报交流的地区联系办公室的全球网络。目前 RILO 由分布在全球的 11 个办公室组成。每一个 RILO 都是一个地区性数据搜集分析中心，同时也担任了分发犯罪趋势、作案手法、路线、严重欺诈案件及非法货物信息的任务。

第六节　信息复审，存档及清理

一、为何要复审已存档分享过的信息

本手册假设成员国已经有相关法律来防止非法和不恰当侵犯个人隐私的行为，以及保证政府持有的与个人相关的档案是准确和相关的。在执法信息的复审、存储和销毁步骤中需要将这些权利与合法的执法需求进行权衡。

如之前所提，本手册无法提供详尽的国家法律架构分析。每一个执法人员都有责任了解并严格遵守其所在国家的相关法律，因此需要对他们进行妥善的教育和训练，并将培训计划纳入信息管理的策略中。信息主管应该确保员工在初始培训和定期考核中掌握他们在信息管理流程中所需要具备的技能。

二、复审过程的关键元素

复审过程中的 3 个关键元素是回顾、保留、销毁。

⊙　**回顾**

在回顾阶段，通过检查档案来确认留存档案的政策性目的，以及保证档案是充分、及时、恰当和符合法律规范的。其次应当考虑引入新的相关档案，评估旧档案的分级和管理是否仍然适用。

⊙　**保留**

信息在复审结束以后，就会根据复审结果的情况决定是否进入保留阶段。

⊙　**销毁**

执法信息从信息管理系统中移除后，应该被完全销毁。应结合评估和复审信息的结果决定是否销毁信息。

附录一　案例研究 [①]

案例1：野生动植物走私——逮捕走私老虎器官的布朗先生

图2-6-1　老虎（图片来源 © GregoryNorminton）

泰国海关人员逮捕了一名从印度飞往泰国的英国人吉姆·布朗。布朗试图在他的行李中走私一批老虎器官（CITES 附录 I 物种）。初始侦查发现这些器官可能会被卖往泰国一个市场，执法机关因此展开了侦查。

这个案件包含了至少 3 个国家：

①泰国，正在侦查案件的国家。

②印度，布朗进入泰国前的出发地。

③英国，布朗先生的国家。

行动：泰国海关应当针对案情完成一份生态信息报告，包括布朗的全名、生日和所有与此次案件相关的信息，如航班、地址、走私的物种、电话号码等。

泰国海关是泰国国家环境保护组（NEST）的一部分，所以信息可以通过恰当的渠道传递到 NCB，并请求新德里 NCB 将信息传递到相关的机构，通知他们提供信息或者采取行动。这可能包括了侦查布朗在印度是否有被政府机构监测到的活动。此信息可能引起一次在印度国内的侦查行动，产生对泰国方面侦查案件有用的信息。印度和泰国的 NEST 将确保信息在两国的其他环境执法监管部门中流通。这样可以在各个机构的内部数据库中搜寻比对布朗的信息。在此阶段搜集到的所有信息都会传回 NEST 和 NCB 的网络中并产生对布朗先生整个犯罪活动情况的全面描述。此生态信息应该

---

① 本案例中的人名为化名。

被传递到英国伦敦 NCB 总部，并分发到任何可以调查布朗背景信息的机构，检查他的犯罪历史，或者任何有关不寻常的高收入以及经常无理由到亚洲旅行的信息。这个信息可能对泰国方面的侦查有帮助，也为其他国家提供相关信息。

生态信息也应该被发送到国际刑警组织环境犯罪组，请求在国际刑警组织犯罪信息数据库（ICIS）中搜寻布朗的信息。根据犯罪的严重程度，泰国曼谷 NCB 也可以请求发布国际刑警组织警告，对布朗的犯罪活动额外信息进行征集，或者提醒其他国家他可能有类似的犯罪行为（关于国际刑警组织警告的信息请查看附录五）。

这些行动将会增加执法力量对布朗的侦查力度，确保他因为参与有组织的野生动植物犯罪受到合法的逮捕和指控。同时也有可能在侦查过程中发现更多与野生动植物盗猎走私网络相关的联系。

案例2：野生动植物走私——分析历史案例

2009 年到 2011 年间，发生了 34 宗总量超过 1 吨的象牙走私案件。执法人员在东非、南非以及东南亚抓捕了嫌犯，截获了走私象牙。

相关国家通过生态信息系统向国际刑警组织环境犯罪组提交了报告。报告包含了详细的嫌疑人姓名、使用的电话号码、运输手段以及发货、中转和抵达的港口等信息，另外还有关于如何藏匿、处理象牙的信息，如伪装成雕刻工艺品和使用记号等。

图2-6-2　象牙（图片来源 IIIillClark）

提交的这些信息使环境犯罪组可以鉴别出犯罪组织最常用的藏匿手段以及运输线路，同时还发现了某些案件中的共同特性，譬如，在没有加工过的象牙上做记号以及提货单的相同点等。

环境犯罪组做出的分析指出了信息缺失点，并提醒相关国家、侦查者提供补充信息以形成完整的犯罪情报。经过肯尼亚政府数月的分析和卧底侦查，发现了一个关键人物与大量的缴获货物有关。野生动植物执法网络（ASEAN）和相关国家的 NEST 在卢萨卡协议执法组的协助下，与菲律宾和中国政府协调进行了一次走私象牙的监控交付。

根据行动和后续侦查的结果，特别是金钱交易的信息，7 个国家的 14 个嫌疑人被指控谋划走私 CITES 附录 I 物种和麻醉剂，总共被判处了超过 80 年的监禁。政府截获和缴获的犯罪物资总价值超过了 100 万美元。

此次行动产生了丰富的情报，据此抓获了野生动植物走私的重犯，打击了非法盗猎大象的活动。

案例3：污染犯罪——电子废弃物走私及非政府组织的作用

图2-6-3　电子废弃物走私（图片来源 © MikeAnane）

一个关注越南移民和发展的非政府组织发现了一个非法越境偷渡到中国的犯罪分子。在那里他们目睹了一批电脑和显示器被装在小船上并被偷渡到了中国。该非政府组织下载了国际刑警组织的生态信息表格，完成之后发送到了环境犯罪组，描述了案情和详细地点，还提供了照片。

除了这个案件之外，在英国的一个非政府组织发现了一批可能与非法出口电脑到欧洲、非洲和亚洲有关的公司。他们完成了信息报告并同时提交给了英国环境部和环境犯罪组。

环境犯罪组整理了不同来源的信息并分发到了相关的执法机构，包括一直在侦查从欧洲出口电子废弃物到越南和中国的荷兰环境局。他们建立了与亚洲当局的联系，特别是通过 NEST 开展了一次战略性的情报导向执法，发起了对从欧洲非法出口电子废弃物的公司的检控。

案例4：非法伐木——在巴西和美国的森林采伐诈骗及偷税漏税

在一次对巴西某个伐木活动的侦查中，执法人员发现他们申报的伐木描述、数量、质量和原木种类与实际情况不符。后续侦查发现提取和打磨工序与巴西一个港口的出口活动有关。

出口许可证显示这些原木是被运送到美国的。通过国际刑警组织 NCB 系统，这些信息在美国和巴西间共享。通过分析信息，美国政府发现进口许可的内容有不符的地方，并把根据此发现的原木运输目的地通知了巴西政府。

图2-6-4　非法伐木（图片来源 © AmyCrocker）

通过分析这个商业公司的所有者和管理者，巴西和美国政府开始了进一步的调查。通过这些信息，建立了采伐、打磨和出口公司之间的供应链联系。由此发现了更多关于虚假申报原木数量、质量、描述和种类的欺诈和逃税犯罪。

通过与美国政府的后续情报分享，在一次侦查行动中发现了类似的犯罪情况，成功破获和起诉了一个国际重大犯罪组织网络。

附录二：英国警务信息管理系统

英国警务信息管理系统（MoPI）是一个覆盖整个英国警察组织的庞大的政策、流程及文化交流管理系统。此系统在英格兰及威尔士的所有警察机关中实施[①]。

MoPI 至今仍在正常运作，保证了警察系统中信息管理的连续性，支持了国家标准的实行。MoPI 是为了让信息联系起来，并且易于取得，保证了高效管理所有警察执行的信息。MoPI 覆盖了整个信息的生态循环，包括搜集、记录、评估、分享和复审、保留及销毁。

MoPI 为执法人员提供了基本框架，以及适应当地法规和流程的规范程序，并强调了对社会弱势群体的保护。

---

① http://www.npia.police.uk/en/15088.htm

实施规程和指导手册提供了确保行动达到目的的相关信息。这些文件（更新的版本）现在可以在网上公开下载，建议需要通过信息管理系统建设实行情报导向执法的国家和机构使用该范本。

下载实施规程：http：//webarchive.nationalarchives.gov.uk/20121204155004/http：//www.npia.police.uk/en/11945.htm

下载指导手册：http：//www.npia.police.uk/en/15532.htm

在 2007 版的情报导向治安简介操作建议中，可以找到如何在日常工作中采用情报导向治安方法的实际描述。该文档没有保护标记，版权所有者也同意在警察和相关机构在不公开发表的情况下使用该文档。

有任何关于这些出版物的疑问，请咨询专业运营中心：

NationalPolicingImprovementAgency（NPIA）SpecialistOperationsCentreWybostonLakes，GreatNorthroadWyboston，BedfordshireMK443BYTelephone：08450005463

Email：soc@npia.pnn.police.uk

其他需问 NPIA 咨询的一般性问题，请联系：

Email：enquiries@npia.pnn.police.ukTelephone：08004963322

OutsidetheUK：+44（0）1423876817

附录三：5×5×5 情报信息报告表

表2-6-1　5×5×5情报信息报告表A

组织及办案人员			报告时间及日期		
信息 / 情报信息源 / 情报信息源编号（ISR）			特殊编号		
信息源及信息 / 情报评估需由提交者完成					
信息源评估	A 绝对可靠	B 大多数情况下可靠	C 有时可靠	D 不可靠	E 未经验证的信息源
信息 / 情报评估	1 已知可以无保留的信任	2 个人与信息源熟悉，但不熟悉报告者	3 个人不熟悉信息源，但经过验证	4 无法确认	5 怀疑是虚假的
报告					
个人 / 企业记录：		出生日期 / 所属商会：		社保号码：	
行动名称 / 代号（选填）：				S　I　H	
（报告内容）				（填入代码）	
情报机构专用					

处理代码	1	2	3	4	5
评估者接收后首先完成表格再录入情报系统。传播前需要进行审核。	预设：允许在本单位和其他特定执法机构中流通（参见指导手册）	允许在国家性非检察机构中流通（相关条件参见指导手册）	允许在（非条约性的）外国执法机构中流通（相关条件参见指导手册）	仅允许在实发机构中流通，表明原因及内部接收者。复审时间必须确定（参见指导手册）	允许流通，但接收机构需要遵守特定的规则（参见指导手册中风险评估部分）
5×5×5 审核人： 重新评估：是 / 否		对照检索统一名称：		复审时间日期：	
分发到：			分发人 / 时间日期：		
详细处理建议：			公共利益豁免权：		
上交到情报系统：是 / 否					
签名（纸质文档）：					
保护标记	保密		秘密		机密

表2-6-2　5×5×5表格B

信息 / 信息源 / 信息源代码（ISR）			特殊编号		
报告					
个人 / 企业：		生日日期 / 所属商会：		ICIS/ 社保号码：	
行动名称 / 代码：			S	I	H
保护标记		保密	秘密		机密

表2-6-3　风险评估表C

（供信息 / 情报分发使用）

1	依据法律，信息中是否有保密或敏感的内容？	有 / 没有
2	如果有，是否有任何法律限制，或提交者设定的特殊使用要求？	有 / 没有
3	传播或公开信息能否造成任何伦理、个人或执行风险？报告中需包括对信息源和信息的风险评估。	
4	传播和公开的目的是什么？是为了治安目的还是法律要求？	
5	明确了风险之后，解释决策的过程。可以包括提供正当性、权威性、成比例性、均衡性、可靠性和必要性来说明为何要传播或公开信息。	
	仅供情报单位使用	
6	根据风险评估，采用的处理方式是否正确？	是 / 否
风险评估和管理方案授权人（情报官员）：		风险评估人：
对照检索独立代码：		时间 / 日期：

附录四：国际刑警组织生态信息

一、什么是生态信息

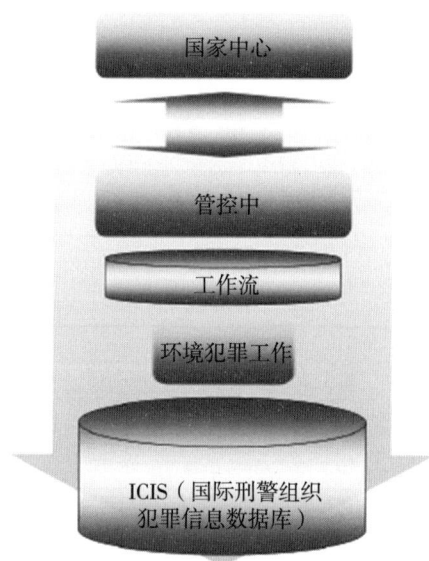

图2-6-5　生态信息系统流程图

国家中心

管控中

工作流

环境犯罪工作

ICIS（国际刑警组织犯罪信息数据库）

国际刑警组织设计了生态信息系统，一个分享环境执法信息和情报的有组织的报告和申请系统。这个系统在报告已发生的案件并通知其他国家时非常有效。对所有严重的跨国环境犯罪都应当用生态信息来通报。

生态信息系统使用一种简单的方式传输环境违法行为信息，或是传递组织机构向国际刑警组织和NCB请求的信息。该系统是在全球的环境执法机构合作下共同建立的。当国际刑警组织通过生态信息接收到环境犯罪报告时，标准化的信息处理流程可以让信息做到以下几点：

（1）快速且有条不紊地将报告内容以已有的格式输入到ICIS环境案件数据库中。

（2）高效地在ICIS中进行对照检索。

（3）从ICIS中组织和抽取有用的信息帮助生成犯罪情报分析。生态信息一定要通过国际刑警组织使用联合国大会决定的处理流程来传输和处理。实际上，这意味着信息一定要由NCB、一个授权的国家机构或者授权的国际机构经过I-24/7来处理。这种系统性的处理手法提升了数据传输的有效性，增加了信息在数据库中的可靠性以及在分析使用时提供更多可靠的结论。

二、从何处获得生态信息表格

生态信息表格可以从国际刑警组织的官网上下载。使用者可以打印、传真、复印，或者保存为电子文档并通过网络传输。网址为：http://www.interpol.int/Crime-areas/Environmental-crime/Intelligence

附录五：国际刑警组织的工具和援助

一、国际刑警组织的信息如何帮助执法人员工作

国际刑警组织有一套对所有成员国可以通过 NCB 即时、直接访问的数据库。这些信息库包括以下内容：

－已知的犯罪分子；

－指纹库；

－DNA 信息库；

－失窃车辆信息；

－失窃的旅游证件。

二、执法机构如何通过国际刑警组织互相提醒

国际刑警组织的其中一个功能就是帮助成员国的执法机构通过其系统共享有关严重犯罪的信息和警告。国际刑警组织有一套专门的国际警告系统来发布这些信息。执法机构可以向 NCB 提出警告申请，并将警告翻译成 4 种语言。建议环境执法机构使用警告系统来提高执行环境法律和条约的效率。请联系当地 NCB 或者国际刑警组织环境犯罪组来获得更多发出警告和提醒的信息。

以下是 8 种警告及其目的。

红色警告——根据引渡条约及法院的逮捕许可追缉某嫌疑人。

蓝色警告——搜集与犯罪活动相关的嫌疑人身份、位置和非法活动信息。

绿色警告——提醒其他国家，某嫌疑人曾经触犯法律并很有可能再次犯罪。

黄色警告——寻找失踪人口，特别是未成年人，或者帮助辨别无法提供身份信息的人。

黑色警告——寻找无名尸体的信息。

国际刑警组织联合国安理会特别警告——提醒警方注意一个或多个联合国对基地组织和塔利班制裁的目标。

橙色警报——提醒警方、公众团体或者其他国际组织，关于可能威胁到公共安全的危险物品、犯罪行为或者活动。

紫色警报——提供犯罪分子使用的犯罪手段、程序、目的、器材和藏匿地点等信息。

三、执行指挥和控制

国际刑警组织指挥控制中心（CCC）全年无休，员工都能流利使用国际刑警组织的4种语言（阿拉伯语、英语、法语、西班牙语）进行交流。

通过国家间的通讯节点NCB，CCC可以辅助、协调国际调查行动，包括控制交付等实时深度的合作行动。

请记住：

－打击环境犯罪的行动应当将情报作为有价值的资源看待；

－执法人员应该接受与他们在信息管理流程中职位相符的训练；

－负责管理情报的人员应当了解国际刑警组织和NCB的角色；

－关于跨国犯罪的情报应当通过国际刑警组织在相关国家内流通，这样才能采取进一步的行动；

－生态信息是一种简单有效的提交环境犯罪情报的方式；

－犯罪情报，特别是犯罪特征应当通过NCB提交。

附录六：与民间团体交换信息的指导参考

一、民间团体的简介

民间团体基本上在所有打击犯罪的活动中都扮演了重要角色。负责打击环境犯罪的执法机构可以在执法过程中从全世界大量的组织、团体中获得多方面的支持。

非政府组织普遍被认为是在完成政府和政府间组织的任务。联合国承认非政府组织在联合国的工作中以必要的信息、支持和适当参加会议的方式来提供咨询。

为了提高可靠程度和透明度，非政府组织通常在合适的国家体制内注册，并且通常是受到慈善组织委托。

私人企业和公司也有可能在打击环境犯罪的活动中通过伙伴关系或创新技术来向执法机构提供帮助。例如，企业可以发明新的鉴别野生动植物制品的技术，提升追踪识别手段来鉴别废料货物中的电子零部件，发现新的方法来回收、销毁消耗臭氧层的化学物品，或者帮助提供最先进的执法能力培训。

国际刑警组织欢迎来自所有民间团体的信息，进行信息交流的重点是，如果你有任何关于正在进行的犯罪活动的信息，或者你目睹了一次犯罪活动的过程，应该向当地的相关执法机构举报。

二、民间团体信息的问题和局限

民间团体组织相较于国家机构有一些优势，如可以不受影响地调查政治敏感问题，行动不会受国家机关的限制。最重要的是民间团体可以在跨国境线和地区边境，甚至在国际间工作，这是国家执法机构所不具备的优点。

民间团体组织可以通过有意或无意的行为得到海量犯罪信息。然而，此类组织常常因其平民身份无法将这些犯罪信息用于侦查或者检控。

三、管理预期与反馈

当组织向政府间机构和执法机构提供情报时，他们自然会期待获得一些关于情报提交情况和调查结果的反馈。通常提供情报的组织也要向其信息源回报信息，以保证情报源可以评估提供情报的风险。

很多情况下，出于信息可能仍然与正在进行的犯罪侦查有关的原因，详细的回馈是不能被提供给这些组织的。某些情况下，由于正处于法律诉讼阶段，向非政府组织的人员提供案件相关信息甚至是违法的。

然而，接收信息的机构应当与信息提交者保持定期的联系，并向他们提供尽可能多的信息。这种联系和反馈可以帮助双方建立一种互相尊重的关系，同时也可以方便双方商定对赞助者或者媒体等第三方发布信息。

四、犯罪信息与媒体

对媒体发布信息时应当经过仔细的考虑。媒体是一个调查和预防犯罪的有效工具，在使用媒体发布信息时需要谨慎处理。

过早发布信息将会使聪明的罪犯意识到当局正在对他们进行调查，导致罪犯把证据销毁，并阻碍进一步的侦查。在某些案例中，如果公布信息阻碍了侦查，甚至会构成刑事犯罪，信息公布者将遭到起诉。

如果存在任何疑问，不应先公布信息，而是要向当地的执法机构咨询。通过执法机构和民间团体的合作，确保侦查不会受到不利影响，同时对媒体的信息公布也可以达到利益最大化。

五、民间团体与执法机构信息共享指南

在建立和发展共同打击犯罪的信息交换关系时，民间团体和公共执法机构的关系尤为重要。双方的交流越直接，信息管理的效率就越高。

与犯罪相关的信息或情报需要被直接递交到合适的执法机构，这样他们才能根据信息做出及时的反应。当地和国家机构都应该知道如何理解信息在当地犯罪环境中的特性。

建议经常和犯罪情报接触的民间团体与国家执法机构建立联系，并直接将信息提

交给他们。相应地，机构可以将信息分发到国内其他的相关机构，或者在国际上与国际刑警组织等机构分享。

六、民间团体指导方法概要

（1）保证所有信息是通过合法手段获得的，且根据相关数据和法律，安全地存放数据。

（2）向执法机构提供信息时，应遵循标准的格式，如国际刑警组织网站上的生态信息。

（3）如果可能的话，确保信息和信息源都经过分级和评估。

（4）保护你的信息源——除非你的信息源同意将他们的名字与提交的信息放在一起，否则请保证他们的身份不被泄漏。

（5）指出其他任何接受过或者被提供过该信息的人。

（6）明确你对信息传递分发的目的。

（7）如果条件允许，应当使用安全的邮件机制向执法机构提交信息。执行时可以检查一下执法机构是否有此条件。

七、安全的信息交换

所有与犯罪活动信息交换有关的人员，都要时刻重视信息安全的重要性。信息应当被负责任地进行传播，否则组织和个人都有可能因为对信息处置不当承担法律责任。

另外，通过安全的信息交换，第三方截获信息的几率大大降低，这样，就保证了信息的完整性。

民间组织一般很少使用安全网络，他们应该考虑在此类网络之外限制信息的分发，主要将信息发往政府机构，同时限制收到信息的人。Hotmail、Gmail、雅虎、脸书和推特都不是安全的平台，应该限制使用。

八、国际刑警组织生态信息

如上所述，民间组织可能会选择使用生态信息表来向执法机构报告他们的发现。这种格式促进了执法报告的完整性和准确性。

九、国际刑警组织与民间团体

某些情况下，民间团体需要通过国际组织，如国际刑警组织来帮助他们交换信息。这些情况包括：

·无法与国际组织联系时，可要求国际刑警组织以他们的名义传递信息。国际刑警组织可能会根据与此组织的关系来帮助他们。

·当信息内容紧急或与迫在眉睫的犯罪有关（比如，托运货物快要抵达终点），国际刑警组织 I-24/7 就可以提供帮助。

·民间团体意识到信息可能具有国际性而且希望国际刑警组织知晓情况。

·民间团体认为由于腐败，信息在某些机构不会得到妥善处理，甚至可能对他们造成威胁，要求国际性组织的介入。

·民间团体相信国际刑警组织可以有助于发起国家间侦查，如监控交付等。

第三章

野生动植物及其制品非法走私方式

第一节　本章简介

蜂猴是 CITES 附录Ⅰ中的保护动物，但常常被非法猎杀，用于制作传统的药物等。

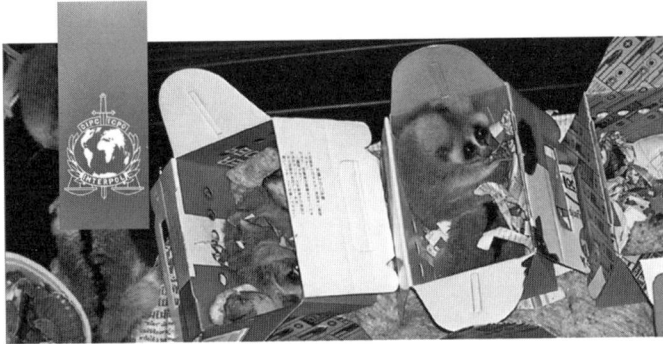

图3-1-1　蜂猴（图片来源 © 美国鱼类及野生动物管理局和泰国皇家警局）

图中的样本在被查获时依旧存活，但大多数蜂猴都在运输过程中死去。野生动植物走私是涉及数十亿美元的全球性非法贸易。目前非法野生动植物贸易是一个严重且不断增多的国际性问题。当全世界的生物多样性和野生动植物栖息地都因为非法野生动植物贸易的巨大影响而逐年减少的时候，这一世界性的犯罪行为却因为缺少及时可靠地监管分析而很少被提及。走私动植物的目的多种多样，其中包括：

- 拥有外来种或者不常见的物种；
- 可通过繁殖稀有或受欢迎的物种获利；
- 获得某物种的新血统；
- 可以用作药物。

在 2006 年国际刑警组织野生动物犯罪专案组会议上，编写一部用以提高执法人员对野生动植物走私犯罪侦查能力的基本手册的提议经过讨论被确定下来。在编辑的过程中，国际刑警组织野生动物犯罪专案组的成员国提供了大量的资料和图片。本章内的数据来自 CITES 秘书处、国际动物福利基金会、野生动物贸易监控网络以及公开的媒体文章。

本章中详细讲解了部分走私犯罪的案例，以供边检人员和调查人员在遇到类似情况时参考，以图文并茂的方式分析了来自各个国家和机构在侦查、拦截和起诉走私者的过程中得到的经验。这些案例仅仅是大量走私者会使用的一小部分方法，执法者则需要时刻谨记，走私犯罪的方式一定会随着侦查手段的改进而不断改进，所以本手册将会不断更新。国际刑警组织野生动物犯罪专案组的成员有义务传递上报他们发现的任何新的走私方式及其背景资料。这些资料将被不断编入更新版本的指导手册中，并上传到国际刑警组织环境犯罪计划的官方网站上以供下载：www.interpol.int/Public/EnvironmentalCrime

请将拦截到的有价值的信息，包括图像和描述发送到邮箱：environmentalcrime @interpol.int

本章包括以下内容。

－利用身体走私：将走私货物用特制的衣物、小的包装物以及各式袋子绑在身体上。

－利用容器走私：将走私货物隐藏在大到集装箱，小到35毫米的胶卷筒或药水瓶等容器中。

－利用车辆走私：将走私货物隐藏在车辆上的各种空间，包括备胎存放处，或通过改造出来的夹层，甚至将走私品装在行李中或者混杂在合法申报的货物中以逃避检查。

－伪装走私物品：通过改造物品原本的外型来逃避检查（如将象牙藏于粗糙的手工黏土制品中）。

－伪造文件：通过伪造整份或部分的通关文件来逃避检查。

参与违法走私贸易的嫌疑人可能来自社会的不同领域，需要特别注意，一些表面上遵纪守法的公民也有可能与野生动植物走私有关联。手册每一章后面的附录中收录了一些类似的案例以供参考。

阅读的过程中请注意稽查要点部分的文字，其内容是执法者在侦查过程中需要关注的内容。文中提及的嫌疑人均为化名。

第二节　利用身体走私

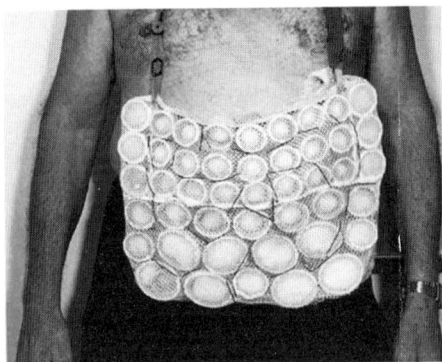

图3-2-1　装蛋的网袋挂在身上（图片来源 © 英国边管局濒管团队）

图上显示的是一个粗制的网袋，里面装了足以装下 45 枚蛋的容器。违法者将网带用绳索悬挂于脖子上，穿了一件宽松的 T 恤来掩盖这些东西。

稽查要点：

– 穿着与出发地点或抵达地点气温状况不符的衣物。

– 身上的凸出物，特别是衣物覆盖下的可疑凸起。

– 穿着猎装 / 渔装但没有携带相关器具的人。

– 胸部以下或腹部部位有可疑污渍的人。

– 破损的蛋发出的气味。

– 可疑的动作。

– 尝试躲避 X 光、稽查犬或者其他海关检查的人。

一、利用身体走私的具体方法

手册中所分析的案例包含了 3 种主要的走私方式，即利用包裹在身上的带状容器；利用悬挂在脖子上或腰部的袋状容器；利用为走私货物特别制作的衣物。这些案例说明了走私者会尝试在身体上任何部位藏匿走私物品，包括但不仅限于手臂、腰、腹股沟、膝盖、小腿、踝部以及假肢。通常走私者会将货物夹带在身体的正面，但有时他们也会在通过海关时将货物转移到背部来躲避检查。利用身体走私常见于走私鸟蛋的犯罪，因为走私者可以利用体温保持鸟蛋的活性。执法者需要注意的是在检查可疑的人员时，走私的货物可能有一定的危险性。

⊙　**用绳子/长袜/皮带绑在身上**

嫌疑人通常会使用一些条状物将蛋固定在腰部，在运输过程中利用体温保持蛋的活性。常见的一种方法是用丝袜隔段打结，将蛋分隔开来，并将丝袜绑在身上。由于男女身体构造的差异，女性嫌疑人会更倾向于用这种方式携带蛋。她们将丝袜绑在胸部的下面，这样可以利用身体保护蛋，通常一次可携带 20 枚左右。即便如此，也常发生因为捆绑过紧而导致蛋壳破裂的情况。

⊙　**包裹**

用包裹装起来的走私货物可被悬挂在脖子上，绑在腰间或身体的其他部位。为了隐藏身上的包裹，走私者通常需要穿宽松的衣服，例如，宽松的衬衫、裙子、裤子或背心等。

⊙　**背心/汗衫**

用带有口袋的背心或汗衫走私蛋类的多为男性走私者，他们每次可以在胸前携带 40 ~ 50 枚的蛋。这种走私方式有几个容易暴露的特点：衣物上有不寻常的凸起；出现异常的污渍；发出异味。走私者也会穿着宽松的外衣来掩盖带有口袋的背心。

⊙　**隐藏于衬衫内用裤袜包裹的聚氯乙烯（PVC）管**

Z 先生曾试图从英国走私 50 枚稀有鸟蛋到新西兰。他身上的包裹是用 PVC 排水管、网袋和连裤袜制成并套在脖子上的。下图中显示他穿着宽松的衬衫和走私用的背心，可看出他的腹部出现了明显的盆状凸起，而他原本的身材是相对正常的。Z 先生后来声称他并不知道这些鸟类的蛋受到 CITES 保护。

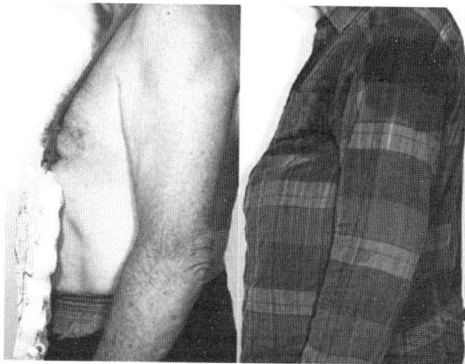

图3-2-2　走私品藏于衣内（图片来源 © 英国边管局濒管团队）

稽查要点：

－注意衣着宽松的人，衣服下面可能还藏有其他的"乘客"（动物）。

⊙ **用长袜绑起来藏于胸部以下的蛋**

某年的 3 月，J 小姐在奥克兰国际机场被海关人员拦截下来。因为她在新西兰最炎热的季节穿了一件人造皮草大衣出现在机场，而她旅行的出发地泰国在当时也正处于最热的季节。不仅如此，海关人员还发现她身上散发出令人恶心的臭味。在海关的搜查中，她被查出胸部下面绑了 5 串用袜子绑起来的鸟蛋。其中有一枚蛋在走私过程中破裂，导致她衣服上出现了污渍，并且散发出恶心的气味。

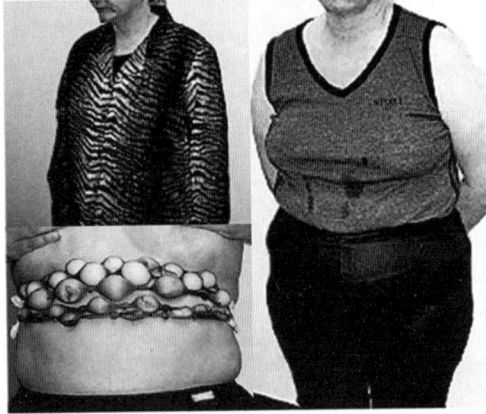

图3-2-3 缠在腰上的走私品（图片来源 © 新西兰海关农林业部）

J 小姐是一个很典型的受走私商人雇用的走私者，他们在国内或国际走私货物，但却因为简陋的走私方式而被查获。走私商人以一次吃住全包的假期作为酬劳，雇用 J 小姐从泰国走私鸟蛋到新西兰。在她出发前的早晨有人到她的房间将鸟蛋交给她，她再将这些蛋全部绑在了身上。

稽查要点：

- 与气候不符的穿着。

- 不正常的气味。

- 衣物上的污渍。

⊙ **用长袜绑起来藏于腰部的蛋©捷克海关局**

43 岁的 K 先生在抵达捷克布拉格国际机场的时候被拦截了下来，他被控涉嫌从巴西走私鸟蛋。海关人员在对他进行例行盘查的时候，发现他的行程存在可疑的地方，随后在他身上搜出了用塑料包裹绑在腰部的 18 枚鸟蛋。当所缴获的鸟蛋中的 14 枚被孵化后，海关人员发现这是 CITES 附录 Ⅱ 中收录的巴西地方保护动物蓝顶亚马逊鹦鹉（Amazona aestiva）。

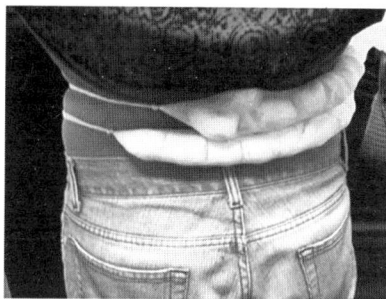

图3-2-4　绑在腰部的鸟蛋（图片来源 © 捷克海关局）

在飞行的过程中，K 先生一直将鸟蛋保持在接近胃的部位，但通关的时候他把鸟蛋移动到背部。他声称这样做的原因是因为出发地巴西是一个毒品出产国家，当地的稽查人员一定会特别注意乘客身上可疑的凸起物。

稽查要点：

－异常的行程。

⊙　藏于背心内的44枚蛋

新西兰当局收到情报称圣诞节期间将会有鸟蛋走私活动。举报者向海关提供了走私商的名字并且透露携带鸟蛋过关的人很可能是一名女性，但他并不知道走私者将会从哪个国家前来。海关当局根据这名走私商以往从南非和澳大利亚非法走私到新西兰的记录，确认此次走私的来源很可能就是这两个国家。因此，野生动植物执法组依据掌握的情况向机场的员工发布了一次非正式通知。

在例行的排查中，一位从澳大利亚悉尼出发，经南非约翰内斯堡转机抵达新西兰的 B 先生，因为行为举止特别可疑引起了检查人员的注意。另外，他在长途飞行中没有托运任何的行李，在审问中改变了自己的说法，虽然他穿了一身普通旅客乘飞机会穿的服装，但是随身携带的行李中被搜出了关于鸟类的文件。在被调查的过程中，他所携带的鸟蛋中有一枚就已经孵化出来，最后他承认在背心内藏了 44 枚蛋。

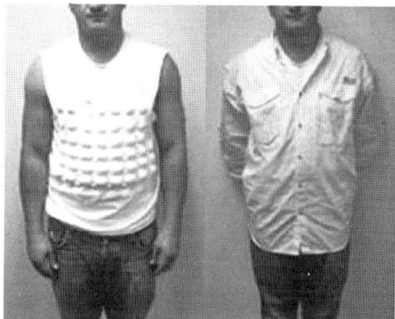

图3-2-5　背心内藏鸟蛋（图片来源 © 新西兰海关）

不幸的是，根据新西兰严格的生物安全法，所有进口的蛋和胚胎都必须以安乐死的方式处理，以防止任何病菌被携带进国内。这些鸟类来自亚马逊，由于鉴定只能精确到属，当局也无法确认它们是属于 CITES 附录 I 还是附录 II 中的物种。检方只能以违反 CITES 附录 II 的罪名起诉 B 先生，法庭判决他违反国家法律，并处以新西兰币 20000 元的处罚（约合 67000 元人民币）。

稽查要点：

－被讯问时行为举止异常或提供的说法有变动。

－长途旅行但没有携带托运行李。

－携带有关受保护动物的文件。

⊙ **藏于特制衣物中的蛋**

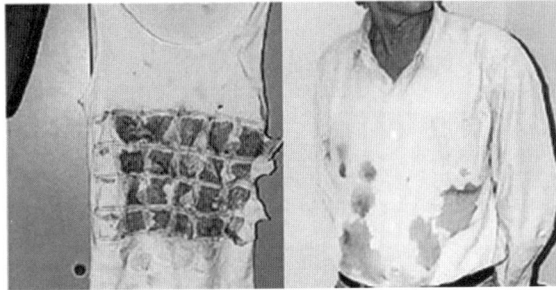

图3-2-6　藏于特制衣物中的蛋（图片来源 © 新西兰农业当局）

何地：嫌疑人从比利时出发，抵达比利时某机场。

何物：32 枚国外种的鹦鹉蛋。

手段：特制的汗衫上缝了用来装蛋的口袋，内裤也被改造成适合夹带的款式。

要点：嫌疑人以为如果鸟蛋无法被鉴别，他就不会被起诉，所以在被发现后偷偷将大部分的蛋打碎。

稽查要点：

－搜查身体。

⊙ **小袋包装**

通常体积较小的走私物品，如蛋类和爬行动物等，都有可能被装进较小的袋子里面并夹带在身上。

⊙ **衣物**

衣物一般会被改成适合夹带的款式。内裤上缝的口袋、裙子里缝的袋子都是很难被发现的。

⊙　**腿上的袋子**

小袋物品也有可能被绑在腿上或者脚踝上。由于这些部位绑了东西，导致嫌疑人无法正常走路。执法者要特别注意走路姿势奇怪的人。

⊙　**藏于绑在小腿上口袋内的鸟类**

图3-2-7　绑在小腿上口袋内的鸟（图片来源 © 美国鱼类及野生动植物管理局）

在洛杉矶国际机场，执法部门在一只被遗弃的行李箱中发现了 18 只夜莺，其中5 只已经死亡。这个箱子是属于 D 先生的，执法部门确认这名嫌疑人应该会在几个月后从越南返回洛杉矶。当 D 先生抵达洛杉矶的时候，稽查员马上对他进行了盘问。发现他的袜子上有掉落的羽毛和鸟粪的痕迹，裤腿处还露出了鸟的尾羽。经过搜身检查，执法人员发现他小腿上绑了 14 只活的鸟类。D 先生制作了一些小的装置来夹带这些鸟，他把鸟装在小口袋中，然后将口袋用纽扣固定在小腿上。

稽查要点：

－健全的持续侦查机制。

－被动物弄脏的衣物。

－衣物有异常的凸起。

⊙　**藏于裙子内的特制夹带围裙**

B 小姐从新加坡抵达墨尔本国际机场的时候，试图走私 51 尾活热带鱼到澳大利亚境内。边检官员在行李传输带旁边发现她神情紧张，并且有一些东西将裙子顶了起来。当稽查员听到她身上发出的水流声时，决定对她进行搜身检查。结果发现在她裙子下还穿着一件围裙样式的服装，上面的口袋里有 15 个装了鱼的塑料袋。

B 小姐在登机的时候将装有鱼的塑料袋都藏在身上，在登机后将鱼都转移到了塑料容器里。当抵达墨尔本之后，她又将鱼藏到了裙子里。

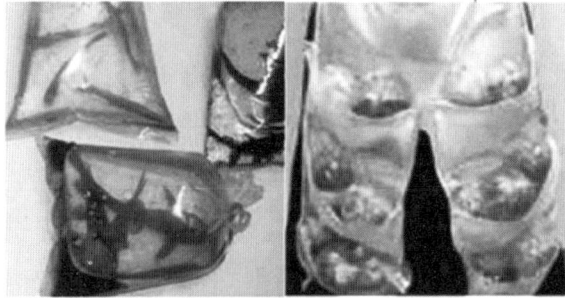

图3-2-8　藏到了裙子里的鱼（图片来源 © 澳大利亚海关及边防局）

稽查要点：

－神态紧张的举动。

－身上有不同寻常的凸起物。

－身上发出异常的声响。

⊙　**藏于内裤里的蛋**

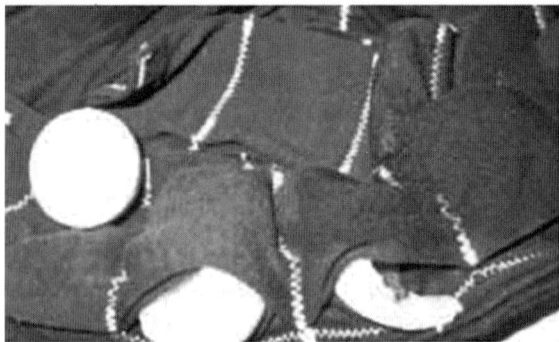

图3-2-9　藏在内裤里的蛋（图片来源 © 澳大利亚海关及边防局）

36 岁的 G 先生在悉尼国际机场飞往南非的航班登机处被海关人员拦截下来。海关人员在盘问的过程中发现他的行程都很短，而且旅行记录的诚信状况也有疑点。4 天后，当他回到悉尼国际机场的时候，稽查员发现他走路的样子特别滑稽。经过搜查后发现，他的内裤上缝了数个口袋，里面夹带了 9 枚国外种的鹦鹉蛋。这些鹦鹉蛋被收缴，G 先生也被拘留了。他走路的方式之所以滑稽，是因为他的内裤和所有夹带的蛋加起来重达 3.28 千克。最后因为 G 先生违反国家法律，被判处 18 个月的监禁，缓期两年执行。

稽查要点：

－旅程较远，逗留的时间却很短。

－旅行动机可疑。

－走路姿态不正常。

⊙ **藏于腹股沟内的小蛋包**

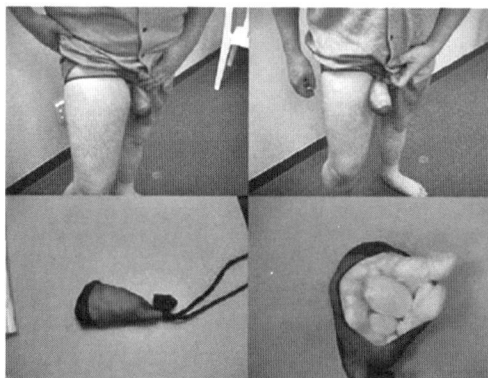

图3-2-10 藏于腹股沟内的小蛋包（图片来源 © 新西兰农林业局）

根据新西兰的执法部门根据线人提供的线索，在新西兰奥克兰国际机场抓获了一名走私鹦鹉蛋的嫌疑人。线人称嫌疑人 P 先生将会在某个特定的时间段从澳大利亚走私鹦鹉蛋到新西兰，执法人员据此查到了此人将会搭乘的航班并在他抵达的时候将他抓获。他们从 P 先生的行李中搜出了一只袜子，嫌疑人声称这是某个女人留下来的，但经过讯问，P 先生终于承认他在腹股沟位置夹带了一枚蛋。搜身后执法人员发现 P 先生的腹股沟处还绑了一只与行李中查到的袜子相配的袜子。这只袜子里面塞满了棉绒，中间夹了一颗鹦鹉蛋。因为 P 先生只有一枚睾丸，所以这枚鸟蛋紧紧地贴在了他的大腿根部，很难被发现。

P 先生原本计划携带更多的鹦鹉蛋过关，但是鸟蛋的提供者没有给他足够的数量。此前他没有任何类似的犯罪记录。虽然用这个方法来偷渡走私鸟蛋的效率非常低，但是因为这些鸟蛋在澳大利亚的价格远远低于在新西兰的价格，即使只带了一枚鸟蛋到新西兰，对走私者来说也是划算的。

稽查要点：

－行李中单只的长袜或其他可疑物品。

－不自然的动作，譬如，僵硬地举起行李等。

以下的案例着重讲解了稽查员所需要的客观分析能力，且说明了任何物品都有可能被用来藏匿走私物品。在执法过程中，执法人员要尊重和礼貌对待乘客或旅行者，尽量满足他们不同的需求，但不能因此而忽略了常规的检查程序，或者降低警惕性。

⊙ **藏于假腿内的鬣蜥**

美国鱼类及野生动植物管理局（USFWS，简称"鱼野管理局"）收到情报，称 J 先生拥有几只收录于CITES公约附录Ⅱ中的保护动物霓虹绿鬣蜥，于是对他展开了调查。对 J 先生卧底侦查时，J 先生声称已经将其中 3 只鬣蜥以三万两千美元（大约 20 万元人民币）的价格卖出，但在接下来对他家的搜查中，美国鱼野管理局又查获了 4 只鬣蜥。后续的调查发现，J 先生几年前从南太平洋岛上的自然保护区偷走了 3 只濒危的斐济岛横纹鬣蜥，把这些鬣蜥藏在自己改造的假腿中走私到了美国。当局怀疑 J 先生将鬣蜥繁殖出了后代之后才开始售卖。缴获的鬣蜥后来被移交到了美国一个鬣蜥繁育组织中继续繁殖。

稽查要点：

－嫌疑人是否有犯罪前科

⊙　**藏于内裤里的蛋Ⅱ**

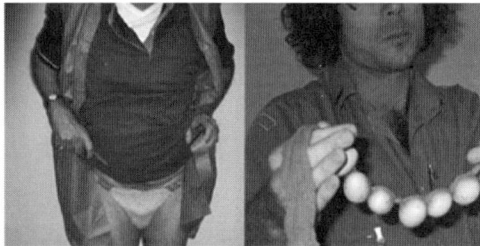

图3-2-11　藏于内裤里的蛋（图片来源 © 澳大利亚海关和边境保护局）

何处：从悉尼机场到曼谷的航班出发处。

何物：6枚红冠灰凤头鹦鹉和粉红凤头鹦鹉蛋。

手段：藏在内裤中，用袜子包裹着。

稽查要点：

－搜身。

⊙　**小腿上绑着的蛇**

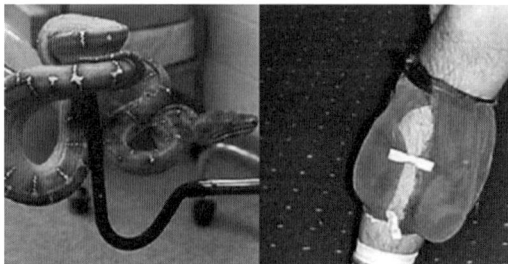

图3-2-12　小腿上绑的蛇（图片来源 © 澳大利亚海关和边境保护局）

何处：从泰国抵达悉尼航班的机场。

何物：4条眼镜王蛇（*Ophiophagus hannah*）和4条翡翠树蚺（*Corallus canius*），这两种动物都属于CITES附录Ⅱ中的保护物种。

手段：他的小腿藏着一个用魔术贴固定的长裤制成的口袋。为了防止被蛇咬伤，他还在口袋和小腿中间绑了一块薄的硬纸板。

稽查要点：

－紧张的举止。

－搜身。

⊙　**塞在紧身裤里的鸽子**

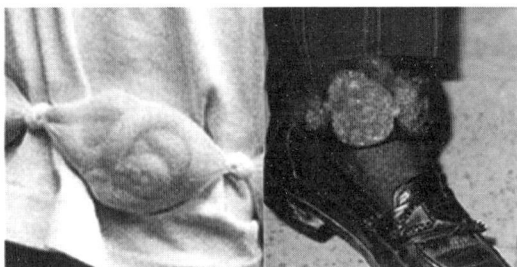

图3-2-13　紧身裤里的鸽子（图片来源 © 澳大利亚海关和边境保护局）

何处：从迪拜到墨尔本机场的航班抵达处。

何物：两只活的鸽子，两枚鸟蛋，植物种子和茄子的样品。

手段：走私者把鸽子塞在紧身裤里面，鸟蛋装在了装维生素片的药瓶中，而种子和茄子的样品则藏在了腰包中。

稽查要点：

－不正常的行走姿势。执法人员搜了行李然后搜身。

⊙　**用纱带绑在身上的蛇**

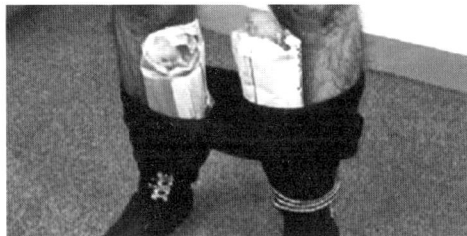

图3-2-14　用纱带绑在身上的蛇（图片来源 © 美国鱼类及野生动植物管理局）

何处：从美国抵达中国台湾。

何物：不同种类的蛇。

手段：用纱带绑在手臂或者脚踝处。

稽查要点：

－身上有可疑的凸起形状。

－身上有东西在动。

⊙ **装在水瓶中的鸟类**

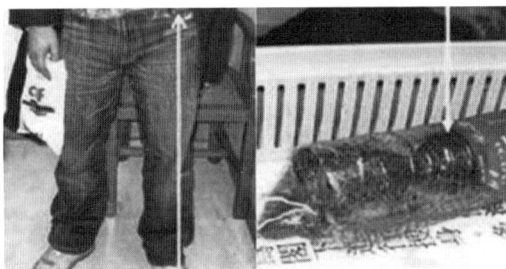

图3-2-15   水瓶中的鸟

何处：香港机场。

何物：画眉鸟（*Garrulax canorus*）。

手段：将画眉鸟装入矿泉水瓶中。

稽查要点：

－与产品标识不符的内容物。

第三节　利用容器走私

大量不同种类的容器都曾被用于装载或托运走私货物：

－搭乘飞机使用的手提袋／箱。

－邮寄的包裹（通常会通过伪造报关文件来通关）。

－改装过、带有暗格的容器。

用来走私的容器可能是很有创意的物品，也可能是一个普通的手提箱，或者是一个包装好的"生日礼物"。另外，走私品还会以涂装等方式改变外观，譬如，将禁止进出口的鸟蛋彩绘之后申报为复活节彩蛋等。有趣的是，在拦截下来的各种货物中，通过邮递服务走私的动植物及其制品经常被虚假申报为"儿童玩具"或者"陶瓷装饰物"。

由于可能的不正常程序或虚报重量，在有条件的情况下应当对货物进行 X 光扫描（大多数的国家都拥有可以进行扫描的设备）。

走私物品经常被隐藏在大宗商品货物中，这使得他们难以被检查到。以一批大量的商品包装茶叶为例，可能其中就混杂了一些违法的货物。所以，执法者不可因为某一件货物是合法的就认定这一批的货物全部合法。

走私者使用不同种类的容器走私，方式多种多样，层出不穷。接下来的章节将会对利用行李、利用邮寄和航运包裹以及利用隐藏夹层这几种不同的走私方式、手法分别加以介绍。

这是一个极其残忍的案例：走私者将矿泉水的瓶底剪开，把鸟塞到水瓶中固定，再把瓶底用胶带粘好。

图3-3-1　塞在水瓶中的鸟（图片来源 © PaulaRiboua）

稽查要点：

－陈年物品，如家用录像带的盒子，或 35 毫米胶卷筒。

－可疑的旅行行程。

－长途运输一些在本地或附近能获得的低价物品。

－混杂在合法货物中的走私物品。

－不配套的物品，如只有子弹而没有枪的货物等。

一、行李

旅客可能以任何形式的容器将走私货物装在行李中。以下的部分为不同的案例。

⊙ 藏于相机胶卷筒内的青蛙

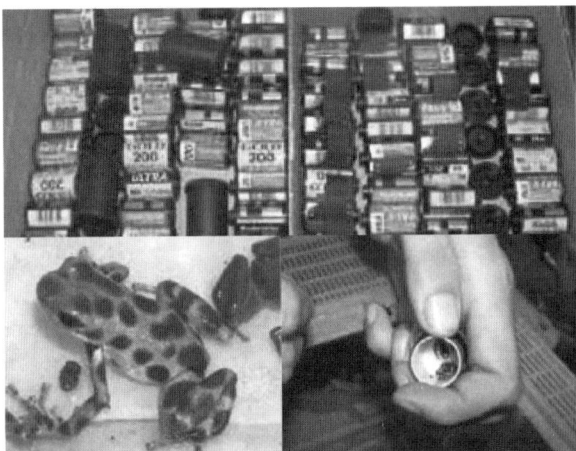

图3-3-2　相机胶卷筒内的青蛙（图片来源 © 布鲁塞尔机场海关）

比利时的海关关员在对 3 名旅客的行李进行搜查之后逮捕了他们。他们在行李中藏匿了超过 600 只青蛙（580 只草莓箭毒蛙 *Dendrobates pumilio* 和 22 只迷彩箭毒蛙 *Dendrobates auratus*），他们把青蛙藏在胶卷筒内试图走私过关。

嫌疑人从巴拿马出发，在马德里转机抵达比利时。为了装下这 600 只青蛙，他们使用了至少 200 个胶卷筒，每个筒里都装了 2 ~ 3 只青蛙。在走私的过程中有 1/10 的青蛙死去了，存活下来的则被嫌疑人在比利时和荷兰以每只 150 ~ 200 欧元的价格售出。

稽查要点：

－普通的物品也有可能在没有经过伪装的情况下被用作藏匿走私物品的容器。

－注意一些"过时的技术"，如家庭录像带和 35 毫米胶卷筒等。

－大量的特殊物品。在这个例子里面是胶卷筒。

⊙ 藏于子弹盒内（行李中没有枪）

A 先生从海外回到美国被海关人员例行询问的时候，当被问到是否携带任何野生动植物时，他给出了否定的回答。但是海关人员发现 A 先生几年前曾因试图从美国走私候鸟鸟皮到境外而被逮捕。美国野生动植物稽查队和美国鱼野管理局搜查了他的手提箱，在里面发现了一个装子弹的盒子。当执法人员询问 A 先生的武器在何处时，他声称自己没有武器。稽查员发觉他情况可疑，于是对他进行了搜查。搜查发现 A 先生手提箱中携带了一些鸟类的心脏和肝脏的标本，包括鸽子、乌鸫、林鸽、苍头燕雀以及欧洲金翅雀。

稽查要点：

－注意与包装不符的内容物。

－注意有野生动植物走私犯罪前科的人。

⊙ 藏于手提行李内被X光检测到的鸟类

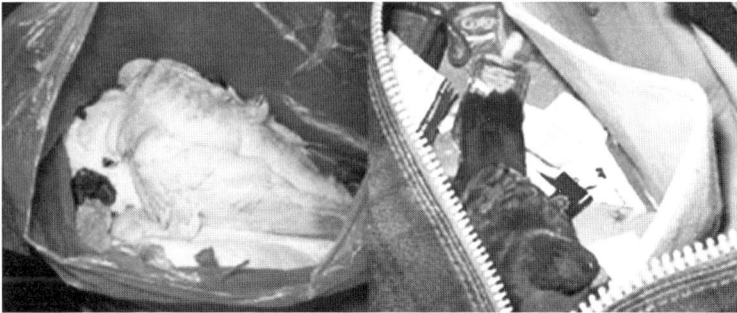

图3-3-3 手提行李内的鸟（图片来源 © 新加坡粮农兽医局）

在新加坡的樟宜机场，Z 先生因试图走私 12 只濒危鸟类入境而被逮捕。其中 11 只是蓝眼凤头鹦鹉，1 只是黑顶吸蜜鹦鹉。

嫌疑人所携带的鸟类是在一次对抵达旅客手提行李的例行 X 光检查中被发现的，而 Z 先生当时拒绝接受检查。他给这些鸟注射了镇静剂之后用衣服或纸扎起来，然后塞进了随身的箱子里。箱子里还有一枚装满透明液体的注射器，被用于在旅途中对鸟重新注射镇静剂，保持它们处于沉睡状态。后续的调查发现此人所携带的鸟类是在巴布亚新几内亚一个市场里买到的。

稽查要点：

－不愿意让自己的行李接受 X 光检查的人。

－携带可疑用品，譬如，注射器等。

⊙ X光检查

肥皂盒中装了 1 条蛇；洗发水瓶中装了 2 条蛇；透明的塑料纸牌盒里面装了 3 条蛇。两个电脑扬声器里面装了 2 条蛇和 3 只乌龟；3 个食品盒中装了 14 只鬣蜥、2 只树巨蜥、2 只乌龟。

稽查要点：

-X 光机上发现任何异常现象都应该对物品进行搜查。

-X 光扫描与搜查结合——不完全依赖 X 光扫描。

一名男性嫌疑人从泰国出发，在他的随身手提包中携带了 6 条蛇（左图），抵达澳大利亚布里斯班机场。在他的一个蓝色硬壳旅行箱中还装了 31 只爬行动物（右图）。

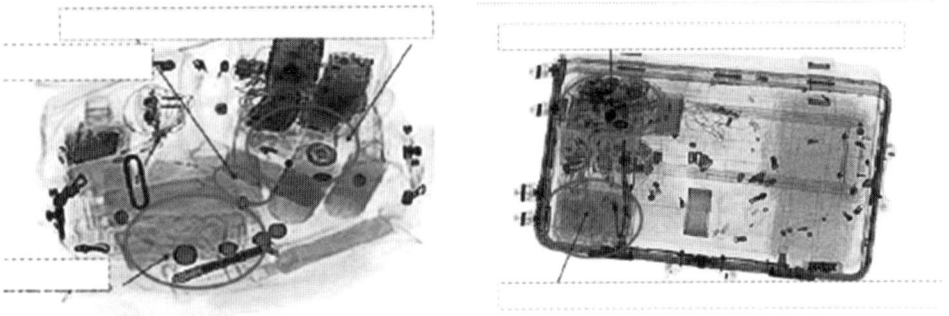

图3-3-4　X光下的行李包（图片来源 © 澳大利亚海关及边防局）

⊙ 藏在冷藏箱内的翎颌鸨

图3-3-5　冷藏箱内的翎颌鸨（图片来源 © 英国边管局濒管团队）

何地：伦敦希思罗机场何物：6 只翎颌鸨（CITES 附录Ⅰ）的尸体。

手段：藏在一个声称是旅客随身行李的冷藏箱里。

提示：该旅客是一名厨师，这些鸟是被用来食用的。

稽查要点：

-已申报物品中夹带的走私物品

⊙　**藏在手提箱内的爬行动物**

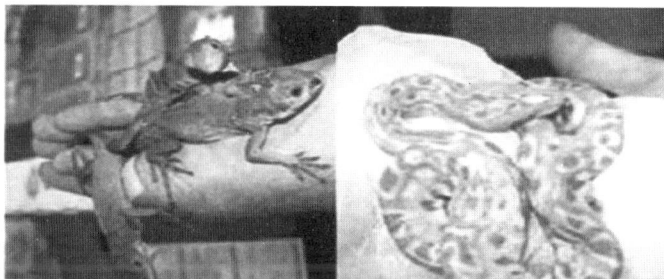

图3-3-6　爬行动物（图片来源 © 澳大利亚海关及边防局）

何地：布里斯班机场。

何物：39只异国爬行动物（巨蜥、蛇、蜥蜴、乌龟、海龟、鬣蜥）。

手段：这些动物被分装在不同的小容器中，如洗发水瓶、纸箱、食品袋和塑料容器等。

稽查要点：

－任何移动的迹象；X光下发现包裹内的物品与标示不符。

⊙　**藏在纸卷里的沙螽**

何地：奥克兰国际机场，一架飞往日本的班机。

何物：100只坎特伯雷树沙螽。

手段：随身行李中，塑料容器里的纸卷内。

图3-3-7　纸卷里的沙螽（图片来源 © GerryBrunet）

⊙　**藏在礼品盒里的鹰**

何地：从越南出发，抵达加拿大的航班。

何物：凤头鹰雕幼体。

手段：鸟嘴和脚被胶带绑住后装在一个礼品盒里，随身携带。

提示：走私者除了被处以高额的罚款之外还被要求支付昂贵的检疫费用。

稽查要点：

－谨慎检查外观正常的物品。

图3-3-8   礼品盒里的鹰（图片来源 © 新西兰野生动植物执法组）

⊙ **野生植物**

何地：伦敦希思罗机场。

何物：多种植物，其中 125 株被鉴定为野外采摘的。

手段：植物被装在嫌疑人的行李中。

提示：走私者被判处 4 个月的监禁和 110000 英镑（约合 101 万元人民币）的罚款。

图3-3-9   野生植物（图片来源 © 英国边管局濒管团队）

⊙ **烟熏蝙蝠**

何处：从某个西非国家飞抵美国底特律都会机场的航班。

何物：野生动物肉类，包括烟熏蝙蝠。

手段：藏在嫌疑人的行李中。

图3-3-10　烟熏蝙蝠（图片来源 © 美国海关和边境保护局）

⊙　**坚持质问的结果**

何处：从墨西哥进入美国加利福尼亚州的边境线上。

何物：大量干鱼鳔、干海马和干海参。

手段：藏在一个小包和箱子底部的内层里，再用另一个包掩盖；走私者的手提包和夹克里面也塞满了走私货物。

要点：当稽查人员发现嫌疑人携带的一部分干海马时，嫌疑人声称其不懂相关法律，也没有携带更多的海马。继续搜查发现嫌疑人手提包中有更多的海马时，他依旧声称没有携带更多的走私物品，且不记得自己有带这些海马。稽查人员又在他身上的夹克中发现了更多的海马。最终走私者承认了他知道进口这些货物需要得到CITES许可证。按照相关法律，走私者受到了处罚（由于是国外案例，所以无从查询）。

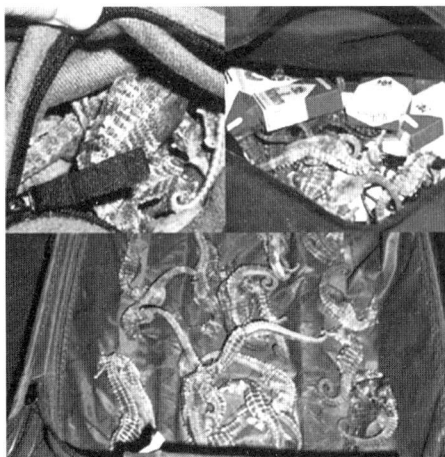

图3-3-11　干海马（图片来源 © 美国鱼类及野生动植物管理局）

稽查要点：

－警惕任何大量的、明显将被用于商业用途的未申报货物，一旦发现任何的迹象，应当继续搜查。嫌疑人携带的名片和其他文件都可以被用于调查其走私的动机。

⊙ **藏在聚氯乙烯管中的鸟类**

图3-3-12 聚氯乙烯管中的鸟类（图片来源 © 英国边管局濒管团队）

何处：从泰国曼谷飞抵伦敦希思罗机场的航班。

何物：23 只从野外捕获的鸟类，包括栗鸢（*Haliastur indus*）、猎隼和鹰（皆为 CITES 附录 II 中的物种）。其中 6 只在被查获时已经死亡。

手段：嫌疑人把这些鸟类塞进聚氯乙烯管中，然后用木框架固定，藏在带轮子的拖箱中。

要点：走私的组织者在伦敦希思罗机场等候接头的时候与携带货物的人同时被捕。两人分别被判处 6 年半和 33 个月的监禁。

⊙ **藏在咖啡罐中的狮爪**

何处：从肯尼亚进入埃塞俄比亚的边境线上。

何物：狮爪。

手段：藏在速溶咖啡粉的罐中。

稽查要点：

－用于隐藏走私货物的物品通常很普通，不引人注意。

图3-3-13 咖啡罐中的狮爪（图片来源 © 肯尼亚野生动植物执法组及卢萨卡协议执法组）

二、邮寄和航运包裹

通过邮寄或航运包裹的方式走私活体或者野生动植物的标本，是一种常见的走私手段。以下的部分将会介绍相关的案例。

⊙ **藏于未申报进口食品内的烟熏猴子**

稽查要点：

－走私货物可能被隐藏在已申报的货物或者其他容器下面。

一批从西非喀麦隆空运到英国的水果和蔬菜在入境的时候被截获。在这批货物中，大部分的箱子里装的都是合法的货物，但稽查人员在一箱冰冻木薯叶子下面发现了一个塑料袋，里面装了 11 只烟熏的猴子。在同一批货物中，还查获了海龟肉和 159 千克不同种类的羚羊肉。这样的藏匿手段通常是出现在大宗商品运输中——以大量装满单一合法货物的纸箱作为掩护，将少量的走私货物夹藏在其中。此类野生动植物制品一般是丛林生物的肉制品。这些陆生动物的肉一般被用以食用。

在历史上，野生动物的肉曾是乡村居民日常饮食的重要蛋白质来源之一。不过这种类型的捕猎相对是比较有可持续性的，交易的市场也局限于国内。近年来，野生动物肉制品已经成为一种具有商业价值的货物，高额利润驱使走私者们开始在邻近甚至相距甚远的国家之间进行交易。

⊙ **藏于已申报书籍内的受保护龟类的蛋**

图3-3-14 书籍内的龟蛋（图片来源 © PeterYoung）

48 枚龟蛋（CITES 附录Ⅰ中收录的物种）在邮寄的过程中被新西兰海关人员截获。这批货物从马来西亚诗巫寄出，是一位在新西兰留学的学生计划用来庆祝 21 岁生日的食物。海龟蛋被松散地装在硬纸箱中，并且被申报为"书籍"。因为龟蛋外壳比较软，近似于皮革，不像鸟类的蛋易碎，所有的蛋在被寄送到目的地之后都完好无损。

稽查要点：

－虚假的货物标签。

⊙　**藏于已申报的黑熊标本内的走私野生动物**

一件空运的货物在进入美国海关的时候被截获，海关人员发现这个合法申报为黑熊标本的物体内可能藏有其他的东西。经过搜查，他们发现黑熊标本里面还藏了好几只未经申报的野生动物标本，包括一只完整的鹰标本和鹰的一些零散的身体部位。

稽查要点：

－经过专业的改造和伪装，合法申报的物品也有可能被用来掩藏非法走私物品。

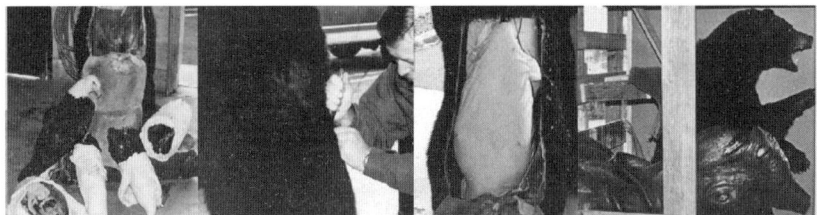

图3-3-15　黑熊标本内的走私物（图片来源 © 美国鱼类及野生动植物管理局）

⊙　**藏于卫生巾内的麝香**

一位来自中国的留学生收到来自她母亲的一份申报为书籍的邮件。在邮件中心的随机抽查中，检查出里面包含了卫生巾。卫生巾里面隐藏了一批小瓶装的含有麝香成分的液体。获取麝香的唯一途径，是猎杀一类产自亚洲的麝（CITES 附录 I 物种），然后从麝的生殖腺中取出麝香。一般猎杀 30 ～ 50 头麝才能取得 1 千克的干麝香。在很多国家，海关人员，特别是男性，通常不太情愿认真搜查类似卫生巾之类的敏感物品。

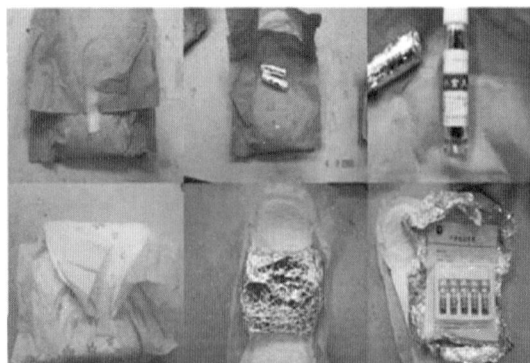

图3-3-16　卫生巾内的麝香（图片来源 © AnnPanoho）

稽查要点：

－虚假申报的物品。

－敏感物品里面可能夹带、隐藏走私物品。

⊙　**邮寄的虚假申报物品**

图3-3-17　合法物品里的走私物（图片来源 © 美国鱼类及野生动植物管理局）

美国鱼野管理局进行的一项双向侦查发现，两位联系并不紧密的亚洲商人，B 先生和 L 先生有走私爬行类动物的嫌疑。这两个人在各自走私受保护的亚洲爬行动物的同时，在泰国之外都有活动，且熟悉对方的商业活动。他们在商业上共享一些供应者和购买者，并且一起前往美国以完成交易和联系顾客。他们用了很相似的走私手段：通过伪造虚假的标签，用国际邮递服务将活体的保护爬行动物运送到美国境内，这些货物都被申报为一些无害的非野生动植物相关的物品。美国鱼野管理局在一次 X 光扫描邮件的时候发现，B 先生从泰国寄出、在阿拉斯加中转的快递包裹里面藏有 10 只印度星龟和一只巨蜥。但这个标签上注明包裹的内容物为"含有木制和黏土手工制品样品"。另外截获的包裹上的标注则是"微波炉用塑料容器"（样品），"木制品/手工制造"，"手工木制服饰、手袋、草编包"，或者直接是"手工木制品"。同时，L 先生因利用国际邮递服务向在美国的买家寄送虚假标注的保护物种而被美国鱼野管理局调查。美国海关在一次对邮递包裹的例行检查中首次发现了 L 先生的走私嫌疑。他所寄送的货物都被标记为玩具、手工制品、书籍或者杂志。

当 B 先生前往佛罗里达州的奥兰多 L 先生的公司接头的时候，两人同时被逮捕。被捕的时候，B 先生正在与卧底的美国鱼野管理局人员见面，L 先生则是在他们的酒店房间中休息。L 先生被指控密谋、走私、伪造标识以进口野生动物，被判在联邦监狱接受 39 个月的监禁和 11300 美元（约合 7 万元人民币）罚款。

稽查要点：

－货物使用虚假标签。

⊙ 藏于录像带盒内的蛇类

在很多国家，特别是走私物品的输入国，家庭录像带早已被淘汰。家庭录像带的盒子成为了一种被犯罪分子重新利用、当作走私容器的商品。

在本案例中，走私者将蛇塞入录像带盒内，然后通过邮件寄送。盒子的齿轮口还被胶带封住，以防止蛇从缝隙逃走。

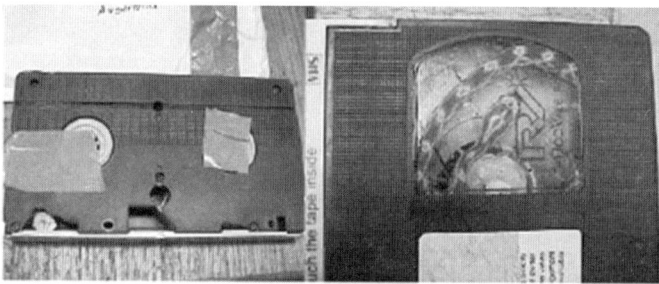

图3-3-18　录像带盒内的蛇类（图片来源 © 澳大利亚海关及边防局）

稽查要点：

－运输的容器价值低廉，或者是陈旧过时的产品。

⊙ 藏于邮寄物品内的蟒蛇

悉尼国际邮件中心的海关人员在使用 X 光检查一个从南非邮递来的包裹时，发现了 4 条绿树蟒（*Morelia viridis*）。这个包裹上标注的内容物是一些橄榄球运动的宣传资料、一件橄榄球队球衣，以及一本南非的《孤独星球旅行指南》。

这批货物的接收者 B 先生给邮寄方提供了详细的指示，教对方如何将这些蛇打包。具体的指示包括使用何种尺寸的箱子将蛇放入一个塞满碎纸屑的枕头套里。他还明确提出这个包裹必须在复活节邮递的高峰期寄到澳大利亚，这样可以减少被抽查到的概率。有趣的是，他还认为如果报关清单上项目列得越详细，被仔细检查的概率就越低。

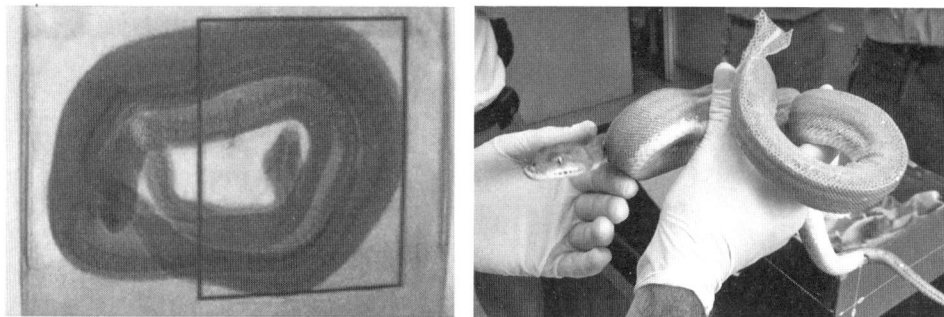

图3-3-19　邮寄物品内的蟒蛇（图片来源 © 澳大利亚海关及边防局）

执法人员发现其中一条蛇的邮寄地址是墨尔本，并且在其他类似的包裹里面又发现了 2 条蟒蛇，于是按照包裹上的地址锁定了前来查收邮件的 B 先生。执法人员在他的邮箱内装置了远程监控，然后留下了一个仿制的包裹，最后将 B 先生抓获。同一天，第四条蟒蛇也在悉尼被截获。B 先生被指控违反国家法律，被罚款 3000 澳元（约合 14000 元人民币）。

稽查要点：

－走私者会利用邮递服务的高峰期来邮递货物以减少被抽查到的几率

－详细的申报文件并不能说明申报货物的真实情况

⊙　**邮递包裹里的兰花**

何地：伦敦希思罗机场，从马来西亚飞往比利时时的中转货物。

何物：23 株兰花，其中大部分都是 CITES 附录 I 的物种，包括亨利兜兰和罗氏兜兰等。

手段：藏在一个申报为露营帐篷的包裹中。

图3-3-20　邮递包裹里的兰花（图片来源 © 英国边管局濒管团队）

稽查要点：

－虚假标注的货物

⊙ **邮递包裹里的活体松鼠**

图3-3-21 活体松鼠（图片来源 © 澳大利亚海关及边防局）

何地：印度尼西亚巴厘寄送到澳大利亚悉尼的货物。

何物：包裹中藏有活体松鼠。

手段：松鼠被塞在袜子内装进包裹，将包裹申报为 DVD 碟片。

稽查要点：

－X 光检查。

⊙ **邮递包裹里的变色龙**

何地：英格兰的邮局，一个从肯尼亚寄来的包裹。

何物：包裹内有 5 只变色龙。

手段：变色龙塞在塑料盒中。

注意：后续的跟踪投递发现收件人是一个 12 岁的男孩，他用父亲的信用卡在网上订购了这些变色龙。

图3-3-22 变色龙（图片来源 © 英国边管局濒管团）

⊙ **无法投寄的包裹里藏着的澳洲鬣蜥**

何地：澳大利亚的邮局，一个寄往捷克共和国的包裹。

何物：3 只澳洲龙，即澳洲鬣蜥（*Amphibolurus nobbi*）。

手段：藏在邮递包裹里。

注意：这个包裹因为厚度超标被送到无法投寄办公室，而且无法找到寄件人，最后因为包裹里传出的腐朽味道引起了注意。

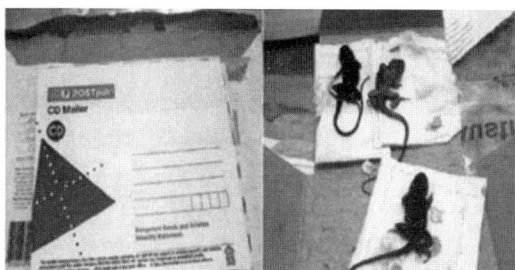

图3-3-23　澳洲龙（图片来源 © 澳大利亚海关及边防局）

⊙　**专业包装好的走私石龙子**

图3-3-24　石龙子（图片来源 © 澳大利亚海关和边境保护局及西澳大利亚土地保护管理局）

何地：试图从澳大利亚寄往日本的包裹。

何物：两种澳洲蓝舌蜥（*Tiliquarugosarugosa*）。

手段：在这个被申报为盘子和陶瓷制品的包裹内，石龙子被放在充满泡沫材料的盒子里，包裹内还加了一部分的木炭，以保证箱内的湿度和吸收异味。

注意：箱子内有抓挠的声音。

⊙　**藏在电脑里面的爬行动物**

何地：试图寄出澳大利亚。

何物：48 只爬行动物（壁虎、蜥蜴、1 只石龙子和 1 条蛇）。

手段：装在布袋内，塞进电脑部件里。

图3-3-25　电脑里面的爬行动物（图片来源 © 澳大利亚海关和边境保护局）

稽查要点:

-X 光检查

三、隐藏夹层

各种各样的物品都可以被改装成用于走私野生动植物的用具,以下介绍相关的案例。

⊙ **藏于书籍和相框内的壁虎**

- 走私货物可能被藏在物品的后面或里面。
- 疑似被改装过的物件,譬如,被拆装过的东西。
- 虚假标注的货物。

图3-3-26 书籍和相框内的壁虎 (图片来源 © 澳大利亚海关和边境保护局)

把物品藏在挖空的书本里面是一种常见的走私手段。澳大利亚海关在 5 个月内连续记录了 6 起的走私活动,走私者试图将澳大利亚的叶尾壁虎 (*Phylluruscornutus*) 装在包裹里寄送到捷克共和国。这些包裹从不同的城市寄出,共有 15 只壁虎。有些壁虎被藏在挖空的书本里,另一些则被藏在相框内。

显然,走私者希望通过在一个包裹中邮寄多只壁虎来提高邮寄过程中的存活率,但不幸的是,由于缺少氧气、食物和水,在澳大利亚邮政局打开包裹的时候,大部分的壁虎已经死亡了 (对于此案件的处罚环节,因属国外,所以无从查询)。

⊙ **藏于书籍内的蝴蝶**

加拿大温哥华邮件寄送中心的海关拦截到了一个包裹。包裹里的一本内部挖空的硬皮书内藏有 CITES 附录 I 中收录的动物:6 只鸟翼蝶 (*Ornithoptera alexander*)。邮件的寄出者是一名巴布亚新几内亚村民,他在当局的劝说下最后同意前往加拿大指认嫌疑人 D 先生。

之后,D 先生被提起控诉,证据显示他在明知走私蝴蝶是违反巴布亚新几内亚和加拿大法律的情况下仍与村民密谋进行走私活动。因违反国家及国际法律，法院最后判决 D 先生有罪。

图3-3-27　书籍内的蝴蝶（图片来源 © 加拿大环境部野生动植物执法队）

稽查要点：

- 走私货物可能被藏在物品的后面或里面。
- 疑似被改装过的物件，譬如，被拆装过的东西。
- 虚假标注的货物。

⊙　**藏于集装箱夹层内的象牙**

相较于使用书本和画框来隐藏走私货物的方式，走私者曾经在一个从非洲运往亚洲的长达 20 英尺（1 英尺 =0.3048 米）的带有暗格的集装箱中夹带数吨象牙。

2006 年 9 月，香港海关在对一个集装箱进行 X 光检查的时候发现里面的暗格里藏有 3.9 吨重的象牙。通过搜查运输者在喀麦隆的房屋，执法人员发现了另外两个带有暗格的集装箱。

走私者对集装箱的改造相当专业，因为这个暗格被隐藏在集装箱的最里面，即使箱内的货物都被清空之后，改造出来的暗格也很难被发现。他们花了大量的精力让改装部分的波纹钢、焊接点和扣接点与原本的集装箱尽量吻合，且暗格被设计成只能从集装箱内部打开，外部则没有任何入口。

香港当局认为这次成功查获走私象牙的行动是因为他们谨慎地执行了搜查检验流程。当局指出，稽查的重点是稽查人员需要对任何明显可疑行为进行调查。在本案例中，该集装箱的提货单上注明的货物是厚木板，由于这些商品可以低廉的成本在临近的地区购得，于是稽查人员就开始怀疑运输者从半个地球以外运送这种低价值物品到香港的动机。因此，稽查人员对集装箱进行了 X 光扫描并最终发现了这些走私货物。

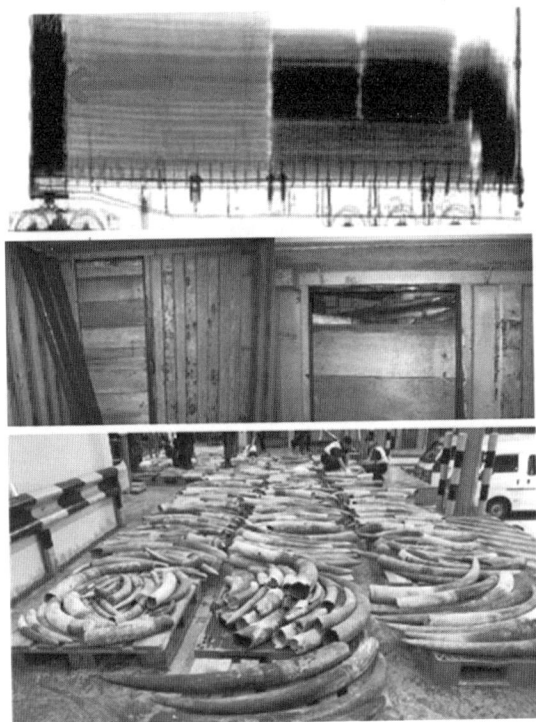

图3-3-28　夹层内的象牙（图片来源 © 香港渔农自然护理署）

稽查要点：

－ 职业的走私者可能会大批量的走私货物，也可能会制造一些肉眼无法分辨出来的暗格。

－ 盘查任何可疑的问题，如已申报的货物（例如，货物是否值得运输的费用）。

－X 光扫描。

⊙　**藏于商店内的象牙（因烧焦气味被举报）**

图3-3-29　商店内的象牙（图片来源 © 香港渔农自然护理署）

香港警方接到举报，称有一家商店经常散发出烧焦的气味。经过调查，警方在这家店内查获了 2.6 吨的象牙，包含了 390 根完整象牙及 121 件切割好的象牙。警方突袭商店的时候逮捕了 7 名疑犯。店内这些来自坦桑尼亚的象牙正在被切割分装到纸箱里打包，并将用于制作装饰品和首饰等。由于没有合法的 CITES 申报文件，这批象牙应该是通过虚假报关走私到香港的。

四、利用车辆走私

— 一辆车的中控台被用来走私鸟类到美国境内。

— 每天都有车辆携带着走私货物穿梭于国境线上。

车辆经常被用作在国家之间走私野生动植物，走私者雇佣旅行者在车上夹带货物，穿梭于国境之间。这些受雇的人可能本身就有经常通过国境线的工作或个人需求，所以他们把代人走私野生动植物当作赚钱的另一种方法。由于漫长的国境线通常难以全面监控，以及国境线上通行的巨大的车流量，在打击全球野生动植物走私犯罪的行动中，各国海关都面临着巨大的挑战。

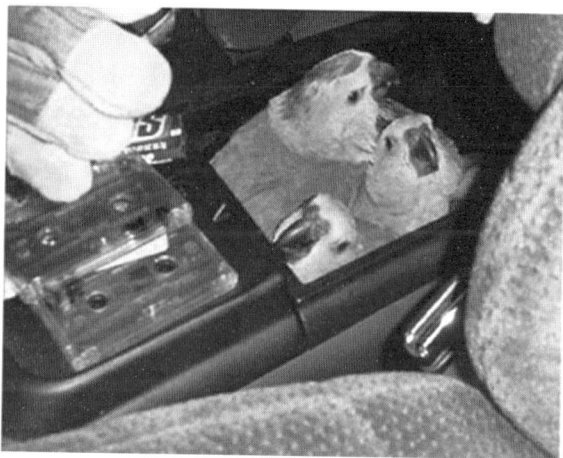

图3-3-30　车辆上的走私品（图片来源 © 美国鱼类及野生动植物管理局）

车辆上有大量现成的和可加装的夹带空间，利于走私者藏匿野生动植物，备胎存放处，卡车的车顶 / 车盖，车门内的空隙和后座底下的空间是最常见的藏匿处。也有经过改装的车辆被用于走私活动的，例如，在油箱内增加隔层等。

需要注意的是，稽查人员应当把车辆当成一种走私方式。除了要对车辆进行详细搜查之外，还应该对驾驶员、乘客和车上的包裹进行调查。驾驶员和乘客一般都携带具有额外信息的地址簿、证件、账单以及一些可能与走私相关的文件。调查的时候应将这些重要的文件信息记录在档，搜查的时候也应尽可能地使用 X 光扫描和稽查犬。

走私者经常选择巡查人员较少的隐蔽区域穿越国境。在这些地方走私者有着明显的优势——他们一般拥有可以快速离开现场的车辆，所以执法人员在执法过程中需格外注意自己的人身安全。

稽查要点：

- 现成的藏匿空间，譬如，备胎存放处。
- 车辆上明显翻新过的地方。
- 各种箱子和盒子。
- 频繁的旅行记录。
- 可疑的声音和气味。
- 用来护理动物的器具。

⊙ **藏于后座内的45只鹦鹉**

在狭窄的、被掩盖的空间内，有可能塞满了大量的野生动植物个体。在墨西哥通往美国的边检站，执法人员查获了 45 只活的亚马逊鹦鹉。这些鹦鹉被藏在后排座位里面的一个内置空间里。嫌疑人被逮捕之后，被控违反国家法律，判缓刑两年。根据检疫措施，这些鹦鹉被遣送回墨西哥境内。

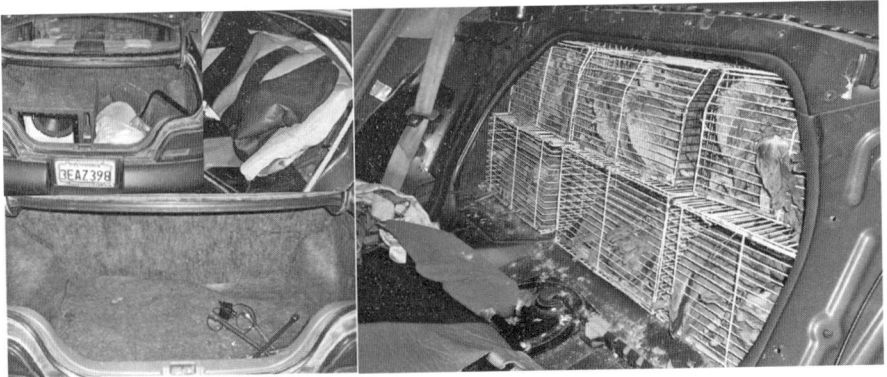

图3-3-31　后座内的鹦鹉（图片来源 © 美国鱼类及野生动植物管理局）

⊙ **驾驶室内用衣物掩盖的走私鱼类**

一位在加利福尼亚报关行业工作的司机，从墨西哥走私了一批活热带鱼到美国加利福尼亚给他自己的顾客。当执法人员搜查货车驾驶室的时候，发现一堆衣服下面藏了一袋蓝点虾虎鱼。此案例执法时不应忽略对驾驶室的搜查。

通过对司机的讯问，发现他是在对美国鱼类及野生动植物的进口报关条例和墨西哥的出口许可内容都了解的情况下知法犯法，试图走私 22 只价值 3300 美元（约合 2万元人民）的虾虎鱼到美国。最后嫌犯因违反美国濒危物种法案，被法庭处 1000 美元（约合 6179 元人民币）的罚款。

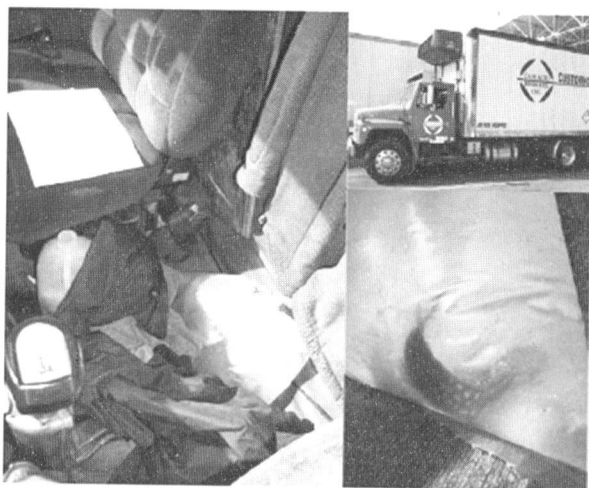

图3-3-32　衣物掩盖的走私鱼类（图片来源 © 美国鱼类及野生动物管理局）

稽查要点：

－ 驾驶室和车厢都需要检查。

－ 不要忽略明显的可能隐藏走私货物的地方。

⊙ **虚报为普通货物的穿山甲**

图3-3-33　穿山甲（图片来源 © 泰国皇家高速公路警察）

穿山甲是一种带鳞片的夜行性哺乳动物，它是食蚁兽的近亲。在中国文化中，穿山甲肉常常被当作药物食用，通常在冬季的需求量会增加。

穿山甲是一种濒危动物，禁止被人类买卖。虽然被列入 CITES 附录 Ⅱ 中，却依旧难以控制黑市中对这种哺乳动物交易。香港 CITES 管理执法处（渔农自然护理署）指出，根据近年截获的穿山甲的情况，大部分的货物都是从马来西亚或印度尼西亚输出，途经香港，其中有些货物是被运往中国内地的。穿山甲通常被隐藏在申报为冷冻海鲜产品（例如，鱼）的集装箱里。

稽查要点：

- 装有冷藏海鲜的集装箱经常被用于走私穿山甲。
- 穿山甲肉在冬季特别受欢迎。

⊙ 混杂在垃圾中的各类野生动物

有时候非法走私的野生动物会被以最平常的方法掩盖。在一个案例中，海关边防人员在检查几批从墨西哥进入美国的物品时发现了异常。当执法人员在车上搜出了几只蜥蜴之后，马上请美国鱼类及野生动物管理局的稽查员到现场。

这些蜥蜴被装在一些饮料的铝罐和塑料瓶中，然后装在一个袋子里与垃圾混杂在一起。同一批货物中还有装了 2 只蜈蚣和几只蝎子的瓶子。稽查员继续搜查，在汽车后备箱中发现了一个背包，里面装了蜥蜴和 3 只狼蛛，以及野外辨认手册，证明这些动物是在野外采集的照片证明，等等。这些动物中有 4 只蜥蜴是 CITES 附录 Ⅱ 的海角蜥蜴。在对嫌疑人的后续讯问中，稽查员在主谋的钱包中发现了一些 CITES 许可证。这些许可证是允许他从加拿大进口巨蜥的。主谋承认了解 CITES 的规定，但仍然在没有得到许可的情况下在欧洲地区繁殖及销售受 CITES 保护的爬行动物（对于此案件的处罚环节，因属国外，所以无从查询）。

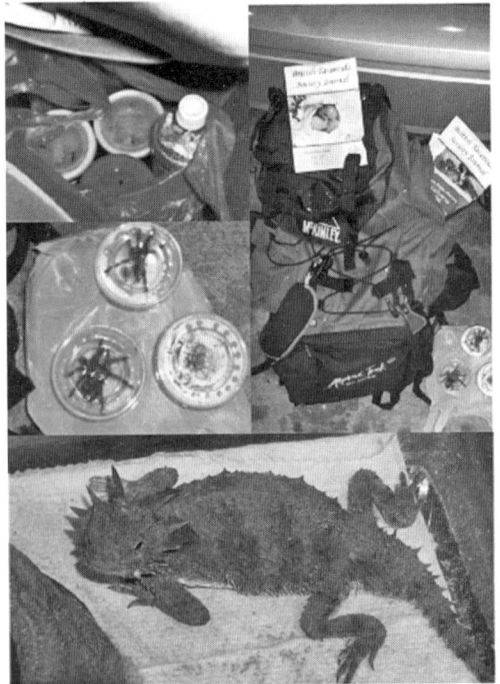

图3-3-34　蜥蜴（图片来源 © 美国鱼类及野生动植物管理）

稽查要点:

－使用过的食品包装，例如，薯片罐、饮料瓶或者垃圾袋都有可能变成不显眼的
走私容器。

－即使是携带了CITES许可证的人也有可能是走私者。

⊙　**藏于后备轮胎储存处**

搜查车辆的时候应特别注意检查汽车行李箱里的备胎储存处，这是一个很常见的
藏匿走私货物的地方。

图3-3-35　后备轮胎处的走私物（ⓒ美国鱼类及野生动植物管理局）

稽查要点:

－不可忽略车辆上任何明显的自带的藏匿空间。

五、伪装走私物品

通过改变物品的外观来走私动植物是一种很普遍的手段。右图中的象牙雕刻品被
走私者用黏土覆盖，试图伪装成民族手工艺品的样子来蒙混过关。

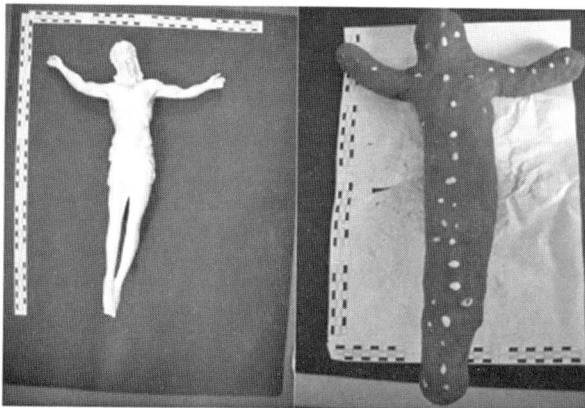

图3-3-36　黏土覆盖的象牙雕刻（图片来源ⓒ瑞士海关）

稽查要点：

- 业余的包装手法。
- 异味或恶臭。
- 容器或外包装上的封印有破损。
- 粗制滥造的工艺品 / 制作工艺明显与申报的来源地风格不符。
- 运输耗费成本远大于物品可被转售的价值。

⊙ **欺诈与伪装**

通过改变物品的外观来走私动植物是一种很普遍的手段。走私犯会使用很多种不同的技术来掩盖走私货物原本的样子。以下详细分析了几个案例。

伪装走私货物的手段有时候显得很简陋（有些还很丑），譬如，用黏土掩盖象牙的例子。

走私者将一层薄牛皮蒙在用保护动物（海龟、凯门鳄或者蟒蛇）的皮制成的鞋子上，以躲过海关的检查。

被替换或者经过重新包装的走私品，特别是一些被商业化包装的物品，很难在搜查过程中被发现。茶叶是常见的用来替换成各种走私货物的商品。酒精里经常会混进一些禁止贸易的动物制品，如虎和熊的制品。走私者会使用不同的方式来掩盖走私货物的气味，譬如，在同批货物中加入一些具有更强烈气味的合法物品，或者在集装箱 / 包裹中加入木炭来吸收气味。

有时走私者也会将走私的野生动植物藏在手工艺制品或者合法的野生动植物制品内来蒙混过关。

⊙ **经过伪装的熊胆制品**

熊胆可以溶于酒精中，有些走私者将其装入白兰地酒瓶中（申报为白兰地酒），或者制成干的晶状物。虽然在中国熊胆是合法的商品，但常常有将熊胆走私到其他国家的案例。作为边检稽查人员，需要了解自己国家的相关法律法规，特别是其国家是否属于 CITES 签约国，是否遵循 CITES 的规定等。出现较多的状况是"未申报"——即使进口熊胆是合法的，过关人员也需向海关申报。在这个案例中，收录于 CITES 附录 I 的熊胆就被小瓶分装，放在外面写着"蘑菇茶"的铁罐里。

另一个案例中，一批药用的俄罗斯灰熊胆制品在美国的纽瓦克港被查获。这批从俄罗斯运抵的海运食物，报关时没有申报属于何种野生动植物，但美国海关边防局在里面找到了一些带有野生动植物照片的瓶子，随后通知了鱼野管理局。这些瓶子上面注明的内容物是熊脂，经过鉴定发现里面装的是熊胆。

图3-3-37 药用的俄罗斯灰熊胆（图片来源 © 美国鱼类及野生动植物管理局）

稽查要点：

－ 内容物是否与标签相符合。

－ 是否所有内容物都经过申报。

－ 注意一些可疑的标识，如产品包装上带有野生动植物的图片等。

⊙ **调换内容物及制造假标签**

有一种简单的走私手段是将容器内原本含有的物品替换成走私物品（液体或固体）。替换的手法多种多样，衍生的方法是在生产产品包装的阶段就开始伪造产品标识及相关的申报信息。

图3-3-38 内容物造假的走私物[图片来源 © 新西兰野生动植物执法队（左）/ColinHitchcock（右）]

用美容霜的瓶子装蛋和用白兰地酒瓶装熊胆酒是以上提到的第一种情况。第二种情况是瓶装的熊胆在生产加工阶段就开始进行伪装。

六、通过虚假的标签和申报信息来逃避检查

稽查要点：

－原本的包装／封印是否有破损？注意寻找被篡改过的地方。

－瓶罐的顶封／瓶盖是否有被开封过的痕迹？

－盒子、箱子是否有被打开后重新封装的痕迹？

－原本的标签是否有被打开过的痕迹？

－包裹的包装是否是全新的，有没有损坏的痕迹？

伪造痕迹：

－观察封印处是否被篡改过，或者封印的不专业；

－假标签可能有印刷质量差或拼写错误的问题；

－标示成酒类的熊胆，其液体中会有沉淀物，而一般瓶装商品酒不会出现沉淀；

－申报的物品味道可疑（不符合所申报物品的味道）；

－申报的物品重量可疑（不符合所申报物品的重量）；

－文件资料也可能存在疑点：物品的寄出国与所寄送的物品没有联系。

⊙ **伪装成木制品的犀牛角**

一批犀牛角在通过肯尼亚和埃塞俄比亚的边防站时被截获。这些犀牛角被伪装成了木制品。

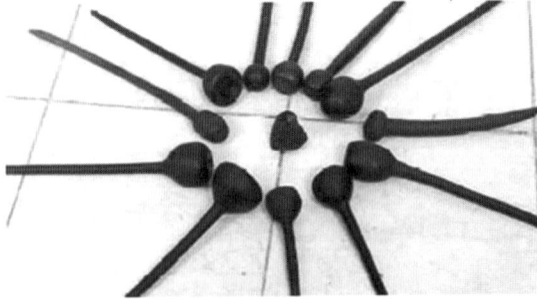

图3-3-39 伪装成木制品的犀牛角（图片来源 © 肯尼亚野生动物执法组）

在某些地区，由于执法部门缺乏或不熟悉野生动植物走私相关的知识，走私者会使用这种手段来走私货物。事实上，犀牛角含有与人类头发、指甲和穿山甲甲片相同的角质成分，所以它的手感和质感与木制品是不同的，而经过喷涂的犀牛角外表看起来像是木制品。

稽查要点：

－犀牛角与木制品的不同之处；

－材质不同；

－手感不同；

－经过喷涂会使外表很相像。

⊙ **染色伪装**

金色锥尾鹦鹉（CITES 附录 I ），又称巴伐利亚锥尾鹦鹉皇后，是一种生活在巴西热带雨林的鸟类。

这种鸟的羽毛原本是非常鲜艳的黄色，但在被走私进以色列之前，走私者将鹦鹉的羽毛染成了绿色。染色之后，它们看起来就像另一种没有被 CITES 保护、价格更低的鸟类。经验丰富的稽查员，可以很轻易地辨别出这些鸟是否被伪装过。另外，粗糙的染色手法也让染色效果变得更容易被辨别出来。

稽查要点：

－毛色与种类不符合的鸟类。

－粗糙的染色手法。

－鸟身上或掉落的羽毛明显有原本的颜色。

－羽毛周边有掉色的痕迹。

⊙ **藏于家具及艺术品内的象牙**

美国鱼野管理局和海关官员在洛杉矶国际机场拦截到了美国西海岸史上最大一批走私的象牙。

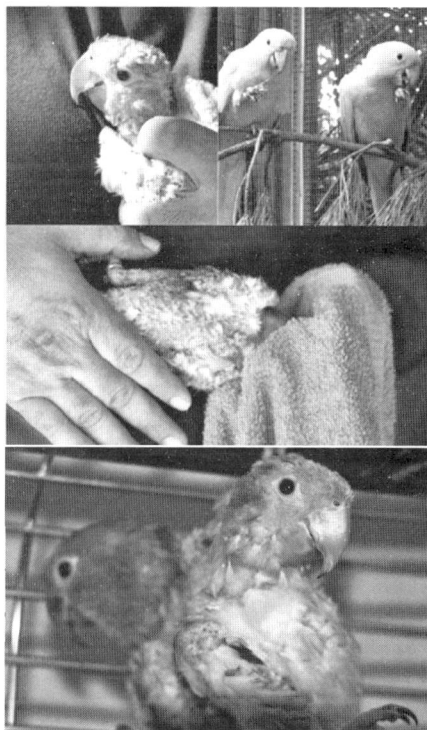

图3-3-40　被染色的金色锥尾鹦鹉

（图片来源 © 以色列自然与公园管理局）

海关人员对来自"高风险国家"的货物专门进行了调查。在一次 X 光检测中，稽查员发现一批来自尼日利亚的家具里面含有密度大的物体，形状疑似象牙。美国鱼野管理局的人员抵达现场后，确认了里面所藏的物体就是完整的象牙。接着执法人员将这批货物重新封装，看起来就像没有被开封过。然后对这批货物进行跟踪调查，希望找到象牙的接收者。

两天后，另外一批来自同一个寄送者的货物抵达了机场。经过检查，执法人员又在珠饰雕像里面找到了象牙。他们再次将货物封装并跟踪其去向。3 天后，3 名嫌疑人到达取货处开始提货，执法人员跟随他们来到了洛杉矶的一处私人仓库，在他们开始卸载货物的时候进行了抓捕。

除了这两批总共 250 磅（1 磅 =453.6 克）的象牙和象牙加工品之外，执法人员在嫌疑人的车上、家中和仓库发现了另外 150 件象牙制品。两名嫌疑人被指控涉嫌走私进口象牙罪，并被分别处以 1 年和 6 个月的监禁。

稽查要点：

－从"高风险国家"运输而来的货物。

⊙ **藏于石像内的象牙**

一批运往巴塞罗那的石像在布鲁塞尔被截获，这些石像的重量比平常要重得多。X 光显示雕像里面藏了不下 10 根象牙。

这个案例与其他一些走私象牙的案例不同，象牙是被藏在石像里面，而不是分别被改造伪装。相对于被粗糙加工成手工制品的象牙来说，这些完整的象牙有可能以更高的价格被卖出。

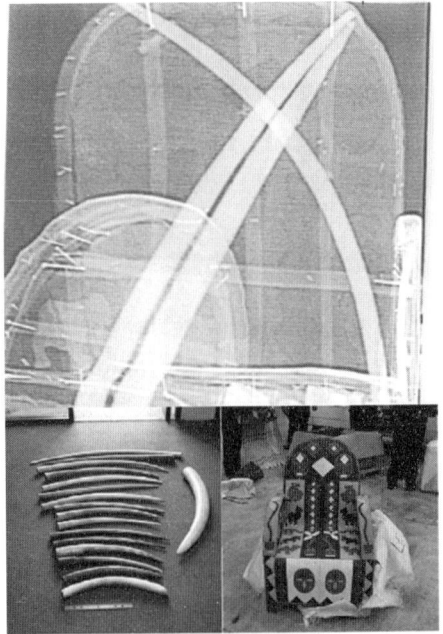

图3-3-41 家具、艺术品里的象牙（图片来源 © 美国鱼类及野生动植物管理局）

图3-3-42 石像内的象牙（图片来源 © 布鲁塞尔机场海关）

稽查要点：

－货物的实际重量比预期的要重。

⊙　**藏于黏土内的象牙**

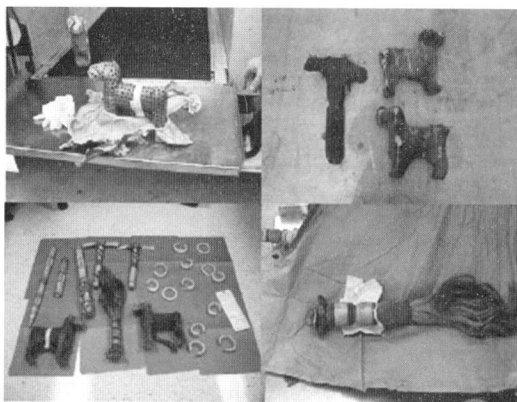

图3-3-43　黏土内的象牙（图片来源 © 美国鱼类及野生动植物管理局）

象牙很容易被藏在黏土制品中，然后在运输的过程中被申报为"手工制品"。在这个案例中，德克萨斯州休斯顿的海关官员对一批来自非洲的物品展开了调查。这批物品外表看起来像是由干黏土或者纸模塑造而成，陈旧而没有光泽，上面还有一些鸟的粪便。通过 X 光的检查，发现这些黏土里面其实是象牙和木材制成的工艺品。

照片中猎豹造型的小塑像其实是用象牙制成的。经过刷洗后塑像上还有残留的泥土，但一部分的象牙已经露出来。

稽查要点：

－注意一些商业价值低于运输成本的物品。

－申报物品是传统风俗手工艺品，但其风格与来源地不符。

－泥土、黏土、图画和纸模经常被用来伪装象牙和贵重木材。

⊙　**藏于非洲鼓内的象牙**

图3-3-44　鼓内的象牙（图片来源 © 美国海关和边境保护局及美国鱼类及野生动植物管理局）

美国海关和边境保护局查获了一批从埃塞俄比亚运抵美国的象牙，总价值达18500 美元。这批货物是由海关和边境保护局派到德克萨斯州休斯顿港口的农业专家发现的。

货物中 6 个乐鼓引起了稽查人员的注意，它们比看起来要重，拍上去发出的声音也显得沉闷。当美国海关和边境保护局把进口这些货物的货主叫来时，他以会损坏乐鼓为由拒绝将鼓打开。但经过劝说，他最终同意执法人员将鼓打开。专家们在打开了鼓皮之后发现里面藏了一批象牙制品。

稽查要点：

－ 货物的重量比预期的要重。

－ 运用常识来判断可疑的物品（如发声不正常的鼓）。

⊙　**象牙印章**

图3-3-45　象牙印章（图片来源 © AnnPanoho）

通过航空或海运走私的象牙通常是"象牙原料"，如整根的象牙或者被切割成方便包装的小块象牙。

印章料是一种小的圆柱状或者矩形的象牙块，大小在 1.2 厘米 ×6 厘米。由于它们的形状比较特殊，鉴定的时候走私者可以辩称不是象牙。这种象牙制品的一端可以刻上文字，当成印章。

稽查要点：

－ 小型圆柱状或矩形的物体很有可能是象牙印章。

⊙　**经过喷涂伪装的石珊瑚**

图3-3-46　喷涂后的石珊瑚（图片来源 © 美国鱼类及野生动植物管理局）

在得克萨斯州的休斯顿市，经常有人试图从委内瑞拉将大量的石珊瑚当作"园林石"进口到美国境内。它们通常被喷涂成黑色或者灰色，这样就不易被辨认出来是珊瑚。这些珊瑚通常重达350千克。在珊瑚周围的缝隙中还常常夹有植物和泥土，而这些东西是被美国农业部禁止进口的。

稽查要点：

－进口货物的形状看起来像是某些常见的走私物品。

⊙ **已申报的鱼类包装箱中夹带着禁止进口的珊瑚**

图3-3-47　珊瑚（图片来源ⓒ英国边管局濒管团队）

虽然一批货物里可能有已经申报的物品，执法者仍应对货物进行彻底搜查，确保没有被合法货物掩盖的走私物品。

在检查一份从印度尼西亚巴厘寄出的商品时，伦敦希思罗机场的海关人员发现这批货物的上层部分确实是装了申报的海鱼，但是在箱子底部的一个用木条隔开的暗格内，还藏了几种活的硬珊瑚（CITES附录Ⅱ物种），其中的一些还属于禁止进口到欧盟的种类。总共29块的软珊瑚被放在聚苯乙烯容器底部的夹层里，而放在上层的货物都是经过合法申报的。

稽查要点：

－确保合法申报的物品下面没有藏匿走私物品。

⊙ **藏于珊瑚标本下的活珊瑚**

搜查过程中，应确保只有申报过的物品才能通过检查，这样才能避免走私物品被夹带在合法货物中过关。

在加利福尼亚发生的一个案例中，标注为无脊椎动物和珊瑚标本的一箱货物里面还夹带了一些活的硬珊瑚。这些活珊瑚被每袋4～5个的分装，从包装外无法看到包装内容物。5个美国鱼类及野生动物管理局的官员花了一个下午时间，才把所有标记是无脊椎动物和珊瑚标本的袋子打开并检查完。官员们统计了所有活的珊瑚，并评估了合法货物的数量，由此推断非法走私的珊瑚数量。在一批总共70个盒子、

600 块合法珊瑚标本的货物中，共查获了 500 块活的珊瑚。

图3-3-48　活珊瑚（图片来源 © 美国鱼类及野生动植物管理局）

稽查要点：

– 确保合法货物中没有夹带走私物品。

– 质问一些包装过于严密的物品。

⊙ **经化学方法处理的珊瑚**

化学药品可以改变走私货物的外表，使其看起来与其他的物品相似。在本案例中，黑珊瑚可能被过氧化氢溶液漂白过，变成了金色。这种被漂白的珊瑚第一眼看起来像是木头，但从它无法消除的海盐味依旧可以被辨认出来。

另外，在强光下仍然可以辨认出珊瑚的针状结构和珊瑚体结构。黑珊瑚经常被藏在珠子类的货物里面，然后申报为"石珠"。搜查过程中也需要注意检查物品的气味和外表有无异常。

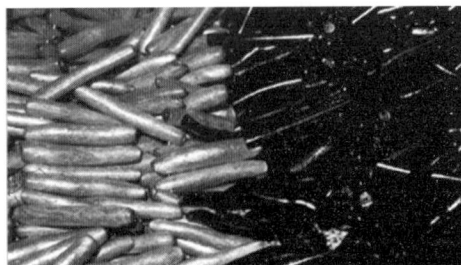

图3-3-49　珊瑚（图片来源 © 美国鱼类及野生动植物管理局）

稽查要点：

－珊瑚本身的海盐味

－在强光下可以辨别的针状结构和珊瑚体结构

⊙ **申报为植物制品的海马粉末**

这是一桶25千克经过加工的海马粉末。走私者从中国以健康食品原材料的名义将其进口到新西兰。在运输过程中申报成植物制品。在搜查过程中，执法人员发现这桶粉末散发出可疑的鱼味。司法鉴定显示，桶内的粉末主要是由海马制成。据估计，制作25千克的粉末需要多达62000只海马。

图3-3-50　海马粉末（图片来源 © 新西兰野生动植物执法组）

稽查要点：

－与申报物品不符的可疑气味。

⊙ **藏于普通皮革之下的野生动物皮革**

几个穿着皮靴的牛仔在得克萨斯州厄尔巴索被逮捕，因为他们穿的鞋子外层的普通牛皮之下，藏了一层海龟皮。这些靴子的鞋底还被缝上了厚皮革以防止磨损，走私者因此可以穿着海龟皮制成的鞋子大摇大摆地走进美国，然后再将鞋子出售。

这几个穿着皮靴过关的人是受到走私者雇佣的走私客。此类走私手法也常见于其他种类的珍稀毛皮走私中，譬如，包裹了虎皮的木箱或者包裹了雪豹皮的家具。类似的案例中，英国警方在伦敦希思罗机场一个从曼谷寄来的包裹里查获了一双包裹着牛皮的鳄鱼皮鞋。

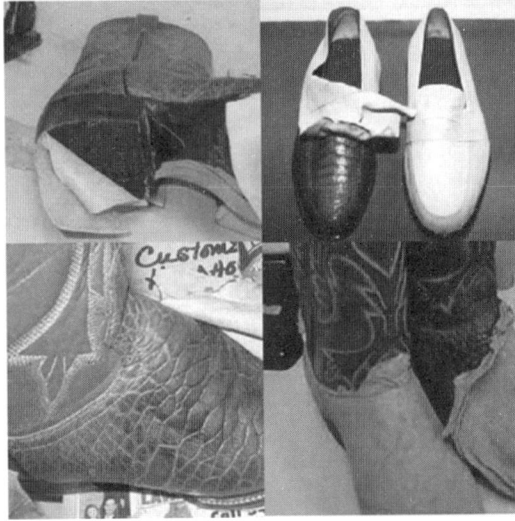

图3-3-51　动物皮革（图片来源 © 英国边管局濒管团队）

稽查要点：

－走私品被合法物品裹藏在里面。

－注意走私品可能看起来稀松平常。

⊙　**几捆植物**

图3-3-52　走私物（图片来源 © 美国农业部）

何处：此类走私方法常见于美国和其他国家。

何物：穿山甲和其他的走私物品。

手段：将走私货物塞进几捆浓密的植物中绑好，然后将其放进盒子或袋子中。这样走私物品就难以被发现。

稽查要点：

－不可因为货物看起来比较难以透彻检查或包装散乱就放松警惕。

⊙　**穿山甲还是橙皮**

图3-3-53　穿山甲鳞片（图片来源 © StuartWilliamson）

何物：穿山甲鳞片。

手段：鳞片被标注为水果皮，进口商宣称这些是橙子皮（看起来像玉米片的样子）。

稽查要点：

－因为穿山甲鳞片由角蛋白组成，难以辨别，需要特别注意检查（可通过甲片纹理、光泽、片形等特征检查、辨别）。

⊙　**查获的珊瑚**

图3-3-54　活体珊瑚（图片来源 © 美国鱼类及野生动植物管理局）

何处：走私到美国境内。

何物：活体珊瑚。

手段：不同的虚假申报方式，如将陀螺珊瑚申报为皮制品，或者将萼柱珊瑚申报为菌核珊瑚等。

稽查要点：

－物种必须与申报的相符。

⊙　**虚假申报为模铸铝材的檀香木**

图3-3-55　檀香木（图片来源 © 香港渔农自然护理署）

何处：香港中转站，从印度加尔各答寄到中国内地的货物。

何物：3个集装箱共 58125 千克的红檀木原木。

手段：申报的物品是"模铸铝材"而不是檀木。

稽查要点：

－基于印度海关提供的情报查获

⊙　**藏在米袋后面的原木**

何处：新加坡。

何物：红檀木原木（CITES 附录Ⅱ收录）。

手段：藏在集装箱里的米袋后面。

图3-3-56　红檀木（图片来源 © 新加坡粮农兽医局）

稽查要点：

－虚假申报为红茶和大米，只简单在集装箱中用米袋将其掩盖。

⊙　**伪造文件**

不正当使用文件是常见的帮助野生动植物犯罪走私的方法，其中较常出现的是伪造入关文件。走私者可以通过在报关单上提供虚假的信息或者虚假的海关代码来帮助货物通关。使用伪造文件的也会通过使用加标签和外包装来增加可信度。

此类方法在非法进口商业或私人货物时都可能出现。例如，进口商和出口商常常勾结计划如何申报来误导执法机关，或者如何包装非法走私物品。此外，真实的审批文件也可能在非法贸易中被不正当使用。

根据 CITES 秘书处提供的信息，有以下几种手段：

- 在非法鱼子酱贸易中使用高度复杂的欺诈手段；
- 复制 CITES 官方图章和印章，盖在伪造的或篡改过的文件上；
- 有组织的犯罪者粗制滥造 CITES 文件。

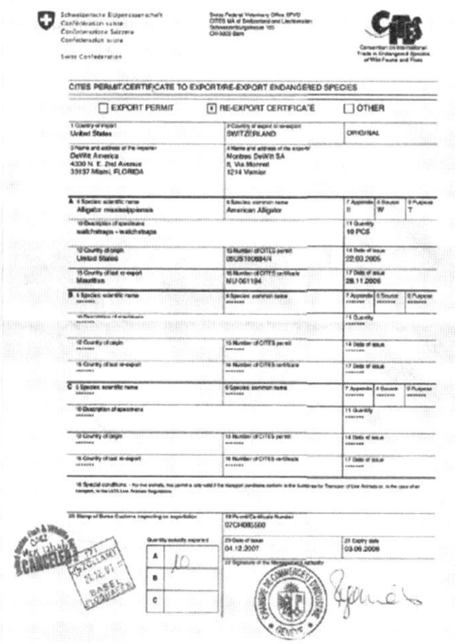
Swiss Confederation
CITES PERMIT/CERTIFICATE TO EXPORT/RE-EXPORT ENDANGERED SPECIES
EXPORT PERMIT　RE-EXPORT CERTIFICATE　OTHER
United States　SWITZERLAND　ORIGINAL
DeWitt America
4330 N. E. 2nd Avenue
33137 Miami, FLORIDA
Alligator mississippiensis　American Alligator　II　W　T
10 PCS
United States　22.03.2005
Mauritius　28.11.2006
04.12.2007　03.06.2008

图3-3-57 被美国鱼类及野生动植物管理局撤销的CITES出口许可证

为了打击以不正当和欺诈性手段使用 CITES 文件，CITES 秘书处提倡各国海关和稽查部门使用 CITES 的清单，这些清单可以在他们的网站上找到：http：//cites.org/eng/notif/2001/003.shtml（在本手册中也有一份缩略版以供参考）。

⊙ 可疑的运输线路/货物

将电脑技术与稽查员的实际经验结合起来，可以有效地打击走私活动。中国台湾高雄的海关截获了超过 5.2 吨的走私象牙。一个被设计用于稽查的电脑程序发现这批货物的运输路线十分可疑。其中一个集装箱从坦桑尼亚运抵台湾，然后转运到菲律宾，接着又被运回台湾，最后被再次出口到菲律宾。第二个集装箱也是多次经高雄中转，历经了类似的运输循环。在审查这些货柜的报关文件时，两位经验丰富的海关官员发现申报的货物是剑麻纤维，但菲律宾是一个盛产剑麻的地方，根本不需要进口剑麻。

由于综合运输线路的疑点和货物申报情况的疑点，海关人员对货物展开了正式的搜查。当货柜被打开时，里面确实存放了剑麻纤维。但当剑麻纤维被移除后，他们发现了大批的走私象牙被装在木箱里。像高雄这样拥有较高集装箱吞吐量的港口，必须依赖电脑技术来进行稽查，但同时也需要稽查员积极配合行动。另外请注意：本案例中使用了电脑技术侦查走私货物的高雄海关已经准备向同行分享他们所使用的技术。

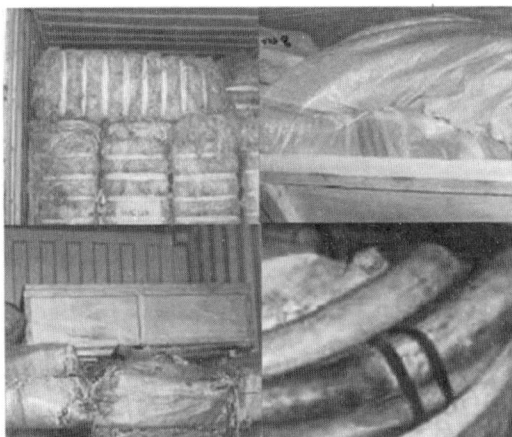

图3-3-58　象牙（图片来源 © 高雄海关）

稽查要点：

－可疑的运输线路／货物。

－可疑的进口动机——进口的物品在本地有丰富的资源。

－在合法申报物品中藏匿的走私物品。

⊙　**虚报／假报的鹦鹉**

图3-3-59　鹦鹉（图片来源 © 香港渔农自然护理署）

综合南非国家濒危物种进出口管理办公室提供的情报，香港当局在 CITES 秘书处的帮助下，阻止了一次试图以分段运输来伪装 CITES 附录 I 附录的鹦鹉来源的走私活动。

这些鹦鹉原产于南非，但被走私者运到几内亚之后再次出口到香港，并在申报的时候称它们来自于几内亚。同时，这些本属于 CITES 附录 I 的动物被申报为附录 II 中很相似的一种动物。总共查获的 57 只鹦鹉中有 18 只是附录 I 中收录的物种。这些样本被没收后相关的信息被送到了南非国家濒危物种进出口管理办公室。CITES 秘书处和国际刑警组织得以继续调查。

稽查要点：

－ 根据情报跟踪调查。

－ 注意一些外形比较近似的物种伪装成申报的物种。

－ 假报的物种混杂在合法申报的物种中间。

⊙ **假报为迪吉里杜管（乐器）的爬行动物**

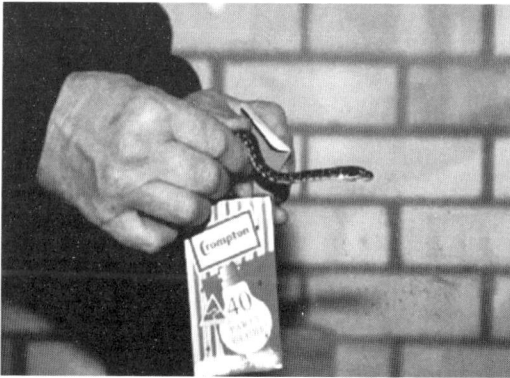

图3-3-60　乐器里的鬃狮蜥（图片来源 © 英国边管局濒管团队）

英国海关截获了一个从澳大利亚邮递过来的包裹，里面藏了几条活的蛇和蜥蜴。邮局人员在察觉到包裹内有动静之后向海关报告了这一发现。经过检查，发现包裹内有 5 个灯泡盒子，分别装了一条钻石蟒蛇（*Morelia spilota*），另外还有两个袋子装了鬃狮蜥。所有的爬行动物在抵达目的地之后都还存活着。在申报文件上写的包裹内容物是迪吉里杜管，一种原住民的乐器。这种乐器一般为 170 厘米长，重量约为 5 千克，但这些盒子仅有 30 厘米大小，而且重量也远低于 5 千克。通过追踪包裹的投递，警方最后逮捕了两名嫌疑犯。

稽查要点：

－ 能察觉到容器内有东西在动。

－ 与正常的大小、外形和重量不符的物品。

⊙   **未经申报的龟**

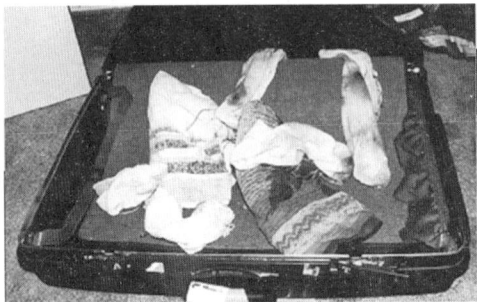

图3-3-61   龟（图片来源 © 美国鱼类及野生动植物管理局）

美国鱼类及野生动植物管理局搜集到的情报显示，一位爬行动物商人J先生从马达加斯加走私壁虎到国外并在黑市中出售。美国鱼类及野生动物管理局特别要求海关人员注意寻找这个嫌疑人。调查人员接到海关的电话，称J先生将在某天从荷兰飞抵佛罗里达。在他抵达的时候，调查人员和海关稽查人员对J先生的手提箱进行了X光扫描，发现箱子的角落有几个灰色圆盘状的物体。

经过初次检查之后，J先生交给调查人员一份声称他没有携带任何野生动植物的行李申报单。第二次检查的时候，稽查人员打开了J先生的手提箱，发现里面有13只射纹龟幼体。这些乌龟每一只都价值2200美元（约合13600元人民币）。接着稽查人员对J先生进行了讯问，虽然他开始还拒绝承认走私乌龟和吐露走私的动机，但经过讯问最终还是承认了这次的走私及以前的走私活动，并且在书面记录上签了字。

J先生被判犯走私罪，经过上诉后最终被判8个月的监禁和3000美元（约合18500元人民币）的罚款。

稽查要点：

－后续的信息搜集。

－认真对包裹进行X光检查。

⊙   **查获的伪造CITES证明文件**

许可证是2002年发放的，但是许可证序列号显示"2001"。鱼子酱是在哈萨克斯坦而不是颁发许可证的俄罗斯生产的。入境许可证被划掉签名与档案不符印章上有错误穿孔。

稽查要点：

－申报单内容不准确/不确切的部分引起了稽查人员注意。

图3-3-62　伪造的文件
（图片来源 © CITES秘书处）

图3-3-63　印章（图片来源 © 新西兰野生动植物执法组）

⊙　**假报为玩具的危险甲壳虫**

图3-3-64　甲壳虫（图片来源 © 美国海关和边防局）

　　美国海关和边防局农业专家截获了一批长戟大兜虫、犀金龟和大角金龟，其中一些有小孩的手掌大小。海关边防局的官员发现这批货物没有任何美国农业部的许可，于是对其展开了调查。

　　这个包裹从台湾寄送到美国宾夕法尼亚州一个邮政网点，包裹上标示的是"玩具、礼物和果冻"，但邮递员怀疑里面含有活体，于是通知了相关部门。美国海关边防局农业专家对包裹进行了 X 光检查，发现里面还有一些小的盒子和瓶子。这 26 只盒子和瓶子装满了活的甲壳虫，里面塞满了湿纸巾和供甲虫食用的果冻，以保证它们不会在运输过程中死去。

稽查要点：

－货物应当与正确的许可证相对应。

⊙ **伪造的CITES申报文件**

图3-3-65　侏儒鳄（图片来源 © 英国边管局濒管团队）

根据 CITES 组织的文件，一份从尼日利亚贝宁寄往韩国的包裹在伦敦希思罗机场被截获，里面除了其他动物之外，还有美国短吻鳄（*Alligator mississippiensis*），一种收录于 CITES 附录Ⅱ的物种。检查还发现盒子里有 10 条西非侏儒鳄（*Osteolaemus tetraspis*），为 CITES 附录Ⅰ物种。稽查人员进行了后续的调查，发现这批货物的 CITES 出口许可证是假的。其中查获的 5 只侏儒鳄被优先安置。

稽查要点：

－CITES 许可证上列出的动植物必须与实际货物中的动植物相符。

⊙ **假报的进口仙人掌**

图3-3-66　仙人掌（图片来源 © 瑞典海关）

这个在瑞典机场查获的仙人掌走私案是一次当地政府与其他政府组织合作的结果。这个进口商此前已经被列入瑞典海关的"可疑红色名单"上，当他出现在系统中时，警报机制提醒海关人员请专业的仙人掌鉴定人员对他的货物进行详细的检查。通过将仙人掌与 CITES 进口许可证上所描述的物种对比，专业鉴定人员确认其申报是假的。

稽查要点：

－特别注意列在可疑名单上的人员或机构。

－与申报／相关文件不符合的货物／物种。

七、CITES 公约检查清单

以下是从与会方的通知中摘录的内容：

由 CITES 秘书处 2001 年 2 月 9 日在日内瓦参与起草的第 2001/003CITES 许可和证书，概述了一些基本的鉴别 CITES 文档的方法。原始文档可以在这个网址找到：http：//www.cites.org/eng/notif/2001/003.shtml

检查人员在鉴别 CITES 许可和证书的时候应该查验以下文件，相关的信息在 CITES 官网可以查到：https：//www.cites.org/

a.CITES 目录；

b. 公约副本，以及最新版的附录Ⅰ、Ⅱ、Ⅲ名单；

c. 最新的 CITES 与会方决议；

d. 一份给与会方的通知副本；

e. 一份最新版的 CITES 保护物种清单。

CITES 秘书处建议将以下的问题作为检查许可和证书时的清单：

a. 文件是否与签发国的样本文件相符。

b. 签发机构是否收录在 CITES 目录中。

c. 文件是否以公约要求的 3 种语言之一所写。

d. 签名是否为有授权的人所写（如果能查询到的话）。

e. 签发国是否在文件上盖章。

f. 文件有效期是否符合公约和会议决议的要求。

g. 文件是否明确为出口／进口许可、重新进口证书或者其他格式的证书；文件所许可的交易是否与申请的相符。

h. 如果这是一份重新出口的证书，文件中是否有将以前的重新出口证书或出口许可证详细引用（时间、数量、核发国家）。

i. 是否提供了进口者和出口者的姓名及详细地址。

j. 文件是否要求申请者签名；申请者是否签名。

k. 如果核发机构是使用防伪印章，文件上是否有印戳；这个印戳是否被签名或被其他印戳所废除；防伪印章的号码是否在文件中被正确引用。

l. 交易的目的是什么，是否符合公约要求；例如，一份允许交易野外捕获的附录一收录动物的进口许可证就是没有效力的。

m. 是否详细描述了样本的来源；是否与提出的交易目的相符。

n. 如果来源地在出口许可证上被称之为 W，签发国家是否与之相关。

o. 是否给出了物种的学名。

p. 是否给出了样本的数量。

q. 是否详细列出了附录号码。

r. 如果必须注明人工养殖计划的注册号码，是否注明了此号码；如果样品是被标记过的，数字和细节都是如何被描述的。

s. 如果交易包括了活体动物，文件里是否包括了一份要求动物运输必须遵循CITES/ 国际航空运输协会要求和规定的声明。

t. 是否有详细的配额；配额是否跟与会方通知的要求相符合。

u. 经过签发机构盖章确认的文件上是否有任何修改、替换或者涂改。

无论任何情况下，如果上面任何一个问题的回答为否，这些文件都有可能是没有效力的。如果出现了简单的印刷排版或者行政管理失误，并且没有其他可疑的地方，执法人员需与签发机构联系来解决问题。

第四章

对野生动植物走私者的讯问

第一节　计划和准备阶段

讯问的成败往往取决于准备是否充分。准备充分需要考虑时间因素。根据以下的概述指导，讯问者应该将准备工作做好、做足。

一、讯问的目的

在讯问开始前，要清楚你为什么要讯问嫌疑人，当然目的明确的好处不是马上可以看出来的。如果已经查到某个嫌疑人特制背心里面的口袋装满了鸟蛋，你可能觉得已经搜集到足够的证据来起诉和控告走私者，这可能是对的，但是经过讯问你可以获得更多重要的证据、信息和情报。

如果走私物品在这个人的行李中呢？你可以将行李与这个人联系起来吗？他们承认那些包裹是他们的吗？如果他们声称是从行李传送带上误拿了别人的行李箱呢？他们有行李票吗？航线的登机服务人员通常会将行李票粘贴到乘客的登机牌或者护照后面。嫌疑人知道行李中有什么吗？他们知道走私物品的价值和用途吗？嫌疑人得到了走私物品吗？他们会参与销售还是只是走私者？

这些问题和其他一些问题都会在办案过程中起到辅助作用，如检察官可以根据获得的信息决定如何处理案件。

同时这也会帮助检察官向法庭展示嫌疑人的犯罪意图（假如嫌疑人有自知有罪等情节）。另外，这些信息毫无疑问还可以帮助法庭在量刑时考虑嫌疑人在走私活动中的参与程度。

讯问阶段获得的信息也将使你所在的机构和其他机构（国内外）在未来更有准备地打击野生动植物走私。

然而，走私活动经常牵涉到几个国家，每个国家不同的司法和执法将会不同程度地影响非法野生动植物贸易。讯问时必须要超越自己的需求，考虑到可能对其他人有用的信息和情报。所以，必须要在计划和准备阶段就带着这个想法开始嫌疑人的讯问工作。

走私活动通常涉及不同的国家，所以在设计讯问问题时要考虑到其他机构的需求。

二、法律考量

走私者触犯了什么法律？在没有《濒危野生动植物种国际贸易公约》（CITES）许可的情况下进出口野生动植物可能不会严重触犯你所在国家的法律，对嫌疑人的惩罚也只是行政处罚而已。另一方面，触犯海关法律可能是更严重的问题。大部分的国际走私，由于其特性一般都会涉及一定的犯罪集团，而这种犯罪可能在很多国家属于情节严重的共同犯罪。比如，他们是否还违反了集团犯罪、敲诈勒索、控制汇率或者洗钱等相关法律？

慎重考虑这些方面的问题，可以让你在面对嫌疑人时决定使用哪些法律武器。例如，可以估算出允许扣留嫌疑人的时间。另外，这将会给你带来更多的责任和法律要求。因为走私的物品是野生动植物，就将注意力全部放到野生动植物法律上的做法是不正确的。

三、嫌疑人的权利

无法保证嫌疑人的合法权利经常成为法庭不予立案或者认定证据无效的原因，所以严格遵守你所在国家法律的重要性是不言而喻的。同样重要的是，对嫌疑人的讯问也要以最高的执行标准进行，因为获得的信息可能在其他地方也有用处。你进行讯问的方式可能影响到未来在几千英里（1 英里 =1.61 千米）外的另一个法庭案件的审判。

正如一位著名法官在很多年前说的："一个国家的文明水平很大程度上可以用执行刑事执法所采用的方法来衡量。"

因此，作为一个通用原则，所有嫌疑人都应该知道他们没有义务回答问题，他们的回答可能会成为呈堂证供，他们也有权利向律师咨询意见。通过这样的行动，加上严格遵守所在国的国家法律和机构政策，可以确保你搜集到的信息和证据在其他司法管辖区具有法律效力。大部分的嫌疑人（特别是非惯犯）会自愿放弃他们保持沉默的权利并回答问题。但讯问者也要记住他们依旧是有权利的，所以要提出对你的案情和对更大范围打击野生动植物犯罪有利的问题，要确保执法时遵循你所在国家的民事权利保护条款及国家法律。

四、由谁来主持讯问

拥有职业的谈话和讯问技巧，对于负责讯问嫌疑者的人来说是非常有利的。案件负责人应当让最有天分和能力的人员来讯问涉嫌走私野生动植物的嫌疑人。负责讯问的人则需要了解整个案件的情况，以及这些走私货物是如何被发现的。案件负责人需要确保负责讯问的人是有资质、有能力的，而且在讯问嫌疑人需要特别授权的情况下，询问人也是有权力的。任何必需的授权都应当是可行且有效的。

如果一位讯问者（可能是海关人员或警察）的经验十分丰富，但他对野生动植物的知识比较匮乏，那么就需要野生动植物机构的人员组织一支有效率的队伍对其进行辅助。

五、讯问者需要了解哪些背景信息

负责提问的人员最基本的知识应该包括：

A. 国家野生动植物法律及相关的规定和政策。

B. 适用于执法讯问的国家法律法规和机构政策（特别是受讯问者的合法权利）。

C. 适用于被羁押人员权利和讯问嫌疑人及询问证人的国际规则及标准。

D.《濒危野生动植物种国际贸易公约》（CITES）及其审批制度。

E. 野生动植物犯罪的大环境，特别是国际环境，最好了解案件相关的走私货物在非法国际贸易中的情况。（可能的信息源——CITES组织警告、国际刑警组织出版物、世界海关组织公告等。很多非政府组织也会对特定野生物种的非法贸易发布报告。这些资源一般可以在互联网上取得。）

F. 护照信息、销售凭证、提货单、航运收据和其他可能与走私案件有关的文件，询问者应具备侦测异常和欺诈行为的能力。

六、讯问前的注意事项

开始讯问前，搜集嫌疑人的身份信息：

－复印他们的护照／身份证件；

－拍摄嫌疑人的照片；

－搜集他们的指纹信息；

－DNA样本（如果可行）。

如果被讯问者已经被执法机构逮捕或者拘留，则要对提交的指控和嫌疑人的违法情况进行核实，核对量刑的标准。这将影响到嫌疑人在讯问过程中的配合度。

核对你所在机构对于讯问过程记录和见证的规定，是否需要配备速记员或者监控摄像头，如果使用了摄像机或者录音机，确保有足够的卡带或者磁带。确保后续的信息存储记录处理措施与刑事刑法证据要求和机构政策相符，并且避免信息被篡改。尽管有些司法系统没有要求，但通常在讯问过程中使用的摄像机或者录音机都必须是明显可见的，避免出现投诉"隐蔽拍摄或录音"的情况。

如果没有讯问过程的记录条件，则需要有另一位执法人员在场见证。但要避免一名以上见证人员在场，因为法庭可能会认为这是对嫌疑人的施压行为。特别是在讯问嫌疑人认罪情况时，要注意到这个问题。

核查所有与讯问相关的法律法规和政策。是否需要一位律政人员在场（检察官或者辩护律师）；应当对被讯问者提供什么便利（餐饮、厕所、电话等）；讯问是否有时间限制；是否完成了任何必需的准备文书工作；讯问者在法律允许的范围内可以向嫌疑人提供多少引诱其合作的筹码；他可以提供对嫌疑人有利的条件来交换信息吗。这些问题应该与检察官讨论决定。

根据你所在机构的以下相关规定进行讯问活动：

－记录方式；

－现场的见证人或律政人员；

－必需的便利措施。

七、着手准备讯问——审查证据

确认已经彻底搜查过嫌疑人所有的衣物、行李和车辆。讯问者必须亲自核实搜查落实情况。他们拥有的背景知识会在核实过程中发现可能被忽略的藏匿方式。

开始讯问嫌疑人前，回顾所有可用的情报和相关信息。深入彻底地了解已经掌握的所有案件信息。特别要注意认真检查所有相关文件（CITES 许可、提货单、销售凭证、护照、机票等），检查护照上的旅行记录。虽然当今的电子机票不一定包含了发票的机构名称，但"行程定位器"可以帮助执法人员找到销售机票的机构。这是鉴别机票购买人的第一步。在一个简单的走私案例中，可以利用这些信息追溯到雇佣走私者的野生动植物商人。另外，不要忘记查询地址簿、日记以及任何手机上的短信和通话记录、通讯录。笔记本电脑上的信息也可能是有用的。确认调查的主题，应该讯问嫌疑人关于文件异常的问题。

物证也包括野生动植物走私物品本身。核对走私物品的物种和数量，并尝试将这些走私的物种与你所在的地区其他案件中所截获的走私物种联系起来。试着确定野生动植物的来源地和可能的市场区域。

其他的物证包括嫌疑人的行李和内容物，还有用于装载走私物品的任何容器。个人行李可以提供很多关于这个旅客的信息。例如，大部分的旅客都会在国际旅行中携带几件换洗衣服，但一个走私者可能会因为行程很短，只带了一两件衣服。

走私物品是如何被携带的，证据是否显示被讯问者知晓他所携带的野生动植物是走私物品，例如，用某种手段隐藏走私物品，或者被讯问者有可能是完全不知道携带物品信息的受雇走私者；有些走私者携带了密码箱，但其本身不知道开箱密码。

回顾关于嫌疑人近况的信息。比如，如果已经逮捕嫌疑人，逮捕行动有哪些细节；如果他们是自愿被讯问，为什么自愿；寻求最近接触过嫌疑人的人员的意见，询问关于该嫌疑人的精神状况、行为和个人品质情况。

八、着手准备讯问——审查嫌疑人

检查嫌疑人的身份、法律地位、背景、潜在的犯罪记录、精神状态、身体状态，并据此采取合适的行动。

核实被讯问者的身份和法律地位。比如，嫌疑人是否与护照或者身份证件上所描述的人相符；他们是否被逮捕或者拘留；他们是自愿被讯问的吗；他们在你的司法管辖区域是否合法（如：是你所在国家的居民还是持有有效签证的访问者）。如果嫌疑人是你所在国家的访问者，他们的大使馆或领事馆是否知晓他们被拘留或逮捕的情况；他们是否有特殊的法律地位（例如，身为外交人员）；利用可用的资源来识别嫌疑人是否有犯罪背景或被通缉，与其他国家执法机构联系并确定嫌疑人是否与其他犯罪活动有关系或者正在被调查。走私通常涉及国际活动，所以要通过国家中心局（NCB）与CITES 秘书处和国际刑警组织总秘书处等国际机构联系并确认该嫌疑人是否在别的地方有相关记录。

调查嫌疑人的背景。试图确认他们在走私活动中的作用，以及他们可能提供的情报价值。比如，嫌疑人是走私贵重物品的商人，还是受雇佣的普通走私者；他们是否有专业知识（如专门的收藏者或者科研工作者）。

条件允许的情况下，隐蔽观察嫌疑人并评估他们的精神状况及表现合作态度的可能性。比如，他们是否尝试与警卫沟通；他们是否愤怒、骄傲、哭泣、紧张、镇静或者害怕；根据嫌疑人的精神状态设计问题可以挖掘出更多的信息。

检查嫌疑人的身体状况。比如，他们是否受伤、生病或者需要任何医疗看护（最好根据需求情况提供医疗服务）；是否需要翻译人员；精神或身体残疾否；如果是青少年，被讯问者在讯问过程中需要什么特殊帮助。

尽量熟悉被讯问者和案件的所有细节。这样负责讯问的人员才能在面对嫌疑人有欺诈意图时评估他们提供的信息的可信度。

九、何时开始讯问

由于羁押嫌疑人的时间通常受到法律限制，在完成初步准备之后应当马上对嫌疑人展开讯问。而且逮捕对于大多数人来说是一次身心受伤的经历，他们在被逮捕后通常会经历几个小时甚至几天的认知模糊，所以通常会比较主动回答问题。此外，被讯问者能提供的信息可能具有时效性，或者对案件的进展有即时的影响。并且，大部分的有用的信息可能来自嫌疑人的短期记忆，他们会随着时间推移逐渐丧失这些记忆。

然而，要始终记住，准备不足会导致表现不佳。准备好基本的提问计划，并且根据要求将其提交给上级负责人进行审核。

最基本的提问计划应该包括：

－讯问的目的（是否需要更多的证据或者口供；是否在寻找走私链上的其他人员；是否需要获取有价值的情报）；

－确认嫌疑人的身份；

－讯问的时间和地点；

－主要的讯问方案及备选方案；

－提出问题的顺序；

－谁是主持讯问的人；

－记录和报告所得信息的方式。

－谁来评估讯问情况并决定后续行动。

如果要讯问一个以上的嫌疑人，需将他们隔开，防止他们密谋串供而提供虚假信息，并从最有合作意愿的嫌疑人开始讯问。

十、在何处讯问

这个问题需要根据个案的基本情况、涉及的机构以及嫌疑人是否被拘留、逮捕或者自愿被讯问来具体分析。讯问的地点可以是警察局里面配备视频记录仪器的审讯专用室，可以是一辆边检关口的车辆上，或者海港的海关口岸或者在机场的出发区域。

但是要确保讯问的地方不会被干扰和打断，一个封闭的会议室或者办公室是理想的选择。这个房间应该是相对舒适、没有压迫感、整洁的，尽量移走所有的桌子，拔掉电话线。最后，确保没有其他可以被嫌疑人当作武器或者逃跑工具的潜在危险物品。

十一、初次接触嫌疑人

讯问成功与否很大程度上取决于讯问者和被讯问者的首次接触，并且还会影响到嫌疑人后面的合作意愿。讯问者应该根据他对嫌疑人的初始认识采取相应的态度，但大部分的讯问流程都应该按照以下流程开始。

讯问人员应当对在场人员加以介绍并做自我介绍，告知嫌疑人讯问的原因和他们的合法权利；另外，如果现场使用了任何音、视频记录仪器，在没有法律要求的情况下也应当告知嫌疑人；讯问者应当坐在嫌疑人附近，但最好不是面对面的形式（经常被认为是有胁迫性的行为），座位安排最好形成一定的角度；通常来说，初次接触应该采取比较严谨有条理的态度；如果想让嫌疑人更加配合讯问工作，应当采取比较放松的态度；讯问人员应该准备好随时根据嫌疑人的合作情况调整自己的态度。

然而，无论嫌疑人的态度如何，讯问者都应该建立并维持对被讯问者和讯问过程的控制；建立并维持与被讯问者的密切关系；讯问者避免出现语言和肢体上的对抗性行为将可以大大提高讯问的效率，因为讯问的目的是鼓励嫌疑人自由表达和提供有效信息，并且安抚嫌疑人的情绪；应告知嫌疑人，讯问是公平的，不带任何预判的进行，因为初始审讯的目的只是要从该嫌疑人的角度了解案情；根据嫌疑人所处的环境，提出一些基本的问题，例如，嫌疑人是如何被逮捕的，逮捕之后他们受到了什么样的对待等，可以帮助讯问者与嫌疑人建立比较密切的关系。

当然也有些情况是由侦查走私、逮捕或者拘留嫌疑人的同一位执法人员主持讯问，这就应该根据情况采取不同的行动。

谨记嫌疑人关于案情的首次供述，无论真实与否，对于检察官来说都是重要的信息。由于罪犯经常在讯问中说谎，这些信息对于将嫌疑人与特定的事件联系起来，以及后续讯问中通过展示反驳证据限制他们的机动性有重要作用。应该避免在一开始就对他们的谎言进行质疑，让嫌疑人继续说谎，并将其全部记录下来。

在讯问的开始阶段，避免提出太多问题。上半身向前倾的动作可以让你看起来是在认真倾听。在合适的时候点头、微笑，保持目光交流，表示你对嫌疑人的说话内容感兴趣。而且还可以鼓励嫌疑人保持交谈状态，要尽量避免瞪视嫌疑人。

应该向被讯问者展示尽可能多的相关文件和走私货物，以及一些证据的数码照片。这将会避免后续阶段中嫌疑人声称他们承认的情况与缴获的证据不符，或者他们没有理解谈话的内容。可以尝试将展现证据的时间按照一定逻辑排序，以达到最佳效果。譬如，可以在嫌疑人供述某个情况之后用物证进行反驳。

谨记讯问至少有两个主要目的：

A. 搜集可以用于解决当前案件的信息，以及检察官需要用来提起诉讼或证明嫌疑人无罪的信息。

B. 搜集可以在其他野生动植物犯罪调查中有用的信息，以及与本案相关的其他犯罪活动，例如，从相关的非法诱捕、捕猎野生动物，到野生动植物的非法交易市场等。

对于最近经历了逮捕行动等紧张体验的人，应该试图：

－与其谈话，试图缓解紧张情绪。

－对他们觉得有罪的事进行合理化解释。

－让他们与控制他们的人合作。

－对他们表现出的善意和对工作人员的理解及时给予回应。

－当他们要求提供小额赏金时与其合作。

－当他们的尊严被蔑视时表现出反对态度。

－让他们自由谈论他们以为执法人员已经知晓的情况。讯问者需要避免对嫌疑人所说的任何情况表示诧异。诧异的表现常常会引起嫌疑人的警觉并停止供述。

对被讯问者的讯问只是正常的流程，说明执法者已经掌握了所有必要的信息。讯问者不应该做出任何无法实现的承诺。因为讯问的目的是使嫌疑人与讯问者产生对话交流和紧密的联系。如果讯问者和嫌疑人之间出现任何明显的冲突，讯问者应该停止讯问并将工作交给其他工作人员。这并不意味着该讯问者缺乏讯问技巧，而是可能由于性别差异（如女性讯问男性）、文化或者年龄差异，出现不同程度的冲突状况。

十二、问题清单

以下是讯问走私者时常用的一些问题，这个清单不适用于所有环境的一切问题。有些问题的答案可能需要通过提出辅助性问题来获得更多支持性的信息，所以讯问者不要局限于使用已经列出的问题。有效的讯问需要灵活运用知识和想象力。

在口岸、机场或者边检关口，发现走私者后尽快对其提问最重要的问题应该是"有人会在这里跟你接头吗？"答案如果是肯定的，执法者就应该进行快速响应，识别并抓捕所有共犯。否则，以下的问题清单可以被用于准备一次讯问，确保所有的重点问题都被覆盖到了。

在讯问嫌疑人时，应该考虑可以被用于控告或者指控嫌疑人违法的"证据点"。在寻求这些关键"证据点"时，可以用"何人、何事、何时、何地、如何及为何"的原则来指导工作。遵循这个原则来进行讯问，就可以发现嫌疑人对犯罪活动的了解。这个原则仅仅是大体上的指导。需要全面设计并可以拓展的问题概述如下。

⊙　**个人详细信息和行程**

－你的名字、生日、国籍、职业、住址；

－是否已婚（如果是，请提供配偶姓名）；

－是否有儿子或者女儿（如果是，请提供姓名）；

－你的联系信息（电话号码，邮箱等）；

－你是否与其他人一起旅行；

－你有多少行李，你的车辆里有什么（如果有关的话）；

－这次旅行中你到过哪些国家；

－你在这些国家时住在什么地方，你预定了住处吗，如何进行付款的，分别逗留了多长时间；

－你在这些国家认识什么人，在旅行中与他们见过面吗，怎么认识他们的；

－你什么时候去过这些国家；

－你旅行的目的是什么；

－你的目的地是哪里，你还要去其他国家吗；

－你是怎么计划此次旅行的，谁负责支付你的旅行费用。

⊙　**走私物品**

－你是否知道你为什么被盘问（如果不知道，向其解释原因）；

－我们在你的行李中找到了这个（走私物品，或者数码照片；如果是文字讯问，请描述该物品并且给出确切的数量），你可以解释一下这是什么吗；

－这是你的东西吗；你从哪里得到这些的；为什么这些东西在你的行李中；

－这些东西是你购得的吗，如果是，你花了多少钱买的；

－有人雇佣你运送这些东西吗，如果是，谁付的酬劳，给了多少酬劳，你是怎么接受酬劳的。还有更多未到账的酬劳吗，如果是，你是如何接受后续的酬劳的；

－你是怎么与支付酬劳的人联系的，这个人给了你任何指示吗；

－你打算怎么处理这些东西；

－你以前运送过野生动植物吗。如果有，是怎样的频率，从哪里送到哪里；

－你是怎么参与到野生动植物运输中来的；

－你为什么参与野生动植物运输；

－你有雇主吗，或者你是独立工作的；

－谁是你的雇主（如果嫌疑人有雇主，详细回答）；

－你跟谁一起工作（详细回答）；

－你有亲戚参与这个贸易活动吗；

－除了运送野生动植物之外你还有其他的工作吗。如果有的话，是什么样的工作；

－你为什么参与这次的野生动植物运送活动。

⊙　**关于走私经销商的问题**

－你是从哪里获得野生动植物的（细节）；

－你有一个以上的供应商吗；

－你的供应商是从何处获得野生动植物的，如何获得的；

－有没有用于保管和在运送前储存野生动植物的地方，如果有，在哪里；

－你是去供应商处取得野生动植物，还是供应商将其寄送给你；

－如果野生动植物是寄送出去的，是如何寄送的，什么时候送抵；

－你的供应商还有其他合作者吗，是谁，他们是做什么的；

－你认识你供应商的其他合作者吗，如果认识，是谁（细节）；

－你的供应商一个月会供应多少野生动植物；

－你可以解释一下你获得野生动植物的流程吗（譬如，你的供应商会打电话给你吗，你们会见面吗，在什么地方见面）；

－你的供应商是独立运作的吗，还是有合作伙伴（细节）；

－有人负责为你的供应商准备野生动植物吗（细节）；

－你的野生动植物是从哪里来的，哪个国家；

－你通常习惯怎么运送野生动植物（细节）。

⊙　**关于走私商品顾客的问题**

－谁是你的顾客，谁会从你这里买野生动植物；

－你的顾客都是什么国家的人；

－你有常客吗，如果有，是谁（细节）；

－你是怎么跟顾客联系的；

- 你在哪里跟顾客见面讨论业务；
- 顾客购买野生动植物的用途（自用、礼品、批发或者零售）；
- 你贩卖的野生动植物是什么价格；
- 这些价格可以协商吗，如果是，最多可以便宜多少；
- 你的顾客在购买了野生动植物之后如何运输；
- 你的顾客会在国际间买卖从你这里买到的野生动植物吗；
- 你使用过邮递或者快递服务来运送野生动植物吗；
- 你在网上卖过野生动植物吗，如果有，成功了吗（细节）。

⊙　**关于走私商竞争对手的问题**

- 你有竞争对手吗，如果有，是谁（细节）；
- 你竞争对手的供应商是谁（细节）；
- 你知道你竞争对手的价格吗；
- 你的供应商有竞争对手吗，如果有，是谁（细节）；
- 如果有竞争，你为什么选择了现在合作的这个供应商；
- 你跟供应商之间有过矛盾吗，如果有，是什么矛盾；
- 你担心你的人身安全吗，如果担心，为什么。

⊙　**关于财务的问题**

- 你是怎么样购买野生动植物的（细节）；
- 你是怎样给供应商付款的；
- 你每个月会采购多少野生动植物；
- 可以卖掉多少；
- 你怎么保存获得的收益（细节）；
- 你怎么接收顾客的付款（现金，信用卡还是银行转账）；
- 你用什么币种来购买和销售野生动植物；
- 你会把野生动植物贸易所得当作合法收入报税吗；
- 你有电脑吗，有的话在哪里；
- 你怎么保存业务记录，电脑还是纸质的；
- 你的业务记录在哪里。

⊙　**关于腐败的问题**

- 你曾经贿赂过公职人员来保证你的商业运作吗，如果有，是谁，贿赂了多少；
- 你贿赂过海关人员、机场安检或者航空职员来允许你出口野生动植物到国外、通过口岸或者中转运输吗，如果有，你知道此人的名字或者你可以描述一下这个人吗；

　　－是什么驱使了你的贿赂行为；

　　－有公职人员帮助过你运输野生动植物吗（细节）；

　　－你会因为这些人担心自己的人身安全吗。

⊙　开放式提问

　　－你所交易的野生动植物的市场需求是在增长还是减少；

　　－你怎么看待野生动植物贸易的未来发展；

　　－你觉得野生动植物贸易的主要风险是什么；

　　－描述你最喜欢的顾客；

　　－有什么原因可以让你放弃走私野生动植物从事正常的工作吗，如果没有，为什么。

十三、终止讯问

讯问中止的原因有几个，比如：

－讯问的目的已经达到了；

－讯问者无法与嫌疑人保持密切关系，或者嫌疑人开始或保持不合作态度；

－讯问和被讯问者因为身体或精神原因无法继续；

－讯问者因为某些特定原因需要打断审问。

中止讯问时，需要：

－告知嫌疑人，其所提供的所有信息都会经过准确性和真实性检验（仔细观察通知时嫌疑人的反应）；

－告知嫌疑人其有可能会被再次讯问；

－尽快实现讯问时做出的任何承诺；

－嫌疑人的私人财产，以及没有被当作证据或者其他目的留存的物品都要归还给嫌疑人。嫌疑人应该得到一份收据，说明什么物品被留存了。尝试在讯问和终止阶段保持和嫌疑人的紧密联系，因为可能在以后还要再对嫌疑人进行讯问。

十四、评估、分析和行动

这是开始进行反应行动的时刻。回顾嫌疑人在讯问过程中的反应和举止，你是否相信走私者告诉你的信息；你是否可以独自决定还是需要寻求咨询；你是否还需要更多信息吗；你是否需要进行更多调查，继续提出问题；是否需要其他人员来负责提出这些问题。

这也是决定下一步行动的时刻。走私者是否会被起诉；走私者是否会成为证人；

他们是否会成为卧底进行控制交付行动，帮助执法机关抓获其他走私链条上的参与者；你提取到的信息应该与谁分享，应该在多长的时间内分享，这些信息是否可以被用作指导进一步的实际行动。比如，"接头人"是否在某处等着走私客，是否可以逮捕这个人；是否要搜查一些你已经掌握的交易和加工场所；你是否需要在其他机构采取行动的时候拘留走私者以保证他们无法通知同伙。

现在你可以与他们分享你所获得的信息：你的同事；国家内的其他机构；走私物品来源国的机构；中转国的机构；运输目的地，交易/消费国的机构；国际机构。如：国际刑警组织，世界海关组织和 CITES 秘书处。确保你所得到的信息被分享，以免浪费你努力工作得到的成果。如果这些信息对你没有用处，请将它传递给可能用到的人。

同时，你在讯问中获得的信息可能具有高度的执法敏感性，信息一旦泄露，就可能严重影响到你的案件。确保分享时要遵循适时、"按需知密"的原则。

第二节　报　告

应该尽快将讯问获得的信息准确地向有关当局和机构进行报告。国家机构通常都会有他们自己的标准报告流程。野生动植物机构可以向当地警察索要他们使用的报告格式。但无论如何，报告都应包括：

－讯问的时间、地点等细节；

－嫌疑人的姓名和其他个人信息；

－讯问者和其他见证人的姓名；

－核实嫌疑人的所有合法权益及相关问题得到了尊重；

－讯问者对信息来源可信度、可靠性和合作程度的评估结果；

－完全从嫌疑人处获得没有经过任何添加或删改（除非是附上的注解）的与提问和回答相关的所有细节。

缴获具有国际影响力的重要物资时应当通过生态信息流程向国际刑警组织报告。包括截获走私的大量野生动植物，或者是极度濒危的物种，譬如收录于 CITES 附录 I 中的物种。国际刑警组织与 CITES 之间签署了谅解备忘录，所以向其中一个机构提交的报告会使双方都得到通知。

生态信息表格电子版本和填写指南可以在以下网址找到：https：//www.interpol.int/Public/EnvironmentalCrime/EcoMessage/default.asp。

以下网址也可以找到电子版本的生态信息表格：http：//www.cites.org/eng/notif/2008/E068-form.pdf。

与其他执法机构分享获得的信息至关重要，因为执法机构应该在某种程度上认识并根据走私活动的跨国特性进行有选择的信息分享。任何野生动植物走私者都有可能在其他国家犯下类似的罪行。

分享情报让国际组织可以发出警告或者其他公告，帮助相关机构进行风险评估、分析和寻找目标。这样可以引导其他执法机构截获、讯问更多的走私者，并搜集到更多的情报。

国际刑警组织秘书处，世界海关组织和濒管条约组织拥有成员国内相关组织的通讯网络，并且提供分发信息和方便查询的服务。

© 国际刑警组织 &CITES，2010

我们鼓励执法机构提交任何可能与讯问野生动植物走私者相关的信息以供本手册更新参考，并向其他机构提供经验教训。请将信息递交到以下地址：

CITESSecretariat, Anti-smuggling, FraudandOrganizedCrime, International EnvironmentHouse, ChemindesAnémones, CH-1219Châtelaine, Geneva, Switzerland.

Tel: +4122917-8139/40

Fax: +4122797-3417

Email: info@cites.org

ICPO-INTERPOL

GeneralSecretariat, PublicSafetyandTerrorismSub-directorateWildlifeCrimeintelligenceOfficer, 200quaiCharlesdeGaulle69006Lyon, France.

Tel: +33472447000

Fax: +33472447163

Email: info@interpol.int

第五章

野生动物案件案例

第一节 乱捕滥猎类

一、非法猎捕野鸟案（行政）

1. 案情：2006 年 11 月，上海崇明县野生动物保护管理站接到前进派出所电话称："昨天在崇明北湖地区抓住两名捕鸟人员，并且在蛇皮袋中检查出各种鸟类共 151 只，其中 41 只活体，110 只已死亡。"上海崇明县野生动物保护管理站立即派人前往处理，对已死亡的鸟进行仔细查看，这些鸟都是被人拧断脖子后死亡的，排除了用毒药毒死的可能。经与《鸟类图鉴》进行鉴别，这些鸟都是蒙古沙鸻，属国家"三有动物"[①]。随后执法人员与前进派出所办了案件交接手续，并打电话要求两名违法人员陈某、汤某下午到上海崇明县野生动物保护管理站接受处理。经进一步询问获知，该两名违法人员是在 2006 年 11 月 5 日中午到北湖用翻网捕鸟的，捕到后准备自己吃。

2. 处罚结果：2006 年 11 月底，崇明县野生动物行政主管部门给予违法行为人没收野鸟 151 只，并处 800 元的行政处罚。

3. 处罚依据：根据《中华人民共和国野生动物保护法》第十八条规定："猎捕非国家重点保护野生动物的，必须取得狩猎证，并且服从猎捕量限额管理。"因此，该团伙在没有办理狩猎证的前提下，擅自捕猎野生动物的行为可以被认定为违法行为。根据《中华人民共和国陆生野生动物保护实施条例》第三十五条之规定："违反野生动物保护法规，未取得狩猎证或者未按照狩猎证规定猎捕非国家重点保护野生动物的，依照《中华人民共和国野生动物保护法》第三十三条的规定处以罚款的，按照下列规定执行：（一）有猎获物的，处以相当于猎获物价值五倍以下的罚款；（二）没有猎获物的，处一千元以下罚款。"本案中，两个当事人在整个案件调查过程中，能够积极予以配合，并且认错态度诚恳。因此以教育为目的，对两个当事人处以 800 元的罚款。

4. 情况分析：野生动物资源是社会公共资源，国家和地方都出台了相应的法律法规予以保护。崇明地域范围广，野生动物资源也比较丰富，不可避免地存在乱捕滥猎现象。但由于某些法律法规实际可操作性不强，导致主管部门在对非法捕猎、经营利用野生动物的单位和个人进行执法处罚时，存在一定的难度。

（1）每年县级野生动物保护主管部门花大量的人力物力打击非法捕猎现象，收缴

---

① 国家保护的有益的或者有重要经济、科学研究价值的陆生野生动物，简称"三有"动物。

了大量的捕鸟工具，但真正能对偷猎者实施行政处罚的比较少。在实际执法过程中，由于非法捕猎野生动物的工具都设置在野外，除了当场抓住非法捕猎者外，其他都很难找到当事人。由于用于捕鸟的工具成本低廉，经常是执法人员前脚收缴捕鸟工具，后脚又有人挂起捕鸟工具，屡禁不止，给管理部门的日常管理工作带来很大的困难。

（2）在行政处罚时，野生动物价格认定无参照依据，因为没有明码标价的市场售价，只能根据非法捕猎者提供的价格进行认定。所以，在准确掌握处罚标准上有一定的难度。

二、非法猎捕黑斑蛙案（行政）

1. **案情**：2006年6月，上海闵行区农业综合执法队接群众举报称："闵行区纪王镇赵家村有人经常在夜间捕捉青蛙。"接报后，闵行区农业综合执法队即与报人进行电话联系，了解相关情况，并组织执法队员进行夜间守候伏击。在执法队员守候了将近3个多小时后，终于在晚上九点半左右发现田间有手电筒的亮光，执法队员立即赶向亮光处，发现李某正在捕捉青蛙，当场查获并扣押了21只青蛙，共计1.2千克。经过专家鉴定，确定这些"青蛙"是上海市重点保护野生动物——黑斑蛙。经调查获知，李某捕捉黑斑蛙时未取得相应的许可证件，捕捉黑斑蛙的目的是自己食用。

2. **处罚结果**：2006年6月，上海市闵行区农业综合执法队对当事人做出了行政处罚，即没收非法捕捉的21只黑斑蛙，并处以108元人民币罚款。

3. **处罚依据**：根据《上海市实施〈中华人民共和国野生动物保护法〉办法》第十一条规定："禁止任何单位和个人非法猎捕国家和本市重点保护的野生动物。"本市有关部门或者单位因教学、科研、养殖、展览、交换、赠与、药用和其他特殊情况，需要猎捕国家重点保护野生动物的，依照《中华人民共和国野生动物保护法》第十六条规定办理："需要猎捕本市重点保护野生动物的，必须经市野生动物保护机构审核，报市野生动物行政主管部门批准并领取特许猎捕证、狩猎证或者捕捞证等许可证件。"因此，李某在没有办理任何相关手续的情况下捕捉黑斑蛙的行为可以被认定为违法行为。根据《最高人民法院关于审理破坏野生动物资源刑事案件具体应用法律若干问题的解释》，黑斑蛙不属于"珍贵、濒危野生动物"，该行为还不够刑事案件的立案标准，因此，对李某的违法行为做出行政处罚。根据《上海市实施〈中华人民共和国野生动物保护法〉办法》第二十五条第二款规定："非法捕杀本市重点保护野生动物的，由野生动物行政主管部门处以相当于猎获物价值五倍以下的罚款。"因当事人在整个案件取证调查过程中，能够积极给予配合，本着教育为主的目的，对当事人做出没收实物并处以108元的罚款。

4. **情况分析**：黑斑蛙俗称"青蛙""田鸡"，属两栖纲无尾目蛙科。在中国，从华北北缘到华南北缘的平原和丘陵地区最习见，数量很多。雄蛙鸣叫时，颈两侧的外声囊膨胀成球状，体长 70～80 毫米。背面色黄绿、深绿、灰绿或略带灰棕，散有黑斑。背侧各有 1 条金黄色或浅棕色褶，褶间有 4～6 条长短不等、若断若续的肤棱。吻端至肛部常有 1 条浅色的脊线纹，趾间全蹼。黑斑蛙吞食大量昆虫，每昼夜捕虫可达 70 余只，是消灭田间害虫的有益动物，是上海市重点保护野生动物。

三、偷猎鸻鹬类案（刑事）

1. **案情**：2005 年 3 月，崇明东滩鸟类自然保护区 4 名执法人员分两组分别从保护区碳通量监测步道和北牛场港处下滩进入预定守候伏击区域。下午四点半，在北牛场港外侧滩涂伏击的执法人员借助望远镜发现两个可疑人影在光滩上行走，20 分钟后发现这两人在布设扣网准备捕鸟。执法人员立即通知在南面伏击的执法人员向北靠拢合围。五点二十分，两路执法人员将包围圈缩小到离偷猎者近 300 米的时候被其发现，两名偷猎者员扔下捕鸟网具和捕到的鸟类分头逃窜。执法人员立即追击。偷猎者张某被一名执法人员追击近 3 千米，跑到齐腰深的水中，无处可逃，束手就擒。另一名偷猎者蔡某钻进比人高的互花米草丛后逃逸。执法人员在偷猎现场缴获偷猎网具一副，大滨鹬 39 只。

2. **处罚结果**：因保护区是禁猎区，偷猎鸟类数量超过 20 只以上，属于非法狩猎"情节严重"，已构成刑事案件。保护区管理处将案件移交公安部门立案处理。后经法院审理，两名偷猎者被判拘役 3 个月并处罚金 2000 元。

3. **处罚依据**：《中华人民共和国自然保护区条例》第二十六条规定："禁止在自然保护区内进行砍伐、放牧、狩猎、捕捞等活动。"《最高人民法院关于审理野生动物资源刑事案件具体应用法律若干问题的解释》第六条规定："在禁猎区、禁猎期或使用禁用的工具非法猎捕野生动物 20 只以上属于非法狩猎'情节严重'。"因保护区是禁猎区，偷猎数量超过 20 只以上，属于非法狩猎"情节严重"，已构成刑事案件，保护区管理处将案件移交公安局立案处理。

4. **情况分析**：崇明东滩是候鸟在东亚—澳大利西亚迁徙路线上的重要驿站，每年的 3～4 月份是鸻鹬类鸟北迁的高峰季节，大量的迁徙鸟类在崇明东滩停留觅食、补充能量。当地农民历来有捕猎鸟类获取经济利益的习惯。保护区成立以后不断开展宣传教育和执法活动，偷猎现象明显减少。为打击偷猎行为，保护区在鸟类迁徙高峰期间每年组织多次突击巡查和蹲点埋伏、打击。

四、非法猎捕麻雀案（刑事）

1. **案情**：2013 年 3 月，上海奉贤区公安部门与野生动物保护部门协同抓获销售麻雀的嫌疑人。后调查得知，该批麻雀是松江区泖港镇李某伙同其他 4 名村民在庄行邬桥社区利用爆竹、摇铃、捕鸟网等工具进行捕捉的。经李某交代，组织捕猎 2 次，共非法捕获 1762 只麻雀，除了大家分掉部分以外，其余出售，每人分得 70 元。经过公安机关调查取证，犯罪嫌疑人李某犯罪事实和情节具备非法狩猎罪构成要件，移交奉贤区检察院后，由区检察院对其提出公诉，并经法院庭审当日予以宣判。

2. **处罚结果**：2013 年 6 月奉贤区法院宣判，李某被判处有期徒刑 9 个月，缓刑 9 个月。李某对此判决表示无异议，表示今后不再重犯。

3. **处罚依据**：《最高人民法院关于审理野生动物资源刑事案件具体应用法律若干问题的解释》第六条规定："违反狩猎法规，在禁猎区、禁猎期或者使用禁用的工具、方法狩猎，具有下列情形之一的，属于非法狩猎'情节严重'：（一）非法狩猎野生动物二十只以上的；（二）违反狩猎法规，在禁猎区或者禁猎期使用禁用的工具、方法狩猎的；（三）具有其他严重情节的。"2013 年 1 月 21 日，上海市人大法工委根据市野生动物保护部门的提请，下发上海市人大常委会法工委对 [上海市林业局关于对《上海市实施〈中华人民共和国野生动物保护法〉办法》第十三条规定作出解释的请示] 的答复（沪会法函〔2013〕1 号）规定："对在本市使用'粘网''鸟网'等危害性捕猎工具和方法猎捕野生动物，实际造成伤亡后果的违法行为，可按'禁止使用的工具'追究行为人的法律责任。"

4. **情况分析**：本次庭审全程由上海市东方网进行现场直播，旨在告诉广大市民，麻雀虽不是珍贵和濒危动物，但它是"三有动物"，具有有益和有重要经济、科学研究价值，在冬季和早春啄食鳞翅目害虫，同时也是猛禽类益鸟的食料，任何人与单位不能非法猎捕。其意义不仅仅是对捕猎野生动物行为的入刑，更是对一些依然存有侥幸心理的非法捕猎者的震撼。通过庭审告知人们，非法狩猎野生动物是要付出代价的。从 2013 年 1 月 21 日起，"网捕"在上海属于禁止使用的工具，捕猎超过 20 只野生动物就要追究刑事责任，任何人不能存有侥幸心理。不乱捕滥猎野生动物就是保护生态资源、维护生态平衡，就是保护我们人类的家园。

五、禁猎区非法猎捕野鸭案（刑事）

1. **案情**：2012 年 12 月，强某伙同他人多次在上海浦东新区南汇东滩被列为全年禁猎区的芦苇地，以药物投毒的方式猎捕到野生鸟类 24 只，其中包括绿头鸭 2 只、赤膀鸭 2 只、绿翅鸭 7 只、斑嘴鸭 13 只。经科学鉴定，上述野生鸟类均被列入《国家保护的有益的或者有重要经济、科学研究价值的陆生野生动物名录》。此后强某在欲将上述鸟类出售途中被浦东新区公安和野生动物保护部门抓获。

2. **处罚结果**：依据刑事诉讼程序，浦东新区法院认定强某犯有非法狩猎罪，一审判决有期徒刑 7 个月。强某上诉至中级人民法院，2014 年 2 月，上海市第一中级人民法院做出二审判决，维持原一审法院的判决。

3. **处罚依据**：《中华人民共和国刑法》第三百四十一条第二款规定："违反狩猎法

规，在禁猎区、禁猎期或者使用禁用的工具、方法进行狩猎，破坏野生动物资源，情节严重的，处三年以下有期徒刑、拘役、管制或者罚金。"《最高人民法院关于审理破坏野生动物资源刑事案件具体应用法律若干问题的解释》第六条规定："违反狩猎法规，在禁猎区、禁猎期或者使用禁用的工具、方法狩猎，具有下列情形之一的，属于非法狩猎'情节严重'：（一）非法狩猎野生动物二十只以上的；（二）违反狩猎法规，在禁猎区或者禁猎期使用禁用的工具、方法狩猎的；（三）具有其他严重情节的。"

4. **情况分析**：党的十八大提出生态文明的概念，为保护野生动物提供了可靠根据。近年来，中央主流媒体和国家林业局加以重视，全国很多地方偷猎事件被曝光。在此背景下，各地人民政府加强了对野生动物的保护，划定禁猎区和禁猎期是一大举措。例如，吉林省将全省划为禁猎区，湖北省将全省划为5年的禁猎期。上海除原有的崇明东滩和南汇东滩外，奉贤区人民政府率先发布公告，将全区划为禁猎区。另外，上海市野生动物保护站将网捕作为禁用的工具提交市人民代表大会。这一系列举措都对保护野生动物特别有利，今后这方面的工作还要进一步加强。

第二节　非法经营利用类

一、非法经营利用蛇蛙案（行政）

1. **案情**：2005 年 7 月，上海市野生动物保护管理站（以下简称"市野保站"）工作人员开车经过内环高架武宁路时，发现在上匝口的内侧有一幅自制的"众品蛇庄"广告招牌，当天下午就派人去进行暗访，发现武宁路 415 号有某餐饮酒店，该酒店在厨房和备菜间的几个铁笼子里和塑料桶内摆放着各种蛇和青蛙。市野生动物保护站随即组织力量并邀请东方电视台、新闻晨报等新闻媒体单位一起参加，对该酒店进行突击执法检查，当场查获乌梢蛇 34 条、水蛇 11 条、王锦蛇 2 条、眼镜蛇 2 条、五步蛇 1 条、滑鼠蛇 1 条、青蛙 1 千克，暂扣了所有物品。

2. **处罚结果**：2005 年 9 月，上海市林业局依法对该单位做出了没收非法经营利用的全部蛇和青蛙、罚款人民币 800 元的行政处罚决定。

3. **处罚依据**：蛇和青蛙是上海市重点保护野生动物，根据《上海市实施〈中华人民共和国野生动物保护法〉办法》第十七条规定："经营本市重点保护野生动物及其产品，必须向市野生动物行政主管部门申请。经市野生动物行政主管部门批准并发给经营野生动物及其产品许可证。"该酒店经营利用本市重点保护野生动物，必须经上海市林业局批准，并取得《上海市野生动物及其产品经营利用许可证》。该酒店未按规定向市野生动物行政主管部门申请办理过行政许可手续，擅自经营本市重点保护野生动物的行为，违反了《上海市实施〈中华人民共和国野生动物保护法〉办法》第十七条规定，属非法经营。根据《上海市实施〈中华人民共和国野生动物保护法〉办法》第三十条规定："擅自经营、运输、携带市重点保护野生动物的，没收实物和违法所得，处以相当于实物价值五倍以下罚款。"因该酒店在案件的取证调查过程中能够积极配合，本着以教育为主的目的，对该单位做出了没收非法经营利用的全部蛇和青蛙、罚款人民币 800 元的行政处罚决定。

4. **情况分析**：该案件是典型的非法经营地方重点保护野生动物的案件，《上海市实施〈中华人民共和国野生动物保护法〉办法》第十七条规定："经营本市重点保护野生动物及其产品，必须向市野生动物行政主管部门申请。经市野生动物行政主管部门批准并发给经营野生动物及其产品许可证。"《上海市实施〈中华人民共和国野生动物保护法〉办法》第三十条规定："擅自经营、运输、携带市重点保护野生动物的，没收实物和违法所得，处以相当于实物价值五倍以下罚款。"

野生动物资源是社会公共资源，国家和地方都有相应的法律法规予以保护，但是在实际案件处理过程中，存在着一些困难。一是野生动物的价格认定。尤其是非国家重点保护的野生动物，因无参照依据，只能根据非法经营者的供述，才能得知其在市场上的出售价格。所以在掌握处罚标准上有一定的难度。二是野生动物的管理涉及运输、工商和食品卫生等许多部门，仅仅从野生动物保护执法上来管理，效果就会受到很大的影响。三是野生动物保护的宣传力度不够，需要动员全社会都来关心保护野生动物。

二、非法出售辐纹陆龟案（行政）

1. **案情：** 2006年9月，上海市野生动物保护管理机构接到举报称："中心城区某花鸟市场内一家宠物店正在出售辐纹陆龟。"接报后，上海市野生动物保护管理机构即对情况进行核实，当场查获并先行登记保存两只辐纹陆龟。经专家现场鉴定，确定这是《濒危野生动植物种国际贸易公约》（CITES）附录 I 物种——辐纹陆龟。经调查获知，该业主是通过网上订货的方式以每只1000元人民币的价格购得辐纹陆龟，并向外销售。

2. **处罚结果：** 2006年12月，上海市野生动物保护管理机构对当事人做出了行政处罚：没收非法经营的两只辐纹陆龟，并处以4000元人民币罚款。

3. **处罚依据：** 辐纹陆龟（*Astrochelys radiata*）属龟鳖目陆龟科土陆龟属，分布于马达加斯加南部。背甲呈长椭圆形，褐色，每块盾片上有淡黄色放射状花纹，腹甲黄色，有数块大黑色三角形斑纹；前肢前缘具覆瓦状大鳞片。该种非我国原产，属于《濒危野生动植物种国际贸易公约》（CITES）附录 I 物种。

根据《林业部关于核准部分濒危野生动物为国家重点保护野生动物的通知》（林护通字〔1993〕48号）文件规定："将《濒危野生动植物种国际贸易公约》附录 I 和附录 II 所列非原产我国的所有野生动物，分别核准为国家一级和二级保护野生动物。"因此，没收的辐纹陆龟可以按国家一级重点保护野生动物进行管理。根据《中华人民共和国野生动物保护法》第二十二条规定："禁止出售、收购国家重点保护野生动物或者其产品。因科学研究、驯养繁殖、展览等特殊情况，需要出售、收购、利用国家一级保护野生动物或者其产品的，必须经国务院野生动物行政主管部门或者其授权的单位批准。"因此，该宠物店在没有办理任何相关手续的情况下擅自出售辐纹陆龟的行为可以被认定为违法行为。根据《上海市实施〈中华人民共和国野生动物保护法〉办法》第三十一条规定："未经批准，擅自经营、运输、携带国家重点保护野生动物及其产品的，没收实物和违法所得，并处以相当于实物价值十倍以下的罚款。"因当事人在整个案件取证调查过程中，能够积极给予配合，并且又是初次从事这类经营活动，本着以教育为主的目的，对当事人做出没收实物并处以4000元的罚款处理。

4. **情况分析**：野生动物资源是社会公共资源，国家和地方都有相应的法律法规予以保护，但是在实际案件处理过程中，对管理者和执法者来说存在着一定的困难。一是刑事案件和行政案件的严格区分。按照国家林业局、公安部门关于野生动物资源刑事立案标准，凡涉及国家重点保护野生动物及其制品，公安机关可以立案审查。本案中辐纹陆龟按国家一级重点保护野生动物进行管理，公安部门也可以立案。但根据野生动物保护法律法规，野生动物保护部门也可以给予行政处罚。本案发生较早，当时与公安部门联动机制尚未健全，就给予了行政处罚。此类案件有待法律法规进一步完善。二是野生动物的管理涉及许多部门，仅仅在终端消费环节予以管理，效果就会受到很大的影响。三是在本案中，当事人利用互联网从事销售活动，主管部门难以进行有效的监管。

三、非法批发销售蟾蜍案（行政）

1. **案情**：2006 年 7 月，上海金山区野生动植物保护管理站接到举报称："枫泾镇朱枫公路旁有非法批发销售蟾蜍窝点。"接报后，站领导即派人员对举报情况进行暗访调查。经调查发现，确实存在非法批发销售蟾蜍的现象。该站在请示上海市野生动物保护站、金山区农委后，制定了严密的打击行动计划。于 2006 年 7 月 12 日晚上九点，通过市野生动物保护站，联合市公安局、东方电视台、新闻晨报记者，开展联合打击行动。此次执法行动共出动执法人员 17 人、媒体记者 5 人，出动车辆 5 部。共没收用蛇皮袋包装的蟾蜍 49 袋，以平均每袋 30 斤计算，共计 1470 斤。以每斤 8 只计算，共有蟾蜍 11760 只。

2. **处罚结果**：没收蟾蜍 11760 只，并对当事人进行了教育批评。

3. **处罚依据**：蟾蜍为无尾目蟾蜍科动物，分布于全市各区（县）。国内除西藏、新疆、宁夏外，其余各省份均有分布。蟾蜍头部无骨质棱，皮肤粗糙，背部疣粒大而密，有一对发达的耳后腺。雄性无声囊，体背无显著花斑。被列为上海市市级重点保护野生动物。

根据《上海市实施〈中华人民共和国野生动物保护法〉办法》第三十一条规定："擅自经营、运输、携带上海市重点保护野生动物的，没收实物和违法所得，处以相当于实物价值五倍以下的罚款。"由于当事人在案件处理过程中认错态度较好，并承诺以后不再从事此类违法经营活动，因此，本着教育为主的目的，对当事人做出没收实物并给予批评教育的处理。

4. **情况分析**：枫泾地区违法销售的蟾蜍基本上都不是上海本地分布的，多是从外省运来的。有的省份没有把蟾蜍列为省级重点保护动物，所以很难控制。枫泾当地吃蟾蜍已经有相当长的历史了，现在又发展了枫泾古镇旅游地方特色菜，消费群体很大。单靠上海市野生动物保护部门的力量打击是远远不够的，只有加大宣传力度，提高市民保护野生动物的意识，还联合外省份野生动物主管部门，加强道口管理，从源头抓起，才能遏制非法批发销售蟾蜍的行为发生。

四、非法销售象牙制品案（行政）

1. **案情**：2005 年 6 月，当事人邓某在广州市带河路工艺市场，以人民币 50 ~ 1000 元价格购进未有陆生野生动物制品经营许可标示的手链、小挂件、笔筒、摆件、朝板等疑似非洲象牙制品 400 件。而后当事人在未经工商行政管理机关核准登记以及未经野生动物行政主管部门或者授权的单位批准下，擅自在上海黄浦区藏宝楼工艺品市场 3 楼 100 号摊位加价销售。黄浦区豫园工商所联合市、区野生动物保护管理部门对辖区内野生动物制品经营市场开展检查，发现邓某摊位上有疑似象牙制品销售。经上海市野生动植物鉴定中心权威鉴定，这 400 件制品均为非洲象牙制品。至 2006 年 8 月 16 日案发，当事人已经销售象牙制品 65 件，销售额为人民币 28000 元，从中获利人民币 5600 元。

2. **处罚结果**：2006 年 10 月，上海市工商管理局黄浦分局做出行政处罚决定，没收非洲象牙制品 335 件；没收非法所得人民币 5600 元；罚款人民币 14400 元。

3. **处罚依据**：《上海市实施〈中华人民共和国野生动物保护法〉办法》第三十条第一款："未经批准，擅自经营、运输、携带国家重点保护野生动物及其产品的，由工商行政管理部门会同野生动物行政主管部门没收实物和违法所得，并处以相当于实物价值十倍以下的罚款；擅自经营、运输、携带市级重点保护野生动物的，没收实物和违法所得，处以相当于实物价值五倍以下的罚款。"《中华人民共和国陆生野生动物保护实施条例》第三十七条规定："违反野生动物保护法规，出售、收购、运输、携带国家或者地方重点保护野生动物或者其产品的，由工商行政管理部门或者其授权的野生动物行政主管部门没收实物和违法所得，可以并处相当于实物价值十倍以下的罚款。"《国家林业局关于发布破坏野生动物资源刑事案件中涉及走私的象牙及其制品价值标准的通知》（林濒发 [2001]234 号）规定："一根未加工象牙的价值为 25 万元；由整根象牙雕刻而成的一件象牙制品，应视为一根象牙，其价值为 25 万元；由一根象牙切割成数段象牙块或者雕刻成数件象牙制品的，这些象牙块或者象牙制品总合，也应视为一根象牙，其价值为 25 万元；无法确定是否属一根象牙切割或者雕刻的象牙块或象牙制品，应根据其重量来核定，单价为 41667 元 / 千克。按上述价值标准核定的象牙及其制品价格低于实际销售价的按实际销售价格执行。"

4. **情况分析**：非洲象属于华盛顿公约附录 I 物种，当事人涉嫌触犯刑法，本案应当移交司法部门处理，不能以行政处罚代替刑事处罚，否则要追究刑事案件不移交的责任。上海目前没有森林公安建制，2006 年时公、检、法机关对于此类案件裁量持谨慎态度，公安部门介入此类案件较少。且根据《中华人民共和国陆生野生动物保护实施条例》规定，工商行政管理部门有权对当事人处以没收实物和违法所得，可以并处相当于实物价值十倍以下的罚款。随着野生动物保护部门与公安部门的合作日益深入，此类案件一般移交公安部门办理。

五、非法销售犀牛角制品案（行政）

1. 案情： 2010 年 5 月，当事人谢某购进 9 件疑似犀牛角制品，进货价为人民币 51000 元。后在当事人经营场所（湖北路中福古玩城）对外销售，由相关部门牵头和工商部门联合执法检查时查获，其中犀牛角小碗 2 只（有字 1 只）、犀牛角小瓶 2 只、犀牛角挂件 2 件、犀牛角手珠 1 串、犀牛角牌 1 块、犀牛角其他工艺品 1 件。上述 9 件犀牛角制品销售金额共计人民币 98000 元。经上海市野生动植物鉴定中心技术鉴定，这 9 件制品均为犀牛角制品。至 2010 年 6 月案发止，上述 9 件犀牛角制品均未被销售。

2. 处罚结果： 2010 年 9 月，上海市工商管理局黄浦分局做出行政处罚决定，没收 9 件犀牛角制品；罚款人民币 50000 元整。

3. 处罚依据：《上海市实施〈中华人民共和国野生动物保护法〉办法》第三十条第一款："未经批准，擅自经营、运输、携带国家重点保护野生动物及其产品的，由工商行政管理部门会同野生动物行政主管部门没收实物和违法所得，并处以相当于实物价值十倍以下的罚款；擅自经营、运输、携带市级重点保护野生动物的，没收实物和违法所得，处以相当于实物价值五倍以下的罚款。"中华人民共和国陆生野生动物保护实施条例》第三十七条规定："违反野生动物保护法规，出售、收购、运输、携带国家或者地方重点保护野生动物或者其产品的，由工商行政管理部门或者其授权的野生动物行政主管部门没收实物和违法所得，可以并处相当于实物价值十倍以下的罚款。"《国家林业局关于发布破坏野生动物资源刑事案件中涉及犀牛角价值标准的通知》（林护发〔2002〕130 号）规定，"将破坏野生动物资源刑事案件中涉及犀牛角的价值标准确定为：每千克 25 万元，实际交易高于上述价值的按实际交易价格执行。"

4. 情况分析： 野生动物及其制品管理涉及多个部门。单就陆生野生动物及其制品来说，行政管理主要涉及野生动植物保护、工商、濒危物种管理、城管等；刑事案件公、检、法理当参与，其他行政部门配合，尤其是野生动植物保护部门，担负着行业管理和物种鉴定、野生动物及其制品的接收和处理等职责。犀牛科动物属于 CITES 附录Ⅰ物种，对非法经营的处罚可参照非法经营象牙制品处罚。本案亦可移交公安部门办理，根据《最高人民法院关于审理破坏野生动物资源刑事案件具体应用法律若干问题的解释》（法释〔2000〕37 号），非法出售国家重点保护的珍贵、濒危野生动物制品数额达到 10 万元为情节严重，可处 5 年以上 10 年以下有期徒刑，并处罚金。本案涉及制品数额不足 10 万元，亦可处 5 年以下有期徒刑并处罚金。

六、饭店非法经营王锦蛇案（行政）

1. **案情**：2012 年 12 月，上海市野生动植物保护站执法人员对饭店例行检查，在长宁区一大型酒店发现菜单首页有王锦蛇菜肴，同时在样品中也有王锦蛇显示，标价每斤 148 元。经进一步讯问该店负责人得知，该店确实经营过大王蛇，从别处买进半成品在店内加工后摆上餐桌。现场未能提供相关野生动物及其制品经营利用许可证件。执法人员当场制作了《现场检查笔录》和《询问笔录》，由饭店负责人签字确认。经报告上级后立案查处。本案经进一步调查得知，该店共购进王锦蛇半成品 150 千克，每千克进价 160 元，加工后卖给顾客每千克 256 元。

2. **处罚结果**：2013 年 4 月，上海市林业局做出行政处罚决定，没收违法经营王锦蛇所得人民币 14400 元整，罚款人民币 24000 元整。当事人已于 2013 年 4 月 16 日将全部罚没款缴入指定的代收银行，整个行政处罚案件结案。

3. **处罚依据**：《上海市实施〈中华人民共和国野生动物保护法〉办法》第三十条第一款："未经批准，擅自经营、运输、携带国家重点保护野生动物及其产品的，由工商行政管理部门会同野生动物行政主管部门没收实物和违法所得，并处以相当于实物价值十倍以下的罚款；擅自经营、运输、携带市重点保护野生动物的，没收实物和违法所得，处以相当于实物价值五倍以下的罚款。"《中华人民共和国陆生野生动物保护实施条例》第三十七条："违反野生动物保护法规，出售、收购、运输、携带国家或者地方重点保护野生动物或者其产品的，由工商行政管理部门或者其授权的野生动物行政主管部门没收实物和违法所得，可以并处相当于实物价值十倍以下的罚款。"

4. **情况分析**：王锦蛇属上海市重点保护野生动物，本市饭店经营这种野生动物情况比较严重，有些客户甚至指名吃这种蛇。目前上海饭店禁止经营国家和市重点保护野生动物，均不颁发《野生动物及其制品经营利用许可证》。所以，所有餐饮企业经营利用国家和市重点保护野生动物的行为都是违法行为。

七、非法经营利用珍贵、濒危野生动物案（刑事）

1. **案情**：2009 年 2 月，上海市野生动植物保护站接市民反映，在本市中心城区的一家宠物店中，摆放着鳄鱼、巨蜥、蟒蛇等珍贵濒危野生动物待售。保护站接报后即派员前往现场核实情况，随后即组织力量对该店实施了执法检查，在其货架上共查获了蟒蛇、巨蜥、暹罗鳄等珍稀濒危野生动物 11 条。经询问，这批动物是由该店店主从南方某市购入，准备出售。但该店无《野生动物及其产品经营利用许可证》及其他准予销售野生动物的行政许可文书。保护站在对该批动物实施完物种鉴定后，认为该店擅自经营珍贵、濒危野生动物数量较多，情节特别严重，其行为已涉嫌触犯《中华人民共和国刑法》有关规定，依据行政执法机关移送涉嫌犯罪案件的相关规定，将该案移送至案件发生地警方处理。警方接案后即对该案进行了侦查工作。

2. 处罚结果：人民法院根据检察院的起诉，认定该店犯非法出售珍贵、濒危野生动物罪，判处该店罚金人民币 5 万元；判处该店法定代表人有期徒刑 3 年，缓刑 3 年，并处罚金人民币 3 万元。

3. 处罚依据：《中华人民共和国刑法》第四百三十一条规定："非法收购、运输、出售国家重点保护的珍贵、濒危野生动物及其制品的，处五年以下有期徒刑或者拘役，并处罚金；情节严重的，处五年以上十年以下有期徒刑，并处罚金；情节特别严重的，处十年以上有期徒刑，并处罚金或者没收财产。"《最高人民法院关于审理破坏野生动物资源刑事案件具体应用法律若干问题的解释》第一条规定："《中华人民共和国刑法》第三百四十一条第一款规定的'珍贵、濒危野生动物'包括列入《濒危野生动植物种国际贸易公约》附录Ⅰ、附录Ⅱ的野生动物及其驯养繁殖的上述物种。"《中华人民共和国野生动物保护法》第二十二条规定："禁止出售、收购国家重点保护野生动物或者其产品。因科学研究、驯养繁殖、展览等特殊情况，需要出售、收购、利用国家一级保护野生动物或者其产品的，必须经国务院野生动物行政主管部门或者其授权单位批准；需要出售、收购、利用国家二级保护野生动物或者其产品的，必须经省、自治区、直辖市野生动物行政主管部门或者其授权单位批准。"

4. 情况分析：行政执法机关在行政处罚过程中，根据事实和法律，判定当事人涉嫌触犯刑法，即将案件移交司法部门处理，不能以行政处罚代替刑事处罚，否则要追究刑事案件不移交的责任。上海目前没有森林公安建制，刑事案件办理的数量相对于其他省份较少，公、检、法机关对于此类案件裁量持谨慎态度。一般情况下认罪态度较好，确有悔改之意，可获得减轻处罚。本案中已构成《中华人民共和国刑法》第三百四十一条中的情节严重或情节特别严重，可以判处 5 年以上有期徒刑。

八、非法买卖瑶山鳄蜥案（刑事）

1. 案情：2011 年 7 月，广东的黄某在一个爬行动物爱好者 QQ 群中挂出了出售瑶山鳄蜥的信息，表示要以 1500 元的价格出售 3 条瑶山鳄蜥。上海人小杰看到这条信息后便通过 QQ 与黄某取得联系。同为爬行动物爱好者的小宇和小雷从小杰处得知有人要出售瑶山鳄蜥的信息后，也当即表示愿意购买。于是，3 人将 1500 元汇到黄某的银行账户。收到货款后，黄某很快通过快递将 3 条瑶山鳄蜥从广东运到了小宇在上海的家。收货后，3 条瑶山鳄蜥被放在了上海一家宠物店内饲养。次日，小杰将 1 条瑶山鳄蜥卖给同样喜欢爬行动物的小孙饲养。不久，公安人员在宠物店查获了剩下的 2 条鳄蜥，并找回已出售的那一条。经鉴定，涉案鳄蜥为国家一级重点保护野生动物。

2. 处罚结果：2011 年 12 月，黄浦区法院开庭公开审判，黄某等犯罪嫌疑人具有非法销售、收购国家重点保护的珍贵、濒危野生动物事实和情节，其行为构成非法买卖珍贵、濒危野生动物罪。主犯黄某被判处有期徒刑 5 年 6 个月，并处罚金 6000 元；其余 4 人被判处有期徒刑 2 年，缓刑 2 年，并处罚金 2000 元。

3. 处罚依据： 瑶山鳄蜥（*Shinisaurus crocodilurus*）又称雷公蛇，属独科种，为我国特产。1928 年，由广州中山大学生物考察队任国荣等人首次在金秀县内发现。1930 年，德国学者鉴定为异晰科鳄蜥属，定名为瑶山鳄蜥，现已被列为国家一级重点保护野生动物。瑶山鳄蜥为卵胎生爬行动物，体近圆柱状略扁，头似蜥蜴，躯体、棱脊、尾部则似鳄鱼，长约 20 ~ 30 厘米，四肢粗壮有力，体背深褐黑色略带黄色，腹部蛋黄色带棕色或橙黄色，鳞片光滑。

《中华人民共和国刑法》第四百三十一条规定："非法收购、运输、出售国家重点保护的珍贵、濒危野生动物及其制品的，处五年以下有期徒刑或者拘役，并处罚金；情节严重的，处五年以上十年以下有期徒刑，并处罚金；情节特别严重的，处十年以上有期徒刑，并处罚金或者没收财产。"《最高人民法院关于审理破坏野生动物资源刑事案件具体应用法律若干问题的解释》（法释〔2000〕37 号）附件明确规定：非法收购、运输、出售瑶山鳄蜥数量达到 2 条不足 5 条的属于非法收购、运输、出售国家重点保护的珍贵、濒危野生动物"情节严重"情况。本案主犯黄某非法出售瑶山鳄蜥 3 条，达到情节严重，故处以 5 年 6 个月、罚金 6 千元的处罚，其余 4 人也因非法收购国家重点保护的珍贵、濒危野生动物获罪。

4. 情况分析： 现在豢养宠物的个人和家庭越来越多，其中不乏一些追求个性、潮流的年轻人不满足于拿小猫小狗当宠物，而是选择一些"潮宠物"，如蜥蜴、蜘蛛、蟒蛇、狐狸、貂等。但这些"潮宠物"中，有许多是受国家或国际公约保护的珍稀动物，无证购买或饲养都是法律所禁止的。其中，被列入《国家重点保护野生动物名录》的国家一、二级重点保护野生动物或被列入《濒危野生动植物种国际贸易公约》附录Ⅰ、附录Ⅱ的动物，根据被《中华人民共和国刑法》规定，无论是自用还是营利，只要出售、购买或运输就均将被追究相关刑事责任，达到一定数量的将可能视为情节严重或情节极其严重而加重处罚。本案中参与购买瑶山鳄蜥的 4 名犯罪嫌疑人均为年轻的爬行动物爱好者，对于所购物种属于国家重点保护野生动物以及可能触犯法律的风险是清楚的，由于侥幸心理和经济利益驱使他们参与了非法买卖珍贵、濒危野生动物案件并因此受到法律的严厉制裁。

九、非法经营象牙制品案（刑事）

1. 案情： 2012 年 5 月，虹口区公安分局治安支队布控在方浜中路藏宝楼上的侦察员，发现该案主要嫌疑人叶某和张某从藏宝楼三楼将大量象牙制品打包带到两人居住的河南南路，而此时负责蹲点守候方浜中路 523 号的侦查员也发现另两位嫌疑人的行踪，遂与野生动物保护部门制定了"全面包围、分点布控、择机围歼"的行动方案。

5月9日21时许，各点布控力量统一实施抓捕行动，一举抓获非法收购、出售珍贵、濒危野生动物制品的犯罪嫌疑人叶某、张某等4人。经清点，本次抓捕行动共查获各类象牙制品780余件，总价值人民币400余万元。通过审讯，叶某、张某如实供述了他们非法收购、贩卖象牙制品以及在2011年8月将8件象牙制品以人民币8000元的价格出售给他人的犯罪事实。其他两名从犯到案后，也如实供述了他们非法收购、贩卖象牙制品以及在2011年8月将1件雕龙象牙制品以人民币800元的价格出售给他人的犯罪事实。据此，本起非法收购、出售珍贵、濒危野生动物制品团伙案件的案犯全部落网，案件顺利告破，叶某、张某等4人已被刑事拘留。该案专案组荣获上海市公安局集体二等功的荣誉称号。

2. **处罚结果**：2012年9月，上海虹口区人民法院做出判决，主犯叶某和张某构成非法收购、出售珍贵、濒危野生动物制品罪，叶某被判处有期徒刑11年，并处罚金50000元；张某被判处有期徒刑9个月，缓刑1年，并处罚金5000元。

3. **处罚依据**：《中华人民共和国刑法》第三百四十一条第一款："非法猎捕、杀害国家重点保护的珍贵、濒危野生动物的，或者非法收购、运输、出售国家重点保护的珍贵、濒危野生动物及其制品的，处五年以下有期徒刑或者拘役，并处罚金；情节严重的，处五年以上十年以下有期徒刑，并处罚金；情节特别严重的，处十年以上有期徒刑，并处罚金或者没收财产。"《最高人民法院关于审理破坏野生动物资源刑事案件具体应用法律若干问题的解释》第五条第二款："非法收购、运输、出售珍贵、濒危野生动物制品具有下列情形之一的，属于'情节特别严重'：（一）价值在二十万元以上的；（二）非法获利十万元以上的；（三）具有其他特别严重情节的。"

4. **情况分析**：本案是上海市办理的野生动物制品案值较大的刑事案件，除依照《中华人民共和国刑事诉讼法》，公、检、法三机关密切配合以外，野生动物管理部门也必须参与，比如物种鉴定、技术咨询、野生动物保护相关法律法规提供等。在打击野保犯罪行为中，虹口公安机关为全市起了引领作用。刑法有明确规定，只要涉及国家重点保护野生动物及其制品，即可追究刑事责任；只要有事实证据证明当事人有非法猎捕、杀害、收购（营利或自用为目的）、运输、出售国家重点保护野生动物及其制品行为，就可认定其犯罪行为。此类案件办理难度不大。其余区（县）公安部门近年来对此类案件也越来越感兴趣，办案数量明显上升。公安介入后打击力度大，对保护野生动植物资源效果显著。

第三节　非法运输类

一、非法运输蛙蜍案（行政）

1. 案情： 2005 年 9 月，上海嘉定区野生动物保护站接到上海市野生动物保护站协查电话，称 7 日晚上会有一辆车号为 "苏 JC—0899" 的金龙大巴客车从江苏盐城至上海，途径沪宁高速公路江桥检查站，车上装有青蛙、蟾蜍等动物，将进入上海进行非法交易。该站执法人员即与沪宁高速公路江桥检查站联系，要求公安协查此辆客车，守候一夜，未查获。随后在上海市公安 110 的统一部署下，全市各公安检查站加强了对入沪客车的检查。经过连日检查，在 15 日晚上 8 点，车号为 "苏 JC—0899" 的金龙大巴客车从江苏盐城开往上海青浦，途径沪嘉浏高速公路朱桥检查站，该站执法人员在公安干警的配合下对该车进行了仔细检查，在行李箱的里层发现了装有青蛙、蟾蜍的泡沫箱、蛇皮袋 50 多件，重约 2000 千克。该站执法人员依法对该客车驾驶员周某进行了询问和调查取证，周某声称只是代人托运，货主、托运货物都不甚清楚。然而事实俱在，周某难圆其说。执法人员向其宣传了有关野生动物保护的法律法规，使他认识到自己的行为已经触犯了法律。

2. 处罚结果： 嘉定区野生动物保护站于 2005 年 9 月作出了没收 2000 千克青蛙和蟾蜍，并处 2000 元罚款的行政处罚决定。9 月 16 日清晨，保护站出动 9 名执法人员把没收的 2000 千克青蛙、蟾蜍运到嘉定区白墙千亩苗木基地，选择了 4 个适合青蛙、蟾蜍栖息的地方进行了放生。

3. 处罚依据： 青蛙、蟾蜍属两栖纲无尾目，栖息于水稻田、池塘、河沟、菜园、农舍周围，捕食小型昆虫，被列入上海市人民政府 1993 年 12 月 13 日公布的《上海市重点保护野生动物名录》之中。

根据《上海市实施〈中华人民共和国野生动物保护法〉办法》第二十条的规定："运输、邮寄、携带国家和本市重点保护野生动物及其产品出市境的，必须凭有关许可证件，向市野生动物保护机构提出申请，经批准后发给野生动物准运证。交通运输、邮政等部门凭野生动物准运证准予运输、邮寄、携带。运输、邮寄、携带国家重点保护野生动物及其产品进入上海市境内的单位和个人，必须持有外省、自治区、直辖市野生动物行政主管部门出具的有关证件。"因此，驾驶员周某在未办理任何手续的情况下擅自运输、携带青蛙、蟾蜍的行为可以被认定为违法行为。根据《上海市实施〈中华人民共和国野生动物保护法〉办法》第三十条的规定："未经批准，擅自经营、运输、携带国家重点保护野生动物及其产品的，由工商行政管理部门会同野生动物行政主管部门没收实物和违法所得，并处以相当于实物价值十倍以下的罚款；擅自经营、运输、携带市重点保护野生动物的，没收实物和违法所得，处以相当于实物价值五倍以下的罚款。"在整个案件调查处罚中无法找到真正的货主，驾驶员周某在案件调查过程中能主动配合，承认违法事实，因此本着教育为主的目的，对驾驶员周某作出没收实物并处 2000 元罚款的处理。

4. 情况分析：野生动物资源是社会公共资源，是人类生存环境中不可或缺的重要组成部分。青蛙、蟾蜍是害虫的天敌，国家和地方都有相应的法律法规予以保护，但实际案件查处过程中存在一定的困难。

一是野生动物的具体种属难以确认。由于行政执法人员大多没有经过野生动物专业知识的培训，缺乏相关的专业知识，对涉嫌违法的野生动物具体种属难以确认，只能确定到目、科，对认定涉案野生动物的保护级别及违法程度带来一定困难。二是青蛙、蟾蜍被列为上海市重点保护野生动物，但法律法规对运输、携带一般保护野生动物和本市重点保护野生动物入市境的处置、处罚无明确规定。三是多数托运野生动物的货主都不随车同行，对违法运输、携带野生动物的驾驶员的处罚无明确规定，只能对涉案野生动物进行暂扣，通知货主前来处理，但货主基本不会前来处理，给案件的查处带来困难。四是违法运输、携带野生动物的方式、手段越来越隐蔽，加之高速公路车流量较大，难以对过境车辆进行有效检查，给发现、查处违法运输野生动物案件带来一定困难。

二、非法运输王锦蛇案（行政）

1. 案情：2006 年 11 月，上海市铁路公安局松江火车站派出所来电反映：在怀化开往上海的火车上查获 4 箱蛇，要求松江区野生动物保护站协助处理。接到电话后，该站立即派出 2 名执法人员赶到火车站。经检查，这批蛇为王锦蛇，共计 4 箱，用泡沫箱密封包装，伪装成河鲜进行托运。根据托运单所标重量为 240 千克，但实际重量估计在 500 千克以上。经现场鉴定，这批蛇确实为王锦蛇，属上海市重点保护野生动物。经调查，该批王锦蛇是货主从湖南怀化集中收购后，通过铁路托运至上海进行销售的。由于货主迟迟没有露面，且没有留下通讯方式，该站联系了松江区工商管理部门，由两家单位联合处理。

2. 处罚结果：2006 年 11 月，松江区野生动物保护站与区工商部门作出了没收 240 千克王锦蛇的行政处罚决定。该站组织人员连夜将这批王锦蛇送到动物园进行救护。

3. 处罚依据：王锦蛇（*Elaphe carinata*）属蛇目游蛇科锦蛇属，头背鳞缝黑色，显"王"字斑纹；瞳孔圆形，吻鳞头背可见，鼻间鳞长宽几相等，前额鳞与鼻间鳞等长；在国内分布于河南、陕西、四川、云南、贵州、湖北、安徽、江苏、浙江、上海、江西、湖南、福建、台湾、广东、广西；生活于平原、丘陵和山地；垂直分布范围300～2300m。

根据《上海市实施〈中华人民共和国野生动物保护法〉办法》第三十条第一款规定："未经批准，擅自经营、运输、携带国家或者地方重点保护野生动物或者其产品的，由工商行政管理部门或者其授权的野生动物行政主管部门没收实物和违法所得，可以并处相当于实物价值十倍以下的罚款。"因当事人一直没有出现，该站根据相关规定，联合工商部门对该批王锦蛇予以没收，并由该站送交上海动物园进行救护。

4. 情况分析：王锦蛇近年来一直是餐饮业最为常用的一种蛇类菜肴加工材料，虽然一直在进行管理，但还是屡禁不止。在日常的管理执法中主要存在着以下几种问题。

一是野生动物管理涉及的管理部门较多，但管理往往只停留在终端消费环节，在源头上和运输中的管理较为欠缺，如果能在以上两个环节加强管理的话，效果会显著提高。二是非法运输和经营野生动物人员的手法相当隐蔽，比如，本案中通过火车行李托运的方式，如果不是乘务人员发现举报，管理部门难以及时发现和监管。

三、非法运输暹罗鳄案（刑事）

1. 案情：2010年10月，上海市野生动物保护站接闸北区上海站警署电话，称在市长途客运站出入口查获一男子携带一批鳄鱼进入上海市，警方已对其扣留，希望保护站派员协查。经市野生动物保护站执法检查人员现场查验，该男子所携11条鳄鱼为暹罗鳄，体长90～120cm，上体呈暗橄榄绿色，带有黑色斑点，尾和背上有暗横带斑，腹部门呈淡黄白色，系从南方某鳄鱼养殖场购得后往上海某鳄鱼养殖场寄养过冬。该男子无法当场出具野生动物运输证。该男子非法运输11条暹罗鳄，已触犯刑法相关规定。市野生动物保护站当即将该案移送公安机关处理。公安机关在对暂扣物品做进一步技术鉴定后，将该男子刑拘并移送检察机关，区检察院经审查后起诉到区人民法院。

2. 处罚结果：2011年闸北区人民法院开庭审理后，裁定对该案免予刑事处罚。事后从闸北公安部门了解到，法院审理认为，该男子只是替别人代运11条暹罗鳄，业主后来提供相关的运输手续，追究刑事责任的证据不足。

3. 处罚依据：暹罗鳄系外来物种，为《濒危野生动植物种国际贸易公约》附录Ⅰ所列物种。《林业部关于核准部分濒危野生动物为国家重点保护野生动物的通知》（林护字〔1993〕48号）中规定：将CITES附录Ⅰ、附录Ⅱ所列非原产于我国的所有野生动物，分别核准为国家一级和国家二级保护野生动物。对这些野生动物及其产品的管理，同原产于我国的国家一级和国家二级保护野生动物一样，按照国家现行法律、法规和规章的规定实施管理；对违反有关规定的，同样依法查处。"

《中华人民共和国陆生野生动物保护实施条例》第二十九条规定："运输携带国家

重点保护动物或者其产品出县境的，应当凭特许猎捕证、驯养繁殖许可证，向县级人民政府野生动物行政主管部门提出申请，报省、自治区、直辖市人民政府林业主管部门或者其授权单位批准。动物园之间因繁殖动物、需要运输国家重点保护野生动物的，可以由省、自治区、直辖市人民政府林业行政主管部门授权同级建设主管部门审批。"《中华人民共和国刑法》第四百三十一条规定："非法收购、运输、出售国家重点保护的珍贵、濒危野生动物及其制品的，处五年以下有期徒刑或者拘役，并处罚金；情节严重的，处五年以上十年以下有期徒刑，并处罚金；情节特别严重的，处十年以上有期徒刑，并处罚金或者没收财产。"《最高人民法院关于审理破坏野生动物资源刑事案件具体应用法律若干问题的解释》第一条规定："刑法第三百四十一条第一款规定的'珍贵、濒危野生动物'包括列入《濒危野生动植物种国际贸易公约》附录一、附录二的野生动物及其驯养繁殖的上述物种。"

4. **情况分析**：此案是闸北区司法机关第一次办理的有关野生动物及其制品的刑事案件，没有此类案件的先例，特别是法院作为最后一道关口，始终持谨慎态度。暹罗鳄系外来物种，对国际公约与中国的法律接轨问题上，个别学者尚存一定的争议。

第四节　非法驯养繁殖类

（一）非法驯养繁殖猕猴案（行政）

1. **案情：** 某区野生动物保护管理站在对某公园进行日常检查中发现，该公园儿童乐园区有一铁笼，笼内饲养着一只猕猴，经向园方询问，园方称养猴是为增加儿童乐园的娱乐项目，作为观赏之用，但未办理《国家重点保护野生动物驯养繁殖许可证》等任何行政许可手续。

2. **处罚结果：** 根据公园积极自纠非法养殖行为的态度，区野生动物保护管理站对其依法作出没收所驯养动物的行政处罚决定。

3. **处罚依据：** 猕猴为国家二级重点保护野生动物。该公园在未取得《野生动物驯养繁殖许可证》的前提下，非法驯养繁殖国家二级重点保护野生动物——猕猴。《中华人民共和国陆生野生动物保护实施条例》第二十二条规定："驯养繁殖国家重点保护野生动物的，应当持有驯养繁殖许可证。以生产经营为主要目的驯养繁殖国家重点保护野生动物的，必须凭驯养繁殖许可证向工商行政管理部门申请登记注册。"

《中华人民共和国陆生野生动物保护实施条例》第三十九条规定："违反野生动物保护法规，未取得驯养繁殖许可证或者超越驯养繁殖许可证规定范围驯养繁殖国家重点保护野生动物的，由野生动物行政主管部门没收违法所得，处三千元以下罚款，可以并处没收野生动物、吊销驯养繁殖许可证。"

4. **情况分析：** 非法驯养繁殖国家重点保护野生动物案件在实际执法中很少出现。从目前法律法规规定来看，非法驯养繁殖国家重点保护野生动物的，只能给予行政处罚，不能移交司法机关追究刑事责任。刑事责任的行为有：非法猎捕、杀害、收购（营利或自用为目的）、运输、出售。本案在适用法律上有错误。要严格依照法律条款作出行政处罚。本案依据国务院的行政法规，必须先没收违法所得和罚款，根据情况，选择是否没收野生动物。

第五节　最高人民法院发布长江流域环境资源审判十大典型案例

一、汤某等十二人非法捕捞水产品案

（一）基本案情

2016 年 3 月 1 日至 6 月 30 日，岳阳县东洞庭湖为禁渔期、禁渔区。2016 年 3 月 24 日 23 时许，在汤某、彭某等六人的授意下，万某等人前往岳阳县东洞庭湖麻拐石水域捕捞螺蛳。3 月 25 日凌晨 2 时许，万某等人停止捕捞，根据汤某、彭某的指示，先后携带捕捞的螺蛳前往北门船厂码头。3 月 25 日 6 时许，万某等人被岳阳县渔政局执法大队查获，其捕捞的螺蛳重约 7.6 吨，所有渔获物由岳阳县渔政局执法大队现场放生。岳阳县人民检察院以汤某等十二人犯非法捕捞水产品罪提起公诉。

（二）裁判结果

湖南省岳阳县人民法院认为，汤某等十二人违反我国渔业法的规定，在禁渔期、禁渔区进行非法捕捞，情节严重，构成非法捕捞水产品罪，依法应予惩处。根据各人在共同犯罪中的作用、案发后的自首、坦白等情节，判决汤某、彭某等人犯非法捕捞水产品罪，分别处以二到五个月不等拘役；万某等人犯非法捕捞水产品罪，分别处以三千至五千不等的罚金。

（三）典型意义

洞庭湖位于长江中下游荆江南岸，是我国五大淡水湖之一，也是我国重要的调蓄湖泊和生态湿地。近年来，洞庭湖水生生物多样性指数持续下降，多种珍稀物种濒临灭绝，洞庭湖的湖泊、湿地功能退化严重。为加强水生生物物种保护，洞庭湖每年都会设定禁渔期和禁渔区，但依然有不法分子在禁渔期、禁渔区内违法捕捞水产品。本案中，岳阳县东洞庭湖从 2016 年 3 月 1 日至 6 月 30 日全面禁渔，被告人汤某等人违反渔业法的规定，在禁渔期、禁渔区非法捕捞，已构成非法捕捞罪。捕捞的螺蛳是东洞庭湖生态环境的重要组成部分，对于净化水质、促进水藻生长、为鱼类提供食物、维持湖内生态系统的平衡起着重要作用。本案判决对引导沿岸渔民的捕捞行为，有效遏制非法捕捞，保护洞庭湖乃至长江中下游流域生物链的完整具有指导意义。

二、十堰市驰迈工贸有限公司、古文秀污染环境案

（一）基本案情

2015 年 5 月 1 日上午，驰迈公司厂房搬迁，该厂生产负责人古文秀明知该厂操作污水处理设备的工人赵正明在新厂区调试设备，老厂房无人能操作污水处理设备，仍安排工人潘立春等人在老厂房内，在未运行污水处理设施的情况下进行电镀生产，造成电镀废水未经处理非法外排，被十堰市环保局当场查获。经环保局现场采样，十堰市环境监测站分析检测，并报湖北省环境监测中心站审查，该公司排出的电镀废水中重金属总铬浓度值为 88.8mg/L，六价铬浓度值为 80.4mg/L，锌浓度值为 11.7mg/L，分别超出国家排放标准 88 倍、401 倍、6.8 倍。湖北省十堰市张湾区人民检察院以污染环境罪对驰迈公司和古文秀提起公诉。

（二）裁判结果

湖北省十堰市张湾区人民法院一审认为，驰迈公司非法排放含重金属的污染物严重超标，已构成污染环境罪；古文秀作为生产管理负责人，明知电镀作业产生的污水未经处理会流向犟河造成环境污染，仍安排工人从事电镀生产作业，放任单位排放污水污染环境的行为，亦构成污染环境罪。鉴于被告人积极认罪悔罪，在量刑上可以酌情从轻。对驰迈公司判处罚金 1 万元、古文秀拘役四个月。驰迈公司和古文秀以污染环境后果较轻为由提起上诉，十堰市中级人民法院二审认为，一审判决体现了对污染环境犯罪的零容忍态度。十堰作为南水北调中线工程核心水源区，加强水资源保护，确保"一江清水永续北送"，具有非同寻常的意义。对恣意排放生产废水，严重破坏生态环境的违法犯罪行为，必须始终保持高压态势，依法严厉打击。二审裁定驳回上诉，维持原判。

（三）典型意义

依法审理水污染防治案件，加强对饮用水水源地的司法保护，保障饮用水水源地的水质安全，是人民法院环境资源审判的重要职责。湖北十堰作为南水北调中线工程的水源地，严控水体污染，抓好水体保护，维护水质安全，确保"一江清水永续北送"具有非同寻常的意义。二审法院立足"十堰作为南水北调中线工程核心水源区"的重要生态环境定位，以保护用水区人民群众身体健康为根本目标，落实最严格的生态环境保护制度，严格执行国家环境质量标准，强化污染者的责任，对污染环境犯罪采取零容忍态度，以对生态环境的损害情况作为刑事处罚的重要情节，严厉打击了在饮用水水源地非法排放生产废水的违法犯罪行为。该案是十堰法院受理的首例水污染刑事案件，宣判后对全市造纸、印染、电渡等高能耗、重污染企业起到了教育、引导和震慑作用。

三、尼玛多吉非法收购、运输、出售珍贵、濒危野生动物制品案

（一）基本案情

2016年12月2日，尼玛多吉从桑培手中以每只8000元的价格购买了五只麝香，合计40000元。随后又从布恩手中以每只6000元的价格购买了五只麝香，合计30000元。十只麝香共计70000元。2016年12月5日尼玛多吉携带十只麝香在玉树市相古村卡沙社设卡点被公安人员查获，当场缴获了十只麝香。经宁夏绿森源森林资源司法鉴定中心鉴定，案涉十只马麝，价值为75000元。玉树市人民检察院以非法收购、运输、出售珍贵、濒危野生动物制品罪对尼玛多吉提起公诉。

（二）裁判结果

青海省玉树市人民法院一审认为，尼玛多吉明知麝香为珍贵、濒危野生动物制品而予以购买交易的行为已触犯我国刑法，构成非法收购、运输、出售珍贵、濒危野生动物制品罪。鉴于尼玛多吉归案后能够如实交代自己的犯罪事实，认罪态度较好，确有悔罪表现，同时向公安机关提供了赃物来源的线索，为侦破案件提供了真实情况，属于立功表现，量刑时予以酌情从轻考虑。判处尼玛多吉有期徒刑三年，缓刑四年，并处罚金3000元，对十只麝香予以没收。

（三）典型意义

本案系青海省玉树藏族自治州玉树市法院生态法庭成立以来审理的首起环境资源刑事案件，对于加强三江源地区生态环境保护有着特殊意义。三江源地区被誉为长江上游生态安全屏障、"中华水塔"，是我国重要的生态功能区。鉴于三江源地区特殊的生态环境地位，人民法院要重点关注区域内环境污染和自然资源破坏案件，坚决打击采矿、砍伐、狩猎以及擅自采集国家和省级重点保护野生动植物等违法行为，促进三江源地区自然资源的持久保育和永续利用，筑牢国家生态安全屏障。麝是我国一级保护动物，也是世界濒危物种之一，麝香是一种极其稀缺的名贵药材。随着麝香市场价格日益昂贵，不法分子为获取暴利不断猎杀野生麝，我国的麝和天然麝香资源已处于严重稀缺的状态。"没有买卖就没有杀害"。社会各方都要充分关注濒危野生动物的保护，共同守护美丽家园。

四、贵州泰蘋河生态养殖开发有限公司诉贵州华锦铝业有限公司财产损害赔偿案

（一）基本案情

泰蘋河公司是一家主要从事鲟鱼养殖的企业，从戈家寨大沟取水。华锦公司于2014年10月在戈家寨水库上游河段筑坝取水。由于华锦公司筑坝拦水，下游河道水量减少，导致泰蘋河公司养殖的鲟鱼在4月21至23日因严重缺水缺氧大量窒息死亡。泰

蘋河公司主张，华锦公司从事工程建设，明知对原有供水水源有不利影响，应当采取相应的补救措施。华锦公司在未通知下游用水户做好应对准备的情况下，擅自蓄水断水，造成泰蘋河公司养殖的鲟鱼缺氧窒息大量死亡。泰蘋河公司诉至法院，主张华锦公司承担赔偿责任。

（二）裁判结果

贵州省清镇市人民法院一审认为，河流生态流量可以保证河流所需的自净扩散能力，维持水生生态系统平衡，保证库区养殖业所需的水质水量。我国虽然没有关于河流生态流量的法律规定，但实践中有此要求，如水电站最小下泄流量就是保障河流生态流量的措施。华锦公司未办理取水行政许可及环境影响评价，擅自修建拦截坝取水，未保障必要的生态下泄流量，导致下游水量减少，养殖场进水减少，鲟鱼窒息死亡。故泰蘋河公司养殖的鲟鱼死亡与华锦公司蓄水之间存在因果关系，判决华锦公司赔偿泰蘋河公司经济损失757158.6元。华锦公司不服，提起上诉。贵阳市中级人民法院二审判决驳回上诉、维持原判。

（三）典型意义

长江流域蕴藏着十分丰富的水资源，依法审理水资源开发利用案件，促进水资源可持续利用是人民法院环境资源审判的重要职责。本案系水资源开发利用过程中产生的侵权纠纷，涉及水资源利用中"生态流量"的保障和控制。河流生态流量具有重要价值，上游地区用水户在水资源开发和利用过程中，要保障河流生态流量，不能损害下游地区供水、通航、灌溉、养殖等生态流量受益方的合法权益，从而保障全流域水生生态系统基本功能的正常运转。本案中，作为主要从事鲟鱼养殖的泰蘋河公司与华锦公司均系戈家寨水库的需水方，均应依照法律规定取水、用水、排水。华锦公司在上游取水用水时未办理取水行政许可和环境影响评价，擅自修建拦截坝取水，未保障必要的生态下泄流量，损害了下游用水户的合法权益，导致损害事实的发生，依法应当承担赔偿责任。本案肯定了生态流量的重要价值，维护了生态流量受益方的合法权益，对于人民法院审理水资源开发利用案件具有指导意义。

五、赵来喜、周正红与赵成春买卖合同案

（一）基本案情

赵来喜与周正红夫妻二人雇佣赵加龙、徐培金驾驶船只停靠在赵成春位于镇江市内的长江采砂点，赵成春用吸砂船吸出江砂直接放置在赵加龙、徐培金驾驶的船上，卖给赵来喜、周正红。2014年5月8日，赵来喜与赵成春对2012年至2014年的砂款进行结算，扣除已付款项后，赵来喜向赵成春支付了20700元。赵成春认为赵来喜、周正红尚欠其砂款380000元未付，并多次向赵来喜、周正红催要，而赵来喜、周正红以双方之间的款项已结清为由，拒绝支付。赵成春将赵来喜、周正红起诉至法院，

要求给付砂款。

（二）裁判结果

江苏省南京市栖霞区人民法院一审认为，国家对长江采砂实行许可证制度，赵成春无采砂许可证，在长江中用吸砂船非法采砂，转卖给周正红、赵来喜，其行为违反了《长江河道采砂管理条例》第九条的规定，侵害了国家对自然资源的所有权。依照民法通则及物权法的相关规定，判决驳回赵成春对赵来喜、周正红的诉讼请求，并作出处罚决定，对赵成春的违法所得予以收缴。赵来喜、周正红不服，上诉至江苏省南京市中级人民法院。南京中院二审认为，赵成春与赵来喜、周正红的行为属于非法采砂行为，该买卖纠纷不属于人民法院民事诉讼的管辖范围，且本案所涉非法采砂行为已涉嫌刑事犯罪，应移交刑事侦查机关进行侦查，并根据侦查情况作出处理，故撤销一审判决和处罚决定书，驳回赵成春的起诉。宣判后，二审法院依据《最高人民法院关于在审理经济纠纷案涉及经济犯罪嫌疑若干问题的规定》第十一条的规定，将此案移送至江苏省镇江市公安局立案侦查。

（三）典型意义

长江江砂属于国家所有，《长江河道采砂管理条例》明确规定国家对长江采砂实行许可证制度，但长江中下游部分地区非法采砂的情况时有发生，不仅侵害了国家对自然资源的所有权，也严重影响长江航道通行，破坏了长江河道生态环境。因此，必须严厉打击河道非法采砂，切实保障长江水域水运安全。按照《最高人民法院关于审理非法采矿、破坏性采矿刑事案件具体应用法律若干问题的解释》第三条的规定，对于非法采砂行为，应充分考虑生态环境的破坏程度，依法以非法采矿罪进行处罚。一审法院将本案作为民事案件进行审理，忽略了本案刑事违法性的本质，二审法院准确认定案件性质，认为本案并不属于民事诉讼管辖范围，所涉非法采砂行为涉嫌刑事犯罪，并将案件移送公安机关立案侦查，适用法律正确，对于打击河道非法采砂起到了威慑作用。

六、镇江市自来水公司诉韩国开发银行投资公司水污染损害赔偿案

（一）基本案情

2012年2月2日13时，FC轮（所有人为韩国开发银行投资有限公司）靠泊江苏镇江某化工码头后开始卸货。2月3日19时，镇江市自来水公司检测出自来水厂出水中挥发酚浓度超过标准值9.4倍。随后，镇江市自来水公司采取了相关应急措施。2月6日至2月15日，镇江海事局先后对FC轮的船长、大副以及其他船员进行调查。镇江海事局作出《调查报告》称：FC轮因违反操作规程、设备存在缺陷等原因导致在卸货作业过程中有约44吨苯酚通过该轮的水下排放管路直接排出了舷外造成长江水体污染。镇江市自来水公司起诉至武汉海事法院，要求韩国开发银行投资公司赔偿

损失。

（二）裁判结果

武汉海事法院一审认为，FC轮因违反操作规程、设备存在缺陷等导致在卸载作业过程中有约44吨苯酚直接排出舷外，造成长江水体污染，判决韩国开发银行投资公司赔偿镇江市自来水公司经济损失。韩国开发银行投资公司不服，提起上诉。湖北省高级人民法院二审维持一审判决认定的事实及赔偿金额、利息，仅改判该项赔偿款从韩国开发银行投资公司设立的海事赔偿责任限制基金中受偿。

（三）典型意义

长江水道被誉为"黄金水道"，但长江上港口、码头众多，通航船舶不计其数，其中，涉危险化学品码头和船舶数量多，分布广，发生危险化学品泄漏的风险持续加大，有的直接威胁长江水体和沿江地区饮用水的水质安全。人民法院要加强对港口、码头使用过程中引发的水污染案件以及船舶排放、泄漏、倾倒油类、污水或者其他有害物质造成水域污染案件的审理，保护长江水域生态环境安全。本案为船舶污染案件，存在涉外因素、社会关注度高、公众反映强烈。FC轮在卸载苯酚过程中，因违反操作规程、设备存在缺陷等原因导致约44吨苯酚直接排出舷外，造成长江水体污染，人民法院依法判决韩国开发银行投资公司承担赔偿责任，维护了长江水域生态环境安全及长江沿岸人民群众的生命健康权益。

七、富启建材有限公司诉姚友刚等确认合同无效案

（一）基本案情

2013年5月28日，宜宾县喜捷镇自然村征服组与姚友刚签订《农村集体土地租赁合同》，由姚友刚租赁征服组菜喜码头"喜捷码头至岷江船厂"所有土地。合同签订后，姚友刚一直未使用租赁场地。2015年9月15日，姚友刚与富启公司签订《农村集体土地租赁（转租）合同》，将租赁土地转租给富启公司。双方约定租赁用途为沙石堆放、加工生产及转运，租金120万元。富启公司实际支付首期租金80万元。因征服组村民阻挠富启公司生产加工，富启公司向法院提出诉讼，请求确认富启公司与姚友刚之间签订的《农村集体土地租赁（转租）合同》无效；姚友刚返还富启公司已支付的租金并赔偿损失。

案件审理中，宜宾县水务局出具《关于老喜捷段河道管理范围的说明》，主要内容为：老喜捷段河道的管理范围内有农户的责任承包地（集体土地），如村社或者农户能够提供相应的土地承包手续，应认定为集体土地，如没有相应的土地承包手续，应视为习惯性耕种，土地属性为国有河滩地，属国家所有。宜宾县国土资源局出具复函称，征服组菜喜码头公路边河道侧"喜捷码头至岷江船厂所有地"未办理土地登记。

（二）裁判结果

四川省宜宾市翠屏区人民法院一审认为，本案诉争土地为宜宾县喜捷镇自然村征服组菜喜码头公路边河道侧喜捷码头至岷江船厂所有土地，该区域位于岷江河道侧，且已被洪水淹没大部分。根据物权法第四十八条规定，森林、山岭、草原、荒地、滩涂等自然资源，属于国家所有，但法律规定属于集体所有的除外。结合宜宾县水务局出具的说明及宜宾县国土资源局出具复函，该区域属于滩涂性质，系国家所有的自然资源，因此征服组将该地块出租给姚友刚，姚友刚又转租给富启公司的行为应属无效。遂判决富启公司与姚友刚签订的《农村集体土地租赁（转租）合同》无效；姚友刚返还富启公司租金80万元。宜宾市中级人民法院二审维持原判。

（三）典型意义

江河湖泊的滩涂具有重要的通航生态功能和水域岸线生态功能，不能乱占滥用。作为本案租赁物的土地位于长江主要支流岷江河道侧，系国有性质的滩涂，附近村民在河道枯水期对滩涂"习惯使用"，只要对自然资源保护与生态环境不构成危害，有关部门往往并不严加禁止，但如果将滩涂用于破坏生态和污染环境的生产经营活动，威胁防洪、供水和生态安全，则为法律所不容许。富启公司通过转租形式"租赁"本案滩涂后，进行砂石粉碎加工活动，产生大量噪音、粉尘污染，对水域环境和安全造成危害。人民法院确认争议土地的性质为国有滩涂，属国家所有的自然资源，任何单位和个人不得侵占和破坏，判决双方当事人以国有滩涂为标的的合同无效，制止了在国有滩涂上进行的生产经营活动，保护了国有自然资源，维护了岷江河道水域岸线生态功能和河道通航功能。

八、贵州省金沙县人民检察院诉毕节市七星关区大银镇人民政府不当履职案

（一）基本案情

2010年以来，大银镇政府将该镇集镇及邻近村寨产生的固体生活垃圾收集后，雇请专人运输倾倒在该镇羊桥村石人脚公路旁。该镇大量垃圾露天堆放，散发出难闻气体，严重危害当地生态环境、影响当地群众的生活。其间，因垃圾倾倒在公路上影响该处正常通行，大银镇政府于2016年3月底组织修建了简易围墙将垃圾场与公路隔开，除此之外并未对场内垃圾进行任何处理。七星关区人民检察院于2016年4月28日向大银镇政府发出检察建议书，督促其"及时纠正违法行为，并采取补救措施，消除其违法倾倒垃圾对周边环境和群众生产生活造成的影响。"大银镇政府虽作出书面回复，但并未积极履职，亦未采取补救措施。毕节市人民检察院指定金沙县人民检察院管辖本案，金沙县人民检察院以大银镇政府不履行行政职权为由，向仁怀市人民法院提起行政公益诉讼。

（二）裁判结果

贵州省仁怀市人民法院一审认为，检察机关在履行职责过程中发现在生态环境和资源保护等领域负有监督管理职责的行政机关违法行使职权或者不作为，造成国家和社会公共利益受到侵害，可以向人民法院提起行政公益诉讼。毕节市人民检察院指定金沙县人民检察院管辖本案符合法律规定。七星关区人民检察院向大银镇政府发出检察建议书，督促其纠正违法行为，采取补救措施，大银镇政府虽作出书面回复，但并未积极履职，亦未采取补救措施。遂判决确认大银镇政府倾倒垃圾的行为违法；责令大银镇政府依法履行法定职责，采取补救措施弥补对环境造成的危害。

（三）典型意义

长江流域环境资源要素跨区域特征明显，要优化审判机制，打破行政区划的界限和壁垒。本案中，人民检察院跨行政区划提起环境行政公益诉讼，人民法院跨行政区划审理，具有较强的典型意义。本案中，毕节市人民检察院指定金沙县人民检察院跨区划管辖本案；遵义市所辖仁怀市人民法院根据贵州省高级人民法院《关于环境保护案件指定集中管辖的规定》审理本案，并依法对毕节市人民检察院指定金沙县人民检察院管辖本案予以确认，对于推动构建流域内环境公益诉讼等案件的集中管辖和探索重大环境资源行政案件在跨行政区划法院审理的专门管辖机制具有指导意义。另外，按照环境保护法第三十七条的规定，地方政府负有对生活废弃物分类处置的义务，大银镇政府虽然雇用了专人收集、清理固体废物，但没有完全履行固体污染物处置义务，给环境造成持续的污染，属于行政违法行为。本案公益诉讼对于督促行政机关积极开展农村人居环境整治，加强固体废弃物和垃圾处置具有指导作用。

九、宜宾县溪鸣河水力发电有限责任公司诉沐川县人民政府政府信息公开案

（一）基本案情

溪鸣河公司系龙溪河流域光明电站业主。2015年11月，溪鸣河公司向沐川县发改经信局多次提交关于要求公开溪鸣、福尔溪、箭板三电站初步设计、核准、施工许可、设计变更、验收等工程相关文件的申请。因沐川县发改经信局未予答复，溪鸣河公司于2015年12月14日以沐川县发改经信局为被申请人向沐川县政府提交《行政复议申请书》。2015年12月15日，沐川县人民政府作出沐府复（2015）12号《行政复议（不予受理）决定书》，对溪鸣河公司的复议申请不予受理。溪鸣河公司不服沐川县政府作出的行政复议决定，向人民法院提起行政诉讼。

（二）裁判结果

四川省乐山市中级人民法院一审认为，溪鸣电站、福尔溪电站、光明电站、箭板电站是龙溪河流域开发规划中的5、6、7、8级电站。因此，溪鸣河公司主张溪鸣电

站、福尔溪电站、箭板电站的水位标高、水资源利用、质量安全等与其所有的光明电站的生产密切相关，其理由成立。沐川县政府以溪鸣河公司与沐川县发改经信局的行政行为之间没有法律上利害关系，不具有行政复议申请人资格为由，对溪鸣河公司的复议申请决定不予受理，适用法律、法规错误，故判决撤销沐川县政府作出的沐府复（2015）12 号《行政复议（不予受理）决定书》。由于沐川县政府尚未受理溪鸣河公司的复议申请，沐川县政府是否应当责令沐川县发改经信局向溪鸣河公司公开相关信息尚需其进一步处理，故对溪鸣河公司关于判决沐川县政府责令沐川县发改经信局向溪鸣河公司公开溪鸣、福尔溪、箭板三电站项目相关资料信息的诉讼请求，不予支持。

（三）典型意义

长江中上游地区水利资源丰富，水利发电是水资源开发利用的重要方式之一。长江流域水资源是一种流域资源，它具有整体流动的自然属性，以流域为单元，水量水质、地上水地下水相互依存，上下游、左右岸、干支流的开发利用互为影响。本案涉及如何认识与对待流域水资源开发利用权益保护问题，具有不同于一般信息公开案件的特殊性。人民法院在审理该案过程中，准确把握纠纷的流域性实质和特征，对于主体之间不存在"财产毗邻"或者"行为直接互动"，而是因为水的流动性而形成的"间接法律关系"予以确认，认定"溪鸣河公司与沐川发改经信局的政府信息公开行为之间具有利害关系"，体现了运用司法手段保护长江流域生态环境、保障上下游之间不同主体合法权益的司法智慧，具有示范意义。

十、罗建兰、游泳等人诉丰都县水务局行政批复违法案

（一）基本案情

2009 至 2013 年间，经游泳申请，丰都县水务局每年均为其经营的"游某采砂场"办理了期限为一年的《重庆市河道采砂许可证》。2010 年，罗建兰出资与游泳合伙经营，并将采砂厂名称变更为"丰都县羊鹿沟采砂场"。2014 年，丰都县水务局收取了罗建兰申请办理采砂许可证的费用，但未向其交付 2014 年度的采砂许可证，仅允许其正常经营。2014 年 4 月，重庆市水利局作出行政处理决定书，认定罗建兰在丰都县羊鹿沟的砂石加工场属于在重庆长江三峡龙河流域湿地自然保护区范围内违规修建的房屋和砂石加工场，根据《重庆市河道管理条例》的规定，要求罗建兰限期报送工程建设方案及洪水影响评价报告，补办审批手续。随后，罗建兰向丰都县水务局递交了《丰都县羊鹿沟砂石加工场涉河建设方案及洪水影响评价报告》。2014 年 9 月 3 日，丰都县水务局作出丰都水务发 [2014]94 号《关于丰都县羊鹿沟砂石加工场涉河建设方案的批复》，原则同意丰都县羊鹿沟砂石加工场建设工程，建议按基本建设程序到相关部门完善相关审批手续。2016 年 2 月，罗建兰再次向丰都县水务局申请办理《采砂许可证》时，丰都县水务局答复早在 2008 年丰都县人民政府的文件就已将罗建兰的经

营场所及范围划为湿地自然保护区，禁止采砂，不予办证。罗建兰不服，诉至法院，请求确认丰都县水务局作出的丰都水务发[2014]94号《关于丰都县羊鹿沟砂石加工场涉河建设方案的批复》违法。

（二）裁判结果

重庆市涪陵区人民法院一审认为，根据《重庆市河道管理条例》第八条规定，丰都县水务局作为县级河道主管机关，具有对本行政区域河道管理范围内工程建设方案的审查职权。对罗建兰提交的《丰都县羊鹿沟砂石加工场涉河建设方案及洪水影响评价报告》，丰都县水务局依法应按照防洪要求进行审查，并作出批复。根据《中华人民共和国行政诉讼法》第三十四条规定，丰都县水务局未依法提供证明批复合法的事实证据，其作出的行政批复应视为没有证据，故依法撤销丰都县水务局作出的丰都水务发[2014]94号《关于丰都县羊鹿沟砂石加工场涉河建设方案的批复》。

（三）典型意义

三峡库区处于长江流域中上游，自然资源丰富且生态环境脆弱、不易修复，因此要合理开发利用水资源，加大对湿地生态系统的保护。本案系湿地资源开发许可过程中引发的行政案件，涉及对环保行政批复行为所依据证据的审查认定，具有典型性和指导意义。丰都县水务局作为湿地保护行政主管机关，具有许可公民申请采砂的行政职权，许可前的批复是针对建设工程是否影响河道行洪作出的行政审查。从查明事实看，丰都县水务局作出批复时不知道丰都县人民政府对丰都县林业局作出的丰都府（2008）194号《关于同意建立重庆长江三峡龙河流域湿地自然保护区的批复》，导致其对湿地自然保护区范围不清楚。因丰都县水务局未依法提供证明批复合法的事实证据，其作出的行政批复应视为没有证据，依法应予撤销。本案反映出行政机关对湿地自然保护区的行政信息公开不规范，体现了人民法院对行政批复行为的监督，对于推动行政主管部门规范行使行政许可职权、促进依法行政具有积极作用。

第六章

野生动物常见贸易物种识别

第一节　野生动物常见贸易物种

一、大象（*Elephantidae* spp.）

※　涉及大象及其制品的贸易网站类型

拍卖网站√

B2B 网站√

收藏网站√

分类信息网站√

公共论坛√

专业论坛

狩猎网站√

其他√

图6-1-1　大象（图片来源©IFAW）

※　保护状况

» CITES附录Ⅰ

» 国家一级重点保护野生动物

» IUCN红色名录：极危（CR）、濒危（EN）

» 国务院2016年12月颁布禁令，于2017年年底前全面停止国内象牙贸易。目前无任何网络贸易商获此许可证。

※　识别特征

图6-1-2　牙心，又称牙芯

图6-1-3　牙纹，又称施氏线，是象牙的重要鉴别特征

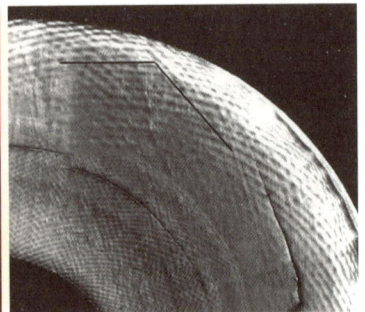

图6-1-4　牙纹交错形成大于115°的钝角

※ 类似制品及甄别（图片来源于网络）

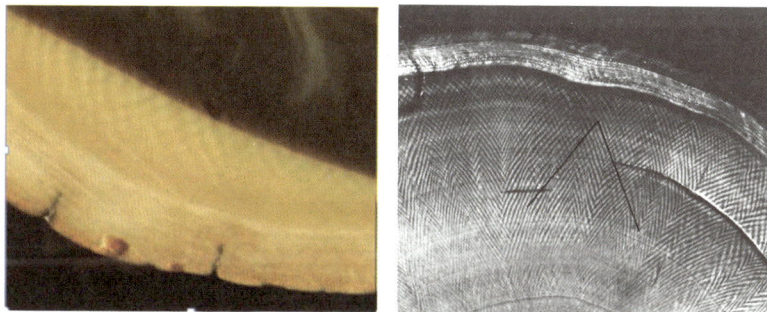

图6-1-5 猛犸象牙（化石，合法）：牙纹交角为小于90°的锐角

※ 常见制品（图片来源于网络）

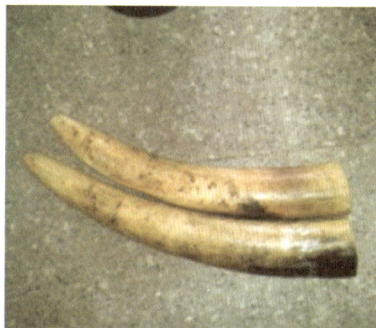

图6-1-6 原牙及切段

图6-1-7 小件（手镯、把件、吊坠、胸花、印章等）

图6-1-8 雕件（佛像、摆件等）

（注：象牙可被染色和做旧，因此有的制品呈现出黄色或彩色。即使所谓"古董"象牙也不允许网上销售。）

※ 常用关键词及描述方式（图片来源于网络）

拼音或近音：Xiangya、Xiang牙、X牙、XY、象牙、相牙、镶牙

材质：牙雕、血牙、血料、果冻料、白塑料、塑料、非洲白玉、芯料、老牙、珍贵特殊材料、有机宝石、白宝石

特征：满纹、菱纹、网状纹、人字纹

制品：牙尖、尖尖、牙片、牙珠、牙挂件、牙环

其他：灵芯、Tusk、Tvsk、ivory

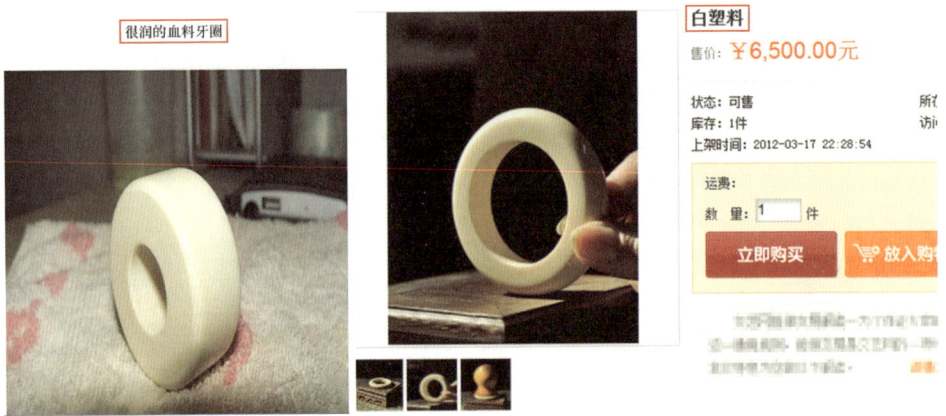

图6-1-9　网上售卖象牙的描述截图

※　案例分享

网上淘"象牙雕"男子被判刑

2012年6月27日　来源：东南日报

慈溪的古玩买家吕某在古玩网站上看中了一尊象牙雕像，他下了单、付了款，不料却等来了海关的一纸通知：吕某因非法收购濒危野生动物制品罪在慈溪法院获刑。

吕某是一名收藏爱好者。2011年5月，他在中华古玩网上拍下由卖家贴出的一尊象牙雕像。这尊雕像从日本发货时被杭州海关查获。

2011年12月，吕某被抓获。2012年6月，慈溪法院开审此案。

吕某因犯非法收购濒危野生动物制品罪被判有期徒刑2年6个月，缓刑4年，并处罚金4000元。

杭州海关斩断走私象牙大鳄互联网上销售牟利

2012年6月18日　来源：法制网——法制日报

2011年5月19日，海关官员通过X光机发现一批伪装成"笔筒"的象牙邮包，调查发现，这是一个涉嫌走私和非法销售象牙的犯罪团伙。在对"上海文玩论坛""雅昌艺术"等国内知名古玩收藏、交易网站所发布信息进行细致摸排后，执法人员找到了涉案的买家和卖家。2012年5月16日，杭州海关缉私警察在地方公安部门的配合下，将主要案犯抓获，此后相继抓获犯罪嫌疑人9名。

从此，一条通过邮寄渠道走私进口象牙，并通过网络在国内贩卖牟利的犯罪链条被海关成功斩断。全案涉及走私进口象牙315千克，案值1300多万元，10名犯罪嫌疑人落网。

※　点评

1.2017 年 12 月底前，我国对象牙制品实行定点销售的许可证制度，然而目前无任何网络贸易商获得过这一许可证。

2. 我国是 CITES 的缔约国，象牙制品的国际性商业贸易被严格禁止。

3. 按照我国法律规定，走私价值 10 万元以下的象牙及其制品可判处 5 年以下有期徒刑；走私价值 20 万元以上的象牙及其制品即可判处无期徒刑。也就是说，只要走私一根象牙就可能终生在牢狱中度过。

4. 网站需警惕，防止成为非法走私者销赃的平台。对用户进行教育，防止他们的交易触犯法律，也是保护用户的良好举措。

5. 我国于 2017 年底全面禁止商业用途的象牙加工及销售。

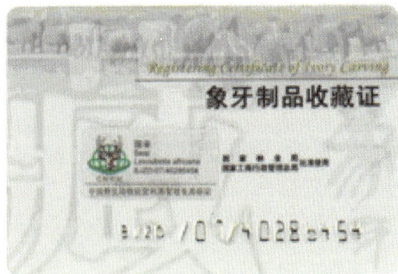

图6-1-10　象牙制品收藏证

※　关于大象和象牙

大象被称为"生态系统工程师"，对维持栖息地的生态平衡和景观至关重要。

然而，由于遭到为获取象牙而进行的盗猎，以及栖息地丧失，大象已面临灭绝风险。非洲象的种群数量已由 20 世纪 80 年代的 130 万头锐减到 40 万～60 万头；亚洲象现在仅剩 3.5 万～4.5 万头；而在中国的亚洲象也仅存 250 头左右。

图6-1-11　大象

长在大象脚印里的鱼

在非洲森林象的脚印里，还生活着一种小小的鳉鱼。非洲森林象行走时会在泥泞的地面上留下巨大的脚印，因为是在雨林里，所以脚印中往往有积水，鳉鱼就生活在其中。如果水干涸了，它们的卵也能在空气中存活 4 个月之久，待到有水时重新孵化。

要获得象牙需要杀死大象吗？

国际爱护动物基金会（IFAW）在 2007 年的一次公众调查中发现，70% 以上的被访者不知道"获得象牙要先杀死大象"。实际上，象牙有 1/3 长在大象的颅骨里，所以盗猎者都是先砍下大象的头再锯下象牙。

二、犀牛（*Rhinocerotidae* spp.）

※　涉及犀牛及其制品的贸易网站类型

拍卖网站√
B2B 网站√
收藏网站√
分类信息网站√
公共论坛√
专业论坛
狩猎网站√
其他√

图6-2-1　图片来源©IFAW/J.Hrusa

※　保护状况

- » CITES附录Ⅰ
- » IUCN红色名录：极危（CR）、易危（VU）、近危（NT）
- » 1993年《国务院关于禁止犀角和虎骨贸易的通知》：严禁进出口、出售、收购、运输、携带、邮寄犀牛角（包括其任何可辨认部分和含其成分的药品、工艺品等）

※　网站管理建议

建议网站见有相关制品立即删除，及时将信息反馈给执法部门；屏蔽主要检索词，如犀角、XJ等；在站内开展宣传教育，制定禁售规定。

※　识别特征（图片来源于网络）

图6-2-2　纤维束集形成的孔状纹理，又称鱼子纹、粟米纹。有的因色素分布不均会产生中心部分的颜色深浅不均。此外，底盘略圆，而非三角形；纵剖面有纵向的"竹丝"状纹理。

※　**类似制品及甄别**（图片来源于网络）

图6-2-3　牛角：没有鱼籽纹。在实心的横截面上有一圈一圈的角朊层。

※　**常见制品**（图片来源于网络）

图6-2-4　犀角

图6-2-5　雕件

图6-2-6　犀角牌

图6-2-7　有犀角成分的药品

图6-2-8　犀角杯

※　常用关键词及描述方式（图片来源于网络）

常见：犀角、西角、角雕、黑牌子、黑塑料、黑料、XJ、XNJ。

特征：鱼籽纹、栗米纹、蜂窝纹、甘蔗丝纹、芝麻点、天沟、地岗、马牙边。

制品：20世纪80年代的安宫牛黄丸（含犀牛角成分）。

英文：*Rnino horn*、*Rihno horn*。

图6-2-9　网上售卖的犀牛角描述截图

※　案例分享

一小块犀角换来牢狱之灾

2011年10月24日　来源：昆明日报

　　2011年，受贪欲驱使，云南人杨文学、李龙新与车仲茂将共计946.1克犀牛角从缅甸走私到中国境内贩卖。在交易过程中被当地公安机关抓获。法院审理后，以走私珍贵动物制品罪判处车仲茂无期徒刑，剥夺政治权利终身，并处没收财产12万元；判处李龙新有期徒刑12年，并处罚金7万元；判处杨文学有期徒刑10年，并处罚金50000元。查获的犀牛角、人民币5000元和两被告人开的车都依法没收。

※　点评

1.根据1993年《国务院关于禁止犀牛角和虎骨贸易的通知》，任何犀牛角或含其成分的制品均不得进出口、出售、收购、运输、携带、邮寄。

2.走私珍贵、濒危的野生动物制品是行为犯罪。走私哪怕1克犀牛角，也将使犯罪人承受数年的刑狱之灾。

3.网站需警惕防止成为非法走私者销赃的平台。对用户进行教育，防止他们的交易触犯法律，也是保护用户的良好举措。

※　关于犀牛和犀牛角

犀牛出现于6000万年前，是至今生存在陆地上的仅次于大象的庞大哺乳动物。

然而，精美收藏品的诱惑、神奇药用疗效的传说，使得人们对犀牛角的需求与日俱增。盗猎以及栖息地丧失，使得犀牛处于灭绝的边缘。现存野外的犀牛只有4种，共不足2万头。

图6-2-10　失去犀牛角的犀牛

犀牛是啄牛鸦的移动餐桌

许多照片中都能看到犀牛身上站立着一种白色的鸟儿"啄牛鸦"。这是因为犀牛身上寄生着许多味道鲜美的虱子，足够让啄牛鸦饱餐一顿。而对于犀牛来说，啄牛鸦可以除去它身上的寄生虫，并且在出现危险时，还可以向它报警。犀牛与啄牛鸦形成了共同生活、相互帮助的有趣关系

2011年非洲西部黑犀牛被宣布灭绝

2011年11月10日，IUCN的一份报告宣布了非洲西部黑犀牛的灭绝。而IUCN同时表示，中非的北部野生白犀牛可能已经灭绝了，而越南的爪哇犀牛也可能已经灭绝，也许是在2010年，偷猎者杀死了最后一只黑犀牛。

三、虎（*Panthera tigris*）

图6-3-1 图片来源©IFAW/J.Hrusa

※ 涉及虎及其制品的贸易网站类型

拍卖网站√

B2B 网站√

收藏网站√

分类信息网站√

公共论坛√

专业论坛

狩猎网站√

其他√

※ 保护状况

- » CITES附录 I
- » 国家一级重点保护野生动物
- » IUCN红色名录：濒危（EN）
- » 1993年《国务院关于禁止犀角和虎骨贸易的通知》：严禁进出口、出售、收购、运输、携带、邮寄虎骨（包括其任何可辨认部分和含其成分的药品、工艺品等）

※ 网站管理建议

建议网站见有相关制品即删除，及时将信息反馈给执法部门；屏蔽主要检索词，如虎骨、虎骨酒、Hu 骨等；在站内开展宣传教育，制定禁售规定。

※ 识别特征（图片来源于网络）

虎骨内部有密结的丝瓜络状结构，俗称"丝瓜囊"。

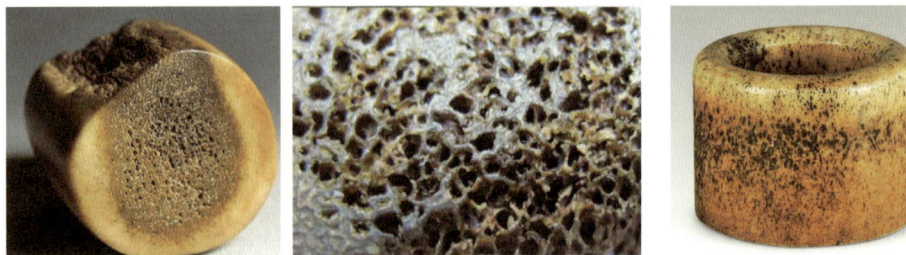

图6-3-2 虎骨特征

※　**常见制品**（图片来源于网络）

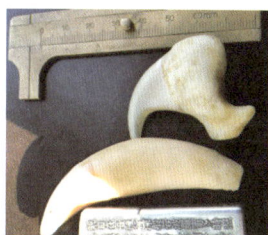  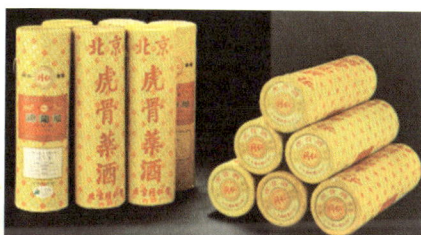

图6-3-3　虎骨、虎牙、虎爪　图6-3-4　虎骨制品如手串、把件和扳指　图6-3-5　虎骨酒

图6-3-6　虎皮　　　　　图6-3-7　有虎骨成分的保健品及药品

※　**常用关键词及描述方式**（图片来源于网络）

"虎""虎骨"的变形：H骨、Hu骨、虎的骨；

利用虎的特征描述：饕餮之儡、大猫、大mao、王者之骨、王掌骨；

用虎的亚种名称描述。

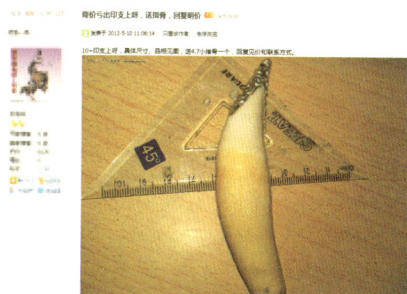 

图6-3-8　网上售卖的虎骨制品描述截图

※　案例分享

淮南一男子网上叫卖豹骨象牙今日受审

2012年9月11日 来源：安徽网

2012年，淮南王某收购"虎骨"和象牙后，在网上公开叫卖，被警方抓获。虽经鉴定"虎骨"实为豹骨，但豹骨和象牙制品仍均属国家一级重点保护野生动物，属严禁贸易的物种。检察机关指控王某犯有非法收购、出售珍贵、濒危野生动物制品罪，应追究其刑事责任。

※　点评

1. 根据1993年《国务院关于禁止犀角和虎骨贸易的通知》，出售、收购任何声称含有虎骨成分的制品也是一种违法行为。

2. 根据相关司法解释，在现今，销售1993年之前生产的虎骨酒、含犀牛角成分药品等濒危野生动物制品的行为也属违法。

※　关于虎与其他猫科动物

目前，全世界的野生虎仅存3000余头，分布在仅占其历史栖息地7%的地区，面临着灭绝的危险。虎是亚洲特有的物种，而在中国分布的野生虎不到50只。除栖息地及老虎猎物的减少之外，虎及其制品的非法贸易和由此引起的对野生虎的非法猎杀是致其濒危的主要威胁。历史上曾经存在的虎的9个亚种，在过去的50年内已经灭绝3个，中国独有的华南虎也早在20年前已被认定为功能性灭绝。部分老虎养殖企业大量繁殖老虎，并销售宣称为虎制品的商品，这种行为不仅无助于野生虎保护，还会误导和刺激公众对虎产品的消费。

不仅是虎，其他猫科动物，包括豹、雪豹、猞猁、云豹等的生存状况都受到威胁。猫科所有种（除家养型）均被列入CITES附录Ⅰ、Ⅱ和国家一、二级重点保护野生动物名录。这些猫科动物制品的非法贸易也见于网络，交易信息常以物种名、"大猫"等为关键描述词，如：

图6-3-9　网上售卖的猫科动物描述截图

公众只有自觉抵制一切猫科动物的制品，才能帮助它们在自然界安全存活。

图6-3-10　保护野生虎宣传海报

四、海豹（*Phocidae* spp.）

※　涉及海豹及其制品的贸易网站类型

拍卖网站√

B2B 网站√

收藏网站√

分类信息网站√

公共论坛

专业论坛

狩猎网站

其他

图6-4-1　海豹（图片来源©IFAW/S.Cook）

※　保护状况

» CITES附录Ⅰ：僧海豹属所有种*Monachus* spp.

» CITES附录Ⅱ：南象海豹*Mirounga leonina*

» 国家二级及以上重点野生保护野生动物

» IUCN红色名录：绝灭（EX）、濒危（EN）、易危（VU）、无危（LC）

※　网站管理建议

建议网站见有相关制品即删除，或主动减少海豹制品的贸易；在站内开展宣传教育，甚至制定禁售规定。

※　常见制品

图6-4-2　海豹原皮
（图片来源于网络）

图6-4-3　海豹皮制品
（图片来源©IFAW/S.Cook）

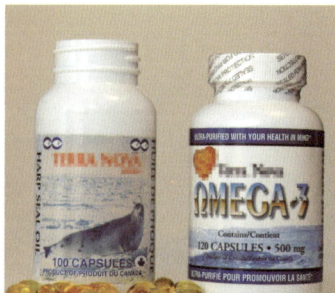

图6-4-4　海豹油/海豹鞭等保健品
（图片来源©IFAW/S.Cook）

※　常见关键词及描述（图片来源于网络）

海豹、海狗、海豹皮、海豹鞭

2013新款冬季海豹皮帽子整皮水貂帽子 中老年男士貂皮皮草绅士帽

价格　¥**900.00**

配送　北京 至 北京 · 快递：¥ 6.00 · 付款后预计2月25日送达
销量　30天内已售出 0 件，其中交易成功 0 件
评价　暂无评价 | 全新

尺码　七天包退换 送运费险　均码一般头围都能戴

颜色分类　海豹皮本色

数量　－ 1 ＋ 件（库存150件）

立即购买　　加入购物车

♥喜欢宝贝　★收藏宝贝　＜分享

承诺　七天退换　运费险
支付　信用卡支付　货到付款　信用支付　支付宝支付　集分宝

欧渊 二手 真皮 皮衣 海豹皮

价格　¥**6800.00**

配送　河北廊坊 至 北京 · 快递：¥ 10.00 · 平邮：¥ 50.00
销量　30天内已售出 0 件，其中交易成功 0 件
评价　暂无评价 | 二手

数量　－ 1 ＋ 件（库存1件）

立即购买　　加入购物车

♥喜欢宝贝　★收藏宝贝(13)　＜分享

支付　支付宝支付　集分宝

加拿大原装进口 海豹精阳素 男士补肾 海豹鞭 BEC 60粒 新鲜包邮

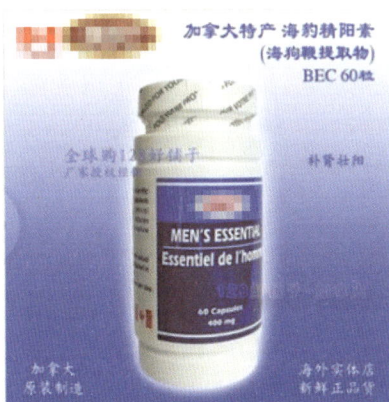

价　格：¥**213.00**

物流运费：海外 至 北京 · 快递：免运费
销　量：30天内已售出 12 件，其中交易成功 7 件
评　价：★★★★★ 4.9分 | 4条评价
宝贝类型：全新　3960次浏览
支　付：信用卡分期 货到付款 · 服

购买数量：　1 　＋件（库存9件）

立刻购买　　加入购物车

图6-4-5　网上售卖的海豹制品描述截图

※　关于海豹

海豹是生活在海洋中的哺乳动物，绝大多数的海豹生活在北极圈内，它们是北极熊的主要食物来源。

随着全球气候变暖，北极圈内的冰面逐渐消融，越来越多的海豹找不到栖身之所。然而更严峻的威胁来自残酷的商业性海豹猎杀。加拿大自 1965 年开始每年捕杀超过 30 万头海豹，其中众多海豹仅 30 天大。海豹猎人用带有尖钩的木棒敲打海豹头部，许多海豹在尚有知觉的状态下被剥去皮毛。销售商为了追求巨额利润，不仅试图将海豹产品推向海外（尤其是中国）市场，更利用人们求健康、想长寿的心理，为海豹制品编造出许多本不存在的"神奇"功效。

辽宁大连斑海豹国家自然保护区内的斑海豹，是国家二级重点保护野生动物。每年 11 月，它们成群结队向渤海长途迁游，翌年二、三月份到达渤海北部沿海冰面生儿育女。但是在经济利益的驱使下，斑海豹遭到过量猎杀，致使其种群数量急剧减少。另一方面，城市化的扩张、滩涂养殖业和航运的发展、油田的开采及近海排污等，对斑海豹繁殖的生存环境质量也造成较大的破坏。据调查，辽东湾地区每年来此栖息和繁殖的斑海豹种群数量仅 1000 只左右。为了保护斑海豹种群及其繁殖栖息地，大连建立斑海豹自然保护区，这也对保护辽东湾内其他海洋生物及生态环境具有非常重要的作用。

谎言	事实
吃海豹油（中国也叫海狗油）可以防止动脉粥样硬化，有效成分是其中的 Omega-3 脂肪酸；海豹鞭可以温肾壮阳、益精补髓。	哈佛医学院的专家研究发现 Omega-3 脂肪酸并不像销售商说的那样神奇，反而可能增加心脏病的发病率；由于近年来人类对海洋污染的加剧，从海洋哺乳类动物身上提取的 Omega-3 容易含对人类有害的汞等重金属。现代医学对海豹生殖器制成的药材进行大量研究，没有发现其中所含的成分或药效足以支持其入药。

五、穿山甲（*Manis* spp.）

※ **涉及穿山甲及其制品的贸易网站类型**

拍卖网站√

B2B 网站

收藏网站√

分类信息网站

公共论坛√

专业论坛狩猎网站√

其他√

※ **保护状况**

图6-5-1　穿山甲
（图片来源©Roger Aidong）

» CITES 附录 II 及以上

» 国家一级重点保护野生动物

» IUCN红色名录：极危（CR）、濒危（EN）、易危（VU）

» 2007年《关于加强赛家羚羊角、穿山甲、稀有蛇类资源保护的规范其产品入药管理的通知》：停止野外捕猎活动；且原材料不得在定点医院以外以零售方式公开出售。

※ **网站管理建议**

建议网站见有相关制品（包括含有穿山甲片的任何保健品及药品）即删除，及时将信息反馈给执法部门；屏蔽主要检索词，如穿山甲、甲片等；在站内开展宣传教育，制定禁售规定；由于穿山甲在我国目前无产业化养殖利用，因此对于宣称其产品是人工养殖的正规药品的卖家应予严惩。

※ 识别特征（图片来源于网络）

图6-5-2　未炮制的穿山甲片正面

图6-5-3　未炮制的穿山甲片背面

图6-5-4　炮制后的穿山甲片

未炮制的穿山甲片：呈扇面形、菱形或盾形，较扁平，呈黑褐色或土黄色，正面基部（较宽的部分）有纵向的纹路，甲片背面有一条明显凸起的弓形横向棱线，其下方有数条与棱线平行的纹路。

炮制后的穿山甲片呈黄色，因脱水干燥而卷曲皱褶，又称甲珠。"炮制"即是炒熟，使其脱水，是制成中药的方法。

※ 常见制品（图片来源于网络）

图6-5-5　鳞片（生/熟）：吊坠、雕件、刮痧片，制成粉

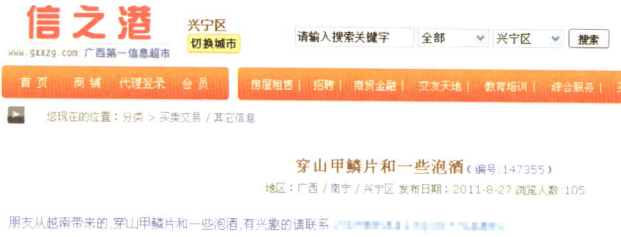

图6-5-6 死体：通常被泡酒或冷冻运输，作为食物出售

由于盗墓小说的盛行，穿山甲爪子或趾甲也被认为具有避邪功能，以"摸金符"为名而被销售。在各类网站上，尤其是收藏论坛和C2C网站、狩猎论坛中均可以看到这类交易。

催乳方下奶治奶水不足 穿山甲 王不留行 免煎中药配方颗粒极细粉

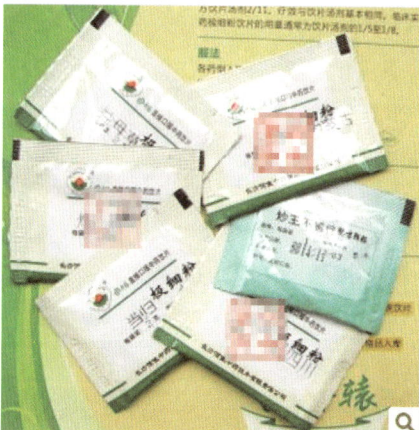

价　格：	**22**
净含量：	8g
物流运费：	湖南
30天售出：	80件
评　价：	★★
宝贝类型：	全新
购买数量：	1

图6-5-7 爪子

图6-5-8 含有穿山甲鳞片成分的保健品（药品）

※　常用关键词及描述方式（图片来源于网络）

甲片、甲珠、炮山甲（意为炮制后的甲片，是中药材）、甲粉（即为穿山甲片磨制的粉末）、鲮鲤、灸山甲。

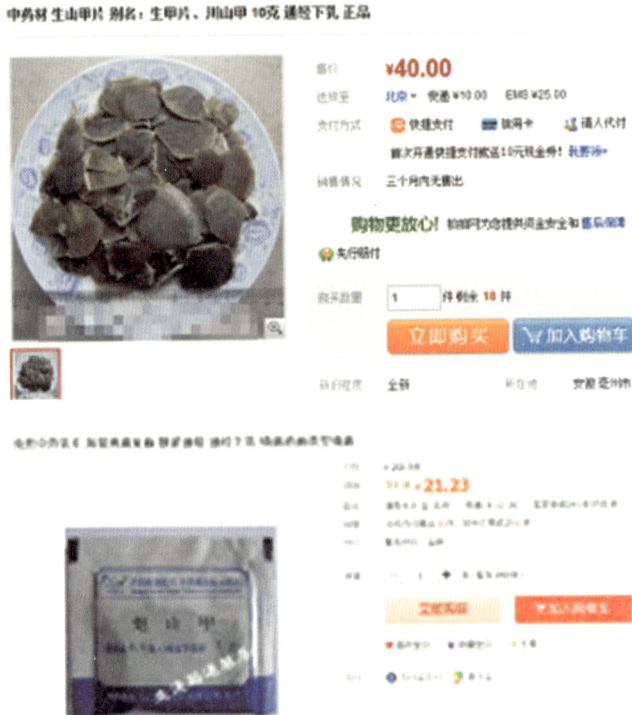

图6-5-9　网上售卖的穿山甲片、甲粉截图

※　案例分享

海关查获28千克穿山甲鳞片

2013年6月25日　来源：齐鲁晚报

2013年，济南海关在寄自外国的国际邮包内查获穿山甲鳞片28千克。

这批穿山甲鳞片装在两个包内，申报为干果。当海关关员查验时，发现这些"干果"呈半干状态，有腥味，呈不规则菱形，表面可见毛发，每片鳞片大小不一，具有穿山甲鳞片的特征。

穿山甲鳞片又称为山甲片、麒麟片、钱鲤甲，每只穿山甲平均只能获取0.4千克鳞片，按此折算，要获得如此多的鳞片，需有70多只穿山甲惨遭杀害。

※　关于穿山甲

全球共有 8 种穿山甲，分布在非洲、亚洲南部等地区。而今所有的穿山甲已濒临灭绝，其中包括曾广泛分布于中国南方山区的中华穿山甲。

穿山甲又被称为"白蚁克星"。凭借着能伸长 40 厘米的皮带一样的舌头，以及善于挖掘、强有力的爪子，穿山甲可以探入并摧毁白蚁的巢穴。一只穿山甲一晚可以吃掉 20 万只白蚁。穿山甲的存在，对于维护森林和土壤健康非常重要。

然而穿山甲的生育率非常低。它们一胎通常只生育一只幼崽。幼儿会爬到母亲的尾巴上并紧紧抓住，然后由母亲一直照顾到断奶。

目前认为圈养及商业开发穿山甲并未成功，市场上见到的穿山甲及甲片制品来自盗猎或走私。对"野味"或"甲片入药"的需求使得中国国内的穿山甲被捕杀殆尽，连南亚和非洲的穿山甲都难以幸免。有时，一次走私罚没缴获成吨的穿山甲死体或鳞片。

六、盔犀鸟（*Rhinoplax vigil*）

※ 涉及盔犀鸟及其制品的贸易网站类型

拍卖网站√

B2B 网站√

收藏网站√

分类信息网站√

公共论坛

专业论坛狩猎网站

其他√

※ 保护状况

» CITES附录 I

» IUCN红色名录：极危（CR）

图6-6-1　盔犀鸟
（图片来源©Simon van der Meulen）

※ 网站管理建议

建议网站见有相关制品即删除，及时将信息反馈给执法部门；屏蔽主要检索词，如盔犀鸟、鹤顶红等；在站内开展宣传教育，制定禁售规定。

※ 常见制品（图片来源于网络）

图6-6-2　原头骨

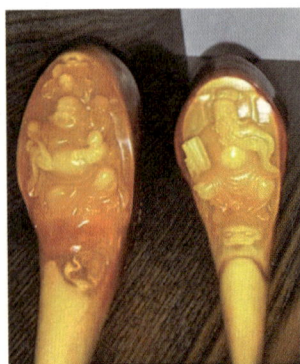

图6-6-3　头骨雕刻

图6-6-4　鼻烟壶

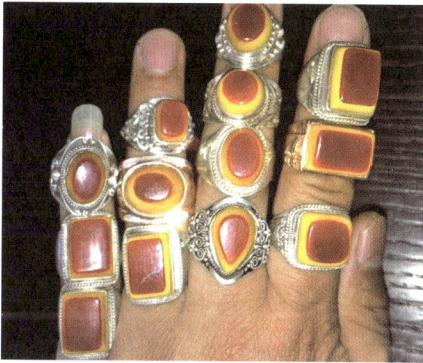

图6-6-5　戒指

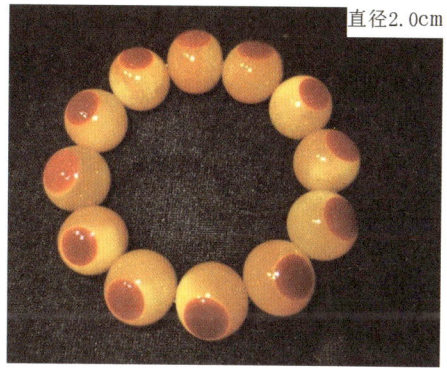

直径2.0cm

图6-6-6　手串

※　常用关键词及描述方式（图片来源于网络）

鹤顶红、HDH、鸟头、NT、盔犀鸟、灰犀鸟、犀利鸟、珍贵材料、小红。

[藏品编号：5698060]　鹤顶红观音鸟头一口价26000讲价的请绕道

卖家承诺：✓7天包退　🌼如实　✅包老
若实物与描述不符或赝品则卖家赔偿来回运费
其他退货须赔偿卖家6%违约金并承担来回运费

参考价：26000 元　　报价次数：0

运费：卖家承担运费，退货单程运费由买家支付。

品相：全品　　　　是否包退：承诺货物包退

[我要报价]　[存款购物]

上传日期：2013-01-17　　销售状态：待售

藏品年代：不清楚　　　所在地：

收藏次数：3次　　　　浏览次数：6338次

🔍送去鉴定　　📒收藏该藏品

❓点击这里与本网交易管理员 中华古玩网 联系
　本网担保交易电话：▇▇▇▇▇▇
❗被骗案件中，90%以上是由于私下交易造成的
　点击查看如何通过中华古玩网担保交易？

[藏品编号：7376876]　精美鸟头观音雕件蜜蜡状雕工精美

卖家承诺：✓7天包退　🌼如实　✅包老
若实物与描述不符或赝品则卖家赔偿来回运费
其他退货须赔偿卖家6%违约金并承担来回运费

参考价：38000 元　　报价次数：0

买家承担运费：快递：30元

品相：全品　　　　是否包退：承诺货物包退

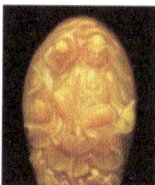

[我要报价]　[存款购物]

上传日期：2013-09-13　　销售状态：待售

藏品年代：不清楚　　　所在地：广东深圳市

收藏次数：1次　　　　浏览次数：1232次

🔍送去鉴定　　📒收藏该藏品

❓点击这里与本网交易管理员 中华古玩网 联系
　本网担保交易电话：▇▇▇▇▇▇
❗被骗案件中，90%以上是由于私下交易造成的
　点击查看如何通过中华古玩网担保交易？

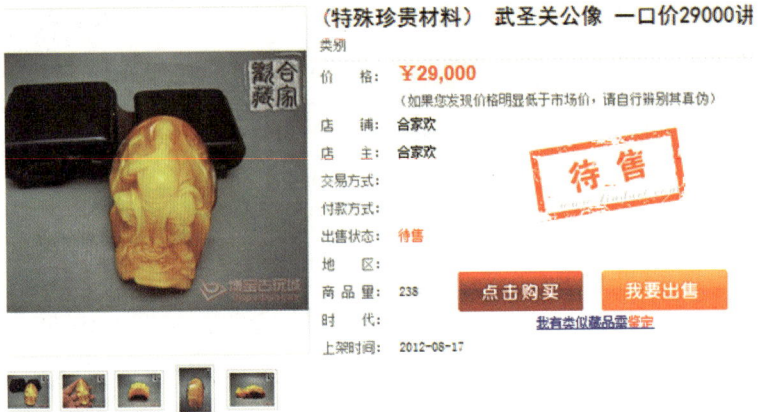

（特殊珍贵材料） 武圣关公像 一口价29000讲

类别

价 格： ￥29,000
（如果您发现价格明显低于市场价，请自行辨别其真伪）

店 铺： 合家欢

店 主： 合家欢

交易方式：

付款方式：

出售状态： 待售

地 区：

商品量： 238

时 代：

上架时间： 2012-08-17

点击购买   我要出售

我有类似藏品需鉴定

图6-6-7 网上售卖的盔犀鸟制品描述截图

※ 案例分享

深警查获多宗粤港跨境走私案，缴获159个鹤顶红头骨

2012年10月24日 来源：人民网

2012 年 10 月，深圳湾口岸连续查获多宗粤港跨境车辆涉嫌走私濒危动物制品案件，缴获 159 个鹤顶红头骨及熊爪、鳄鱼皮等其他珍稀动物制品。

别名鹤顶红的盔犀鸟原产东亚热带雨林，因头骨质地坚实，成为国内热炒的工艺品制作材料，由此频遭跨境走私伙偷运入境。实际上，盔犀鸟是被列入《濒危野生动植物种国际贸易公约》（CITES）附录 I 的物种，为禁止贸易物种。携带制品出入境、出售、收购鹤顶红制品的行为都可能触犯法律。

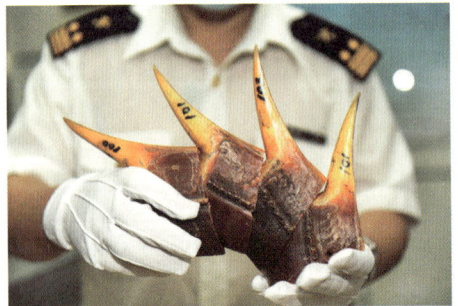

图6-6-8 被海关查获的濒危动物制品

七、海龟（*Cheloniidae* spp.）

※　涉及海龟及其制品的贸易网站类型

拍卖网站√
B2B 网站√
收藏网站√
分类信息网站√
公共论坛√
专业论坛√
狩猎网站√
其他√

图6-7-1　海龟（图片来源©S.Portelli）

※　保护状况

» CITES附录 I
» 国家一级重点保护野生动物
» IUCN红色名录：极危（CR）、濒危（EN）、易危（VU）、数据缺乏（DD）

※　网站管理建议

网站见有相关制品及活体即删除，及时将信息反馈给执法部门；屏蔽主要检索词，如海龟、玳瑁、DM 等；在站内开展宣传教育，制定禁售规定。

※　识别特征

海龟在网络贸易中既有活体，也有制品。常见贸易物种为绿蠵龟 *Chelonia mydas*（别名：绿海龟）和玳瑁 *Eretmochelys imbricata*，玳瑁常以制品出售。

图6-7-2　活体，前肢呈长桨状，头大、颈短，头和四肢不能缩入甲内（图片来源©S.Portelli）

图6-7-3　活体

※　常见贸易种类（图片来源于网络）

透红血丝纹

图6-7-4　玳瑁制品，整体通透度从不透明到半透明不等。底色为透明或偏黄色，深色处为棕褐色甚至黑色。通常卖家会重点宣传花纹边缘有透红血丝纹。

图6-7-5　饰品

图6-7-6　玳瑁标本

图6-7-7　玳瑁雕件

图6-7-8　文玩的镶饰，常与象牙同时镶嵌，如蛐蛐葫芦顶盖品

※　常用关键词及描述方式（图片来源于网络）

带帽、玳瑁、DM、DaiMao、海龟、鹰嘴海龟、十三鳞龟、小绿、绿海龟、血料、珍贵材料、有机海洋宝石、玳瑁色、天然灵物（有清晰血色）

图6-7-9　网上售卖的海龟制品描述截图

※　关于玳瑁

玳瑁生活在珊瑚礁区域，幼龟至少要 20 ～ 30 年才会成熟。除了人类的直接捕捞，玳瑁还面临着其他很多方面的威胁，包括：渔业影响——误捕、渔网或渔线缠绊等；海滨开发——改变或摧毁海滩产卵栖息地；污染——海洋中被吞食的塑料；气候变化——可能影响其繁殖，因为海龟的性别比例由孵卵时的温度决定。珊瑚礁的减少也使玳瑁失去觅食地，受到严重威胁。

八、藏羚（*Pantholops hodgsonii*）

※　涉及藏羚及其制品的贸易网站类型

拍卖网站 √

B2B 网站

收藏网站

分类信息网站

公共论坛

专业论坛狩猎网站

其他

图6-8-1　藏羚（图片来源©IFAW）

※　保护状况

- » CITES附录Ⅰ
- » 国家一级重点保护野生动物
- » IUCN红色名录：低危（NT）

※　网站管理建议

建议网站见有相关制品即删除，及时将信息反馈给执法部门；屏蔽主要检索词，如藏羚羊、西藏羚羊、沙图什（藏羚羊绒织成的围巾）等；在站内开展宣传教育，制定禁售规定。

※　识别特征

图6-8-2　用藏羚羊绒制作的产品称为沙图什（shahtoosh）。出售者往往会将沙图什穿过一个戒指或圆环以证明它的柔软，因此又称戒指绒。（图片来源©IFAW/S.Gabriel）

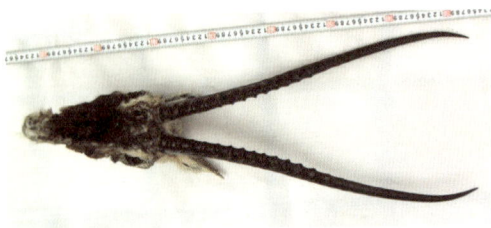

图6-8-3　藏羚角呈黑色，比较直。仅角的前半部有环。近角尖处略内弯，无环。（图片来源于网络）

※　**常见制品**（图片来源于网络）

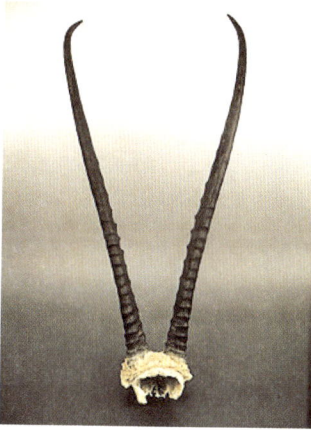

图6-8-4　藏羚羊角及制作的工艺品

※　**常用关键词及描述方式**（图片来源于网络）

西藏羚羊、藏羚羊、大羊角、戒指绒、戒指披肩、沙图什、*Shahtoosh*、*Chiru*

图6-8-5　网上售卖的藏羚制品描述截图

九、赛加羚羊（*Saiga tatarica*）

※　涉及赛加羚羊及其制品的贸易网站类型

图6-9-1　赛加羚羊（图片来源©IFAW/E.Zharkova）

拍卖网站√

B2B 网站√

收藏网站√

分类信息网站√

公共论坛

专业论坛

狩猎网站

其他√

※　保护状况

» CITES附录Ⅱ

» 国家一级重点保护野生动物

» IUCN红色名录：极危（CR）

» 最濒危的物种之一。20世纪70年代，全世界赛加羚羊的数量还在百万只以上，但到2004年已下降了95%，现存只有12万只左右。中国野外种群已经灭绝，无产业化人工繁殖。

» 2007年《关于加强赛加羚羊角、穿山甲、稀有蛇类资源保护的规范其产品入药管理的通知》：停止野外捕猎活动；且原材料不得在定点医院以外以零售方式公开出售。

※　识别特征

　　赛加羚羊角偏白色，有玉状光泽，可见血丝。角呈弓形弯曲，表面有纵向细裂纹，自基部向上有水波状环形凸起。赛加羚羊角的制品通常经过打磨。

图6-9-2　赛加羚羊角（图片来源©IFAW/E.Zharkova）

※　常见制品（图片来源于网络）

图6-9-3　原角

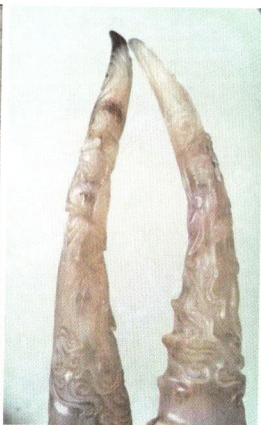

图6-9-4　整角雕

图6-9-5　串珠、扳指、烟嘴等装饰品

※　常用关键词及描述方式（图片来源于网络）

　　赛加、高鼻羚羊、*SJ*、羚羊角、*Saiga*

sj 羊角 手串 接受定做 可做桶珠 藏式 园珠 椭圆珠

淘宝网将保障您的购物资金及

价　　格：**600.00** 元
运　　费：卖家承担运费
评　　价：总计0人　　　30天售出：
付款方式：快捷支付　　　网银支付

我要买：`1`　件（库存1件）

立刻购买

所在地区：天津
宝贝类型：二手
特色服务：☒集分宝

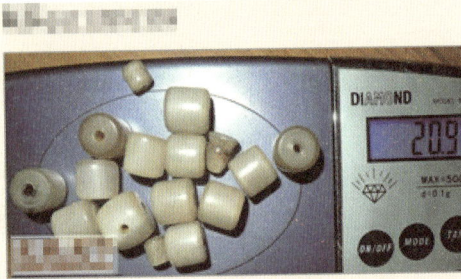

SJ串送个SJ小角尖

商品类型：全新商品
运费：线下交易
剩余时间：**成交结束**
商品数量：1
累计售出：0

现价：**999999.99** 元

图6-9-6　网上售卖的赛加羚羊制品描述截图

※　关于赛加羚羊

　　赛加羚羊又称高鼻羚羊，它们的鼻骨高度发育并卷曲，成为其显著的识别特征。中国新疆、内蒙古一带曾奔跑着大量的赛加羚羊。例如，20 世纪初，新疆就有约 30 万只。而到 1962 年，中国的赛加羚羊由于人类的滥杀和对羚羊角的贪婪需求而彻底灭绝。如今只在俄罗斯和外蒙古等地能看到它们的踪迹。

　　人们通常所说的药材羚羊角，就是指赛加羚羊的角或磨制的粉末。目前市场上的羚羊角主要来源是走私，例如，从哈萨克斯坦或蒙古国入境。

十、亚洲黑熊（*Ursus thibetanus*）

※　涉及亚洲黑熊及其制品的贸易网站类型

拍卖网站√

B2B 网站√

收藏网站√

分类信息网站√

公共论坛√

专业论坛

狩猎网站√

其他√

图6-10-1　亚洲黑熊

图片来源©IFAW/E. Zharkova

※　保护状况

» CITES附录 I

» 国家二级重点保护野生动物

» IUCN红色名录：易危（VU）

※　网站管理建议

网站应严禁出售熊掌、皮、牙和干熊胆等制品；对于含熊胆成分的制品，如熊胆粉、酒、眼药水等，应核查其是否获得野生动物制品经营利用许可证及专用标识；即使对于获得批准出售的熊胆制品，也建议网站主动减少此类制品的销售。

※　识别特征（图片来源于网络）

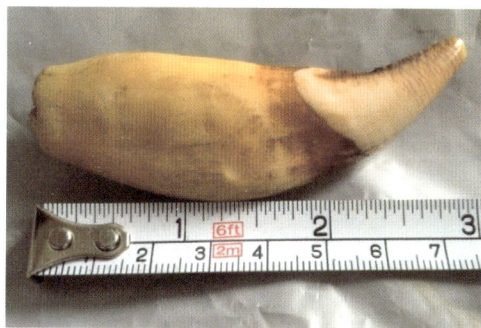

图6-10-2　熊牙尖部有环状纹理，也称血纹

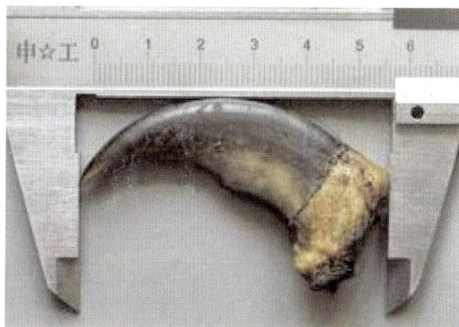

图6-10-3　黑熊爪为深色，长约5cm

※　常见制品（图片来源于网络）

图6-10-4　熊牙

图6-10-5　熊爪

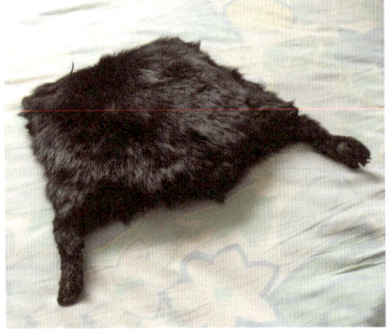
图6-10-6　熊皮

图6-10-7　熊胆制品（熊胆粉、熊胆粉、熊胆药）

※　常用关键词及描述方式（图片来源于网络）

熊胆、熊牙、熊爪、熊的

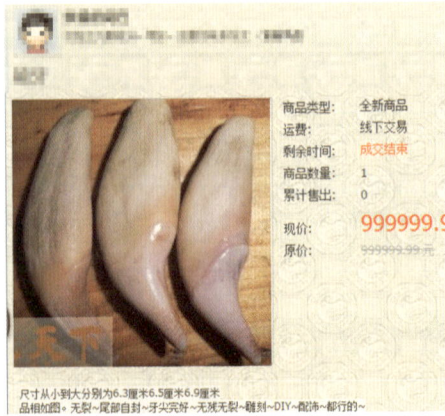
图6-10-8　网上售卖的亚洲黑熊制品描述截图

※　关于熊胆入药的事实和误区

误区

天然熊胆对治疗胆囊炎、胆结石、肝炎、肝硬化、糖尿病等多种疾病有奇效，还可增强记忆、提高学习效率。而人工合成替代品是不能达到该效果的。

事实

天然熊胆并非不可代替。被认为熊胆中的最有效成分是熊脱氧胆酸，简称 UDCA，1927 年由日本人分离得到，1937 年确定其结构，1954 年首次人工合成，并在全世界医学界广泛应用，但其在治疗胆结石上有效率低的缺点，不能替代手术治疗。

在中国传统医学中，熊胆的主要功能是清肝明目镇静，使用传统草药代替可达到相同效果。

经研究表明，长期引流胆汁的熊处于亚健康状态，在引流 1 年后就会出现发炎现象。胆道的开放，容易导致各种微生物在胆汁中存在。动物抗生素的滥用对人类的危害更是不言而喻。

十一、懒猴（*Nycticebus* spp.）

※　涉及懒猴及其制品的贸易网站类型

拍卖网站√

B2B 网站

收藏网站

分类信息网站√

公共论坛√

专业论坛

狩猎网站

其他√

图6-11-1　被救助的懒猴
（图片来源©IFAW–WTI/R.Gohain）

※　保护状况

» CITES附录Ⅰ

» 国家一级重点保护野生动物

» IUCN红色名录：极危（CR）、濒危（EN）、易危（VU）

※　网站管理建议

建议网站严格监察异类宠物店铺，见有相关活体即删除，及时将信息反馈给执法部门；屏蔽主要检索词，如懒猴、小懒、大懒等；在站内开展宣传教育，制定禁售规定。

※　识别特征（图片来源于网络）

图6-11-2　蜂猴*Nycticebus coucang*
（常说的大懒）

图6-11-3　倭蜂猴*Nycticebus pygmaeus*
（常说的小懒）

懒猴属的头部都较圆，眼大而圆且向前，眼圈黑色，耳小，每脚有五趾，尾巴很短不明显，体型似猫，体色通常为橙色、棕色、至赤褐色，体长 20 ～ 35 厘米，体重 0.3 ～ 1.5 千克。常见贸易种类为蜂猴和倭蜂猴。倭蜂猴相对较小，体长约为蜂猴的 1/3，头、颈和背部中央一般无暗色脊线。蜂猴自头顶到腰背有一条显著的棕褐色脊纹。

※　**常用关键词及描述方式**（图片来源于网络）

懒猴、大懒、小懒、大懒猴、小懒猴、宠物懒、懒懒等

图6-11-4　网上售卖的懒猴描述截图

※　案例分享

25岁小伙网上叫卖懒猴　被捕时不知已犯法

2013年3月15日 来源：重庆晨报

2012年7月，重庆市南岸森林公安局注意到，一名男子在网上公然叫卖"小懒"（懒猴）。通过几个月的排查，森林公安在一处租赁房内将这名25岁的男子抓获。原来男子加入了一个异类宠物群，通过网络从云南购入这只懒猴。后来因懒猴野性很大，男子决定将其转手。

这名男子及其交易懒猴的对象均已被抓获。据悉，他可能面临5年以下的有期徒刑。

十二、猕猴（*Macaca mulatta*）

※　涉及猕猴及其制品的贸易网站类型

拍卖网站√

B2B 网站

收藏网站

分类信息网站√

公共论坛√

专业论坛

狩猎网站

其他

图6-12-1　猕猴
（图片来源©Roger Aidong）

※　保护状况

» CITES附录Ⅱ（所有灵长类物种都被列入CITES附录Ⅱ及以上）

» 国家二级重点保护野生动物

» IUCN红色名录：无危（LC）

※　网站管理建议

网站严格监察异类宠物店铺，见有相关活体即删除，及时将信息反馈给执法部门；屏蔽主要检索词，如石猴、袖珍猴等；在站内开展宣传教育，制定禁售规定。对声称是合法销售的实验动物的，则需核查卖家实验动物生产许可证。

※　识别特征（图片来源于网络）

毛色灰黄色，颜面瘦削，头顶没有向四周辐射的漩毛，额略凸，肩毛较短，尾较长，约为体长的一半。臀胝发达，肉红色。

图6-12-2　典型猴类，灵长类动物颜面大都裸露，眼大，向前。网络出售的被称为"袖珍猴"或者"袖珍石猴"的都是猕猴的幼体。石猴只是俗称，并不是物种名。

※ 案例分享

野生猕猴成萌宠：网上联系买家后当地人立即猎捕

2013年11月05日 来源：中国时刻

近年来，为彰显另类，很多人觉得养宠物猴很酷，年幼的猕猴被炒作成"日本石猴"，一只卖上万元人民币。而人们争养宠物猴的行为，助长了野生动物被偷猎贩卖的违法行为。

日前，一起特大非法收售、运输、猎捕国家二级重点保护野生动物猕猴的案件在四川宣判，因为偷捕、贩卖了 19 只珍稀猕猴，即非法收购、运输、出售珍贵、濒危野生动物罪，3 名犯罪分子获刑。"头道贩子"被判处有期徒刑 10 年 2 个月，并处罚金 1 万元，买家于某也因同罪被判处有期徒刑 10 年，处罚金 1 万元，另外的杨某判处有期徒刑 6 年，并处罚金 8000 元。于某说，袖珍宠物猴其实就是两三个月大的猕猴幼仔。这样袖珍的个头最多维持 1 年，长大后体重可达 10 千克左右。猴子野性难驯，到了发情期极易发飙，很容易攻击人类，他曾经多次被抓伤过。

※ 常用关键词及描述方式（图片来源于网络）

宠物猴、石猴、袖珍石猴、袖珍猴、日本小石猴、小石猴、日本袖珍猴、日本石头猴、猕猴、食蟹猴、长尾猴等。

图6-12-3　网上售卖的猕猴描述截图

十三、狨猴（*Callitrichidae* spp.）

图6-13-1　狨猴（图片来源©Roger Aidong）

※　**涉及狨猴及其制品的贸易网站类型**

拍卖网站

B2B 网站

收藏网站

分类信息网站√

公共论坛√

专业论坛

狩猎网站

其他

※　**保护状况**

》　CITES附录 II

》　IUCN红色名录：极危（CR）、濒危（EN）、易危（VU）、低危（LC）

※　**网站管理建议**

网站严格监察异类宠物店铺，见有相关活体即删除，及时将信息反馈给执法部门；屏蔽主要检索词，如指猴、侏儒狨等；在站内开展宣传教育，制定禁售规定。

※　**识别特征**（图片来源于网络）

绒猴是世界上最小的灵长类动物之一。它们全身长约 13 厘米，连同尾巴长度也仅 15 厘米，体重 100 克左右。因为体型较小，可以附着在手指上，有时也被称为"拇指猴"。

图6-13-2　拇指猴

※ 常用关键词及描述方式（图片来源于网络）

拇指猴、指猴、绒猴、世界上最小的猴子、侏儒狨、金狮狨、金毛狮狨。

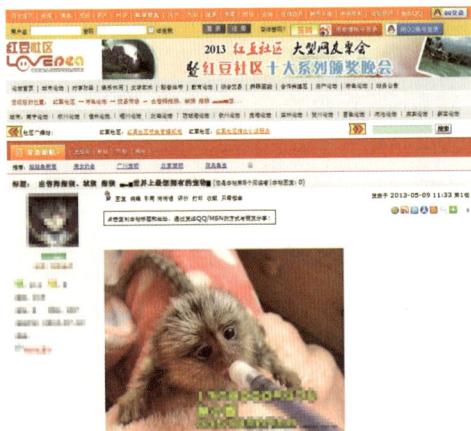

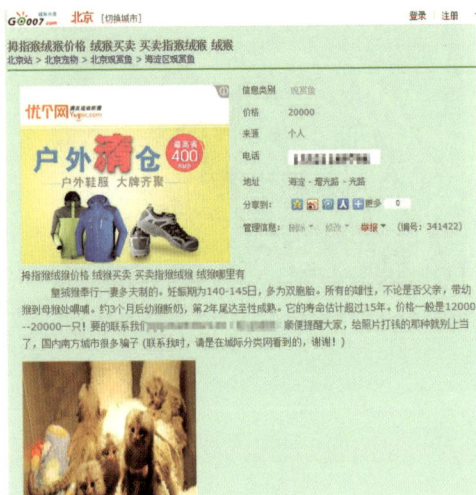

图6-13-3　网上售卖的狨猴描述截图

十四、隼形目（*Falconiformes*）

※　涉及隼形目及其制品的贸易网站类型

拍卖网站√

B2B 网站

收藏网站

分类信息网站√

公共论坛√

专业论坛√

狩猎网站

其他

图6-14-1　隼形目（图片来源©IFAW）

※　保护状况

» CITES附录Ⅱ及以上（除瓜达卢普卡拉鹰*Caracara lutosa*和美洲鹫科*Cathartidae*物种）

» 国家二级及以上重点保护野生动物

» IUCN红色名录：绝灭（EX）、濒危（EN）、易危（VN）、近危（NT）、无危（LC）

※　网站管理建议

网站严格监察异类宠物店铺，见有相关活体即删除，及时将信息反馈给执法部门；屏蔽主要检索词，如鹰、细胞、松子等；在站内开展宣传教育，制定禁售规定。

※　识别特征

隼形目即常见的鹰雕隼类。它们是掠食性的鸟类，眼大而圆，具有尖利的爪子，喙端部具钩。

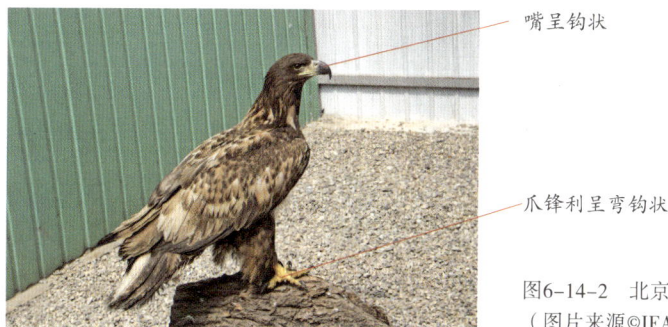

嘴呈钩状

爪锋利呈弯钩状

图6-14-2　北京猛禽救助中心救助的猛禽（图片来源©IFAW）

※　常见贸易物种（图片均为IFAW北京猛禽救助中心的猛禽）

图6-14-3　红隼*Falco tinnunculus*　　图6-14-4　雀鹰*Accipiter nisus*（又名鹞子）

图6-14-5　燕隼*Falco subbuteo*　　　图6-14-6　苍鹰*Accipiter gentilis*

图6-14-7　猎隼*Falco cherrug*　图6-14-8　金雕*Aquila chrysaetos*　图6-14-9　松雀鹰*Accipiter virgatus*
（又名摆胸、松子）

※　常用关键词及描述方式（图片来源于网络）

隼形目下的物种名、俗名及别称：雕、隼、鹰、老鹰、兔鹰、鸡鹰、鹞子、细胸、摆胸、松子、海东青、棒子、兔鹘、鸽鹘、垛子、马莲

图6-14-10　网上售卖的隼形目鸟类描述截图

注：隼形目的交易较为隐蔽，使用关键词搜索的结果并不明显，很多时候使用交易名或俗名，而非物种名进行交易。除此之外，一些关于"训鹰"的网络信息虽然并非直接交易猛禽，却也在间接刺激猛禽的交易，而且鼓吹私人对国家保护动物的非法养殖，网站应注意减少此类信息的发布。

※　案例分享

私自买卖驯养鹰类属犯罪

2013年3月13日 来源：中国台州网

2012年11月2日，民警在日常巡查中发现椒江一家摩托车修理店内有4只鹰，分别是苍鹰、雀鹰、凤头鹰、红隼，为店主陶某及其朋友所有。据几人交代，他们是在一个叫"江浙沪鹰猎"的QQ群上获取买卖、饲养等方面的消息的。

近日，椒江法院公开开庭审理了这起买卖猛禽案，有7名被告以非法收购、出售珍贵濒危野生动物罪，被判处1年3个月有期徒刑至6个月拘役，并处罚金。

十五、鸮形目（*Strigiformes*）

※ 涉及鸮形目及其制品的贸易网站类型

拍卖网站√

B2B 网站

收藏网站

分类信息网站√

公共论坛√

专业论坛√

狩猎网站

其他

图6-15-1 （图片来源©IFAW/Crystal Wang）

※ 保护状况

» CITES附录Ⅱ及以上（除白面鸮*Sceloglaux albifacies*）

» 国家二级及以上重点保护野生动物

» IUCN红色名录：绝灭（EX）、极危（CR）、濒危（EN）、易危（VU）、近危（NT）、无危（LC）、数据缺乏（DD）

※ 网站管理建议

网站严格监察异类宠物店铺，见有相关活体即删除，及时将信息反馈给执法部门；屏蔽主要检索词，如猫头鹰、猴面鹰等；在站内开展宣传教育，制定禁售规定。

※ 识别特征

鸮形目即常见的鸮、枭、猫头鹰类，多数是夜行性食肉动物，头大而圆，眼周围羽毛辐射排列成面盘；双目较大且在同一平面；第四趾可反转；喙坚强而钩曲，嘴基盖以蜡膜；脸盘发达；头形似猫，因而统称"猫头鹰"；羽色大多为哑暗的棕褐灰色。

鸮形目区别于其他鸟类的特征：眼大且在同一平面

嘴短粗且呈钩状

爪锋利呈弯钩状

图6-15-2 鸮形目部位特征
（图片来源©IFAW）

※　常见贸易物种（图片来源©IFAW）

图6-15-3　草鸮 *Tyto capensis*

图6-15-4　纵纹腹小鸮*Athene noctua*

图6-15-5　东方角鸮*Otus sunia*

图6-15-6　领角鸮*Otus bakkamoena*

图6-15-7　长耳鸮*Asio otus*

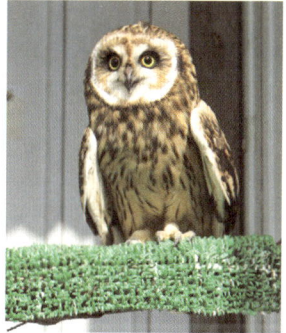

图6-15-8　短耳鸮*Asio flammeus*

※　常用关键词及描述方式

猫头鹰、猴面鹰

图6-15-9　猫头鹰

※ 案例分享

广安：非法买卖猫头鹰等被罚千元

2009年12月1日 来源：四川新闻网——成都商报

2009年11月，广安区森林公安民警根据群众举报，在广安市广安区新南门市场内查获有人非法出售的国家二级重点保护野生动物猫头鹰1只及野生斑鸠、雉鸡等32只。森林公安分局根据相关规定，没收了猫头鹰，并对其进行了1000元的罚款。

※ 点评

1. 私人非法买卖和驯养野生动物，不仅触犯法律，因野生动物未经检疫，还可能导致疫病的传播，造成对于公共卫生和社会安定的损害。

2. 包括猫头鹰在内的所有猛禽均属于国家保护野生动物，私人不得非法买卖及驯养。依据《中华人民共和国野生动物保护法》第二十二条规定："禁止出售、收购国家重点保护野生动物或者其产品。因科学研究、驯养繁殖、展览等特殊情况，需要出售、收购、利用国家一级保护野生动物或者其产品的，必须经国务院野生动物行政主管部门或者其授权的单位批准；需要出售、收购、利用国家二级保护野生动物或者其产品的，必须经省、自治区、直辖市政府野生动物行政主管部门或者其授权的单位批准。"

3. 《野生动物保护法》第十七条还规定："驯养繁殖国家重点保护野生动物的，应当持有许可证。其中驯养繁殖国家一级保护野生动物的，需要国家或省级主管部门核发驯养繁殖许可证、经营利用许可证、配额和标识。"

十六、鹦形目（*Psittaciformes*）

※　涉及鹦形目及其制品的贸易网站类型

拍卖网站√

B2B 网站

收藏网站

分类信息网站√

公共论坛√

专业论坛√

狩猎网站

其他

图6-16-1　鹦形目（图片来源©IFAW/D.Willetts）

※　保护状况

» CITES附录Ⅱ及以上（除虎皮鹦鹉*Melopsittacus undulates*、桃脸牡丹鹦鹉*Agapornis roseicollis*、鸡尾鹦鹉*Nymphicus hollandicus*、红领绿鹦鹉*Psittacula krameri*等物种）

» 国家二级重点保护野生动物（鹦鹉科Psittacidae所有种）

» IUCN红色名录：绝灭（EX）、野外绝灭（EW）、极危（CR）、濒危（EN）、易危（VU）、近危（NT）、无危（LC）

※　网站管理建议

网站严格监察异类宠物店铺，见有相关活体即删除，及时将信息反馈给执法部门；屏蔽主要检索词，如鹦鹉、小灰灰、葵花等；在站内开展宣传教育，制定禁售规定。

※　识别特征

钩曲的喙

对趾足（2、3两趾向前，1、4两趾向后）

图6-16-2　鹦形目特征
（图片来源©IFAW/A.Lyskin）

鹦形目的所有种类都有如下特征：眼小而圆，嘴基粗大，嘴端短尖并急弯，趾前后两对相向握物，有钩曲的喙、对趾足（两趾向前，两趾向后）。

※　常见贸易物种（图片来源于网络）

图6-16-3　非洲灰鹦鹉*Psittacus erithacus*

图6-16-4　黄蓝金刚鹦鹉*Ara ararauna*

图6-16-5　小葵花凤头鹦鹉*Cacatua sulphurea*

图6-16-6　金鹦哥*Guaruba guarouba*

附：未被列入 CITES 附录的 4 种鹦鹉（其他鹦鹉均受保护）（图片来源于网络）

图6-16-7　桃脸牡丹鹦鹉*Agapornis roseicollis*

图6-16-8　虎皮鹦鹉*Melopsittacus undulates*

图6-16-9　鸡尾鹦鹉*Nymphicus hollandicus*

图6-16-10　红领绿鹦鹉*Psittacula krameri*

※　常用关键词及描述方式（图片来源于网络）

鹦鹉、鹦哥、小灰灰、葵花、金刚

注：鹦鹉类的交易信息及交易种类繁多。除了 4 种非 CITES 附录物种外，其他鹦鹉的买卖，除非具备省级及以上主管部门核发的驯养繁殖许可证、经营利用许可标识、配额和标识，否则均属违法。

图6-16-11　网上售卖的鹦鹉描述截图

十七、鳄目（*Crocodylia*）

※ 涉及鳄目及其制品的贸易网站类型

拍卖网站√

B2B 网站

收藏网站

分类信息网站√

公共论坛√

专业论坛

狩猎网站

其他

图6-17-1　鳄目（图片来源©IFAW/N.Greenwood）

※ 保护状况

» CITES附录Ⅱ及以上

» 国家一级重点保护野生动物：扬子鳄

» IUCN红色名录：极危（CR）、易危（VU）、无危（LC）

※ 网站管理建议

网站严格监察异类宠物店铺，见有相关活体即删除，及时将信息反馈给执法部门；屏蔽主要检索词，如鳄鱼、鳄 yu 等；在站内开展宣传教育，制定禁售规定。

※ 识别特征（图片来源©IFAW）

鳄鱼为大型爬行动物，其特征很明显，较易识别：长吻锐齿、四肢短小、尾巴扁平有力、皮硬厚鳞；栖于热带河流沼泽，并很少到离开水过远的地方；食肉为主；卵生；最长可达 6 米。

图6-17-2　通体横列近四边形盾块，背两侧和尾部常有棘突　　图6-17-3　颈部有规则排列的大盾块

※　**常见贸易物种**（图片来源于网络）

图6-17-4　暹罗鳄*Crocodylus siamensis*

图6-17-5　扬子鳄*Alligator sinensis*

※　**常用关键词及描述方式**（图片来源于网络）

鳄鱼、鳄、大鳄鱼、小鳄鱼、鳄 yu、E 鱼、陆地霸王、泰国鳄、小泰鳄、小恐龙

图6-17-6　网上售卖的鳄类描述截图

　　注：异类宠物网站上监测到的交易信息多是暹罗鳄（即泰国鳄），也有凯门鳄、短吻鳄和长吻鳄，但后面三种交易较少，扬子鳄的交易更是极其少见。很多是网店和实体店相结合，网上发布消息，实体店交易。

十八、巨蜥（*Varanidae* spp.）

※　涉及巨蜥及其制品的贸易网站类型

拍卖网站√

B2B 网站

收藏网站

分类信息网站√

公共论坛√

专业论坛√

狩猎网站

其他

图6-18-1　巨蜥（图片来源©IFAW/N.Greenwood）

※　保护状况

» CITES附录Ⅱ及以上

» 国家一级重点保护野生动物

» IUCN红色名录：极危（CR）、濒危（EN）、易危（VU）、近危（NT）、无危（LC）、数据缺乏（DD）

※　网站管理建议

网站严格监察异类宠物店铺，见有相关活体即删除，及时将信息反馈给执法部门；屏蔽主要检索词，如巨蜥、五爪金龙等；在站内开展宣传教育，制定禁售规定。

耳孔可见

大型蜥蜴，头长尾长，舌头分叉

图6-18-2　巨蜥特征
（图片来源©IFAW/Crystal Wang）

※　识别特征

巨蜥为体型最大的蜥蜴，舌头很长，且前端有深分叉，是其区别于鳄鱼和鳄蜥的最主要特征。其头部、吻部、颈部、尾部都较长；身体粗壮、四肢强壮，全身覆布大小不等的小鳞片；瞳孔圆形；大多陆生，以小动物和腐肉为食。

※ 常见贸易物种（图片来源于网络）

图6-18-3 草原巨蜥（俗称平原巨蜥）*Varanus exanthematicus*

图6-18-4 尼罗巨蜥*Varanus niloticus*

※ 常用关键词及描述方式（图片来源于网络）

巨蜥、五爪金龙、四脚蛇、平原、平平

注：草原巨蜥的出现频次较高，其他巨蜥贸易较少，专业论坛曾经有科摩多巨蜥的交易信息。

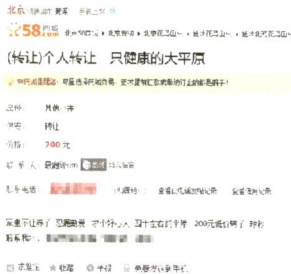

图6-18-5 网上售卖的巨蜥描述截图

※　案例分享

广州森林公安侦破四起网上走私珍稀动物案件

2012年7月17日 来源：广州市人民政府网站

2012年3月至6月底，广州市森林公安民警网上"蹲点"查料，成功捣毁4起利用网络走私贩卖珍稀野生动物的案件。其中，5月份，根据群众举报，森林公安在海珠区七星岗路1号7栋居民楼中查获尼罗河巨蜥1只、平原巨蜥1只、黑喉巨蜥1只、非洲球蟒4条、缅甸蟒1条，现场控制嫌疑人一名，并据犯罪嫌疑人陈某供述，对广州市芳村花鸟鱼虫市场里的P33档"白垩纪"进行搜查，在档口内查获疑似蟒蛇5条、疑似黑喉巨蜥1只，当场抓获两名犯罪嫌疑人（张某和郑某）。

十九、瑶山鳄蜥（*Shinisaurus crocodilurus*）

※ **涉及瑶山鳄蜥及其制品的贸易网站类型**

拍卖网站
B2B 网站
收藏网站
分类信息网站√
公共论坛√
专业论坛√
狩猎网站
其他

图6-19-1 瑶山鳄蜥（图片来源©蒋志刚）

※ **保护状况**

» CITES附录 Ⅰ
» 国家一级重点保护野生动物
» IUCN红色名录：濒危（EN）

※ **网站管理建议**

网站严格监察异类宠物店铺，见有相关活体即删除，及时将信息反馈给执法部门；屏蔽主要检索词，如瑶山、鳄蜥、雷公蛇等；在站内开展宣传教育，制定禁售规定。

※ **识别特征**（图片来源于网络）

尾侧扁并有背棘突，与鳄鱼相似

头部圆钝，与蜥蜴相似

图6-19-2 瑶山鳄蜥

头部较高，头部和体形与蜥蜴相似，颈部以下特别是侧扁的尾巴，与鳄鱼相似，因此被称为鳄蜥，头顶长有"第三只眼"；平均体长314.05（224～377）毫米；体侧有颗粒状的细鳞，尾背上方有 2 行明显的棱鳞形成嵴棱；棕色，腹面淡黄或金红色，体侧有粉红斑；头侧有由眼旁发出的 8 条深色纵纹，体背部和尾部有十几条深色宽纹。

※   常用关键词及描述方式

雷公蛇、瑶山、鳄蜥、大睡蛇

注：瑶山鳄蜥为中国特有种，分布狭窄，数量很少，相关贸易也较少，偶有发现。

※   案例分享

网购瑶山鳄蜥被批捕   4 "爬友" 面临5年以上有期徒刑

2011年8月16日 来源：文汇报

4名23岁左右的男青年"爬友"，从网友处收购了3条瑶山鳄蜥当宠物。日前，这4名男青年被黄浦区检察院以非法收购珍贵、濒危野生动物罪批准逮捕。

4人表示："知道受国家保护的动物不能私下买卖，但想想养在自己家里总不要紧。"检察官表示，他们明知瑶山鳄蜥是国家一级保护动物，未经许可擅自购买的行为已经触犯了《中华人民共和国刑法》第341条的规定，无论自用或是营利目的都不影响对该罪的认定。其中，负责联系卖家并汇款的黄某虽未实际拥有瑶山鳄蜥，但因他居间购买的行为，应被认定为共犯。随后，又在4名犯罪嫌疑人的配合下，警方将远在广东的出售者黄海文抓捕归案。

根据最高人民法院《关于审理破坏野生动物资源刑事案件具体应用法律若干问题的解释》的规定，非法收购3条瑶山鳄蜥已达到情节严重的定罪量刑标准，他们可能面临5年以上有期徒刑。

二十、双领蜥（*Tupinambis* spp.）

※　涉及双领蜥及其制品的贸易网站类型

拍卖网站√

B2B 网站

收藏网站

分类信息网站√

公共论坛√

专业论坛√

狩猎网站

其他

图6-20-1　双领蜥（图片来源©孟智斌）

※　保护状况

- » CITES附录 Ⅱ
- » IUCN红色名录：无危（LC）

※　网站管理建议

建议网站严格监察异类宠物店铺，见有相关活体即删除，及时将信息反馈给执法部门；屏蔽主要检索词，如泰加、黑白蜥蜴等；在站内开展宣传教育，制定禁售规定。

※　识别特征（图片来源于网络）

体型肥硕，尾后部细长呈鞭状。

图6-20-2　双领蜥特征

※　常用关键词及描述方式（图片来源于网络）

泰加、阿根廷黑白泰加、黑白蜥蜴、黑白泰加、黄金泰加、大泰加、红泰加、泰加巨蜥。

图6-20-3　网上售卖的蜥蜴类描述截图
注：双领蜥在网络贸易较为常见。常见的种是阿根廷黑白南美蜥（黑白泰加）和红南美蜥（红泰加）。

二十一、避役（*Chamaeleonidae* spp.）

※　**涉及避役及其制品的贸易网站类型**

拍卖网站√

B2B 网站

收藏网站

分类信息网站√

公共论坛√

专业论坛

狩猎网站

其他

图6-21-1　避役（图片来源©IFAW）

※　**保护状况**

» CITES附录Ⅱ及以上

» IUCN红色名录：极危（CR）、濒危（EN）、易危（VU）、近危（NT）、无危（LC）、数据缺乏（DD）

※　**网站管理建议**

网站严格监察异类宠物店铺，见有相关活体立即删除该店信息，及时将信息反馈给执法部门；屏蔽主要检索词，如变色龙、高冠、七彩等；在站内开展宣传教育、制定禁售规定。

※　**识别特征**（图片来源于网络）

避役俗称变色龙，体色会跟随周围环境和自身状况的变化而变化。主要识别特征包括：凸出且可独立活动的双眼、可卷曲的尾巴、头上有冠以及对握的脚趾。

图6-21-2　有些幼体变色龙很难区分种类，但凸出的眼睛和卷曲的尾巴是很显著的识别特征

※　常见贸易物种（图片来源于网络）

图6-21-3　七彩变色龙 *Furcifer pardalis*
颜色较为艳丽，由于身体可以同时具有七种颜色而命名。最常见的是蓝色型和红色型，而黄色型则非常少。

图6-21-4　高冠变色龙 *Chamaeleo calyptoratus*
体背通常为黄绿色，由于头上有高耸的肉冠而闻名。

※　常用关键词及描述方式（图片来源于网络）

变色龙、高冠、七彩、高冠变色龙、七彩变色龙、咸蛋超人。

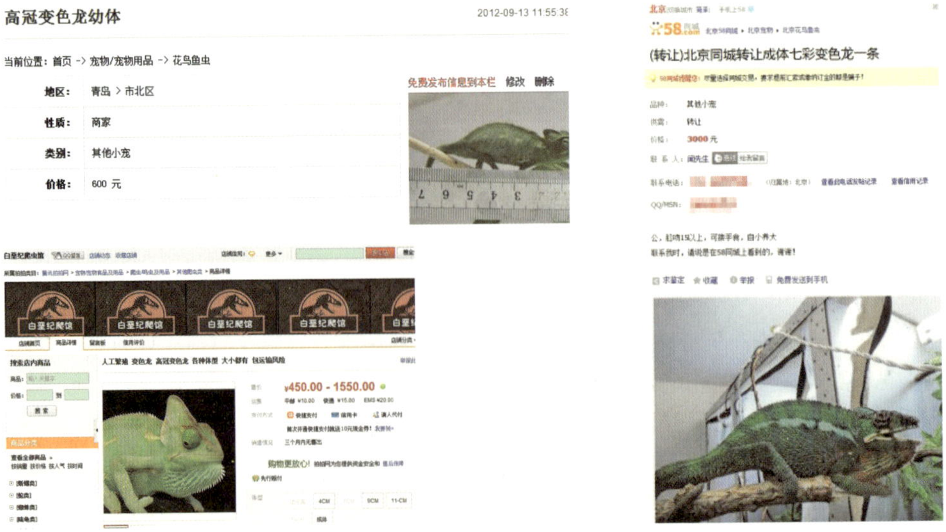

图6-21-5　网上售卖的变色龙描述截图

二十二、美洲鬣蜥（*Iguana iguana*）

※　涉及美洲鬣蜥及其制品的贸易网站类型

拍卖网站√

B2B 网站

收藏网站

分类信息网站√

公共论坛√

专业论坛√

狩猎网站

其他

图6-22-1　美洲鬣蜥（图片来源©IFAW）

※　保护状况

» CITES附录 Ⅱ

» IUCN红色名录：无危（LC）

※　网站管理建议

　　建议网站严格监察异类宠物店铺，见有相关活体即删除，及时将信息反馈给执法部门；屏蔽主要检索词，如绿鬣、IG、鬣蜥等；在站内开展宣传教育，制定禁售规定。

※　识别特征（图片来源于网络）

　　美洲鬣蜥又名绿鬣蜥，是世界上最广为人知的蜥蜴；幼体为亮绿色夹杂蓝色花纹，成熟后，体色变暗淡；平均体长 1.2 ～ 1.7 米，最长可达 2 米，体重 1.2 ～ 4.0 千克。

图6-22-2　尾极长，可达身长的2倍

图6-22-3　美洲鬣蜥喉下有皮垂

※ 常用关键词及描述方式（图片来源于网络）

绿鬣、IG、红鬣蜥、红鬣、红绿鬣、美洲鬣蜥、鬣蜥。

3岁南美洲绿鬣蜥转让 - 1900元

□ 短信发送收藏 ⚠举报 ●帖子管理 ⤙分享
05-15 15:28 发布　浏览 455 次

价　　格：**1900元**
交易地
点：　　昌吉 - 昌吉市
联 系 人：伍先生 🔲 短信留言
电
话：　　■■■■■■■（该用户发帖记录）
QQ
号：　　■■■■■

详情描述　　　　信息编号：652301150057506353

从小养大的现在3岁半了。雄性，已经性成熟。现在正在发情期。体长1.35米。因为家中宝宝即将诞生，所以只能卖掉。可以到家中看实物。
联系我时，■■■■■■■■■■■■■■

宠物照片

(转让)全品 绿鬣+80高箱

🔶 58网城提醒您：尽量选择网城交易，要求提前汇款或缴纳订金的都是骗子！

品　　种：　其他小宠
供　　需：　转让
价　　格：　**280元**
联 系 人：　王先生 🔲 短信 给我留言
联系电话：　■■■■■ 第■■■■　（归属地：北京）　查看此电话发帖记录　查看信用记录
QQ/MSN：　■■■■■

因回家过年，转去年5月买的蓝头绿鬣小苗，精心饲养到现在65cm（头到尾）。全品无伤，颜色很干净，品相不错，活泼好动，前吃后拉，可当面开食。另有定做的80x60x40cm高箱和绿鬣一起打包400元。质量非常好，带三个打口。赠送uvb+uva灯+温度计
联系我时，■■■■■■

📄 求鉴定　★收藏　⚠举报　📱免费发送到手机

图6-22-4　网上售卖的美洲鬣蜥描述截图

二十三、蟒（*Pythonidae* spp.）蚺（*Boidae* spp.）

※　涉及蟒、蚺及其制品的贸易网站类型

拍卖网站√

B2B 网站

收藏网站

分类信息网站√

公共论坛√

专业论坛√

狩猎网站

其他

图6-23-1　蟒（图片来源©IFAW/D.Willetts）

※　保护状况

» CITES附录Ⅱ及以上

» 国家二级重点保护野生动物

» IUCN红色名录：极危（CR）、濒危（EN）、易危（VU）、近危（NT）、无危（LC）、数据缺乏（DD）

※　网站管理建议

网站严格监察异类宠物店铺，见有相关活体即删除，及时将信息反馈给执法部门；屏蔽主要检索词，如蟒蛇、黄金、彩虹等；在站内开展宣传教育，制定禁售规定。

※　识别特征（图片来源于网络）

蟒和其他蛇类的区分特征：体型大；头背有对称的大鳞；吻鳞及前两枚上唇鳞具唇窝；雄蛇泄殖肛孔两侧有较明显的爪状后肢残余。

图6-23-2　黄金蟒，缅甸蟒的白化突变种，国家一级重点保护野生动物。私人饲养，必须有野生动物主管部门核发的驯养繁殖许可证件及办理种源引进手续

图6-23-3　头背有对称的大鳞

图6-23-4　大型蛇类，头背有规则排列的较大鳞片，多具较大的色斑或花纹

※　常见贸易物种（图片来源于网络）

图6-23-5　缅甸蟒*Python molurus*

图6-23-6　球蟒*Python regius*：最常见的蟒蛇类宠物

图6-23-7　红尾蚺*Boa constrictor*

图6-23-8　虹蚺属*Epicrates*：常见的是彩虹蚺，又称巴西虹蚺*Epicrates cenchria*

※ 常用关键词及描述方式（图片来源于网络）

蟒蛇、球球、球、巨蟒、黄金蟒、黄金、面条（缅蟒）、红尾、红尾巴、红尾蚺、原色尾巴、彩虹、彩虹蚺、彩虹蟒、网纹。

图6-23-9 网上售卖的蟒类描述截图 注：蟒的网络交易信息很多，且有很强的隐蔽性，如帖子名称为"出售一碗面条"或者"想吃面条了"，其实是"缅甸蟒"这种国家一级重点保护动物的交易信息。

二十四、陆龟（*Testudinidae* spp.）

※ 涉及陆龟及其制品的贸易网站类型

拍卖网站√

B2B 网站

收藏网站

分类信息网站√

公共论坛√

专业论坛√

狩猎网站

其他

图6-24-1　陆龟（图片来源©IFAW）

※ 保护状况

» CITES附录Ⅱ及以上

» 国家一级重点保护野生动物

» IUCN红色名录：绝灭（EX）、极危（CR）、濒危（EN）、易危（VU）、近危（NT）、无危（LC）、数据缺乏（DD）

※ 网站管理建议

网站严格监察异类宠物店铺，见有相关活体即删除，及时将信息反馈给执法部门；屏蔽主要检索词，如陆龟、辐射龟、苏卡达龟等；在站内开展宣传教育，制定禁售规定。

※ 识别特征（图片来源于网络）

背甲坚固，大部分隆起，呈半球形

四肢粗壮，圆柱形，趾间无蹼

图6-24-2　陆龟特征

※　常见贸易物种（图片来源于网络）

图6-24-3　辐纹陆龟*Astrochelys radiate*背甲盾片隆起，满布黄色辐射纹，有颈盾

图6-24-4　四爪陆龟*Agrionemys horsfieldii*四肢均4爪，体型相对较小，背甲长最长达22厘米

图6-24-5　印度星龟*Geochelone elegans*纹路8条或以上，腹甲有相同的放射状纹路，通常隆背

图6-24-6　缅甸星龟*Geochelone platynota*纹路6条或以下，对称放射状排列，腹甲为黑斑

图6-24-7　缅甸陆龟*Indotestudo elongate*背甲黄至青绿色，具大块黑斑

图6-24-8　红腿陆龟*Chelonoidis carbonaria*背甲黑色，腹甲黄色，头颈黄至红色

图6-24-9　胫刺陆龟（又名：苏卡达陆龟）*Geochelone sulcata*背甲为黄或棕的单色，无黑斑

图6-24-10　豹纹陆龟*Stigmochelys pardalis*背甲为深浅相套的杂色，具明显斑纹

※　用关键词及描述方式（图片来源于网络）

辐射龟、放射龟、辐射陆龟、放射陆龟、缅陆、苏卡达、印星、星龟、红腿、红腿龟、老板红腿、黄腿龟、豹子、象龟。

图6-24-11　网上售卖的陆龟类描述截图

二十五、闭壳龟（*Cuora* spp.）

※ 涉及闭壳龟及其制品的贸易网站类型

拍卖网站

B2B 网站

收藏网站

分类信息网站

公共论坛√

专业论坛√

狩猎网站

其他

图6-25-1　闭壳龟（图片来源©QiaoYilun）

※ 保护状况

» CITES附录Ⅱ及以上

» 国家二级重点保护野生动物（仅限野外种群）

» IUCN红色名录：极危（CR）、濒危（EN）

» 闭壳龟数量极少。世界上最濒危的10种非海产龟鳖类物种中，有5种是闭壳龟

※ 网站管理建议

　　网站严格监察异类宠物店铺，见有相关活体即删除，及时将信息反馈给执法部门；屏蔽主要检索词，如闭壳龟等；在站内开展宣传教育，制定禁售规定。

※ 识别特征（图片来源©Qiao Yilun）

图6-25-2　背甲和腹甲借韧带相连，腹甲前后2叶可动。

图6-25-3　甲壳边缘光滑，背甲中部相对隆起如穹顶，一般有3道脊棱。当头、四肢、尾巴缩进壳里时，前后半可完全闭合。

闭壳龟因其背甲和腹甲借韧带相连，当头尾及四肢缩入壳内时，腹甲与背甲能紧密地合上，故而得名。闭壳龟多数物种生活在水生或半水生的环境中。

※　常见贸易物种（图片来源于网络）

图6-25-4　黄缘闭壳龟*Cuora flavomarginata*

图6-25-5　三线闭壳龟*Cuora trifasciata*

图6-25-6　锯缘闭壳龟*Cuora mouhotii*

图6-25-7　马来闭壳龟（又称：安布闭壳龟）*Cuora amboinensis*

※　用关键词及描述方式（图片来源于网络）

闭壳龟、闭壳、金钱龟、箱龟、安布、黄缘、黄额。

图6-25-8　网上售卖的闭壳龟类描述截图

二十六、三脊棱龟（*Melanochelys tricarinata*）及其他贸易常见龟类

※　涉及三脊棱龟及其制品的贸易网站类型

拍卖网站

B2B 网站

收藏网站

分类信息网站

公共论坛√

专业论坛√

狩猎网站

其他

图6-26-1　三脊棱龟（图片来源©Qiao Yilun）

※　保护状况

» CITES附录Ⅱ及以上

» 国家二级重点保护野生动物：平胸龟Platystemon megacephalurn（仅限野外种群）

» IUCN红色名录：极危（CR）、濒危（EN）、易危（VU）

※　网站管理建议

网站严格监察异类宠物店铺，见有相关活体即删除，及时将信息反馈给执法部门；屏蔽主要检索词，如三脊棱龟、平胸龟、庙龟等；在站内开展宣传教育，制定禁售规定。

※　常见贸易物种（图片来源©QiaoYilun）

图6-26-2　三脊棱龟*Melanochelys tricarinata*，又称：三棱黑龟。俗称：三龙骨龟。幼龟到成龟的三棱呈亮黄色，腹甲黄色或橙色。

图6-26-3　庙龟*Heosemys annandalii*，又称：黄头庙龟。上喙端有"M"形缺刻。
图为经常在庙宇中出现的大型龟。

图6-26-4　平胸龟*Platysternon megacephalum*，俗称：大头龟或鹰嘴龟。上喙勾曲呈鹰嘴状，背甲扁平。头大，尾长，均不能缩入壳内，被戏称为"永不缩头的乌龟"。平胸龟由于是平胸龟科唯一的物种，具有较高的保护价值。

※　常用关键词及描述方式（图片来源于网络）

三龙骨、三龙骨龟、平胸、鹰嘴、大头、平胸龟、鹰嘴龟、大头龟、庙龟。

[龟类] 北京 出背甲22母 庙龟 健康开食 状态如牛

发表于 2011-5-5 14:05

网站提示：选择交易有风险，私下打款交易有可能遭受资金损失，点此使用论坛中介服务，调准您的合理权益。

庙龟

商品类型：	全新商品
运费：	虚拟物品
剩余时间：	成交结束
商品数量：	1
地点：	北京 海淀
累计售出：	0
现价：	**550.00** 元

庙龟 健康开食 状态如牛 相当能吃 指甲由于熟悉北京水土掉了几个 根都在 不过养养就会出来的
东西比较少 喜欢的打电话 ██ ██ 记者滚蛋

相关帖子
- 从出壳到开食，状态根牛，（国产玉米）
- 【北京】出开食状态牛逼的30+黄黑玉米
- 北京出俩成母
- 出背甲20鳄母，状态好，品相好！急出
- 北京出三母
- 北京出俩母妹

(转让)北京鹰嘴一只 福建种 养定

品种： 其他小型
小类： 龟
状态： 转让
价格： **700**元
联系人：王件

精品三龙骨一对(可批发) - 4800元

价： **4800**元

图6-26-5 网上售卖的闭壳龟类描述截图

二十七、两爪鳖（*Carettochelys insculpta*）

※　涉及闭壳龟及其制品的贸易网站类型

拍卖网站

B2B 网站

收藏网站

分类信息网站

公共论坛√

专业论坛√

狩猎网站

其他

图6-27-1　两爪鳖（图片来源©Qiao Yilun）

※　保护状况

  » CITES附录Ⅱ

  » 国家二级重点保护野生动物：平胸龟Platystemon megacephalurn（仅限野外种群）

  » IUCN红色名录：濒危（EN）

  » 2004年，两爪鳖被列入全球十大濒危物种名单

※　网站管理建议

网站严格监察异类宠物店铺，见有相关活体即删除，及时将信息反馈给执法部门；屏蔽主要检索词，如两爪鳖、猪鼻龟等；在站内开展宣传教育，制定禁售规定。

※　识别特征（图片来源于网络）

管状鼻孔，像猪鼻

前肢鳍状，边缘白色

图6-27-2　两爪鳖特征

　　两爪鳖，又名猪鼻龟，因鼻子看起来像猪而得名。两爪鳖的背甲是革质的，有纹理，呈灰色或橄榄色；腹甲呈奶油色，趾间有蹼，是完全水生的鳖类，头与颈能缩入甲内。（鳖的背甲都是革质的，无盾片。）

※　**常用关键词及描述方式**（图片来源于网络）

　　猪鼻龟、猪鼻、猪鼻鳖

图6-27-3　网上售卖的两爪鳖描述截图

第二节   主要网站与分类

为缩减篇幅，手册中将网络野生动物贸易涉及的相关网站简要分为不同类型。下表介绍了各类型中的主要网站。值得注意的是，所列网站只是部分例子，实际涉及非法贸易的网站数量及类型更多，需要在执法过程中不断发现。

表6-2-1   野生动物贸易涉及的相关网站

网站类型	网站名称	网址	所在地	备注
拍卖网站	淘宝网	http://www.taobao.com/	浙江	全球最大的中文拍卖网站，涉及各种不同种类的物种及制品
	拍拍网	http://www.paipai.com/	广东	腾讯旗下的拍卖网站，卖家账号与QQ账号关联
B2B网站	阿里巴巴中文	http://www.1688.com/	浙江	卖家主要是公司，提供详细联系方式；也有少量个人网商
	阿里巴巴国际	http://www.alibaba.com/	浙江	国际贸易网站，卖家分布于世界各地，涉及进出口交易
收藏网站	中华古玩网	http://www.gucn.com/	上海	收藏类网站主要涉及象牙、犀角、盔犀鸟头骨、赛加羚羊角等制品，此外可能涉及野生动物皮张、骨爪牙、甲片等身体部分
	盛世收藏网上店铺	http://shop.sssc.cn	北京	
	华夏收藏网	http://www.cang.com/	浙江	
	搜艺搜	http://trade.findart.com.cn/	北京	
	雅昌交艺网	http://www.artebuy.com/	广东	
	说宝网	http://www.shuobao.com/	上海	
	翰龙雅集收藏网论坛	http://bbs.hl365.net/	北京	
	中国收藏热线	http://www.997788.com/	福建	
	汉唐收藏网	http://www.htscw.com/	陕西	
	博宝艺术品商城	http://shop.artxun.com/	北京	
	文玩天下	http://bbs.wwtx.cn/	北京	
	上海文玩	http://www.feiqu.com/forum.php	上海	
	中华收藏网	http://www.sc002.com.cn/	浙江	

续表

网站类型	网站名称	网址	所在地	备注
分类信息网站	赶集网	www.ganji.com	北京	以城市为聚合的交易平台，多为个人之间的交易，难以规范。主要涉及从象牙到活体宠物的交易
	58同城	www.58.com	北京	
	百姓网	www.baixing.com	上海	
	城际分类	http://www.go007.com/	广东	
	中山同城信息	http://go.oncity.cc/pet	广东	
	北海365	http://www.beihai365.com/thread.php?fid=614	广西	
	千里眼	http://www.ohqly.com/index.html	北京	
公共论坛	百度贴吧	http://tieba.baidu.com/	北京	不同主题的贴吧涉及不同物种制品交易
专业论坛	爬行天下	http://bbs.pxtx.com/	辽宁	涉及异类宠物如陆龟、蟒蛇交易，曾发现走私案例
	灵龟之家	http://bbs.reptilesworld.com/	上海	
	龟友之家	http://bbs.cngui.com/forum-196-1.html	无备案	涉及异类爬行类宠物交易，主要为陆龟
	龟友论坛	http://bbs.myluohan.com/forum.php	河北	
	爬行联盟	http://www.paxinglm.com/forum.php	无备案	
	鹦鹉论坛	http://bbs.e5sj.com/thread.php?fid-6.html	广东	濒危稀有鹦鹉类交易
	中鸟网	http://www.hm16888.net/bbs/forum.php	广西	涉及鸟类、爬宠的交易
	鸟友吧—鹦鹉交换出售专区	http://www.52cpb.cn/board/tlist.aspx?bid=12	广东	
	哥友在线	http://www.gyabc.cn/forum.php	福建	
狩猎网站	中国狩猎论坛	http://www.chinahunts.org/bbs/	重庆（时而被屏蔽）	涉及非法交易、驯养猛禽，捕猎重点保护动物及"三有动物"
	中国猎犬论坛	http://www.cnliequan.com/forum.php	湖南（时而被屏蔽）	
其他	微信	手机及平板电脑客户端		微信相册会被用作各种野生动物制品及活体的展示及销售渠道
	QQ空间	www.qq.com	广东	QQ空间、相册和群，会被用作各种野生动物制品及活体的销售渠道。具有较强隐蔽性
	新浪微博	www.weibo.com	北京	出现有零散出售象牙、猕猴、懒猴等信息，易被删除，需留证

第三节　物种受保护状况说明

手册中涉及的物种受保护状况主要包括：①其所在的 CITES 附录；② IUCN 对其濒危状况的定级；③《国家重点保护野生动物名录》中的相关规定。以下是对这 3 种不同受保护状况的解释及说明。

一、CITES 及附录

CITES《濒危野生动植物种国际贸易公约》缔定于 1973 年。目前在全球拥有 179 个缔约国。公约要求各国政府通过实施协调一致的许可证和证明书制度来监管其附录所列的野生动植物的国际贸易，进而达到保护濒危野生动植物种不至于由于国际贸易而遭到过度开发利用的目的。到目前为止，列入 CITES 附录的野生动物达到 5500 多种，野生植物约 30000 种。

中国于 1981 年加入 CITES。依照国内林业、渔业等相关主管部门通知，CITES 附录Ⅰ、Ⅱ内非原生于中国的物种，将以等同于国家一、二级重点保护野生动物对待。

CITES 共有 3 个附录：

» CITES附录Ⅰ：受到或可能受到贸易影响而有灭绝危险的物种，其国际性商业贸易被严格禁止。

» CITES附录Ⅱ：目前虽未濒临灭绝，但如对其贸易不严加管理，就可能有灭绝危险的物种，或标本状态与其相似的物种。其国际性的商业贸易是被严格控制的。

» CITES附录Ⅲ：成员国认为需要其他成员国合作控制贸易来保护的物种。

二、IUCN 红色名录

《国际自然保护联盟濒危物种红色名录》（或称 IUCN 红色名录）于 1963 年开始由 IUCN 编制及维护。这一名录根据严格准则去评估物种及亚种的绝种风险，旨在向公众及决策者反映保育工作的迫切性，并协助国际社会避免物种灭绝。在 IUCN 红色名录中，根据物种数量下降速度、个体总数量、地理分布、种群分散程度等准则，将物种分类列入 9 个级别，分别是：

表6-3-1　濒危等级表

濒危状况	绝灭	野外绝灭	极危	濒危	易危	近危	无危	数据缺乏	未评估
缩写	EX	EW	CR	EN	VN	NT	LC	DD	NE
注：极危、濒危、易危3个级别统称为"受威胁"，即通常所称的濒危物种，指物种正在面临或在中期甚至更短的时期内有灭绝风险										

三、国家重点保护野生动物名录

《中华人民共和国野生动物保护法》规定，国家对珍贵、濒危的野生动物实行重点保护。国家重点保护的野生动物分为一级重点保护野生动物和二级重点保护野生动物。其名录由国务院野生动物行政主管部门（现为中华人民共和国农业部和国家林业局）制定，国务院批准公布。

现有的《国家重点保护野生动物名录》为2021年修订。

第四节　常见相关法律法规问题解答

一、网络野生动物贸易会涉及违法犯罪吗？

表6-4-1　网络野生动物贸易相关问题

	疑问	解答
1	网络野生动物贸易会涉及违法犯罪吗	网络野生动物贸易中，若其标的物种可确定为国家重点保护野生动物或国际公约CITES附录Ⅰ、附录Ⅱ中的动物，买卖双方存在未经许可的猎捕、收购、出售、走私、运输行为中的一种或多种，则属于刑事犯罪，应由公安机关立案侦查，进入刑事诉讼程序
2	野生动物贸易犯罪可能会面临什么处罚	非法收购、运输、出售国家重点保护的珍贵、濒危野生动物及其制品的，处五年以下有期徒刑或者拘役，并处罚金；情节严重的，处五年以上十年以下有期徒刑，并处罚金；情节特别严重的，处十年以上有期徒刑，并处罚金或者没收财产此外，《中华人民共和国刑法》对走私珍贵野生动物的行为单独定罪。最高可达无期徒刑
3	什么是CITES	CITES即《濒危野生动植物种国际贸易公约》，公约目的是保护濒危物种不致被过度贸易和利用。我国是CITES的缔约国，并通过全国人民代表大会在《中华人民共和国濒危野生动植物进出口管理条例》中对这一公约在国内的法律效力进行了确认。最高人民法院出台了《关于审理破坏野生动物资源刑事案件具体应用法律若干问题的解释》，其中特意强调了CITES作为判案标准
4	国内网络野生动物贸易监管为何要参CITE附录	我国于1981年加入CITES。无论网上还是实体买卖，依照国内林业、渔业等相关主管部门通知，CITES附录Ⅰ、Ⅱ内非原生于中国的物种，都将以等同于国家一、二级重点保护野生动物对待

二、哪些物种是受到保护的?

表6-4-2　物种保护相关问题

	疑问	解答
1	哪些野生动物是受保护的	在我国,受保护的野生动物包括国家重点保护野生动物、CITES附录Ⅰ、Ⅱ物种以及"三有"动物(有益的或者有重要经济、科学研究价值的陆生野生动物)。 国家重点保护野生动物名录:http://www.gov.cn/xinwen/2021-02/09/content_5586227.htm CITES附录:http://www.cites.org.cn/citesgy/fl/ "三有"动物:http://www.forestry.gov.cn/main/3954/content-959027.html 此外,依据1993年国务院通知,犀牛角和虎骨制品是完全禁止销售的。而CITES附录Ⅲ物种中的水生动物,依据水生野生动物管理部门的规定,在国内参照国家二级重点保护野生动物管理
2	网站应该禁止哪些野生动物及其产品的销售	任何贸易会涉及刑事犯罪的野生动物物种,即法律(国际法与国内法)中所列出的受保护的、未经相关许可的野生动物物种及其产品,网站均应禁止其及其产品的销售

三、网站对网络野生动物贸易的责任有哪些?

表6-4-3　网站相关责任

	疑问	解答
1	网站对其平台上的非法野生动物贸易应承担责任吗	根据《互联网信息服务管理办法》,互联网信息服务提供者不得制作、复制、发布、传播含有法律、行政法规禁止的内容。互联网信息服务提供者发现后应当立即停止传输,保存有关记录,并向国家有关机关报告;制作、复制、发布、传播违法信息构成犯罪的,依法追究刑事责任。尚不构成犯罪的,予以行政处罚。对经营性互联网信息服务提供者,由发证机关责令停业整顿直至吊销经营许可证;对非经营性互联网信息服务提供者,由备案机关责令暂时关闭网站直至关闭网站。 此外,对于涉及走私的非法网络野生动物贸易,如网站对非法经营者提供贷款、资金、账号、发票、证明,或者为其提供运输、保管、邮寄或者其他方便的,会构成走私罪的共犯
2	网站有责任发布关于禁止销售受保护野生动物的公告吗	商务部《第三方电子商务交易平台服务规范》在对平台经营者对站内经营者的管理与引导中规定:平台经营者应当加强提示,督促站内经营者履行有关法律规定和市场管理制度,增强诚信服务、文明经商的服务意识,倡导良好的经营作风和商业道德。因此,网站有责任发布关于禁止销售受保护野生动物的公告,履行网站义务

续表

	疑问	解答
3	网站有责任必须建立对非法野生动物制品关键词的过滤机制吗	商务部《关于网上交易的指导意见（暂行）》指出：网上交易服务提供者应建立和完善信息披露与审核制度；注意监督用户发布的商品信息、公开论坛和用户反馈栏中的信息，依法删除违反国家规定的信息
4	网站有责任必须建立接受用户举报的机制吗	商务部《关于网上交易的指导意见（暂行）》指出：网上交易服务提供者应提供规范化的网上交易服务，建议和完善各项规章制度。其中包括：建立不良信息及垃圾邮件举报处理机制
5	如果网站接到举报，没有做删除处理，要承担责任吗	要承担责任。故意犯罪分为直接故意犯罪和间接故意犯罪，间接故意也就是放任犯罪行为发生和延续，网站接到举报查明属实放任不理，是间接故意犯罪，可按共犯处理。建议接到举报，及时处理
6	如果宣称是驯养繁殖或合法进口，怎么判断	如果宣称是驯养繁殖的应该出示《国家重点保护野生动物驯养繁殖许可证》，宣称是进口的应出示由国家濒危物种进出口管理办公室或其授权机构核发的《允许进出口证明书》商务部《第三方电子商务交易平台服务规范》中规定，平台经营者应对站内经营者的交易信息进行合理谨慎的管理，其中涉及：在平台上从事经济活动的，应当公布所经营产品的名称、生产者等信息；涉及第三方许可的，还应公布许可证书、认证证书等信息；根据《最高人民法院关于审理破坏野生动物资源刑事案件具体应用法律若干问题的解释》第一条：刑法第三百四十一条第一款规定的"珍贵、濒危野生动物"，包括列入国家重点保护野生动物名录的国家一、二级保护野生动物、列入《濒危野生动植物种国际贸易公约》附录一、附录二的野生动物以及驯养繁殖的上述物种。所以，无论是"野生"还是人工驯养繁殖，均受法律保护，不可随意买卖
7	如果卖家宣称自己销售的濒危野生动物制品是古董，是不是就不违法	无论是销售古董还是新文玩，只要对于濒危物种制品的非法交易行为发生在《中华人民共和国刑法》确立之后，判罚时就应依照《中华人民共和国刑法》相关规定执行。即：无论卖家是否出示了证明其制品是古董的文件（如发票、合同或其他认证证明），或证明其为有关法律生效前所获得，只要是没有在销售或运输前获取相关主管部门的行政许可，就依然会按照现行法律法规处置
8	关于打猎的法律规定是怎样的	根据《中华人民共和国野生动物保护法》，无论是否属于重点保护动物，野生动物均不得私自捕猎杀害。除非办理猎捕证并按照狩猎证规定的种类、数量、地点和期限进行捕猎；非法猎捕、杀害国家重点保护的珍贵、濒危野生动物的，视情节轻重分别处于5年以下/5～10年/10年以上有期徒刑；猎杀非重点保护物种，达到司法解释所规定的标准的（例如非法猎捕20只以上野生动物），应按照非法狩猎罪或非法捕捞水产品罪处理